深圳统计年鉴

SHENZHEN STATISTICAL YEARBOOK

2022

总第 32 期

深 圳 市 统 计 局
Shenzhen Municipality Bureau of Statistics
国家统计局深圳调查队
Survey Office of the National Bureau of Statistics in Shenzhen
编

中国统计出版社
China Statistics Press

图书在版编目（CIP）数据

深圳统计年鉴. 2022 = Shenzhen Statistical Yearbook 2022 : 汉英对照 / 深圳市统计局, 国家统计局深圳调查队编. -- 北京 : 中国统计出版社, 2022.12

ISBN 978-7-5230-0067-0

Ⅰ. ①深… Ⅱ. ①深… ②国… Ⅲ. ①统计资料－深圳－2022－年鉴－汉、英 Ⅳ. ①C832.653-54

中国版本图书馆CIP数据核字(2022)第225914号

深圳统计年鉴 2022

作　　者/ 深圳市统计局　国家统计局深圳调查队

责任编辑/ 钟钰

执行编辑/ 李立红

装帧设计/ 深圳市美嘉美印刷有限公司

出版发行/ 中国统计出版社有限公司

地　　址/ 北京市丰台区西三环南路甲6号

邮政编码/ 100073

电　　话/ 邮购（010）63376909　书店（010）68783171

网　　址/ http://www.zgtjcbs.com

印　　刷/ 深圳市美嘉美印刷有限公司

经　　销/ 新华书店

开　　本/ 890mm×1240mm　1/16

字　　数/ 750千字

印　　张/ 26.5

版　　别/ 2022年12月第1版

版　　次/ 2022年12月第1次印刷

定　　价/ 320.00元　Price: 320.00yuan(RMB)

如有印装差错，由本社发行部调换。

《深圳统计年鉴2022》

编委会和编辑工作人员

Shenzhen Statistical Yearbook 2022

EDITORIAL BOARD AND EDITORIAL STAFF

编 辑 说 明

1.为方便国外读者查阅，本年鉴在目录、统计表及指标解释等内容上按中英文对照编辑。

2.本年鉴全面系统地介绍了深圳市国民经济和社会发展情况，主要指标着重反映了2021年深圳市经济和社会各方面所取得的成就，也收录了深圳建市以来历年统计数据。统计资料内容分为19个部分，即：（1）综合；（2）国民经济核算；（3）人口和劳动力；（4）工业和能源；（5）建筑业；（6）运输和邮电；（7）农业；（8）固定资产投资；（9）房地产开发；（10）商业和物价；（11）财政收支；（12）金融保险业；（13）对外经济贸易和旅游；（14）劳动工资；（15）科学技术；（16）文化和教育；（17）卫生、社会保障和社会福利业；（18）城市建设和环境保护；（19）人民生活。为了便于读者正确使用资料，还附上了主要统计指标解释。

3.根据最新掌握到的统计资料以及国家新的统计制度之规定，本期年鉴对过去发表的一些重要统计资料重新予以核实，对部分历史数据进行了修订。因此，读者在使用历史资料时，凡与本年鉴有出入的，均以本年鉴为准。

4.本年鉴中的部分数据由于单位取舍不同产生的计算误差均未作机械调整。

5.为便于读者使用，本年鉴特编制了主要指标的定基指数、环比指数和年平均增长速度。

6.本年鉴使用的符号说明：“...”表示该项统计指标数据不足本表最小单位数；“空白”表示数据为零或无该项数据；“#”表示其中项。

7.2017年起，人口、社会劳动者人数、职工工资、“企业一套表”调查单位、地区生产总值及分行业增加值、新兴产业增加值、农业、工业、建筑业、固定资产投资、社会消费零售总额、发电量、能源等包含深汕特别合作区计入数，增速按同口径计算。

8.限于我们的水平，本年鉴仍存在不足乃至错漏，希望读者不吝批评指正，帮助我们改进编辑工作，以期更好地为广大读者服务。

EDITOR'S NOTE

Ⅰ. The contents, pictures and lists of this book are translated into Chinese and English in order for the foreigners.

Ⅱ.*Shenzhen Statistical Yearbook 2022* contains comprehensive statistics of Shenzhen's social and economic development in 2021 and selected data of some important years and of the period after the establishment of the city. This book is composed of 19 parts. They include: 1. General Survey; 2.National Economic Accounting; 3.Population and Labor Force; 4.Industry and Energy; 5.Construction; 6.Transport, Postal and Telecommunication services; 7.Agriculture; 8.Investment in Fixed Assets; 9.Real Estate; 10.Commerce and Price; 11.Fiscal Revenue and Expenditure; 12.Finance and Insurance; 13.Foreign Trade and Tourism; 14.Labor Force and Wage; 15. Science and Technology; 16.Culture and Education; 17.Public Health, Social Security and Social Welfare; 18.Urban Constructions and Environmental Protection; 19.People's Livelihood. Interpretation of major statistical indicators attached is a useful tool for readers of this book.

Ⅲ.We adjust some important historical data based on the nearest data and state new statistical system. So in any case the data of this book shall be deemed as the authoritative ones.

Ⅳ.Statistical discrepancies in this book due to rounding are not adjusted.

Ⅴ.This book specially edit the fixed−base index, chain base index and average annual growth rate in order for the convinces by reader's usage.

Ⅵ.Notations used in the yearbook: "..." indicates that the figure is not large enough to be measured with the smallest unit in the table,and "blank space" indicates data are zero, or are not available, "#" indicates major item in a category.

Ⅶ.Since 2017, the population,the number of employed persons, the wages of employees, the "enterprise set of table" survey units, the gross domestic product (GDP) and the added value of sub−industries, the added value of strategic emerging industries, statistics of agriculture, industry, construction, investment in fixed assets, the total retail sales, electricity, energy consumption have included Shenzhen−Shanwei Special Cooperation Zone. The growth rate is calculated according to the same caliber.

Ⅷ.There are a lot of shortages and faults in the yearbook because of our limited level. For a better editing, we welcome all candid comments and criticism from our readers.

目　录
CONTENTS

二、国民经济核算
NATIONAL ECONOMIC ACCOUNTING

三 、人口和劳动力
POPULATION AND LABOR FORCE

五、建筑业
CONSTRUCTION

六、运输和邮电
TRANSPORT,POSTAL AND TELECOMMUNICATION SERVICES

七、农业
AGRICULTURE

八、固定资产投资
INVESTMENT IN FIXED ASSETS

九、房地产开发
REAL ESTATE DEVELOPMENT

十、商业和物价
COMMERCE AND PRICE

十一、财政收支
FISCAL REVENUE AND EXPENDITURE

十二、金融保险业
FINANCE AND INSURANCE

十三、对外经济贸易和旅游
FOREIGN TRADE AND TOURISM

十五、科学技术
SCIENCE AND TECHNOLOGY

十六、文化和教育
CULTURE AND EDUCATION

01 第一部分

综合

GENERAL SURVEY

CHAPTER

1-1 行政区划（2021年）

ADMINISTRATIVE DIVISION（2021）

单位：个 （unit）

地 区	Region	街道办事处 Urban Subdistrict Office	居民委员会 Neighbourhood Committees
全 市	**Total**	**74**	**787**
福田区	Futian	10	92
罗湖区	Luohu	10	112
盐田区	Yantian	4	23
南山区	Nanshan	8	107
宝安区	Baoan	10	140
龙岗区	Longgang	11	119
龙华区	Longhua	6	110
坪山区	Pingshan	6	23
光明区	Guangming	6	31
大鹏新区	Dapeng	3	25
深汕特别合作区	Shenzhen-Shanwei Special Cooperation Zone	4（镇）	5

1-2 分区调查土地面积、人口及人口密度（2021年）

SURVEY LAND AREA，POPULATION AND DENSITY OF POPULATION IN DISTRICTS（2021）

地 区	Region	调查土地面积(平方公里)（2018年）Survey Land Area (sq.km)（2018）	年末常住人口(万人) Year-end Permanent Population (10 000persons)	常住户籍人口 Permanent Registered Population	常住非户籍人口 Permanent Non-registered Population	人口密度(人/平方公里)(2018年) Density Of Population (person/sq.km)(2018)
全 市	**Total**	**1 997.47**	**1 768.16**	**556.39**	**1 211.77**	**6 484**
福田区	Futian	78.66	156.23	76.34	79.89	20 769
罗湖区	Luohu	78.75	114.82	52.03	62.79	13 205
盐田区	Yantian	74.99	21.54	9.19	12.35	3 239
南山区	Nanshan	187.53	181.41	90.59	90.81	7 965
宝安区	Baoan	396.61	448.29	98.48	349.81	8 214
龙岗区	Longgang	388.22	401.53	121.54	279.99	6 147
龙华区	Longhua	175.58	253.51	66.43	187.09	9 527
坪山区	Pingshan	166.31	56.65	14.17	42.48	2 684
光明区	Guangming	155.44	111.57	17.78	93.79	4 021
大鹏新区	Dapeng	295.38	15.94	4.79	11.14	518
深汕特别合作区	Shenzhen-Shanwei Special Cooperation Zone	—	6.68	5.05	1.63	—

注： 1. 按照国家目前的人口统计制度以及市政府《深圳市人口统计监测办法》，自2006年起，深圳常住户籍人口指拥有深圳红印户口，在深圳居住半年以上的人口。
Notes: Since 2006, according to the country's current demographic system and Shenzhen demographic monitoring methods promulgated by Shenzhen Municipal government, the data of permanent registered population refers to people who have registered and lived in Shenzhen over half a year.
2. 按照相关规定，从2016年开始，原常住人口中的户籍人口、非户籍人口名称分别改为常住户籍人口和常住非户籍人口。
Since 2016, according to relevant regulations, the figure of registered population and non-registered population has changed to the figure of permanent registered population and permanent non-registered population.
3. 全市人口密度不含深汕特别合作区。
Total density of population does not include Shenzhen-Shanwei Special Cooperation Zone.
4. 2020年常住户籍人口根据第七次全国人口普查结果及口径计算。
The population of permanent registered in 2020 is calculated based on the results of the seventh national census.

1-3 各时期国民经济和社会发展统计指标总量及年均增长速度

ANNUAL AVERAGE GROWTH RATE OF MAIN NATIONAL ECONOMIC AND SOCIAL DEVELOPMENT INDICATORS OF EACH PERIOD

年 份 Year		年末常住人口(万人) Year-end Permanent Population (10 000persons)	常住户籍人口 Permanent Registered Population	常住非户籍人口 Permanent Non-registered Population	年末就业人员合计 (万人) Number of Employed Persons (10 000persons)	#在岗职工 Fully Employed Staff and Workers
1979		31.41	31.26	0.15	13.95	4.02
1980		33.29	32.09	1.20	14.89	4.86
"六五" 时期	**"Sixth Five-year" Period**					
1981		36.69	33.39	3.30	15.36	5.31
1982		44.95	35.45	9.50	18.49	8.28
1983		59.52	40.52	19.00	22.37	12.57
1984		74.13	43.52	30.61	27.26	18.33
1985		88.15	47.86	40.29	32.61	22.66
年均增长速度(%)	**Annual Average Growth Rate(%)**	**21.5**	**8.3**	**101.9**	**17.0**	**36.1**
"七五" 时期	**"Seventh Five-year" Period**					
1986		93.56	51.45	42.11	36.04	25.88
1987		105.44	55.60	49.84	44.30	32.29
1988		120.14	60.14	60.00	54.53	41.74
1989		141.60	64.82	76.78	93.65	48.24
1990		167.78	68.65	99.13	109.22	55.41
年均增长速度(%)	**Annual Average Growth Rate(%)**	**13.7**	**7.5**	**19.7**	**27.3**	**19.6**
"八五" 时期	**"Eighth Five-year" Period**					
1991		226.76	73.22	153.54	149.32	64.89
1992		268.02	80.22	187.80	175.97	71.10
1993		335.97	87.69	248.28	220.81	78.11
1994		412.71	93.97	318.74	273.00	82.29
1995		449.15	99.16	349.99	298.51	88.75
年均增长速度(%)	**Annual Average Growth Rate(%)**	**21.8**	**7.6**	**28.7**	**22.3**	**9.9**
"九五" 时期	**"Ninth Five-year" Period**					
1996		482.89	103.38	379.51	322.12	89.13
1997		527.75	109.46	418.29	353.53	91.18
1998		580.33	114.60	465.73	390.33	91.93
1999		632.56	119.85	512.71	426.89	92.52
2000		701.24	124.92	576.32	474.97	93.36
年均增长速度(%)	**Annual Average Growth Rate(%)**	**9.3**	**4.7**	**10.5**	**9.7**	**1.3**
"十五" 时期	**"Tenth Five-year" Period**					
2001		724.57	132.04	592.53	491.30	94.88
2002		746.62	139.45	607.17	509.74	101.76
2003		778.27	150.93	627.34	535.89	108.20
2004		800.80	165.13	635.67	562.17	135.88
2005		827.75	181.93	645.82	576.26	165.38
年均增长速度(%)	**Annual Average Growth Rate(%)**	**3.4**	**7.8**	**2.3**	**3.9**	**10.4**
"十一五" 时期	**"Eleventh Five-year" Period**					
2006		871.10	196.83	674.27	609.76	184.25
2007		912.37	212.38	699.99	647.11	193.04
2008		954.28	228.07	726.21	682.35	198.35
2009		995.01	241.45	753.56	723.61	220.16
2010		1 037.20	251.03	786.17	781.45	251.09
年均增长速度(%)	**Annual Average Growth Rate(%)**	**4.6**	**6.7**	**4.0**	**6.3**	**8.7**
"十二五" 时期	**"Twelfth Five-year" Period**					
2011		1 122.94	267.90	855.04	825.41	261.43
2012		1 195.85	287.62	908.23	902.02	277.9
2013		1 257.17	310.47	946.70	953.33	445.84
2014		1 317.86	332.21	985.65	1 009.60	448.93
2015		1 408.05	354.99	1 053.06	1 083.35	447.41
年均增长速度(%)	**Annual Average Growth Rate(%)**	**6.3**	**7.2**	**6.0**	**6.8**	**12.2**
"十三五" 时期	**"Thirteenth Five-year"Period**					
2016		1 495.35	384.52	1 110.83	1 141.42	442.55
2017		1 587.31	434.72	1 152.59	1 207.79	447.32
2018		1 666.12	454.70	1 211.42	1 214.49	466.91
2019		1 710.40	494.78	1 215.62	1 230.29	475.04
2020		1 763.38	514.10	1 249.28	1 239.61	488.66
年均增长速度(%)	**Annual Average Growth Rate(%)**	**4.5**	**7.3**	**3.5**	**2.7**	**1.8**
"十四五" 时期	**"Thirteenth Five-year"Period**					
2021		1 768.16	556.39	1 211.77	1 245.42	499.17
以1979年为基期年平均增长速度(%)	**Annual Average Growth Rate from 1979(%)**	**10.1**	**7.1**	**23.9**	**11.3**	**12.2**

1-3 续表1 CONTINUED

年 份 Year		地区生产总值(万元) Gross Domestic Product (10 000yuan)	第一产业 Primary Industry	第二产业 Secondary Industry	第三产业 Tertiary Industry	人均地区生产总值(元) Gross Domestic Product Per Capita (yuan)	固定资产投资额(万元) Investment in Fixed Assets (10 000yuan)	#房地产开发投资 Investment in Real Estate Development
1979		19 638	7 273	4 017	8 348	606	5 938	
1980		27 012	7 803	7 036	12 173	835	13 801	
“六五” 时期	**"Sixth Five-year" Period**							
1981		49 576	13 343	16 019	20 214	1 417	29 684	
1982		82 573	18 960	31 439	32 174	2 023	73 750	
1983		131 212	22 614	55 848	52 750	2 512	108 320	
1984		234 161	25 932	106 606	101 623	3 504	194 572	
1985		390 222	26 111	163 586	200 525	4 809	333 235	
年均增长速度(%)	**Average Annual Growth Rate(%)**	**50.3**	**13.8**	**86.9**	**49.2**	**25.1**	**89.0**	
“七五” 时期	**"Seventh Five-year" Period**							
1986		416 451	32 907	163 185	220 359	4 584	248 551	
1987		559 015	46 519	220 463	292 033	5 349	285 193	
1988		869 807	57 005	359 230	453 572	6 477	436 191	
1989		1 156 565	68 615	505 361	582 589	6 710	499 919	
1990		1 716 665	70 220	769 319	877 126	8 724	623 380	112 000
年均增长速度(%)	**Average Annual Growth Rate(%)**	**22.4**	**8.7**	**33.1**	**16.2**	**7.6**	**13.3**	
“八五” 时期	**"Eighth Five-year" Period**							
1991		2 366 630	808 36	1 126 084	1 159 710	11 997	912 324	255 600
1992		3 173 194	105 914	1 522 432	1 544 848	12 827	1 782 322	714 900
1993		4 531 445	108 615	2 420 214	2 002 616	15 005	2 477 875	1 027 700
1994		6 346 711	134 152	3 357 972	2 854 587	16 954	2 819 413	1 304 600
1995		8 427 933	124 122	4 223 744	4 080 067	19 558	2 758 243	1 030 368
年均增长速度(%)	**Average Annual Growth Rate(%)**	**30.9**	**-0.6**	**33.4**	**29.6**	**6.7**	**34.6**	**55.9**
“九五” 时期	**"Ninth Five-year" Period**							
1996		10 505 121	148 796	5 081 045	5 275 280	22 542	3 275 270	1 248 251
1997		13 023 008	147 660	6 209 018	6 666 330	25 772	3 930 657	1 366 545
1998		15 449 472	151 764	7 508 019	7 789 689	27 885	4 803 901	1 674 854
1999		18 246 876	150 445	9 154 443	8 941 988	30 088	5 695 878	2 152 541
2000		22 192 015	155 656	11 087 644	10 948 715	33 276	6 771 205	2 609 694
年均增长速度(%)	**Average Annual Growth Rate(%)**	**16.5**	**2.9**	**17.2**	**15.8**	**6.7**	**19.7**	**20.4**
“十五” 时期	**"Tenth Five-year" Period**							
2001		25 229 474	160 413	12 583 983	12 485 078	35 390	6 863 749	3 156 364
2002		30 172 384	166 587	14 980 113	15 025 684	41 018	7 881 459	3 884 445
2003		36 401 435	142 048	18 562 162	17 697 225	47 743	9 491 016	4 126 636
2004		43 502 928	123 264	22 643 124	20 736 540	55 099	10 925 571	4 342 432
2005		50 357 678	97 385	27 096 861	23 163 432	61 844	11 823 245	4 236 865
年均增长速度(%)	**Average Annual Growth Rate(%)**	**16.4**	**-9.0**	**19.2**	**13.6**	**11.9**	**11.8**	**10.2**
“十一五” 时期	**"Eleventh Five-year" Period**							
2006		59 206 612	68 851	31 449 697	27 688 064	69 702	12 736 693	4 620 940
2007		69 252 268	77 374	35 135 153	34 039 741	77 660	13 450 037	4 610 422
2008		79 414 328	77 952	39 702 375	39 634 001	85 088	14 676 043	4 404 897
2009		85 144 707	63 527	40 003 477	45 077 703	87 360	17 091 514	4 374 590
2010		100 690 553	61 069	47 279 430	53 350 054	99 095	19 447 008	4 584 693
年均增长速度(%)	**Annual Average Growth Rate(%)**	**13.5**	**-17.2**	**13.4**	**13.7**	**8.6**	**10.5**	**1.6**
“十二五” 时期	**"Twelfth Five-year" Period**							
2011		119 228 085	62 231	56 019 374	63 146 480	110 389	20 609 180	5 147 362
2012		134 962 675	61 302	60 453 948	74 447 425	116 407	23 144 319	7 368 421
2013		152 342 436	63 504	66 647 456	85 631 476	124 208	24 901 970	8 769 002
2014		167 953 507	57 579	72 321 670	95 574 258	130 448	27 174 226	10 694 855
2015		184 368 359	72 084	76 874 089	107 422 186	135 271	32 983 076	13 310 333
年均增长速度(%)	**Average Annual Growth Rate(%)**	**9.8**	**-7.3**	**8.8**	**10.6**	**3.5**	**11.1**	**23.8**
“十三五” 时期	**"Thirteenth Five-year"Period**							
2016		206 857 358	82 840	83 240 899	123 533 619	142 494	40 781 638	17 565 209
2017		232 802 719	195 721	93 375 209	139 231 789	150 739	51 473 152	21 358 565
2018		252 660 771	226 072	99 958 664	152 476 035	155 320	20.6	23.6
2019		269 923 266	255 772	104 019 993	165 647 501	159 883	18.8	15.9
2020		277 590 153	255 873	103 806 547	173 527 733	159 820	8.2	16.4
年均增长速度(%)	**Annual Average Growth Rate(%)**	**7.1**	**6.6**	**6.5**	**7.5**	**2.1**	**-**	**-**
“十四五” 时期	**"Thirteenth Five-year"Period**							
2021		306 648 538	265 902	113 385 888	192 996 747	173 663	3.7	−15.4
以1979年为基期年平均增长速度(%)	**Annual Average Growth Rate from 1979(%)**	**20.7**	**-0.5**	**25.8**	**20.2**	**9.8**	**-**	**-**

注：固定资产投资额及房地产投资额2018年及以后为增长速度（%）。

Note：The data of Investment in Fixed Assets and in Real Estate Development is growth rate from 2018（%）.

1-3 续表2 CONTINUED

年 份 Year		地方一般公共预算收入(万元) Local Financial Revenue (10 000yuan)	地方一般公共预算支出(万元) Local Financial Expenditure (10 000yuan)	农林牧渔业总产值(万元) Gross Output Value of Agriculture,Forestry, Animal Husbandry and Fishery (10 000yuan)	规模以上工业总产值(万元) Gross Output Value of Industry Above Designated Size (10 000yuan)	社会消费品零售总额(万元) Retail Sales of Consumer Goods (10 000yuan)
1979		1 721	2 971	13 106	6 061	11 259
1980		3 043	4 003	16 938	8 444	19 615
“六五”时期	**"Sixth Five-year" Period**					
1981		8 787	8 411	24 181	24 282	34 229
1982		9 163	8 815	26 929	36 212	54 185
1983		15 605	15 025	29 083	72 041	123 794
1984		29 435	27 954	40 416	166 803	201 107
1985		62 894	58 651	45 821	241 213	265 642
年均增长速度(%)	**Annual Average Growth Rate(%)**	**83.3**	**71.1**	**9.1**	**99.4**	**68.4**
“七五”时期	**"Seventh Five-year" Period**					
1986		74 160	68 073	49 552	330 454	273 712
1987		87 521	69 688	73 772	547 722	324 364
1988		146 521	110 992	99 404	993 775	502 430
1989		228 668	173 007	108 015	1 440 533	545 741
1990		217 037	198 073	119 205	2 104 696	667 580
年均增长速度(%)	**Annual Average Growth Rate(%)**	**28.1**	**27.6**	**14.9**	**46.3**	**20.2**
“八五”时期	**"Eighth Five-year" Period**					
1991		273 291	243 012	143 063	3 077 749	828 341
1992		429 599	420 035	185 297	4 198 920	1 939 506
1993		672 507	593 327	192 880	6 550 051	2 760 596
1994		743 992	746 181	224 776	9 939 113	3 778 706
1995		880 174	934 041	232 653	11 106 974	4 634 355
年均增长速度(%)	**Annual Average Growth Rate(%)**	**32.3**	**36.4**	**-0.4**	**33.9**	**32.7**
“九五”时期	**"Ninth Five-year" Period**					
1996		1 317 490	1 380 376	273 246	12 992 240	5 293 512
1997		1 420 557	1 394 181	270 889	15 175 861	5 906 244
1998		1 643 884	1 767 714	298 174	20 519 485	6 539 123
1999		1 842 085	2 108 978	299 662	23 006 355	7 361 785
2000		2 219 184	2 250 441	311 359	29 502 786	8 537 247
年均增长速度(%)	**Annual Average Growth Rate(%)**	**20.3**	**19.2**	**6.0**	**20.8**	**13.0**
“十五”时期	**"Tenth Five-year" Period**					
2001		2 624 944	2 537 019	327 111	36 141 861	9 727 119
2002		2 659 287	3 077 761	340 757	43 180 816	11 087 719
2003		2 908 370	3 489 526	337 406	63 514 355	13 023 364
2004		3 214 680	3 775 720	299 939	80 205 911	15 080 237
2005		4 123 785	5 991 560	217 369	98 675 451	17 546 748
年均增长速度(%)	**Annual Average Growth Rate(%)**	**13.2**	**21.6**	**-**	**24.7**	**15.5**
“十一五”时期	**"Eleventh Five-year" Period**					
2006		5 008 827	5 714 231	180 017	119 286 001	20 513 548
2007		6 580 555	7 279 677	171 380	139 580 064	23 460 986
2008		8 003 603	8 898 555	187 859	158 601 076	27 984 708
2009		8 808 168	10 008 394	154 760	154 162 429	31 634 781
2010		11 068 166	12 660 668	150 467	185 268 200	36 360 972
年均增长速度(%)	**Annual Average Growth Rate(%)**	**21.8**	**16.1**	**-**	**12.0**	**15.7**
“十二五”时期	**"Twelfth Five-year" Period**					
2011		13 395 728	15 905 599	152 533	204 307 516	42 451 855
2012		14 820 800	15 690 071	148 572	213 637 447	49 188 894
2013		17 312 618	16 908 280	139 479	230 952 085	55 390 633
2014		20 827 326	21 661 841	129 156	247 775 911	61 457 836
2015		27 268 543	35 216 708	159 515	255 424 444	64 231 050
年均增长速度(%)	**Annual Average Growth Rate(%)**	**19.8**	**22.7**	**-**	**7.4**	**12.1**
“十三五”时期	**"Thirteenth Five-year"Period**					
2016		31 364 923	42 110 429	190 940	272 922 943	70 021 463
2017		33 321 303	45 938 003	388 609	321 191 539	77 895 215
2018		35 384 414	42 825 598	424 606	354 390 190	85 195 000
2019		37 733 831	45 527 336	481 641	373 261 578	91 444 581
2020		38 574 618	41 784 235	488 467	384 607 880	86 648 297
年均增长速度(%)	**Annual Average Growth Rate(%)**	**7.9**	**3.5**	**-**	**5.7**	**6.2**
“十四五”时期	**"Thirteenth Five-year"Period**					
2021		42 576 972	45 702 233	462 885	424 539 555	94 981 156
以1979年为基期年平均增长速度(%)	**Annual Average Growth Rate from 1979(%)**	**27.3**	**25.8**	**-**	**28.3**	**22.5**

年　份 Year		全社会货运量(万吨) Freight Traffic Volume (10 000tons)	全社会客运量(万人) Passenger Traffic (10 000person)	港口货物吞吐量(万吨) Cargo Handled at Seaport (10 000tons)	邮电业务总量(万元) Revenue from Postal and Telecommunic-ations Services (10 000yuan)	进出口总额(万美元) Total Imports and Exports (USD10 000)	出口总额 Exports	进口总额 Imports
1979				10	138	1 676	930	746
1980				30	190	1 751	1 124	627
“六五”时期	**"Sixth Five-year" Period**							
1981				70	340	2 807	1 745	1 062
1982				91	520	2 534	1 597	937
1983				141	567	78 642	6 230	72 412
1984				210	923	107 247	26 539	80 708
1985				327	1 761	130 632	56 340	74 292
年均增长速度(%)	**Annual Average Growth Rate(%)**			**36.1**	**56.1**	**136.9**	**118.8**	**159.9**
“七五”时期	**"Seventh Five-year" Period**							
1986		1 521	3 973	302	2 633	184 696	72 552	112 144
1987		1 627	4 268	485	4 880	255 784	141 354	114 430
1988		1 704	5 858	734	14 826	344 277	184 949	159 328
1989		1 383	6 349	956	21 293	375 259	217 428	157 831
1990		1 349	8 833	1 292	55 356	1 570 136	815 165	754 971
年均增长速度(%)	**Annual Average Growth Rate(%)**			**31.6**	**78.9**	**33.2**	**39.7**	**27.2**
“八五”时期	**"Eighth Five-year" Period**							
1991		1 486	6 400	1 563	84 927	1 947 635	986 240	961 395
1992		1 801	8 135	1 956	114 492	2 357 562	1 200 019	1 157 543
1993		2 050	10 218	2 541	174 045	2 820 392	1 421 776	1 398 616
1994		2 604	8 531	3 002	259 432	3 498 281	1 830 921	1 667 360
1995		3 542	8 261	3 080	368 945	3 876 960	2 052 736	1 824 224
年均增长速度(%)	**Annual Average Growth Rate(%)**	**21.3**	**-1.3**	**19.0**	**46.1**	**19.8**	**20.3**	**19.3**
“九五”时期	**"Ninth Five-year" Period**							
1996		3 647	8 281	3 021	462 261	3 905 342	2 120 781	1 784 561
1997		3 853	8 515	3 357	610 111	4 500 921	2 561 844	1 939 077
1998		4 050	8 484	3 444	764 658	4 527 417	2 639 611	1 887 806
1999		4 274	8 754	4 663	982 686	5 042 750	2 820 811	2 221 939
2000		4 697	9 346	5 697	1 336 000	6 393 982	3 456 333	2 937 649
年均增长速度(%)	**Annual Average Growth Rate(%)**	**5.8**	**2.5**	**13.1**	**29.4**	**10.5**	**11.0**	**10.0**
“十五”时期	**"Tenth Five-year" Period**							
2001		5 147	9 869	6 643	1 419 000	6 861 055	3 747 955	3 113 100
2002		5 683	10 632	8 767	1 644 200	8 723 148	4 655 704	4 067 444
2003		6 478	10 471	11 220	1 980 300	11 739 941	6 296 201	5 443 733
2004		7 168	12 019	13 537	2 660 100	14 728 302	7 784 632	6 943 670
2005		8 249	12 602	15 351	3 208 000	18 281 689	10 151 829	8 129 860
年均增长速度(%)	**Annual Average Growth Rate(%)**	**15.9**	**6.2**	**21.9**	**26.3**	**23.4**	**24.0**	**22.6**
“十一五”时期	**"Eleventh Five-year" Period**							
2006		11 429	13 965	17 598	3 795 000	23 738 573	13 609 556	10 129 017
2007		13 678	15 056	19 994	5 135 400	28 753 345	16 849 299	11 904 046
2008		19 570	154 283	21 125	6 117 500	29 995 499	17 971 995	12 023 504
2009		22 367	146 316	19 365	6 765 200	27 016 306	16 197 825	10 818 481
2010		26 174	156 203	22 098	2 937 000	34 674 930	20 418 355	14 256 575
年均增长速度(%)	**Annual Average Growth Rate(%)**	**-**	**-**	**7.6**	**20.5**	**13.5**	**14.8**	**10.8**
“十二五”时期	**"Twelfth Five-year" Period**							
2011		28 901	168 447	22 325	3 562 600	41 409 312	24 551 760	16 857 552
2012		28 678	184 982	22 807	5 635 800	46 683 020	27 136 163	19 546 857
2013		27 512	12 059	23 398	6 229 900	53 747 437	30 570 191	23 177 246
2014		29 382	15 103	22 324	7 619 900	48 774 049	28 436 157	20 337 892
2015		32 475	16 511	21 706	10 403 200	44 245 863	26 403 895	17 841 968
年均增长速度(%)	**Annual Average Growth Rate(%)**	**-**	**-**	**-0.4**	**-**	**5.0**	**5.3**	**4.5**
“十三五”时期	**"Thirteenth Five-year"Period**							
2016		31 163	16 979	21 410	17 150 200	39 843 893	23 754 674	16 089 218
2017		32 269	18 160	24 136	16 455 500	41 414 596	24 435 790	16 978 806
2018		32 764	19 864	25 127	27 824 427	45 372 921	24 604 111	20 768 810
2019		43 529	21 284	25 785	40 390 310	43 147 567	24 212 399	18 935 168
2020		41 483	13 750	26 506	44 702 800	44 080 709	24 531 052	19 549 657
年均增长速度(%)	**Annual Average Growth Rate(%)**	**-**	**-**	**4.1**	**-**	**-0.1**	**-1.4**	**1.8**
“十四五”时期	**"Thirteenth Five-year"Period**							
2021		43 960	13 373	27 838	12 831 748	54 857 734	29 821 230	25 036 505
以1979年为基期年平均增长速度(%)	**Annual Average Growth Rate from 1979(%)**	**-**	**-**	**20.8**	**-**	**24.9**	**25.0**	**24.8**

年 份 Year		国内金融机构人民币存款(万元) RMB deposits of domestic financial institutions (10 000yuan)	国内金融机构人民币贷款(万元) RMB loans of domestic financial institutions (10 000yuan)	医院数(个) Hospital (unit)	医院病床(张) Hospital Beds (unit)	卫生技术人员(人) Medical Technical Personnel (person)	# 执业医师(人) Licensed Doctors (person)
1979		10 125	7 523	25	597	988	364
1980		20 284	13 422	24	643	1 088	438
"六五"时期	**"Sixth Five-year" Period**						
1981		48 713	23 944	24	790	1 270	518
1982		63 707	63 013	26	717	1 609	708
1983		112 554	119 471	30	1 023	2 343	1 073
1984		349 763	451 034	29	1 634	3 064	1 484
1985		302 567	537 014	31	1 885	3 857	1 862
年均增长速度(%)	**Annual Average Growth Rate(%)**	**71.7**	**109.1**	**5.3**	**24.0**	**28.8**	**33.6**
"七五"时期	**"Seventh Five-year" Period**						
1986		551 112	730 855	32	2 028	4 657	2 217
1987		808 545	1 065 176	34	2 225	5 117	2 408
1988		1 317 381	1 536 202	35	2 496	5 715	2 754
1989		1 376 310	1 789 834	35	2 838	6 451	3 103
1990		1 946 923	2 386 157	38	3 108	6 996	3 426
年均增长速度(%)	**Annual Average Growth Rate(%)**	**45.1**	**34.8**	**4.2**	**10.5**	**12.6**	**13.0**
"八五"时期	**"Eighth Five-year" Period**						
1991		3 009 164	2 797 500	41	3 498	7 618	3 737
1992		5 504 616	3 707 067	45	4 466	8 571	4 247
1993		6 573 461	5 015 868	45	5 168	9 888	4 798
1994		9 333 699	6 421 390	48	6 040	11 034	5 347
1995		12 029 322	7 863 364	63	6 640	12 449	6 050
年均增长速度(%)	**Annual Average Growth Rate(%)**	**43.9**	**26.9**	**10.6**	**16.4**	**12.2**	**12.0**
"九五"时期	**"Ninth Five-year" Period**						
1996		15 334 600	9 652 000	65	7 105	14 652	7 266
1997		18 227 000	12 025 800	72	7 813	14 932	7 400
1998		22 383 700	15 503 700	72	8 353	14 975	7 191
1999		25 589 900	18 481 600	71	8 720	15 143	7 062
2000		31 690 000	22 921 800	72	9 616	15 720	7 418
年均增长速度(%)	**Annual Average Growth Rate(%)**	**21.4**	**23.9**	**2.7**	**7.7**	**4.8**	**4.2**
"十五"时期	**"Tenth Five-year" Period**						
2001		40 925 700	28 607 500	75	10 542	17 135	8 097
2002		49 527 300	35 142 800	77	11 808	18 615	7 853
2003		60 794 800	45 250 500	85	12 607	21 234	8 909
2004		71 007 500	52 427 700	87	14 186	22 895	9 846
2005		84 781 600	61 680 400	97	15 577	25 681	10 961
年均增长速度(%)	**Annual Average Growth Rate(%)**	**21.8**	**21.9**	**6.1**	**10.1**	**10.3**	**8.1**
"十一五"时期	**"Eleventh Five-year" Period**						
2006		95 404 200	67 553 200	99	16 193	43 266	16 238
2007		114 957 900	79 654 500	101	16 766	46 877	17 450
2008		130 112 400	90 584 600	100	18 435	50 608	18 807
2009		169 381 900	116 463 400	101	19 872	53 778	19 963
2010		202 107 500	137 081 600	107	21 166	54 081	20 122
年均增长速度(%)	**Annual Average Growth Rate(%)**	**19.0**	**17.3**	**2.0**	**6.3**	**16.1**	**12.9**
"十二五"时期	**"Twelfth Five-year" Period**						
2011		227 823 900	157 149 600	110	22 322	58 059	21 517
2012		259 102 400	173 054 700	115	26 124	61 961	22 831
2013		298 309 900	198 035 800	117	27 079	65 782	24 221
2014		445 892 900	228 053 900	122	28 853	69 936	25 728
2015		518 061 800	271 299 900	123	31 425	74 884	27 834
年均增长速度(%)	**Annual Average Growth Rate(%)**	**-**	**-**	**2.8**	**8.2**	**6.7**	**6.7**
"十三五"时期	**"Thirteenth Five-year"Period**						
2016		577 933 000	340 342 900	134	38 124	78 826	29 300
2017		627 604 000	399 406 100	135	39 899	85 282	31 838
2018		668 905 100	470 245 800	139	43 569	93 660	34 747
2019		776 717 100	546 023 600	144	47 366	102 788	38 519
2020		950 969 400	630 918 200	144	57 642	106 261	40 757
年均增长速度(%)	**Annual Average Growth Rate(%)**	**12.9**	**18.4**	**3.2**	**12.9**	**7.2**	**7.9**
"十四五"时期	**"Thirteenth Five-year"Period**						
2021		1 053 220 900	722 181 700	145	58 795	113 284	43 728
以1979年为基期年平均增长速度(%)	**Annual Average Growth Rate from 1979(%)**	**-**	**-**	**4.3**	**11.5**	**12.0**	**12.1**

注：2015年起，人民银行调整了金融机构存贷款统计口径，2014年数据相应调整。

Note:From 2015, the statistical range of RMB deposits(loans) of domestic financial institutions have been adjusted, the data of 2014 have been adjusted by the same caliber.

1-3 续表5 CONTINUED

年 份 Year	在校学生数(人) (person) Students Enrollment 普通高等学校 Institutions of Higher Education	普通中学 Regular Secondary Schools	小 学 Primary Schools	城镇单位在岗职工工资总额(万元) Total Wage Bill of Fully Employed Staff and Workers in Urban Units (10 000yuan)	在岗职工年平均工资(元) Average Wage of Fully Employed Staff and Workers (yuan)	居民人均可支配收入(元) Per Capita Disposable Income of Residents (yuan)
1979		13 686	47 022	2 952	769	
1980		12 296	49 168	4 366	979	
"六五"时期 "Sixth Five-year" Period						
1981		13 088	51 560	5 930	1 132	
1982		17 080	54 538	10 000	1 366	
1983	216	20 982	56 319	16 142	1 545	
1984	1 236	27 636	62 021	35 306	2 179	
1985	3 206	35 334	70 277	51 912	2 418	1 915
年均增长速度(%) Annual Average Growth Rate(%)		**23.5**	**7.4**	**64.1**	**19.8**	
"七五"时期 "Seventh Five-year" Period						
1986	3 478	40 208	77 884	59 773	2 452	1 817
1987	4 330	44 910	84 601	80 013	2 677	2 091
1988	4 710	43 267	96 474	134 218	3 388	2 569
1989	4 419	45 056	104 041	179 042	3 858	3 657
1990	3 964	46 473	111 711	227 392	4 304	4 127
年均增长速度(%) Annual Average Growth Rate(%)	**4.3**	**5.6**	**9.7**	**34.4**	**12.2**	**16.6**
"八五"时期 "Eighth Five-year" Period						
1991	3 779	50 625	118 460	307 950	5 016	4 564
1992	3 653	55 857	127 978	403 790	5 931	5 783
1993	3 680	60 337	139 272	619 647	8 145	7 737
1994	4 227	66 073	147 186	852 332	10 572	10 503
1995	5 291	71 540	157 210	1 076 083	12 276	12 771
年均增长速度(%) Annual Average Growth Rate(%)	**5.9**	**9.0**	**7.1**	**36.5**	**23.3**	**25.3**
"九五"时期 "Ninth Five-year" Period						
1996	6 493	76 949	170 983	1 284 558	14 507	16 296
1997	7 601	82 155	190 192	1 479 515	16 531	18 579
1998	8 497	86 009	215 652	1 674 771	18 381	19 214
1999	10 568	91 260	256 060	1 890 338	20 714	19 520
2000	14 123	106 996	313 852	2 113 366	23 039	20 906
年均增长速度(%) Annual Average Growth Rate(%)	**21.7**	**8.4**	**14.8**	**14.6**	**13.2**	**10.4**
"十五"时期 "Tenth Five-year" Period						
2001	18 743	126 190	363 657	2 441 713	25 941	22 760
2002	26 778	150 654	415 097	2 832 799	28 218	24 941
2003	32 106	179 628	469 684	3 259 896	30 611	25 936
2004	41 251	211 224	526 419	4 192 834	31 928	27 596
2005	45 314	240 508	566 278	5 167 453	32 476	21 494
年均增长速度(%) Annual Average Growth Rate(%)	**26.3**	**17.6**	**12.5**	**18.1**	**7.4**	**7.5**
"十一五"时期 "Eleventh Five-year" Period						
2006	51 220	256 630	564 891	6 296 568	35 107	22 567
2007	58 910	279 180	575 160	7 335 805	38 798	24 301
2008	64 675	298 939	585 852	8 674 142	43 454	26 729
2009	66 952	316 024	589 481	10 029 764	46 723	29 245
2010	67 324	334 752	618 459	12 338 778	50 456	32 381
年均增长速度(%) Annual Average Growth Rate(%)	**8.2**	**6.8**	**1.8**	**19.0**	**9.2**	**8.5**
"十二五"时期 "Twelfth Five-year" Period						
2011	70 004	346 942	651 307	14 384 948	55 143	36 505
2012	75 570	359 643	683 058	16 421 777	59 010	40 742
2013	82 401	371 735	730 232	28 135 080	62 619	44 653
2014	87 674	378 690	793 178	32 879 754	72 651	40 948
2015	90 511	385 221	864 841	36 627 244	81 034	44 633
年均增长速度(%) Annual Average Growth Rate(%)	**6.1**	**2.8**	**6.9**	**24.3**	**9.9**	**-**
"十三五"时期 "Thirteenth Five-year"Period						
2016	91 883	396 455	910 974	39 940 453	89 757	48 695
2017	96 702	417 641	964 510	44 697 603	100 173	52 938
2018	103 829	448 004	1 027 969	52 364 784	111 709	57 544
2019	113 214	477 390	1 068 992	61 109 638	127 757	62 522
2020	136 184	517 630	1 091 179	68 054 574	139 436	64 878
年均增长速度(%) Annual Average Growth Rate(%)	**8.5**	**6.1**	**4.8**	**13.2**	**11.5**	**7.8**
"十四五"时期 "Thirteenth Five-year"Period						
2021	145 181	563 174	1 133 041	77 523 407	155 563	70 847
以1979年为基期年平均增长速度(%) Annual Average Growth Rate from 1979(%)	**18.7**	**9.3**	**7.9**	**27.2**	**13.5**	**-**

注： 1.普通高等学校在校学生数年平均增长速度以1983年为基期。
Notes:Annual average growth rate of the student number in institutions of higher education is based on 1983.
2.居民人均可支配收入2014年起为城乡一体化住户调查新口径数据。
Per Capita Disposable Income of Resident has been a new caliber of Urban-rural Integration Household Survey since 2014.

1-4 主要年份国民经济主要指标比例关系

PERCENTAGE OF MAIN NATIONAL ECONOMIC INDICATORS IN MAIN YEARS

年 份 Year	以就业人员人数为100 Employed Persons=100			以地区生产总值为100 Gross Domestic Product=100			以固定资产投资总额为100 Investment in Fixed Assets=100	
	第一产业 Primary Industry	第二产业 Secondary Industry	第三产业 Tertiary Industry	第一产业 Primary Industry	第二产业 Secondary Industry	第三产业 Tertiary Industry	非房地产开发项目 Non-Real Estate Development	房地产开发项目 Real Estate Development
1979				37.0	20.5	42.5	100.0	
1980				28.9	26.0	45.1	100.0	
1985				6.7	41.9	51.4	100.0	
1990	6.1	69.8	24.1	4.1	44.8	51.1	82.0	18.0
1995	1.5	66.0	32.5	1.5	50.1	48.4	62.6	37.4
2000	0.8	57.0	42.2	0.7	50.0	49.3	61.5	38.5
2001	0.7	55.7	43.6	0.6	49.9	49.5	54.0	46.0
2002	0.8	55.8	43.5	0.6	49.6	49.8	50.7	49.3
2003	0.8	57.0	42.2	0.4	51.0	48.6	56.5	43.5
2004	0.5	57.6	41.9	0.3	52.0	47.7	60.3	39.7
2005	0.5	57.7	41.8	0.2	53.8	46.0	64.2	35.8
2006	0.3	57.4	42.3	0.1	53.1	46.8	63.7	36.3
2007	0.1	54.1	45.8	0.1	50.7	49.2	65.7	34.3
2008	0.1	54.1	45.8	0.1	50.0	49.9	70.0	30.0
2009	0.1	53.9	46.0	0.1	47.0	52.9	74.4	25.6
2010	...	51.5	48.4	0.1	46.9	53.0	76.4	23.6
2011	...	47.2	52.8	0.1	47.0	52.9	75.0	25.0
2012	...	44.4	55.6	...	44.8	55.2	68.2	31.8
2013	...	41.4	58.6	...	43.8	56.2	64.8	35.2
2014	...	39.3	60.6	...	43.1	56.9	60.6	39.4
2015	...	39.9	60.1	...	41.7	58.3	59.6	40.4
2016	...	38.0	62.0	...	40.3	59.7	56.9	43.1
2017	0.1	37.9	62.0	0.1	40.1	59.8	58.5	41.5
2018	0.1	37.3	62.6	0.1	39.6	60.3	57.3	42.7
2019	0.1	38.6	61.3	0.1	38.5	61.4	58.4	41.6
2020	0.1	38.6	61.3	0.1	37.4	62.5	55.2	44.8
2021	0.1	39.1	60.8	0.1	37.0	62.9	63.5	36.5

1-4 续表 CONTINUED

年 份 Year	以货运量为100 Freight Traffic=100			
	铁路 Railways	公路 Highways	水运 Waterways	民航 Civil Aviation
1979				
1980				
1985				
1990	10.9	78.2	10.9	
1995	6.2	76.8	16.9	0.1
1996	5.8	77.1	17.0	0.1
1997	7.0	76.8	16.1	0.1
1998	6.4	79.3	14.2	0.1
1999	6.0	81.5	12.3	0.1
2000	6.0	81.4	12.5	0.1
2001	5.7	82.9	11.3	0.1
2002	4.8	84.8	10.3	0.1
2003	4.9	83.9	11.1	0.1
2004	4.9	83.2	11.7	0.2
2005	4.8	83.4	11.7	0.2
2006	2.7	69.3	27.8	0.2
2007	2.4	67.8	29.6	0.2
2008	2.1	76.6	21.2	0.2
2009	2.1	78.8	18.8	0.2
2010	1.5	75.8	22.4	0.3
2011	1.4	75.0	23.3	0.3
2012	1.4	76.7	21.7	0.2
2013	1.3	73.0	25.4	0.2
2014	0.4	71.4	27.9	0.3
2015	0.2	76.3	23.3	0.2
2016	0.3	76.3	23.1	0.3
2017	0.2	74.2	25.3	0.3
2018	0.2	75.1	24.3	0.3
2019	0.3	79.7	19.7	0.3
2020	0.3	79.5	19.9	0.3
2021	0.3	79.2	20.2	0.3

1-5 主要年份国民经济和社会发展主要指标平均每人水平

PER CAPITA MAIN NATIONAL ECONOMIC AND SOCIAL DEVELOPMENT INDICATORS IN MAIN YEARS

单位：元 (yuan)

年 份 Year	地区生产总值 Gross Domestic Product	农林牧渔业总产值 Gross Output Value of Griculture,Forestry, Animal Husbandry and Fishery	规模以上工业总产值 Gross Output Value of Industry Above Designated Size	社会消费品零售总额 Retail Sales of Consumer Goods	城镇单位在岗职工年平均工资 Average Wage Bill of Fully Employed Staff and Workers in Urban Units	居民可支配收入 Per Capita Disposable Income of Residents
1980	835	524	261	606	979	
1985	4 809	565	2 973	3 274	2 418	1 915
1990	8 724	606	13 606	3 393	4 304	4 127
1995	19 558	540	25 774	10 754	12 276	12 771
2000	33 276	467	44 239	12 801	23 039	20 906
2001	35 390	459	50 697	13 644	25 941	22 760
2002	41 018	463	58 702	15 073	28 218	24 941
2003	47 743	443	83 304	17 081	30 611	25 936
2004	55 099	380	101 586	19 100	31 928	27 596
2005	61 844	267	121 182	21 549	32 476	21 494
2006	69 702	211	140 431	24 150	35 107	22 567
2007	77 660	192	156 526	26 309	38 798	24 301
2008	85 088	201	169 931	29 984	43 454	26 729
2009	87 360	159	158 173	32 458	46 723	29 245
2010	99 095	148	181 745	35 775	50 456	32 381
2011	110 389	140	188 025	39 198	55 143	36 505
2012	116 407	127	183 248	42 150	59 010	40 742
2013	124 208	113	187 329	44 891	62 619	44 653
2014	130 448	100	191 511	47 470	72 651	40 948
2015	135 271	117	186 556	46 889	81 034	44 633
2016	142 494	131	187 208	48 014	89 757	48 695
2017	150 739	252	207 970	50 428	100 173	52 938
2018	155 320	261	217 856	52 372	111 709	57 544
2019	159 883	285	221 092	54 165	127 757	62 522
2020	159 820	281	221 435	49 887	139 436	64 878
2021	173 663	262	240 427	53 790	155 563	70 847

1-6 主要年份国民经济和社会发展主要指标平均每天水平

AVERAGE DAILY LEVEL OF MAIN NATIONAL ECONOMIC AND SOCIAL DEVELOPMENT INDICATORS IN MAIN YEARS

年 份 Year	地区生产总值 (万元) Gross Domestic Product (10 000yuan)	规模以上工业总产值(万元) Gross Output Value of Industry Above Designated Size (10 000yuan)	农林牧渔业总产值 (万元) Gross Output Value of Agriculture,Forestry, Animal Husbandry and Fishery (10 000yuan)	地方一般公共预算收入(万元) Local Financial Revenue (10 000yuan)	货运量 (万吨) Freight Traffic (10 000tons)	客运量 (万人) Passengers Traffic (10 000 person-times)
1979	54	17	36	5		
1980	74	23	46	8		
1985	1 069	661	126	172		
1990	4 703	5 766	327	595	3.70	24.20
1995	23 090	30 430	637	2 411	9.70	22.63
2000	60 800	80 830	853	6 080	12.87	25.61
2001	69 122	99 019	896	7 192	14.10	27.04
2002	82 664	118 304	934	7 286	15.57	29.13
2003	99 730	174 012	924	7 968	17.75	28.69
2004	119 186	219 742	822	8 807	19.64	32.93
2005	137 966	270 344	596	11 298	22.60	34.53
2006	162 210	326 811	493	13 723	31.31	38.26
2007	189 732	382 411	466	18 029	37.47	41.25
2008	217 574	434 523	515	21 928	53.62	422.69
2009	233 273	422 363	424	24 132	61.28	400.86
2010	275 865	507 584	412	30 324	71.71	427.95
2011	326 652	559 747	418	36 701	79.18	461.50
2012	369 761	585 308	407	40 605	78.57	506.80
2013	417 377	632 745	382	47 432	75.38	33.04
2014	460 147	678 838	354	57 061	80.50	41.38
2015	505 119	699 793	437	74 708	88.97	45.23
2016	566 732	747 734	523	85 931	85.38	46.60
2017	637 816	879 977	1 065	91 291	88.41	49.70
2018	692 221	970 932	1 163	96 944	89.76	54.44
2019	739 516	1 022 634	1 320	103 380	119.26	58.31
2020	760 521	1 053 720	1 338	105 684	113.65	37.67
2021	840 133	1 163 122	1 268	116 649	120.44	36.64

1-6 续表 CONTINUED

年 份 Year	用电量 (万千瓦时) Electricity Consumption (10 000kWh)	公共汽（电）车客运人数 (万人次) Bus Passengers (10 000 person-times)	社会消费品零售总额(万元) Retail Sales of Consumer Goods (10 000yuan)	出生人数 (人) Births (person)	死亡人数 (人) Deaths (person)	结婚 (对) Marriages (couple)	离婚 (对) Divorces (couple)
1979			31	22	5		
1980			54	19	5	6	
1985		14.20	728	15	4	18	
1990	985	60.13	1 829	29	5	28	1
1995	2 503	96.96	12 697	35	5	36	3
2000	5 215	117.26	23 390	49	9	39	6
2001	5 816	128.96	26 650	49	6	39	6
2002	7 120	141.60	30 377	62	5	40	6
2003	8 861	139.00	35 680	44	6	53	9
2004	10 693	143.80	41 316	54	6	79	13
2005	12 060	278.40	48 073	66	7	64	15
2006	13 348	337.22	56 202	72	6	112	17
2007	15 557	497.61	64 277	94	7	98	19
2008	15 993	535.44	76 670	101	7	113	19
2009	16 046	585.21	86 671	97	8	134	21
2010	18 179	642.82	99 619	102	17	105	22
2011	19 069	647.61	116 306	114	8	149	27
2012	19 784	625.49	134 764	168	12	146	32
2013	19 994	603.23	151 755	163	9	147	43
2014	21 608	618.46	168 378	185	22	166	43
2015	22 344	566.83	175 975	196	13	165	62
2016	23 317	511.78	191 840	239	14	167	68
2017	24 232	453.22	213 412	319	19	171	70
2018	25 130	446.25	233 411	290	17	180	76
2019	26 959	435.54	250 533	321	19	184	85
2020	26 941	378.19	237 393	270	20	185	108
2021	30 230	389.51	260 222	255	20	209	54

1-7 企业登记发展情况

THE DEVELOPMENT OF ENTERPRISES REGISTRATION

单位：户 (unit)

年份 Year	企业总数 Total Number of Enterprises	按企业登记类型分 Grouped By Status of Enterprises Registration			按产业分 Grouped By Industry			按注册资本分 Grouped By Registered Capital					
		内资企业 Domestic-funded Enterprises	外资企业 Foreign-funded Enterprises	私营企业 Private Enterprises	第一产业 Primary Industry	第二产业 Secondary Industry	第三产业 Tertiary Industry	100—499万元 (10 000 yuan)	500—999万元 (10 000 yuan)	1000—2999万元 (10 000 yuan)	3000—4999万元 (10 000 yuan)	5000—9999万元 (10 000 yuan)	1亿元以上 (Over 100 million yuan)
1979	501	497	4		1	219	281						
1980	839	821	18		1	400	438						
1981	1 125	1 086	39		2	383	740						
1982	1 798	1 710	88		3	713	1 082						
1983	2 177	1 940	237		6	710	1 461						
1984	4 314	3 761	553		10	1 258	3 046						
1985	6 853	5 972	881		14	1 950	4 889						
1986	7 958	6 902	1 056		21	2 601	5 336						
1987	15 448	14 328	1 120		163	5 718	9 567						
1988	16 341	14 387	1 954		175	4 022	12 144						
1989	18 596	16 026	2 570		212	4 993	13 391	579	365	566	200	203	212
1990	19 827	15 403	3 895	529	210	5 807	13 810	651	425	646	229	231	232
1991	22 948	16 629	5 295	1 024	227	6 947	15 774	767	497	756	257	259	260
1992	28 676	18 469	7 639	2 568	235	9 166	19 275	1 022	643	994	337	324	318
1993	41 768	25 742	11 802	4 224	295	13 070	28 403	1 820	1 021	1 538	492	448	420
1994	55 867	31 916	14 767	9 184	269	17 249	38 349	2 568	1 326	1 988	601	533	487
1995	70 785	37 860	16 765	16 160	426	21 255	49 104	3 431	1 596	2 416	717	627	557
1996	82 952	44 410	18 011	20 531	456	22 783	59 713	4 418	1 861	2 862	800	714	616
1997	92 244	47 659	17 093	27 492	452	24 216	67 576	5 916	2 179	3 464	924	833	701
1998	92 699	45 027	16 161	31 511	422	23 966	68 311	7 198	2 466	3 904	1 046	918	763
1999	101 942	47 100	17 997	36 845	428	26 453	75 061	8 867	2 818	4 353	1 144	1 013	829
2000	107 457	46 220	18 151	43 086	397	27 769	79 291	10 982	3 239	4 897	1 259	1 107	911
2001	120 391	46 328	19 175	54 888	382	31 114	88 895	14 399	3 780	5 711	1 407	1 262	1 025
2002	123 923	37 519	19 461	66 943	341	32 103	91 479	18 483	4 406	6 518	1 544	1 381	1 134
2003	151 036	39 316	21 883	89 837	359	39 659	111 018	24 219	5 200	7 532	1 715	1 547	1 254
2004	181 314	34 278	22 728	124 308	349	47 695	133 270	31 996	6 317	8 730	1 878	1 696	1 388
2005	209 443	32 998	24 252	152 193	333	55 579	153 531	39 404	7 618	9 824	2 030	1 837	1 483
2006	244 291	25 480	27 055	191 756	347	65 220	178 724	47 121	8 925	10 901	2 169	1 979	1 602
2007	283 734	24 423	32 248	227 063	348	75 381	208 005	53 798	11 055	11 961	2 326	2 111	1 719
2008	281 238	18 473	32 898	229 867	309	74 044	206 885	59 538	12 658	12 781	2 437	2 197	1 802
2009	307 242	16 793	33 386	257 063	302	80 052	226 888	67 746	13 773	13 874	2 585	2 314	1 910
2010	360 912	16 087	35 207	309 618	312	88 870	271 730	78 118	15 220	15 379	2 776	2 483	2 060
2011	417 531	14 278	36 096	367 157	313	92 747	324 471	90 779	18 071	19 513	2 953	3 100	2 690
2012	481 030	12 584	36 969	431 477	344	93 601	387 085	108 436	22 280	24 010	3 461	3 944	3 153
2013	630 060	10 004	38 241	581 815	475	105 257	524 328	154 473	32 900	34 219	4 435	5 841	5 280
2014	843 977	8 250	39 758	795 969	1 340	119 645	722 992	246 435	54 903	53 509	6 967	9 628	9 141
2015	1 133 953	7 873	43 017	1 083 063	1 989	139 431	992 533	361 563	92 836	83 267	10 359	16 040	14 747
2016	1 504 255	8 685	42 621	1 452 949	2 916	166 786	1 334 553	669 393	191 040	114 323	12 034	24 068	19 555
2017	1 769 876	8 602	50 769	1 710 505	3 711	183 071	1 583 094	793 485	208 444	159 248	18 104	31 721	27 997
2018	1 974 650	8 370	65 282	1 900 998	4 188	195 973	1 774 489	714 932	205 654	157 972	17 804	33 296	27 736
2019	2 042 588	7 998	67 940	1 966 650	4 528	201 568	1 836 492	835 020	232 193	172 734	19 450	35 824	29 465
2020	2 268 622	13 775	68 622	2 186 225	4 983	222 665	2 040 974	945 544	254 868	186 918	19 661	37 697	30 718
2021	2 410 329	7 240	71 235	2 331 854	5 247	229 430	2 175 652	881 819	249 669	193 567	20 699	37 661	28 177

注：本表数据由深圳市市场监督管理局提供。
Note:Data in this table are provided by Market Supervision and Regulation Bureau of Shenzhen Municipality.

1-8 “企业一套表”年报分区分行业调查单位（2021年）

NUMBER OF SURVEY UNITS OF “ENTERPRISE SET OF TABLE” BY SECTOR BY DISTRICT（2021）

单位：个 （unit）

地 区 District		调查单位 Survey units	工业 Industry	建筑业 Constru-ction	批发零售业 Wholesale and Retail Sales	住宿餐饮业 Hotel and Catering Services	房地产开发经营业 Real Estate	服务业 Services
全 市	**Total**	**40 524**	**13 025**	**1 509**	**12 175**	**2 066**	**825**	**10 924**
福田区	Futian	5 657	204	462	2 326	477	112	2 076
罗湖区	Luohu	3 228	138	114	1 474	295	81	1 126
盐田区	Yantian	660	75	23	194	38	32	298
南山区	Nanshan	9 303	968	244	3 264	613	159	4 055
宝安区	Baoan	8 306	4 939	228	1 540	230	116	1 253
龙岗区	Longgang	5 749	2 288	228	1 840	180	144	1 069
龙华区	Longhua	3 955	1 889	118	1 086	135	70	657
坪山区	Pingshan	1 123	703	38	157	33	39	153
光明区	Guangming	2 255	1 718	28	261	37	42	169
大鹏新区	Dapeng	217	68	21	27	25	16	60
深汕特别合作区	Shenzhen-Shanwei Special Cooperation Zone	71	35	5	6	3	14	8

注：本表中调查单位为年报应报数，与专业报表中的企业单位数存在口径差异。

Note:The number of survey units is the number of units to be reported in the annual report, it differs from the number of enterprise units in the professional report.

1-9 规模以上服务业企业分行业主要财务指标(2021年)

指标名称	Item	企业单位数(个) Number of Enterprises (unit)
总计	**Total**	**10 779**
交通运输、仓储和邮政业	Transport,Storage and Post	1 840
信息传输、软件和信息技术服务业	Information Transmission,Software and Information Technology	2 410
房地产业	Real Estate	1 834
租赁和商务服务业	Leasing and Business Services	2 318
科学研究和技术服务业	Scientific Research and Technical Services	1 249
水利、环境和公共设施管理业	Management of Water Conservancy,Enviroment and Public Facilities	132
居民服务、修理和其他服务业	Service to Households,Repair and Other Services	369
教育	Education	196
卫生和社会工作	Health and Social Service	135
文化、体育和娱乐业	Culture,Sports and Entertainment	296

注：房地产业不含房地产开发经营。
Note: Real estate development and management is not included in the real estate.

FINANCE INDICATORS OF SERVICE ENTERPRISES ABOVE THE DESIGNATED SIZE BY SECTOR(2021)

营业收入(亿元) Business Revenue (100 million yuan)	应付职工薪酬(亿元) Benefit Payable of the Employee (100 million yuan)	期末用工人数(人) Year-end Employed Persons (person)
19 944	**3 782**	**2 350 481**
4 628	507	323 519
8 389	1 527	581 390
1 593	426	438 491
2 971	641	509 214
1 558	401	198 436
173	50	64 394
197	83	141 652
129	55	32 719
130	40	25 626
176	51	35 040

1-10 规模以上服务业企业分区主要财务指标(2021年)

FINANCE INDICATORS OF SERVICE ENTERPRISES ABOVE THE DESIGNATED SIZE BY DISTRICT(2021)

地 区	Region	企业单位数(个) Number of Enterprises (unit)	营业收入(亿元) Business Revenue (100 million yuan)	应付职工薪酬(亿元) Benefit Payable of the Employee (100 million yuan)	期末用工人数(人) Year-end Employed Persons (person)
全 市	**Total**	**10 779**	**19 944**	**3 782**	**2 350 481**
福田区	Futian	2 050	3 502	862	599 287
罗湖区	Luohu	1 109	1 778	359	291 198
盐田区	Yantian	293	411	66	39 081
南山区	Nanshan	3 989	9 363	1 661	755 468
宝安区	Baoan	1 241	2 262	345	257 797
龙岗区	Longgang	1 057	1 132	273	238 727
龙华区	Longhua	654	932	124	117 185
坪山区	Pingshan	151	72	19	13 040
光明区	Guangming	168	147	27	25 310
大鹏新区	Dapeng	59	328	44	12 758
深汕特别合作区	Shenzhen-Shanwei Special Cooperation Zone	8	16	1	630

主要统计指标解释

行政区划 指国家对行政区域的划分。根据有关法规规定，我国的行政区域划分如下：(1)全国分为省、自治区、直辖市；(2)省、自治区分为自治州、县、自治县、市；(3)自治州分为县、自治县、市；(4)县、自治县分为乡、民族乡、镇；(5)直辖市和较大的市分为区、县；(6)国家在必要时设立的特别行政区。

平均增长速度 平均增长速度表明社会经济现象在一个较长的时期内逐期平均增长变化的程度，它不能根据各个环比增长速度直接求得，但与平均发展速度之间存在着一定的数量关系：平均增长速度＝平均发展速度－1。

平均发展速度是一种根据环比发展速度计算的序时平均数,由于各时期对比的基础不同，所以计算平均发展速度不能采用一般的序时平均数的计算方法，计算方法分为水平法和累计法。水平法，又称几何平均法，即将环比发展速度按连乘法用几何平均数公式计算。累计法，也称方程法，根据一段时期内各年发展水平总和与基期水平的关系，列出方程式计算平均发展速度。水平法着重考虑最后一年所达到的发展水平；累计法着重考虑整个时期累计发展水平的总量。

企业(单位)登记注册类型 是以在工商行政管理机关登记注册的各类企业为划分对象，以工商行政管理部门对企业登记注册的类型为依据，将企业登记注册类型分为内资企业、港澳台商投资企业和外商投资企业三大类。内资企业包括国有企业、集体企业、股份合作企业、联营企业、有限责任公司、股份有限公司、私营公司和其他企业；港澳台商投资企业和外商投资企业分别包括合资经营企业、合作经营企业、独资经营企业和股份有限公司。对不在工商行政管理部门进行登记注册的行政机关、事业单位和社会团体，主要按其经费来源和管理方式进行划分。

私营企业 指由自然人投资设立或由自然人控股，以雇佣劳动为基础的营利性经济组织。包括按照《公司法》《合伙企业法》《私营企业暂行条例》规定登记注册的私营有限责任公司、私营股份有限公司、私营合伙企业和私营独资企业。

外资企业 指依照《中华人民共和国外资企业法》及有关法律的规定，在中国内地由外国投资者全额投资设立的企业。

Explanatory Notes on Main Statistical Indicators

Divisions of Administrative Areas refers to the division of administrative areas by the State. The relative laws stipulate that 1) the whole country is divided into provinces, autonomous regions and municipalities directly under the Central Government; 2) provinces and autonomous regions are further divided into autonomous prefectures, counties, autonomous counties and cities; 3) autonomous prefectures are further divided into counties, autonomous counties and cities; 4) counties and autonomous counties are further divided into townships, ethnic townships and towns; 5) municipalities directly under the Central Government and large cities are divided into districts and counties, 6) the State shall, when necessary, establish special administrative regions.

Average Annual Growth Rate shows the average growth rate of social and economic development during a longer period. It can not be directly calculated by chain based growth rate. The relation is:

Average Annual Growth Rate = Average Speed of Development − 1

Average speed of development is the time series average of speed which calculated by chain based. Because the reference bases during the different periods are not same, average speed of development can not be calculated by the general method. Level approach and accumulative approach for calculating average speed of development rate are applied. The "level approach", or the method of calculating the geometric average, is derived by the formula of geometric average of the chain–based speeds of development, or comparing the level of the last year of the interval with that of the beginning year; the other is called the "accumulative approach" or the "algebraic average", "equation" method, which is derived by the summation of the actual figure of each year in the interval divided by the figure in the base year. The level approach focuses on the level of the last year, while the accumulative approach emphasizes the aggregate development in the duration.

Registration Status of Enterprises Enterprises are classified into 3 categories, namely domestic–funded enterprises, enterprises with investment from Hong Kong, Macao and Taiwan, and enterprises with foreign investment, according to the registration status of an enterprise in industrial and commercial administration agencies. Domestic–funded enterprises include State–owned enterprises, collective–owned enterprises, cooperative enterprises, joint ownership enterprises, limited liability corporations, share–holding corporations Ltd., private enterprises and other enterprises. Included in the enterprises with investment from Hong Kong, Macao and Taiwan and enterprises with foreign investment are joint–venture enterprises, cooperative enterprises, sole investment enterprises and share–holding corporations Ltd. For government agencies, institutions and social organizations which are not registered in industrial and commercial administration agencies, they are classified mainly by their sources of funding and manner of management.

Private Enterprises refer to profit–making economic units invested and established by natural persons, or controlled by natural persons using employed labour. Included in this category are private limited liability corporations, private share–holding corporations Ltd., private partnership enterprises and private–funded enterprises registered in accordance with the Company Law, the Law on Partnership Business and Interim Regulations on Private Enterprises .

Enterprises with Sole (exclusive) Foreign Investment refer to enterprises established in the mainland of China with exclusive investment from foreign investors in accordance with the Law of the People' s Republic of China on Wholly Foreign–owned Enterprises and other relevant laws.

Share–holding Corporations Ltd. with Foreign Investment refer to share–holding corporations Ltd. established with the approval from the former Ministry of Foreign Trade and Economic Relations in line with relevant State regulations, where the share of investment from foreign investors exceeds 25% of the total registered capital of the corporation. In case the share of foreign investment is less than 25% of the total registered capital, the enterprise is to be classified as domestic-funded share-holding corporation Ltd.

02 第二部分

国民经济核算

NATIONAL ECONOMIC ACCOUNTING

CHAPTER

2-1 国民经济核算主要指标（主要年份）

MAIN INDICATORS OF NATIONAL ECONOMIC ACCOUNTING（MAJOR YEAR）

项 目	Item	2000	2010	2019	2020	2021
地区生产总值 (亿元)	Gross Domestic Product (100 million yuan)	2219.20	10069.06	26 992.33	27 759.02	30 664.85
第一产业	Primary Industry	15.57	6.11	25.58	25.59	26.59
第二产业	Secondary Industry	1108.76	4727.94	10 402.00	10 380.65	11 338.59
第三产业	Tertiary Industry	1094.87	5335.01	16 564.75	17 352.77	19 299.67
地区生产总值增长速度(%)	Growth Rates of Gross Domestic Product (%)	16.3	12.3	6.7	3.1	6.7
第一产业	Primary Industry	3.1	−11.2	5.9	−3.9	5.1
第二产业	Secondary Industry	18.5	13.8	4.4	1.8	4.9
第三产业	Tertiary Industry	13.8	10.7	8.3	3.9	7.8
地区生产总值构成 (%)	Composition of Gross Domestic Product (%)	100.0	100.0	100.0	100.0	100.0
第一产业	Primary Industry	0.7	0.1	0.1	0.1	0.1
第二产业	Secondary Industry	50.0	46.9	38.5	37.4	37.0
第三产业	Tertiary Industry	49.3	53.0	61.4	62.5	62.9
地区生产总值贡献率(%)	Share of the Contribution of the Three Strata of Industry (%)	100.0	100.0	100.0	100.0	100.0
第一产业	Primary Industry	0.1	…	0.1	−0.1	0.1
第二产业	Secondary Industry	62.5	59.0	27.5	23.9	27.5
第三产业	Tertiary Industry	37.4	41.0	72.4	76.2	72.4
地区生产总值拉动率(%)	Contribution of the Three Strata of Industry to GDP Growth (%)	16.3	12.3	6.7	3.1	6.7
第一产业	Primary Industry	…	…	…	…	…
第二产业	Secondary Industry	10.2	7.3	1.8	0.7	1.8
第三产业	Tertiary Industry	6.1	5.0	4.8	2.3	4.9
人均地区生产总值(元)	Per Capita Gross Domestic Product (yuan)	33276	99 095	159 883	159 820	173 663
人均地区生产总值增长速度 (%)	Growth Rates of Per Capita Gross Domestic Product (%)	5.8	7.8	2.8	0.2	5.0

注：2008-2018年地区生产总值及相关指标已根据全国第四次经济普查结果进行修订（相关表同），2010-2020年人均地区生产总值及其增速已按全国第七次人口普查结果修订（相关表同）。

Note: The data of gross domestic product (GDP) and related data in 2008-2018 have been revised by the fourth national economic census (The same related).The data of per capita gross and its growth rate in 2010-2020 have been revised in accordance with the results of the 7th National Population Census (the same related).

2-2 地区生产总值

GROSS DOMESTIC PRODUCT

单位：万元 （10 000 yuan）

年 份 Year	地区生产总值 Gross Domestic Product	第一产业 Primary Industry	第二产业 Secondary Industry	第三产业 Tertiary Industry	#工业 Industry	#建筑业 Construction
1979	19 638	7 273	4 017	8 348	2 313	1 704
1980	27 012	7 803	7 036	12 173	3 726	3 310
1981	49 576	13 343	16 019	20 214	8 311	7 708
1982	82 573	18 960	31 439	32 174	9 540	21 899
1983	131 212	22 614	55 848	52 750	22 466	33 382
1984	234 161	25 932	106 606	101 623	51 802	54 804
1985	390 222	26 111	163 586	200 525	102 137	61 449
1986	416 451	32 907	163 185	220 359	106 606	56 579
1987	559 015	46 519	220 463	292 033	164 445	56 018
1988	869 807	57 005	359 230	453 572	274 787	84 443
1989	1 156 565	68 615	505 361	582 589	400 579	104 782
1990	1 716 665	70 220	769 319	877 126	644 947	124 372
1991	2 366 630	80 836	1 126 084	1 159 710	928 846	197 238
1992	3 173 194	105 914	1 522 432	1 544 848	1 176 087	346 345
1993	4 531 445	108 615	2 420 214	2 002 616	1 810 085	610 129
1994	6 346 711	134 152	3 357 972	2 854 587	2 671 299	686 673
1995	8 427 933	124 122	4 223 744	4 080 067	3 372 392	851 352
1996	10 505 121	148 796	5 081 045	5 275 280	4 198 625	882 420
1997	13 023 008	147 660	6 209 018	6 666 330	5 222 504	986 514
1998	15 449 472	151 764	7 508 019	7 789 689	6 377 088	1 130 931
1999	18 246 876	150 445	9 154 443	8 941 988	7 930 052	1 224 391
2000	22 192 015	155 656	11 087 644	10 948 715	9 828 530	1 259 114
2001	25 229 474	160 413	12 583 983	12 485 078	11 310 767	1 273 216
2002	30 172 384	166 587	14 980 113	15 025 684	13 670 904	1 309 209
2003	36 401 435	142 048	18 562 162	17 697 225	17 081 204	1 480 958
2004	43 502 928	123 264	22 643 124	20 736 540	21 092 158	1 550 966
2005	50 357 678	97 385	27 096 861	23 163 432	25 559 271	1 537 590
2006	59 206 612	68 851	31 449 697	27 688 064	29 775 384	1 674 313
2007	69 252 268	77 374	35 135 153	34 039 741	33 338 681	1 796 472
2008	79 414 328	77 952	39 702 375	39 634 001	37 763 310	2 035 734
2009	85 144 707	63 527	40 003 477	45 077 703	37 714 165	2 389 132
2010	100 690 553	61 069	47 279 430	53 350 054	44 412 171	2 988 839
2011	119 228 085	62 231	56 019 374	63 146 480	52 551 689	3 616 537
2012	134 962 675	61 302	60 453 948	74 447 425	56 612 498	4 007 427
2013	152 342 436	63 504	66 647 456	85 631 476	62 075 756	4 784 966
2014	167 953 507	57 579	72 321 670	95 574 258	67 540 427	4 996 571
2015	184 368 359	72 084	76 874 089	107 422 186	71 897 943	5 176 630
2016	206 857 358	82 840	83 240 899	123 533 619	77 700 983	5 744 316
2017	232 802 719	195 721	93 375 209	139 231 789	87 012 431	6 551 483
2018	252 660 771	226 072	99 958 664	152 476 035	92 093 512	8 076 830
2019	269 923 266	255 772	104 019 993	165 647 501	95 327 413	8 907 806
2020	277 590 153	255 873	103 806 547	173 527 733	95 074 922	8 945 897
2021	306 648 538	265 902	113 385 888	192 996 747	103 560 257	10 008 431

注：1.本表按当年价格计算。2013-2017年，使用《国民经济行业分类》（GB/T 4754-2011），2018年开始使用《国民经济行业分类》（GB/T 4754-2017）。

Notes:Data of this table are calculated at current prices. The Industrial Classification of the National Economy (GB/T 4754-2011) is introduced in 2013 -2017, the Industrial Classification of the National Economy (GB/T 4754-2017) is introduced from 2018.

2.根据研发支出纳入GDP核算及全国第三次农业普查结果，对1995-2016年地区生产总值进行了修订。

According to the new GDP Accounting Methodology and the Third National Agricultural Census,the data of GDP from 1995 to 2016 have been revised.

2-2 续表 CONTINUED

单位：万元　　　　（10 000 yuan）

年 份 Year	#交通运输、仓储和邮政业 Transportation,Storage and Post Services	#批发和零售业 Wholesale and Retail Sales	#住宿和餐饮业 Hotels and Catering Services	#金融业 Financial Intermediation	#房地产业 Real Estate	人均地区生产总值(元) Gross Domestic Product Per Capita(yuan)
1979	1 175	3 111	1 050	1 586	467	606
1980	1 798	4 301	1 452	2 325	688	835
1981	2 908	7 104	2 398	3 883	1 152	1 417
1982	4 890	10 758	3 631	6 274	1 850	2 023
1983	7 715	16 868	5 694	11 183	3 181	2 512
1984	14 866	29 948	10 108	22 865	6 301	3 504
1985	25 519	55 943	18 882	46 522	14 759	4 809
1986	35 475	59 200	21 278	50 620	15 420	4 584
1987	54 144	71 776	30 897	62 962	17 347	5 618
1988	71 317	114 899	41 883	119 543	35 016	7 712
1989	90 993	117 160	42 744	150 856	53 831	8 838
1990	112 692	152 877	51 823	240 157	91 396	11 097
1991	147 651	239 760	59 056	266 849	155 372	11 997
1992	166 595	333 580	84 904	332 492	236 652	12 827
1993	190 248	449 485	144 272	405 899	328 708	15 005
1994	245 271	583 961	288 170	596 275	472 171	16 954
1995	400 843	779 177	405 147	887 865	673 506	19 558
1996	500 073	1 128 234	432 463	1 118 350	842 883	22 542
1997	487 346	1 339 511	478 192	1 562 531	955 661	25 772
1998	546 558	1 532 951	538 158	1 809 703	1 062 525	27 885
1999	629 825	1 822 078	573 446	1 965 044	1 193 283	30 088
2000	788 014	2 271 487	613 559	2 215 391	1 585 464	33 276
2001	857 909	2 618 467	633 105	2 393 224	1 818 950	35 390
2002	1 057 835	3 174 034	728 976	2 487 213	2 348 995	41 018
2003	1 300 797	3 901 304	713 120	2 620 765	3 184 157	47 743
2004	1 893 093	4 601 915	841 186	2 730 844	4 110 367	55 099
2005	2 211 684	5 202 044	971 905	3 056 820	4 449 012	61 844
2006	2 576 875	5 738 239	1 166 653	4 626 637	5 202 637	69 702
2007	2 991 969	6 608 000	1 262 695	7 657 042	6 130 153	77 660
2008	3 077 314	7 729 584	1 655 958	9 693 615	4 897 340	85 088
2009	3 059 808	8 629 694	1 707 615	11 089 131	6 840 798	87 360
2010	3 528 098	10 686 591	2 032 023	13 406 600	7 596 426	99 095
2011	3 867 477	13 293 723	2 339 913	16 071 702	8 702 163	110 389
2012	4 121 725	16 484 265	2 539 718	17 784 089	10 995 084	116 407
2013	4 653 729	18 699 504	2 726 207	20 395 568	11 991 307	124 208
2014	5 029 744	19 788 111	3 166 209	23 150 102	13 273 974	130 448
2015	5 439 028	19 931 736	3 365 946	26 619 170	15 765 051	135 271
2016	6 304 467	21 484 852	3 566 051	30 175 521	18 030 420	142 494
2017	7 056 760	23 047 432	3 915 062	31 602 393	19 373 385	150 739
2018	7 383 665	24 387 387	4 162 900	33 518 852	21 693 578	155 320
2019	7 835 583	25 129 465	4 572 110	36 097 351	23 553 086	159 883
2020	7 268 983	23 883 237	3 695 828	42 362 599	24 842 275	159 820
2021	8 497 057	26 669 991	4 078 958	47 388 090	25 547 690	173 663

2-3 地区生产总值三次产业构成

COMPOSITION OF GROSS DOMESTIC PRODUCT BY THREE INDUSTRIES

单位：%　　　　　　　　　　　　　　　　　　　　　　　　（%）

年　份 Year	地区生产总值 Gross Domestic Product	第一产业 Primary Industry	第二产业 Secondary Industry	第三产业 Tertiary Industry	#工业 Industry	#建筑业 Construction
1979	100	37.0	20.5	42.5	11.8	8.7
1980	100	28.9	26.0	45.1	13.8	12.3
1981	100	26.9	32.3	40.8	16.8	15.5
1982	100	22.9	38.1	39.0	11.6	26.5
1983	100	17.2	42.6	40.2	17.1	25.4
1984	100	11.1	45.5	43.4	22.1	23.4
1985	100	6.7	41.9	51.4	26.2	15.7
1986	100	7.9	39.2	52.9	25.6	13.6
1987	100	8.3	39.4	52.3	29.4	10.0
1988	100	6.6	41.3	52.1	31.6	9.7
1989	100	5.9	43.7	50.4	34.6	9.1
1990	100	4.1	44.8	51.1	37.6	7.2
1991	100	3.4	47.6	49.0	39.2	8.3
1992	100	3.3	48.0	48.7	37.1	10.9
1993	100	2.4	53.4	44.2	39.9	13.5
1994	100	2.1	52.9	45.0	42.1	10.8
1995	100	1.5	50.1	48.4	40.0	10.1
1996	100	1.4	48.4	50.2	40.0	8.4
1997	100	1.1	47.7	51.2	40.1	7.6
1998	100	1.0	48.6	50.4	41.3	7.3
1999	100	0.8	50.2	49.0	43.5	6.7
2000	100	0.7	50.0	49.3	44.3	5.7
2001	100	0.6	49.9	49.5	44.8	5.0
2002	100	0.6	49.6	49.8	45.3	4.3
2003	100	0.4	51.0	48.6	46.9	4.1
2004	100	0.3	52.0	47.7	48.5	3.6
2005	100	0.2	53.8	46.0	50.8	3.1
2006	100	0.1	53.1	46.8	50.3	2.8
2007	100	0.1	50.7	49.2	48.1	2.6
2008	100	0.1	50.0	49.9	47.6	2.6
2009	100	0.1	47.0	52.9	44.3	2.8
2010	100	0.1	46.9	53.0	44.1	3.0
2011	100	0.1	47.0	52.9	44.1	3.0
2012	100	…	44.8	55.2	41.9	3.0
2013	100	…	43.8	56.2	40.7	3.1
2014	100	…	43.1	56.9	40.2	3.0
2015	100	…	41.7	58.3	39.0	2.8
2016	100	…	40.3	59.7	37.6	2.8
2017	100	0.1	40.1	59.8	37.4	2.8
2018	100	0.1	39.6	60.3	36.4	3.2
2019	100	0.1	38.5	61.4	35.3	3.3
2020	100	0.1	37.4	62.5	34.3	3.2
2021	100	0.1	37.0	62.9	33.8	3.3

2-4 地区生产总值指数

INDICES OF GROSS DOMESTIC PRODUCT

（以1979年为100） （1979=100）

年 份 Year	地区生产总值 Gross Domestic Product	第一产业 Primary Industry	第二产业 Secondary Industry	第三产业 Tertiary Industry	#工业 Industry	#建筑业 Construction	人均地区生产总值 Gross Domestic Product Per Capita
1980	162.7	103.0	175.8	209.5	163.3	197.0	163.0
1981	250.2	132.0	445.6	307.9	406.5	512.1	231.8
1982	396.4	182.2	730.5	504.9	415.5	1 266.1	314.7
1983	627.5	192.8	1 181.7	873.5	869.2	1 713.0	389.3
1984	1 003.3	198.8	2 347.6	1 392.7	2 003.6	2 932.6	486.6
1985	1 249.4	196.8	4 011.2	1 550.9	4 383.4	3 378.4	499.0
1986	1 283.1	231.8	4 269.3	1 537.1	4 825.1	3 324.3	457.7
1987	1 609.0	242.0	5 767.9	1 882.1	7 226.5	3 287.7	524.1
1988	2 186.6	225.1	8 306.0	2 547.1	10 603.7	4 398.9	628.3
1989	2 595.5	280.0	11 472.9	2 678.4	15 030.4	5 423.9	642.8
1990	3 439.1	298.5	16 760.4	3 286.1	22 789.5	6 508.7	720.5
1991	4 677.1	312.8	23 700.4	4 358.6	31 743.9	10 023.4	768.4
1992	6 229.9	313.7	30 607.2	6 090.4	38 297.6	17 530.9	816.2
1993	8 155.5	316.0	42 975.4	7 448.8	52 846.0	26 192.0	875.2
1994	10 677.8	296.3	58 131.1	9 463.8	74 928.7	29 569.3	924.5
1995	13 227.0	289.9	70 891.1	12 018.9	92 702.6	33 803.6	994.8
1996	15 536.5	295.4	82 789.4	14 254.2	110 656.0	35 406.1	1 080.5
1997	18 206.7	295.2	96 546.4	16 844.2	130 287.0	39 175.2	1 167.7
1998	21 083.9	302.6	113 120.0	19 266.0	153 331.2	44 746.7	1 233.3
1999	24 387.9	323.8	132 489.3	21 966.4	181 117.4	49 804.2	1 303.3
2000	28 366.1	333.9	156 948.8	24 995.1	219 191.5	51 114.1	1 378.5
2001	32 492.7	355.7	179 593.2	28 690.2	254 028.8	52 640.8	1 477.2
2002	37 622.4	377.5	211 073.8	32 751.6	302 438.3	54 803.2	1 657.6
2003	44 823.3	321.5	263 911.8	37 150.6	382 601.3	60 414.9	1 905.3
2004	52 624.3	262.5	319 807.5	42 131.5	471 135.0	59 558.7	2 160.2
2005	60 651.6	208.9	376 945.9	47 310.5	561 072.0	59 711.8	2 414.0
2006	70 788.8	145.1	439 342.6	55 400.7	656 927.5	64 324.1	2 700.9
2007	81 271.7	133.7	501 631.7	64 043.1	754 110.7	66 287.1	2 953.8
2008	91 305.8	110.8	562 545.6	72 137.3	849 814.6	67 028.2	3 170.6
2009	101 799.3	91.7	622 328.6	81 166.9	936 427.7	80 698.8	3 385.1
2010	114 361.4	81.4	708 238.4	89 871.0	1 063 704.6	95 379.4	3 647.7
2011	125 915.7	76.4	790 886.0	97 720.3	1 189 135.3	104 801.2	3 778.3
2012	138 715.4	79.4	851 752.0	109 856.3	1 280 605.7	112 949.3	3 877.6
2013	153 448.9	59.2	933 505.5	122 540.6	1 408 563.9	118 337.0	4 054.8
2014	167 128.2	53.5	1 006 605.7	134 616.2	1 523 955.4	120 425.7	4 207.0
2015	182 127.6	55.8	1 081 522.0	148 435.5	1 639 665.2	124 722.4	4 330.8
2016	199 154.6	55.5	1 170 216.3	163 541.9	1 772 350.6	136 418.2	4 446.2
2017	216 697.9	70.2	1 275 298.3	177 717.5	1 934 879.4	144 154.3	4 566.7
2018	233 491.6	75.3	1 392 712.4	189 663.2	2 106 470.4	164 369.5	4 671.7
2019	249 023.6	79.8	1 453 570.3	205 409.3	2 192 417.1	177 900.4	4 800.8
2020	256 620.3	76.7	1 479 462.5	213 510.0	2 225 065.6	187 842.5	4 808.8
2021	273 882.5	80.6	1 552 628.3	230 152.5	2 337 352.1	194 410.7	5 048.3
年平均增长率 Average Annual Growth Rate	**20.7**	**-0.5**	**25.8**	**20.2**	**27.1**	**19.8**	**9.8**

注：本表按可比价格计算。

Note: Data in this table are calculated at constant prices.

2-5 地区生产总值指数

INDICES OF GROSS DOMESTIC PRODUCT

（以上年为100） （Preceding Year=100）

年 份 Year	地区生产总值 Gross Domestic Product	第一产业 Primary Industry	第二产业 Secondary Industry	第三产业 Tertiary Industry	#工业 Industry	#建筑业 Construction	人均地区生产总值 Gross Domestic Product Per Capita
1980	162.7	103.0	175.8	209.5	163.3	197.0	163.0
1981	153.8	128.2	253.5	146.9	248.9	259.9	142.2
1982	158.4	138.0	163.9	164.0	102.2	247.2	135.8
1983	158.3	105.8	161.8	173.0	209.2	135.3	123.7
1984	159.9	103.1	198.7	159.4	230.5	171.2	125.0
1985	124.5	99.0	170.9	111.4	218.8	115.2	102.6
1986	102.7	117.8	106.4	99.1	110.1	98.4	91.7
1987	125.4	104.4	135.1	122.4	149.8	98.9	114.5
1988	135.9	93.0	144.0	135.3	146.7	133.8	119.9
1989	118.7	124.4	138.1	105.2	141.7	123.3	102.3
1990	132.5	106.6	146.1	122.7	151.6	120.0	112.1
1991	136.0	104.8	141.4	132.6	139.3	154.0	106.6
1992	133.2	100.3	129.1	139.7	120.6	174.9	106.2
1993	130.9	100.7	140.4	122.3	138.0	149.4	107.2
1994	130.9	93.8	135.3	127.1	141.8	112.9	105.6
1995	123.9	97.9	122.0	127.0	123.7	114.3	107.6
1996	117.5	101.9	116.8	118.6	119.4	104.7	108.6
1997	117.2	99.9	116.6	118.2	117.7	110.6	108.1
1998	115.8	102.5	117.2	114.4	117.7	114.2	105.6
1999	115.7	107.0	117.1	114.0	118.1	111.3	105.7
2000	116.3	103.1	118.5	113.8	121.0	102.6	105.8
2001	114.5	106.5	114.4	114.8	115.9	103.0	107.2
2002	115.8	106.1	117.5	114.2	119.1	104.1	112.2
2003	119.1	85.2	125.0	113.4	126.5	110.2	114.9
2004	117.4	81.7	121.2	113.4	123.1	98.6	113.4
2005	115.3	79.6	117.9	112.3	119.1	100.3	111.8
2006	116.7	69.5	116.6	117.1	117.1	107.7	111.9
2007	114.8	92.1	114.2	115.6	114.8	103.1	109.4
2008	112.3	82.9	112.1	112.6	112.7	101.1	107.3
2009	111.5	82.8	110.6	112.5	110.2	120.4	106.8
2010	112.3	88.8	113.8	110.7	113.6	118.2	107.8
2011	110.1	93.9	111.7	108.7	111.8	109.9	103.6
2012	110.2	103.9	107.7	112.4	107.7	107.8	102.6
2013	110.6	74.6	109.6	111.5	110.0	104.8	104.6
2014	108.9	90.4	107.8	109.9	108.2	101.8	103.8
2015	109.0	104.2	107.4	110.3	107.6	103.6	102.9
2016	109.3	99.6	108.2	110.2	108.1	109.4	102.7
2017	108.8	126.4	109.0	108.7	109.2	105.7	102.7
2018	107.7	107.3	109.2	106.7	108.9	114.0	102.3
2019	106.7	105.9	104.4	108.3	104.1	108.2	102.8
2020	103.1	96.1	101.8	103.9	101.5	105.6	100.2
2021	106.7	105.1	104.9	107.8	105.0	103.5	105.0

注： 1. 本表按可比价格计算。
Notes: Data in this table are calculated at constant prices.
2. 2011年由于国家统计局在我市开展房屋租赁业调查试点，涉及核算方法调整，因此本表2011年数据按上年同口径计算。
The data of 2011 in this table are calculated at the same caliber of last year, because of accounting method adjustments by National Bureau of Statistics survey pilot to carry out the rental industry in the city.

2-6 三次产业贡献率

SHARE OF THE CONTRIBUTIONS OF THE THREE STRATA OF INDUSTRY

单位：%　　　　(%)

年　份 Year	地区生产总值 Gross Domestic Product	第一产业 Primary Industry	第二产业 Secondary Industry	第三产业 Tertiary Industry	#工业 Industry	#建筑业 Construction
1980	100	1.9	12.3	85.8	6.5	5.8
1981	100	13.5	31.4	55.1	17.8	13.6
1982	100	14.0	19.8	66.2	0.4	19.4
1983	100	1.9	19.8	78.3	12.6	7.2
1984	100	0.6	31.6	67.8	19.3	12.3
1985	100	−0.3	68.7	31.6	61.9	6.8
1986	100	42.3	77.8	−20.1	83.9	−6.1
1987	100	1.3	46.7	52.0	47.2	−0.5
1988	100	−1.2	44.7	56.5	37.4	7.3
1989	100	5.5	78.8	15.7	69.3	9.5
1990	100	0.9	63.7	35.4	58.9	4.8
1991	100	0.5	57.0	42.5	46.3	10.7
1992	100	…	45.2	54.8	27.0	18.2
1993	100	0.1	65.3	34.6	48.4	16.9
1994	100	−0.3	61.1	39.2	56.1	5.0
1995	100	−0.1	50.9	49.2	44.7	6.3
1996	100	0.1	52.4	47.5	49.8	2.6
1997	100	…	52.4	47.6	47.1	5.3
1998	100	0.1	58.6	41.3	51.3	7.3
1999	100	0.3	59.6	40.1	53.9	5.8
2000	100	0.1	62.5	37.4	61.3	1.2
2001	100	0.3	49.6	50.1	48.4	1.2
2002	100	0.3	55.4	44.3	54.1	1.3
2003	100	−0.5	66.3	34.2	63.8	2.5
2004	100	−0.5	64.7	35.8	65.0	−0.3
2005	100	−0.4	64.3	36.1	64.2	0.1
2006	100	−0.4	53.3	47.1	51.9	1.4
2007	100	−0.1	51.5	48.6	50.9	0.6
2008	100	−0.1	52.5	47.6	52.3	0.2
2009	100	−0.1	49.2	50.9	45.3	4.0
2010	100	…	59.0	41.0	55.6	3.6
2011	100	…	54.2	45.8	51.5	2.9
2012	100	…	36.1	63.9	33.9	2.3
2013	100	−0.1	42.1	58.0	41.2	1.3
2014	100	…	40.5	59.5	40.0	0.5
2015	100	…	37.9	62.1	36.6	1.0
2016	100	…	36.6	63.4	33.8	2.8
2017	100	0.2	42.1	57.7	40.2	1.8
2018	100	0.1	49.1	50.8	44.3	4.9
2019	100	0.1	27.5	72.4	24.0	3.6
2020	100	−0.1	23.9	76.2	18.6	5.4
2021	100	0.1	27.5	72.4	25.7	1.7

注：产业贡献率指各产业增加值增量与地区生产总值增量之比。

Note:Industrial contribution rate refers to the proportion of the increment of every industrial value added to the increment of GDP.

2-7 三次产业拉动力

CONTRIBUTION OF THE THREE STRATA OF INDUSTRY

单位：百分点 (percentage points)

年 份 Year	地区生产总值 Gross Domestic Product	第一产业 Primary Industry	第二产业 Secondary Industry	第三产业 Tertiary Industry	#工业 Industry	#建筑业 Construction
1980	62.7	1.2	7.7	53.8	4.1	3.6
1981	53.8	7.3	16.9	29.6	9.6	7.3
1982	58.4	8.2	11.5	38.7	0.2	11.3
1983	58.3	1.1	11.5	45.7	7.3	4.2
1984	59.9	0.4	18.9	40.6	11.6	7.3
1985	24.5	−0.1	16.9	7.7	15.2	1.7
1986	2.7	1.1	2.1	−0.5	2.3	−0.2
1987	25.4	0.3	11.9	13.2	12.0	−0.1
1988	35.9	−0.4	16.0	20.3	13.4	2.6
1989	18.7	1.0	14.8	2.9	13.0	1.8
1990	32.5	0.3	20.7	11.5	19.1	1.6
1991	36.0	0.2	20.5	15.3	16.7	3.8
1992	33.2	…	15.0	18.2	9.0	6.0
1993	30.9	…	20.2	10.7	15.0	5.2
1994	30.9	−0.1	18.9	12.1	17.3	1.6
1995	23.9	…	12.2	11.7	10.7	1.5
1996	17.5	…	9.2	8.3	8.7	0.5
1997	17.2	…	9.0	8.2	8.1	0.9
1998	15.8	…	9.3	6.5	8.1	1.2
1999	15.7	…	9.4	6.3	8.5	0.9
2000	16.3	…	10.2	6.1	10.0	0.2
2001	14.5	…	7.2	7.3	7.0	0.2
2002	15.8	…	8.8	7.0	8.5	0.2
2003	19.1	−0.1	12.7	6.5	12.2	0.5
2004	17.4	−0.1	11.3	6.2	11.3	−0.1
2005	15.3	−0.1	9.9	5.5	9.8	…
2006	16.7	−0.1	8.9	7.9	8.7	0.2
2007	14.8	…	7.6	7.2	7.5	0.1
2008	12.3	…	6.5	5.8	6.5	…
2009	11.5	…	5.7	5.8	5.2	0.5
2010	12.3	…	7.3	5.0	6.9	0.4
2011	10.1	…	5.5	4.6	5.2	0.3
2012	10.2	…	3.7	6.5	3.4	0.2
2013	10.6	…	4.5	6.1	4.4	0.1
2014	8.9	…	3.6	5.3	3.6	…
2015	9.0	…	3.4	5.6	3.3	0.1
2016	9.3	…	3.4	5.9	3.2	0.3
2017	8.8	…	3.7	5.1	3.5	0.2
2018	7.7	…	3.8	3.9	3.4	0.4
2019	6.7	…	1.8	4.8	1.6	0.2
2020	3.1	…	0.7	2.3	0.6	0.2
2021	6.7	…	1.8	4.9	1.7	0.1

注： 1. 本表按可比价格计算。
Notes: The data in this table are calculated at constant prices.
2. 产业拉动指地区生产总值增长速度与各产业贡献率之乘积。
Industrial pulling rate is the growth rate of GDP multiplying industrial contribution rate.

2-8 各行业增加值（2013-2021年）

单位：万元

指标名称	Item	2013
合计	**Total**	**152 342 436**
农林牧渔业	Agriculture, Forestry, Animal Husbandry and Fishery	65 499
工 业	Industry	62 075 756
建筑业	Construction	4 784 966
批发和零售业	Wholesale and Retail Sales	18 699 504
交通运输、仓储和邮政业	Transportation,Storage and Post	4 653 729
住宿和餐饮业	Hotels and Catering Services	2 726 207
信息传输、软件和信息技术服务业	Information Transmission, Software and Information Technology	8 405 556
金融业	Financial Intermediation	20 395 568
房地产业	Real Estate	11 991 307
租赁和商务服务业	Leasing and Business Services	5 092 240
科学研究和技术服务业	Scientific Research and Technical Service	3 702 476
水利、环境和公共设施管理业	Management of Water Conservancy, Environment and Public Facilities	484 584
居民服务、修理和其他服务业	Services to Households, Repair and Other Services	1 683 270
教育	Education	2 592 425
卫生和社会工作	Health and Social Work	1 718 219
文化、体育和娱乐业	Culture ,Sports and Entertainment	694 447
公共管理、社会保障和社会组织	Public Management, Social Security and Social Organizations	2 576 683
第一产业	Primary Industry	63 504
第二产业	Secondary Industry	66 647 456
第三产业	Tertiary Industry	85 631 476

VALUE ADDED BY SECTOR（2013-2021）

（10 000 yuan）

2014	2015	2016	2017	2018	2019	2020	2021
167 953 507	**184 368 359**	**206 857 358**	**232 802 719**	**252 660 771**	**269 923 266**	**277 590 153**	**306 648 538**
59 854	74 991	86 264	203 482	235 445	263 706	265 053	274 374
67 540 427	71 897 943	77 700 983	87 012 431	92 093 512	95 327 413	95 074 922	103 560 257
4 996 571	5 176 630	5 744 316	6 551 483	8 076 830	8 907 806	8 945 897	10 008 431
19 788 111	19 931 736	21 484 852	23 047 432	24 387 387	25 129 465	23 883 237	26 669 991
5 029 744	5 439 028	6 304 467	7 056 760	7 383 665	7 835 583	7 268 983	8 497 057
3 166 209	3 365 946	3 566 051	3 915 062	4 162 900	4 572 110	3 695 828	4 078 958
9 713 998	11 652 885	15 068 762	19 405 531	22 478 210	26 504 885	29 501 681	35 116 433
23 150 102	26 619 170	30 175 521	31 602 393	33 518 852	36 097 351	42 362 599	47 388 090
13 273 974	15 765 051	18 030 420	19 373 385	21 693 578	23 553 086	24 842 275	25 547 690
5 773 644	6 230 813	6 809 903	9 312 096	11 001 089	12 023 712	11 552 067	12 731 656
4 162 195	4 953 664	5 327 028	6 990 007	7 499 291	8 190 977	8 376 278	9 055 456
504 046	601 118	629 727	720 215	726 546	741 873	662 529	784 964
1 970 833	2 241 841	2 564 369	2 530 361	2 963 313	3 286 622	3 145 125	3 455 695
3 174 106	3 881 708	5 105 603	5 377 651	5 947 724	6 689 816	7 082 162	7 693 170
1 997 020	2 335 719	3 047 488	3 323 329	3 593 120	4 013 085	4 283 900	4 743 762
725 120	798 481	1 002 897	1 036 188	1 190 132	1 116 157	901 192	1 035 776
2 927 553	3 401 635	4 208 707	5 344 913	5 709 177	5 669 619	5 746 424	6 006 777
57 579	72 084	82 840	195 721	226 072	255 772	255 873	265 902
72 321 670	76 874 089	83 240 899	93 375 209	99 958 664	104 019 993	103 806 547	113 385 888
95 574 258	107 422 186	123 533 619	139 231 789	152 476 035	165 647 501	173 527 733	192 996 747

2-9 各行业增加值比重（2017-2021年）

PROPORTION OF VALUE ADDED BY SECTOR（2017-2021）

单位：%　　　　　　　　　　　　　　　　　　　　　　　　　　　（%）

指标名称	Item	2017	2018	2019	2020	2021
合计	**Total**	**100**	**100**	**100**	**100**	**100**
农林牧渔业	Agriculture, Forestry, Animal Husbandry and Fishery	0.1	0.1	0.1	0.1	0.1
工　业	Industry	37.4	36.4	35.3	34.3	33.8
建筑业	Construction	2.8	3.2	3.3	3.2	3.3
批发和零售业	Wholesale and Retail Sales	9.9	9.6	9.3	8.6	8.7
交通运输、仓储和邮政业	Transportation,Storage and Post	3.0	2.9	2.9	2.6	2.8
住宿和餐饮业	Hotels and Catering Services	1.7	1.6	1.7	1.3	1.3
信息传输、软件和信息技术服务业	Information Transmission, Software and Information Technology	8.3	8.9	9.8	10.6	11.5
金融业	Financial Intermediation	13.6	13.3	13.4	15.3	15.5
房地产业	Real Estate	8.3	8.6	8.7	8.9	8.3
租赁和商务服务业	Leasing and Business Services	4.0	4.3	4.5	4.2	4.2
科学研究和技术服务业	Scientific Research and Technical Service	3.0	3.0	3.0	3.0	3.0
水利、环境和公共设施管理业	Management of Water Conservancy, Environment and Public Facilities	0.3	0.3	0.3	0.2	0.3
居民服务、修理和其他服务业	Services to Households, Repair and Other Services	1.1	1.2	1.2	1.1	1.1
教育	Education	2.3	2.4	2.5	2.6	2.5
卫生和社会工作	Health and Social Work	1.4	1.4	1.5	1.5	1.5
文化、体育和娱乐业	Culture ,Sports and Entertainment	0.5	0.5	0.4	0.3	0.3
公共管理、社会保障和社会组织	Public Management, Social Security and Social Organizations	2.3	2.3	2.1	2.1	2.0
第一产业	Primary Industry	0.1	0.1	0.1	0.1	0.1
第二产业	Secondary Industry	40.1	39.6	38.5	37.4	37.0
第三产业	Tertiary Industry	59.8	60.3	61.4	62.5	62.9

2-10 各行业增加值增长率（2017-2021年）
GROWTH RATE OF VALUE ADDED BY INDUSTRIES（2017-2021）

单位：%　　　　　　　　　　　　　　　　　　　　　　　　　　　　　　（%）

指标名称	Item	2017	2018	2019	2020	2021
合计	**Total**	**8.8**	**7.7**	**6.7**	**3.1**	**6.7**
农林牧渔业	Agriculture, Forestry, Animal Husbandry and Fishery	24.9	7.0	5.3	-3.4	4.6
工　业	Industry	9.2	8.9	4.1	1.5	5.0
建筑业	Construction	5.7	14.0	8.2	5.6	3.5
批发和零售业	Wholesale and Retail Sales	4.6	3.7	2.5	-1.4	10.2
交通运输、仓储和邮政业	Transportation,Storage and Post	21.5	10.2	7.5	-0.6	9.7
住宿和餐饮业	Hotels and Catering Services	5.7	2.4	5.1	-21.0	7.3
信息传输、软件和信息技术服务业	Information Transmission, Software and Information Technology	21.4	12.7	17.7	12.1	10.7
金融业	Financial Intermediation	2.3	3.7	8.9	8.7	7.6
房地产业	Real Estate	3.6	9.0	7.4	2.2	2.9
租赁和商务服务业	Leasing and Business Services	22.4	13.1	9.8	2.1	5.2
科学研究和技术服务业	Scientific Research and Technical Service	19.9	3.3	7.7	2.9	5.1
水利、环境和公共设施管理业	Management of Water Conservancy, Environment and Public Facilities	15.6	2.6	1.8	9.5	17.2
居民服务、修理和其他服务业	Services to Households, Repair and Other Services	-9.3	12.9	7.5	-1.3	9.0
教育	Education	7.6	3.6	12.1	2.7	8.3
卫生和社会工作	Health and Social Work	6.9	3.4	7.5	6.5	9.4
文化、体育和娱乐业	Culture ,Sports and Entertainment	1.0	12.7	-7.2	-17.4	15.3
公共管理、社会保障和社会组织	Public Management, Social Security and Social Organizations	10.8	3.3	-1.0	3.2	8.6
第一产业	Primary Industry	26.4	7.3	5.9	-3.9	5.1
第二产业	Secondary Industry	9.0	9.2	4.4	1.8	4.9
第三产业	Tertiary Industry	8.7	6.7	8.3	3.9	7.8

2-11 各区地区生产总值

单位：万元

年 份 Year	福田区 Futian	罗湖区 Luohu	盐田区 Yantian	南山区 Nanshan	大宝安区 Original Baoan
2000	5 027 506	2 937 569	506 406	5 035 461	4 681 824
2001	5 656 978	3 175 776	609 770	5 710 571	5 309 682
2002	6 688 282	3 717 578	801 778	6 771 890	6 484 846
2003	7 972 713	4 271 370	1 039 501	8 285 677	7 847 425
2004	9 210 878	4 894 426	1 238 610	9 849 216	9 775 229
2005	10 340 815	5 301 055	1 474 060	11 363 967	11 736 821
2006	11 647 097	5 933 161	1 721 439	12 665 819	15 252 352
2007	13 133 597	7 108 138	2 021 615	14 658 195	18 240 558
2008	15 204 504	8 162 693	2 264 261	16 713 631	20 868 748
2009	16 359 674	8 848 615	2 520 353	17 294 987	22 321 547
2010	18 788 014	10 363 416	2 881 114	20 459 279	26 910 483
2011	20 934 837	12 024 593	3 270 442	24 432 827	32 882 453
2012	23 757 257	13 582 520	3 661 787	28 360 020	35 078 623
2013	27 146 439	14 942 336	4 104 196	32 230 645	39 435 743
2014	29 590 406	16 253 301	4 501 469	34 649 427	44 982 436
2015	32 561 471	17 275 004	4 864 379	37 155 228	49 480 569
2016	37 251 259	19 451 634	5 288 452	44 114 622	57 018 305
2017	40 078 722	21 277 594	5 737 993	51 815 811	43 136 488
2018	42 750 878	22 351 587	6 010 459	57 476 580	
2019	45 741 421	23 357 022	6 262 046	62 790 561	
2020	47 773 652	23 605 637	6 506 277	65 273 993	
2021	53 181 861	25 716 656	7 604 872	76 305 927	

注：1.本表按当年价格计算。
Notes:Data of this table are calculated at current prices.
2.2007年以来，深圳陆续设立功能新区及新行政区，表中大宝安区数据2007年及以前为原宝安区数据，2008-2012年包含宝安区和光明新区，2013-2016年包含宝安区、龙华新区和光明新区，2017年包含宝安区和光明新区。大龙岗区数据2008年及以前为原龙岗区数据，2009-2012年包含龙岗区和坪山新区，2013-2016年包含龙岗区、坪山新区和大鹏新区，2017年包含龙岗区和大鹏新区。
Since 2007, functional zones and new administrative districts have been established in Shenzhen. The data of Original Baoan were the data of Baoan in 2007 and before, included Baoan and Guangming in 2008-2012, included Baoan, Longhua and Guangming in 2013-2016, included Baoan and Guangming in 2017. The data of Original Longgang were the data of Longgang in 2008 and before, included Longgang and Pingshan in 2009-2012, included Longgang, Pingshan and Dapeng in 2013-2016, included Longgang and Dapeng in 2017.
3.分区地区生产总值数据2016年以前未做研发支出纳入修订，亦未根据全国第四次经济普查结果进行修订。
Research and development expenditure wasn't included in GDP and the GDP data hasn't been revised by the fourth national economic census before 2016 in this table.

GROSS DOMESTIC PRODUCT BY DISTRICT

(10 000 yuan)

宝安区 Baoan	龙华区 Longhua	光明区 Guangming	大龙岗区 Original Longgang	龙岗区 Longgang	坪山区 Pingshan	大鹏新区 Dapeng	深汕特别合作区 Shenzhen-Shanwei Special Cooperation Zone
			3 685 749				
			4 362 097				
			5 230 810				
			6 440 549				
			7 853 069				
			9 292 360				
			10 915 756				
			12 853 603				
19 007 885		1 860 863	14 654 083				
20 097 230		2 224 317	15 557 666	13 875 047	1 682 619		
24 039 809		2 870 674	18 330 756	16 054 058	2 276 698		
29 023 850		3 858 603	21 613 446	18 834 935	2 778 511		
30 032 656		5 045 967	25 274 465	21 821 979	3 452 486		
20 442 625	13 157 156	5 835 962	27 867 330	21 532 826	3 871 849	2 462 655	
23 681 533	14 980 767	6 320 136	30 041 168	23 210 811	4 237 273	2 593 084	
26 416 174	16 355 110	6 709 285	33 691 983	26 366 531	4 580 534	2 744 918	
30 650 496	18 989 724	7 378 085	43 733 086	35 302 953	5 319 842	3 110 291	
34 596 420	21 559 365	8 540 068	42 736 583	39 427 108	6 118 943	3 309 475	341 220
36 217 763	24 011 068	9 176 863		43 889 663	6 980 257	3 406 108	389 545
38 193 404	24 468 329	10 171 144		47 360 879	7 615 240	3 434 344	528 875
38 470 393	24 910 102	11 273 211		47 695 766	8 056 704	3 410 453	613 967
44 218 327	28 284 496	12 853 321		44 964 512	9 105 998	3 703 461	709 106

2-12 各区地区生产总值指数

（以上年为100）

年 份 Year	福田区 Futian	罗湖区 Luohu	盐田区 Yantian	南山区 Nanshan	大宝安区 Original Baoan
2001	113.4	111.3	116.5	115.1	114.3
2002	113.7	111.8	126.6	115.6	118.7
2003	116.5	111.5	127.0	121.7	120.4
2004	112.9	111.4	116.5	117.1	122.9
2005	110.9	107.8	118.5	114.8	119.1
2006	114.0	113.4	116.2	112.7	121.0
2007	112.7	112.9	116.0	110.6	118.2
2008	110.3	109.1	110.9	112.1	113.3
2009	110.2	107.7	110.2	111.4	112.2
2010	110.8	108.7	110.5	112.2	115.1
2011	108.5	108.2	110.0	111.6	114.5
2012	109.0	108.6	110.0	111.6	108.4
2013	110.3	109.2	110.1	112.0	109.0
2014	108.9	108.0	108.9	109.0	109.1
2015	109.0	108.0	108.9	109.3	108.6
2016	108.8	108.9	108.8	109.6	108.6
2017	108.2	108.2	108.6	109.2	109.4
2018	107.4	107.1	107.0	105.1	
2019	107.2	105.7	105.9	108.0	
2020	103.6	101.3	105.4	105.1	
2021	108.6	108.0	111.1	109.1	

注：本表按可比价格计算。
Note:Data in this table are calculated at constant prices.

INDICES OF GROSS DOMESTIC PRODUCT BY DISTRICT

(Preceding Year=100)

宝安区 Baoan	龙华区 Longhua	光明区 Guangming	大龙岗区 Original Longgang	龙岗区 Longgang	坪山区 Pingshan	大鹏新区 Dapeng	深汕特别合作区 Shenzhen-Shanwei Special Cooperation Zone
			120.4				
			116.9				
			122.3				
			120.1				
			118.6				
			119.2				
			118.5				
			114.2				
			110.9				
		128.2	113.0		127.7		
		128.5	111.8		114.5		
		125.1	111.4		115.2		
111.6	104.0	115.5	110.7	111.2	113.1		
109.6	108.0	111.0	108.9	109.5	110.0	103.7	
109.0	108.0	109.4	109.6	110.5	109.4	104.0	
108.8	108.1	109.2	110.2	110.0	112.7	106.9	
109.3	108.6	109.9	109.7	109.9	112.2	106.7	117.2
108.6	109.6	107.2		111.0	110.0	106.0	107.1
106.0	101.3	108.0		108.1	108.5	104.3	133.1
102.0	103.0	106.0		101.2	104.6	100.2	110.5
111.3	110.2	112.9		92.4	111.7	108.0	117.8

2-13 各区分行业增加值（2021年）

单位：万元

行业	Sector	福田区 Futian	罗湖区 Luohu	盐田区 Yantian	南山区 Nanshan
地区生产总值	**Gross Domestic Product**	**53 181 861**	**25 716 656**	**7 604 872**	**76 305 927**
农林牧渔业	Farming,Forestry,Animal Husbandry and Fishery	16 038	4 221	5 098	11 850
工业	Industry	3 218 184	1 033 592	1 083 738	19 611 726
建筑业	Construction	1 505 730	739 380	196 458	2 364 067
批发和零售业	Wholesale and Retail Trade	5 750 553	3 882 134	639 710	4 498 492
交通运输、仓储和邮政业	Transport,Storage and Post	1 953 052	472 037	1 031 807	1 553 807
住宿和餐饮业	Hotels and Catering Services	658 088	453 512	73 431	613 004
金融业	Financial Intermediation	22 940 839	9 908 552	758 349	7 579 155
房地产业	Real Estate	3 909 065	2 330 628	1 163 600	6 562 338
其他服务业	Other Services	13 230 312	6 892 600	2 652 682	33 511 488
第一产业	Primary Industry	16 038	4 221	5 098	11 667
第二产业	Secondary Industry	4 720 780	1 769 940	1 269 728	21 884 049
第三产业	Tertiary Industry	48 445 043	23 942 495	6 330 046	54 410 212

注：本表按当年价格计算。
Note:Date of this table are calculated at current prices.

VALUE ADDED OF SECTOR BY DISTRICT （2021）

（10 000 yuan）

宝安区 Baoan	龙岗区 Longgang	龙华区 Longhua	坪山区 Pingshan	光明区 Guangming	大鹏新区 Dapeng	深汕特别合作区 Shenzhen-Shanwei Special Cooperation Zone
44 218 327	**44 964 512**	**28 284 496**	**9 105 998**	**12 853 321**	**3 703 461**	**709 106**
9 157	11 156	5 875	11 299	23 824	11 368	164 489
20 768 105	28 644 414	13 514 710	5 339 442	8 150 517	2 002 297	193 535
1 576 762	1 226 605	957 535	595 878	611 994	144 796	89 227
4 058 319	3 349 497	3 053 062	597 282	727 951	98 650	14 341
2 085 071	690 343	563 806	38 719	80 185	25 429	2 801
967 914	486 941	586 176	72 269	124 278	34 605	8 739
2 513 468	1 524 570	1 266 599	305 537	428 391	111 917	50 714
4 152 150	2 540 315	3 266 581	679 427	781 466	132 906	29 213
8 087 380	6 490 673	5 070 153	1 466 146	1 924 716	1 141 492	156 048
9 157	11 156	5 875	11 299	23 824	11 299	156 269
22 304 736	29 863 803	14 469 941	5 933 985	8 754 536	2 131 695	282 695
21 904 434	15 089 554	13 808 681	3 160 714	4 074 961	1 560 467	270 141

2-14 各区分行业增加值增长率（2021年）

单位：%

行 业	Sector	福田区 Futian	罗湖区 Luohu	盐田区 Yantian	南山区 Nanshan
地区生产总值	**Gross Domestic Product**	**8.6**	**8.0**	**11.1**	**9.1**
农林牧渔业	Farming,Forestry,Animal Husbandry and Fishery	3.5	−23.7	259.5	−8.8
工业	Industry	52.8	13.2	30.9	11.0
建筑业	Construction	−8.6	0.7	3.2	3.1
批发和零售业	Wholesale and Retail Trade	7.3	6.3	13.8	7.0
交通运输、仓储和邮政业	Transport,Storage and Post	11.1	17.7	7.0	11.4
住宿和餐饮业	Hotels and Catering Services	9.0	7.4	14.4	8.1
金融业	Financial Intermediation	7.2	9.1	5.3	9.6
房地产业	Real Estate	5.9	4.4	2.2	7.7
其他服务业	Other Services	6.8	8.0	11.9	8.8
第一产业	Primary Industry	3.5	−23.7	259.5	−5.9
第二产业	Secondary Industry	26.6	7.9	25.7	10.2
第三产业	Tertiary Industry	7.2	8.0	8.6	8.6

注：本表按可比价格计算。
Note:Data in this table are calculated at constant prices.

GROWTH RATE OF VALUE ADDED OF SECTOR BY DISTRICT（2021）

（%）

宝安区 Baoan	龙岗区 Longgang	龙华区 Longhua	坪山区 Pingshan	光明区 Guangming	大鹏新区 Dapeng	深汕特别合作区 Shenzhen–Shanwei Special Cooperation Zone
11.3	**-7.6**	**10.2**	**11.7**	**12.9**	**8.0**	**17.8**
24.4	27.5	13.8	9.9	−3.6	−14.9	4.8
15.3	−13.2	12.3	13.0	14.4	6.8	26.4
−4.1	11.4	4.4	23.8	24.9	38.4	37.6
18.0	7.5	16.8	22.5	8.3	9.7	5.9
5.4	13.3	10.8	3.5	9.6	6.6	15.4
5.3	5.5	8.8	5.6	7.0	4.8	3.1
7.0	1.1	3.9	−2.5	7.4	7.9	87.5
1.9	−8.7	−1.3	0.8	13.2	8.4	4.4
10.3	7.6	12.6	8.3	7.6	7.5	4.1
24.4	27.5	13.8	9.9	−3.6	−11.1	4.9
13.8	−12.5	11.8	13.9	15.0	8.2	29.4
8.8	4.0	8.7	7.7	8.8	7.8	15.1

2-15 战略性新兴产业发展情况（2021年）

STEATEGIC EMERGING INDUSTRY（2021）

单位：亿元 （100 million yuan）

指标	Indicators	增加值 Added Value	增长率（%） Growth Rate
合计	**Total**	**12 146.37**	**6.7**
一、新一代电子信息	**New Generation Electronic Information Industry**	**5 641.66**	**1.2**
1. 网络与通信	Network and Communication Industry	2 046.53	0.3
2. 半导体与集成电路	Semiconductors and Integrated Circuits Industry	487.72	13.3
3. 超高清视频显示	Ultra HD Video Display Industry	973.89	4.3
4. 智能终端	Intelligent Terminal Industry	2 091.61	−1.9
5. 智能传感器	Intelligent Sensor Industry	41.91	17.8
二、数字与时尚	**Digital and Fashion Industry**	**3 103.66**	**13.0**
6. 软件与信息服务	Software and Information Services Industry	2 294.97	13.7
7. 数字创意	Digital Creativity Industry	431.54	7.4
8. 现代时尚	Modern Fashion Industry	377.15	15.5
三、高端装备制造	**High-end Equipment Manufacturing Industry**	**506.53**	**19.4**
9. 工业母机	Industrial Machine Industry	216.63	23.2
10. 智能机器人	Intelligent Robot Industry	88.98	17.7
11. 激光与增材制造	Laser and Additive Manufacturing Industry	73.27	23.2
12. 精密仪器设备	Precision Instruments and Equipment Industry	127.65	12.8
四、绿色低碳	**Green Low Carbon Industry**	**1 386.78**	**8.8**
13. 新能源	New Energy Industry	641.81	12.3
14. 安全节能环保	Industry Safety, Energy Conservation and Environmental Protection	425.12	0.2
15. 智能网联汽车	Intelligent Connected Vehicle Industry	319.84	14.4
五、新材料	**New Material Industry**	**324.34**	**10.0**
16. 新材料	New Material Industry	324.34	10.0
六、生物医药和健康	**Biomedicine Industry and Health Industry**	**589.60**	**7.6**
17. 高端医疗器械	High−end Medical Devices Industry	275.36	7.0
18. 生物医药	Biomedicine Industry	146.15	5.5
19. 大健康	Great Health Industry	168.10	10.6
七、海洋经济	**Marine Economy Industry**	**593.80**	**14.5**
20. 海洋经济	Marine Economy Industry	593.80	14.5

注：1. 本表增长率按可比价格计算。
Notes: Growth Rate are calculated at constant prices in this table.
2. 战略性新兴产业为深圳相关产业发展规划的口径，与国家、广东省及内地城市有所不同。
The caliber of emerging industries is formulated in accordance with the relevant industrial development plan of Shenzhen, which is different from that of the nation, Guangdong and other cities.
3. 表中产业按照《深圳市七大战略性新兴产业（20个产业集群）分类》规定的统计口径进行指标测算，与2020年公布的数据在统计口径上有所不同，两年数据不可同比。
The industries in the table are measured according to the statistical caliber specified in the Classification of Seven Strategic Emerging Industries (20 Industrial Clusters) in Shenzhen. The statistical caliber is different from the data published in 2020, and the data for two years are incomparable.

主要统计指标解释

国内生产总值（GDP）　指按市场价格计算的一个国家（或地区）所有常住单位在一定时期内生产活动的最终成果。国内生产总值有三种表现形态，即价值形态、收入形态和产品形态。从价值形态看，它是所有常住单位在一定时期内生产的全部货物和服务价值与同期投入的全部非固定资产货物和服务价值的差额，即所有常住单位的增加值之和；从收入形态看，它是所有常住单位在一定时期内创造并分配给常住单位和非常住单位的初次收入之和；从产品形态看，它是所有常住单位在一定时期内最终使用的货物和服务价值与货物和服务净出口价值之和。在实际核算中，国内生产总值有三种计算方法，即生产法、收入法和支出法。三种方法分别从不同的方面反映国内生产总值及其构成。

对于一个地区来说，称为地区生产总值或地区GDP。

劳动者报酬　指劳动者因从事生产活动所获得的全部报酬。包括劳动者获得的各种形式的工资、奖金和津贴，既有货币形式的，也有实物形式的，还包括劳动者所享受的公费医疗和医药卫生费、上下班交通补贴、单位支付的社会保险费、住房公积金等。对于个体经济来说，其所有者所获得的劳动报酬和经营利润不易区分，这两部分统一作为劳动者报酬处理。

生产税净额　指生产税减生产补贴后的差额。生产税指政府对生产单位从事生产、销售和经营活动以及因从事生产活动使用某些生产要素（如固定资产、土地、劳动力）所征收的各种税、附加费和规费。生产补贴与生产税相反，指政府对生产单位的单方面转移支付，因此视为负生产税，包括政策性亏损补贴、价格补贴等。

固定资产折旧　指一定时期内为弥补固定资产损耗按照规定的固定资产折旧率提取的固定资产折旧，或按国民经济核算统一规定的折旧率虚拟计算的固定资产折旧。它反映了固定资产在当期生产中的转移价值。各类企业和企业化管理的事业单位的固定资产折旧是指实际计提的折旧费；不计提折旧的政府机关、非企业化管理的事业单位和居民住房的固定资产折旧是按照统一规定的折旧率和固定资产原值计算的虚拟折旧。原则上，固定资产折旧应按固定资产的重置价值计算，但是目前我国尚不具备对全社会固定资产进行重估价的基础，所以暂时还不能采用这种办法。

营业盈余　指常住单位创造的增加值扣除劳动者报酬、生产税净额和固定资产折旧后的余额。它相当于企业的营业利润加上生产税补贴，但要扣除从利润中开支的工资和福利等。

支出法国内（地区）生产总值　指一个国家（或地区）所有常住单位在一定时期内用于最终消费、资本形成总额，以及货物和服务净出口的总额，它反映本期生产的国内生产总值的使用情况。

最终消费　指常住单位在一定时期内对于货物和服务的全部最终消费支出，也就是常住单位为满足物质、文化和精神生活的需要，从本国经济领土和国外购买的货物和服务的支出，不包括非常住单位在本国经济领土内的消费支出。最终消费分为居民消费和政府消费。

居民消费　指常住居民对货物和服务的全部最终消费支出。它除了常住居民直接以货币形式购买货物和服务的消费之外，还包括以其他方式获得的货物和服务的消费，即单位以实物报酬及实物转移的形式提供给劳动者的货物和服务；居民生产并由居民自己消费的货物和服务，其中的服务仅指居民的自有住房服务和付酬的家庭服务；金融机构提供的金融媒介服务；保险公司提供的保险服务。

政府消费　指政府部门为全社会提供公共服务的消费支出和免费或以较低价格向居民提供的消费货物和服务净支出。前者等于政府服务的产出价值减去政府单位所获得的经营收入后的价值，政府服务的产出价值等于它的经常性业务支出加上固定资产折旧；后者等于政府部门免费或以较低价格向住户提供的货物和服务的市场价值减去向居民收取的价值。

资本形成总额 指常住单位在一定时期内获得的减处置的固定资产加存货的净变动额，包括固定资本形成总额和存货增加。

固定资本形成总额 指生产者在一定时期内获得的固定资产减处置的固定资产的价值总额。固定资产是通过生产活动生产出来的，其使用年限在一年以上，单位价值在规定标准以上的资产，不包括自然资产。固定资本形成总额分有形固定资本形成总额和无形固定资本形成总额。有形固定资本形成总额包括一定时期内完成的建筑工程、安装工程、设备工器具购置（减处置）价值以及土地改良、新增役、种、奶、毛、娱乐用牲畜和新增经济林木价值。无形固定资本形成总额包括矿藏的勘探、计算机软件等获得减处置。

存货增加 指常住单位存货实物量变动的市场价值，即期末价值减期初价值的差额，再扣除当期由于价格变动而产生的持有收益。存货增加可以是正值，也可以是负值；正值表示存货增加，负值表示存货减少。它包括生产单位购进的原材料、燃料和储备物资等存货，以及生产单位生产的产成品、在制品存货等。

货物和服务净流出 指货物和服务流出减货物和服务流入的差额。流出包括常住单位向非常住单位出售或无偿转让的各种货物和服务的价值；流入包括常住单位从非常住单位购买或无偿得到的各种货物和服务价值。由于服务活动的提供与使用同时发生，因此服务的流入流出业务并不发生出入境现象，一般把常住单位从非常住单位得到的服务作为流入，常住单位向非常住单位提供的服务作为流出。

三次产业 根据社会生产活动历史发展的顺序对产业结构的划分，产品直接取自自然界的部门称为第一产业，初级产品进行再加工的部门称为第二产业，为生产和消费提供各种服务的部门称为第三产业。它是世界上通用的产业结构分类，但各国的划分不尽一致。我国的三次产业划分是：

第一产业是指农、林、牧、渔业（不含农、林、牧、渔专业及辅助性活动）。

第二产业是指采矿业（不含开采专业及辅助性活动），制造业（不含金属制品、机械和设备修理业），电力、热力、燃气及水生产和供应业，建筑业。

第三产业即服务业，是指除第一产业、第二产业以外的其他行业。

Explanatory Notes on Main Statistical Indicators

Gross domestic product (GDP) refers to the final products at market prices produced by all resident units in a country during a certain period of time.Gross domestic product is expressed in three different perspectives,namely value,income and products respectively.GDP in its value perspective refers to the balance of total value of all goods and services produced by all resident units during a certain period of time,minus the total value of input of goods and services of the nature of non-fixed assets;in other words,it is the sum of the value-added of all resident units.GDP from the perspective of income includes the primary income created by all resident units and distributed to resident and non-resident units.GDP from the perspective of products refers to the value of all goods and services for final demand by all resident units plus the net exports of goods and services during a given period of time.In the practice of national accounting,gross domestic product is calculated from three approaches,namely production approach,income approach and expenditure approach,which reflect gross domestic product and its composition from different angles.

For a region, it is called as Gross Regional Product(GRP) or regional GDP.

Laborers' Remuneration refers to the whole payment of various forms earned by laborers from productive activities they are engaged in, including wages, bonuses and allowances earned in monetary form and in kind, as well as free medical services provided to the laborers and the medicine expenses, traffic subsidies, and social insurance fee and housing fund paid by the laborers' working units for them. In terms of individual economy, since laborers' remuneration is not easily distinguished from the operating profit, both are treated as laborers' remuneration.

Net Taxes on Production refers to taxes on production less subsidies on production.The taxes on production refers to the various taxes,extra charges and fees levied on the production units on their production,sale and business activities as well as on the use of some factors of production,such as fixed assets,land and labour in the production activities they are engaged in.In contrast to taxes on production,subsidies on production refer to the unilateral government transfer to the production units and are therefore regarded as negative taxes on production.They include subsidies on the loss due to implementation of government policies,price subsidies,etc.

Depreciation of Fixed Assets refers to the depreciation of fixed assets of a given period, drawn in accordance with the stipulated depreciation rate for the purpose of compensating the wear loss of the fixed assets or the depreciation of fixed assets calculated in a fictitious way in accordance with the stipulated unified depreciation rate in the national economic accounting system. It reflects the value of transfer of the fixed assets in the production of the current period. The depreciation of fixed assets in various enterprises and institutions managed as enterprises refers to the depreciation expenses actually drawn and calculated as part of the cost. In government agencies and institutions not managed as enterprises which do not draw the depreciation expenses, as well as for the houses of residents, the depreciation of fixed assets is the imputed depreciation, which is calculated in accordance with the stipulated unified depreciation rate and the original value of the fixed assets. In principle, the depreciation of fixed assets should be calculated on the basis of the repurchase value of the fixed assets. However, there is no actual condition to reevaluate all the fixed assets in China. Therefore, the above-mentioned methods are temporarily adopted at present.

Operating Surplus refers to the balance of the value-added created by the resident units deducting the laborers' remuneration, net taxes on production and the depreciation of fixed assets. It is equivalent to the business profit of the enterprises plus subsidies on production, but the wages and welfare expenses paid from the profits should be deducted.

GDP by Expenditure Approach refers to the method of measuring the final results of production activities of a country(region) during a given period from the perspective of final uses.It includes final consumption expenditure,gross capital formation and net export of goods and services.The formula for computation is.:

GDP by expenditure approach = final consumption expenditure + gross capital formation + net export of goods and services

Final Consumption refers to the total expenditure of resident units on final consumption of goods and services in a certain period, namely the expenditure of the resident units for purchases of goods and services from domestic economic territory and abroad to meet the requirements of material, cultural and spiritual life. It excludes the expenditure of nonresident units on consumption in the economic territory of the country. The final consumption is classified into household consumption and government consumption.

Resident Consumption refers to the total expenditure of residents on the final consumption of goods and services. In addition to the consumption of goods and services paid for in monetary form by the residents, the expenditure on goods and services obtained by the residents in other ways is also included in the resident consumption, which includes: (a) goods and services provided to the residents by the units in the form of payment in kind and transfer in kind; (b) goods and services produced and consumed by the residents themselves, where services refer only to services related to residential buildings owned by the residents and paid services for the households; (c) services of financial intermediary provided by financial institutions; and (d) insurance services provided by insurance companies.

Government Consumption refers to the expenditure on the consumption of public services provided by the government to the whole society and the net expenditure on goods and services provided by the government for residents free of charge or at low prices. The former equals the output value of the government services minus the value of operating income obtained by the government departments. The latter equals the market value of goods and services provided by the government free of charge or at low prices for residents minus the value charged by the government on households.

Total Capital Formation refers to the net value of change within a certain period calculated as fixed assets acquired minus those disposed plus inventory, which includes total fixed assets formation and increase in inventory.

Total Fixed Capital Formation refers to the value of fixed assets acquired minus the value of fixed assets disposed within a certain period, where fixed assets refer to assets produced through productive activities with a term of use of over one year and a unit price above designated standards, excluding natural assets. Total fixed capital formation can be classified into total tangible assets formation and total intangible assets formation. Total tangible assets formation includes the value of the construction projects, installation projects completed and the equipment, apparatus and instruments purchased as well as the value of land improved, the value of draught animals, breeding stock, milk, wool and recreational animals and newly-increased economic forest in a certain period. Total intangible assets formation includes value acquired through the prospecting of minerals, computer software, and other operations minus the disposal of them.

Increase in Inventory refers to the market value of the change in inventory in resident units, i.e. the difference in value between the beginning and the end of the period minus benefits acquired through the possession of inventory that have appreciated during the period. The increase in inventory can be positive or negative. A positive value indicates the increase in stock while a negative value indicates the decrease in stock. The inventory includes the raw materials, fuels and reserve materials purchased by the production units as well as the inventory of finished products, semi−finished products and work in progress, etc.

Net Outflow of Goods and Services refers to the difference between the outflow of goods and services and the inflow of goods and services. The outflow includes the value of various goods and services sold or gratuitously transferred by resident units to nonresident units. The inflow includes the value of various goods and services purchased or gratuitously acquired by resident units from non−resident units. As the provision of services and the use of them happen simultaneously, the inflow and outflow of services do not involve border crossing. The acquisition of services by the resident units from nonresident units is usually treated as inflow while the provision of services by the resident units for nonresident units is usually treated as outflow.

Three Industries are the classification of industrial structure according to the historical sequence of development of social production. Primary industry refers to direct extraction of natural resources; secondary industry involves processing of primary products; and tertiary industry provides services of various kinds for production and consumption. Such classification is a common practice in the world, though grouping varies to some extent from country to country. In China the three industries are defined as follows:

Primary industry refers to agriculture, forestry, animal husbandry and fishery industries (not including services in support of agriculture, forestry, animal husbandry and fishery industries).

Secondary industry refers to mining and quarrying (not including support activities for mining), manufacturing (not including repair service of metal products, machinery and equipment), production and supply of electricity, heat, gas and water, and construction.

Tertiary industry refers to all other economic activities not included in the primary or secondary industries.

03 第三部分 人口和劳动力

POPULATION AND LABOR FORCE

CHAPTER

3-1 人口及就业人员主要指标（主要年份）

MAIN INDICATORS OF EMPLOYED PERSONS（MAJOR YEAR）

项 目	Item	2010	2017	2018	2019	2020	2021
年末常住人口(万人)	**Permanent Population at the Year-end (10 000 persons)**	**1 037.20**	**1 587.31**	**1 666.12**	**1 710.40**	**1 763.38**	**1 768.16**
常住户籍人口	**Permanent Registered Population**						
年末人口数 (万人)	Total Population at the Year−end(10 000 persons)	251.03	434.72	454.70	494.78	514.10	556.39
性别比(女=100)	Sex Ratio (female=100)	113.1	102.7	101.1	99.7	97.8	97.7
人口变动情况(‰)	**Status of Population Changes (‰)**						
出生率	Birth Rate	14.50	25.45	21.58	21.68	17.01	15.09
死亡率	Death Rate	0.92	1.53	1.29	1.29	1.27	1.16
自然增长率	Natural Growth Rate	13.58	23.92	20.29	20.39	15.74	13.93
就业人员人数(万人)	**Number of Employed Persons (10 000 persons)**	**781.45**	**1 207.79**	**1 214.49**	**1 230.29**	**1 239.61**	**1 245.42**
第一产业	Primary Industry	0.38	1.70	1.53	1.25	1.23	1.21
第二产业	Secondary Industry	402.71	457.18	452.71	474.93	479.00	486.40
第三产业	Tertiary Industry	378.36	748.91	760.25	754.11	759.38	757.81
#在岗职工	Fully Employed Staff and Workers	251.09	447.32	466.91	475.04	488.66	499.17
国有单位	State−owned Units	46.56	41.92	39.02	46.12	56.83	60.61
城镇集体单位	Urban Collective−owned Units	1.54	2.84	1.49	0.74	0.97	0.66
其他单位	Units of Other Types of Ownership	202.99	402.55	426.39	428.18	430.86	437.90
城镇单位在岗职工工资总额（亿元）	**Total Wage Bill of Fully Employed Staff and Workers in Urban Units (100 million yuan)**	**1 233.88**	**4 469.76**	**5 236.48**	**6 110.96**	**6 805.46**	**7 752.34**
国有单位	State−owned Units	360.37	623.28	668.23	946.98	1 197.48	1 402.03
城镇集体单位	Urban Collective−owned Units	4.15	21.20	8.99	5.51	17.72	6.06
其他单位	Units of Other Types of Ownership	869.36	3 825.28	4 559.25	5 158.48	5 590.25	6 344.24
城镇单位在岗职工年平均工资(元)	**Average Wage of Fully Employed Staff and Workers in Urban Units (yuan)**	**50 456**	**100 173**	**111 709**	**127 757**	**139 436**	**155 563**
国有单位	State−owned Units	79 734	150 444	172 466	207 654	213 250	235 268
城镇集体单位	Urban Collective−owned Units	27 801	71 380	67 768	75 138	184 999	91 297
其他单位	Units of Other Types of Ownership	43 939	95 203	106 353	119 411	129 716	144 818

注： 1.2010−2020年就业人员人数及分产业就业人员人数已根据深圳市第七次全国人口普查、就业登记和劳动力调查等相关数据进行修订（相关表同）。

Notes: The number of employed persons and the number of employed persons in different industries from 2010 to 2020 have been revised according to the relevant data of the seventh national census, employment registration, labor force survey, etc (the same relevanted).

2.从2020年年报起，对非一套表单位开展抽样调查，年平均工资为推算数，城镇集体单位在岗职工年平均工资受个别单位影响波动较大（相关表同）。

From 2020, a sample survey has been carried out on units that are not "enterprise set of table", the average wage are extrapolations,the average wage of fully employed staff and workers in urban units fluctuate greatly due to the influence of individual units（the same related）.

3.2011−2019年常住人口数已根据第七次全国人口普查结果进行修订（相关表同）。

The number of permanent population from 2011 to 2019 has been revised based on the results of the seventh national census (the same related).

3-2 人口、出生、死亡及自然增长

POPULATION、BIRTH、DEATH AND NATURAL GROWTH

年 份 Year	年末常住人口数 (万人) Year-end Permanent Population (10 000 persons)	常住户籍人口 Permanent Registered Population	常住非户籍人口 Permanent Non-registered Population
1979	31.41	31.26	0.15
1980	33.29	32.09	1.20
1981	36.69	33.39	3.30
1982	44.95	35.45	9.50
1983	59.52	40.52	19.00
1984	74.13	43.52	30.61
1985	88.15	47.86	40.29
1986	93.56	51.45	42.11
1987	105.44	55.60	49.84
1988	120.14	60.14	60.00
1989	141.60	64.82	76.78
1990	167.78	68.65	99.13
1991	226.76	73.22	153.54
1992	268.02	80.22	187.80
1993	335.97	87.69	248.28
1994	412.71	93.97	318.74
1995	449.15	99.16	349.99
1996	482.89	103.38	379.51
1997	527.75	109.46	418.29
1998	580.33	114.60	465.73
1999	632.56	119.85	512.71
2000	701.24	124.92	576.32
2001	724.57	132.04	592.53
2002	746.62	139.45	607.17
2003	778.27	150.93	627.34
2004	800.80	165.13	635.67
2005	827.75	181.93	645.82
2006	871.10	196.83	674.27
2007	912.37	212.38	699.99
2008	954.28	228.07	726.21
2009	995.01	241.45	753.56
2010	1 037.20	251.03	786.17
2011	1 122.94	267.90	855.04
2012	1 195.85	287.62	908.23
2013	1 257.17	310.47	946.70
2014	1 317.86	332.21	985.65
2015	1 408.05	354.99	1 053.06
2016	1 495.35	384.52	1 110.83
2017	1 587.31	434.72	1 152.59
2018	1 666.12	454.70	1 211.42
2019	1 710.40	494.78	1 215.62
2020	1 763.38	514.10	1 249.28
2021	1 768.16	556.39	1 211.77

年 份 Year	在年末常住户籍人口中 Among Permanent Registered Population at the Year-end		年平均人口(万人) Average Annual Population (10 000 persons)	
	男性(万人) Male (10 000 persons)	女性(万人) Female (10 000 persons)	按常住 人口计算 Permanent Population	按常住户籍 人口计算 Permanent Registered Population
1979	14.26	17.00		
1980	14.69	17.40	32.35	31.68
1981	15.51	17.88	34.99	32.74
1982	16.67	18.78	40.82	34.42
1983	20.50	20.02	52.24	37.99
1984	22.01	21.51	66.83	42.02
1985	24.32	23.54	81.14	45.69
1986	26.13	25.32	90.86	49.66
1987	28.22	27.38	99.50	53.53
1988	30.49	29.64	112.79	57.87
1989	32.89	31.93	130.87	62.48
1990	34.92	33.73	154.69	66.74
1991	37.27	35.95	197.27	70.94
1992	41.19	39.03	247.39	76.72
1993	45.25	42.44	302.00	83.96
1994	48.62	45.35	374.34	90.83
1995	51.37	47.80	430.93	96.57
1996	53.64	49.75	466.02	101.27
1997	56.79	52.66	505.32	106.64
1998	59.73	54.87	554.04	112.03
1999	62.69	57.16	606.45	117.22
2000	65.21	59.71	666.90	122.39
2001	69.47	62.57	712.91	128.48
2002	73.59	65.86	735.60	135.75
2003	79.72	71.21	762.45	145.19
2004	87.58	77.55	789.54	158.03
2005	96.69	85.24	814.28	173.53
2006	104.75	92.08	849.42	189.38
2007	112.98	99.40	891.74	204.60
2008	121.22	106.85	933.33	220.22
2009	128.38	113.07	974.65	234.76
2010	133.21	117.82	1 016.11	246.24
2011	141.61	126.29	1 080.07	259.47
2012	151.15	136.47	1 159.40	277.76
2013	161.93	148.54	1 226.51	299.04
2014	172.16	160.05	1 287.52	321.34
2015	182.91	172.08	1 362.96	343.60
2016	196.64	187.88	1 451.70	369.76
2017	220.26	214.46	1 541.33	412.75
2018	228.60	226.10	1 626.72	444.71
2019	247.00	247.79	1 688.26	474.74
2020	254.21	259.89	1 736.89	504.44
2021	275.00	281.39	1 765.77	535.25

3-2 续表2 CONTINUED

年 份 Year	出生人口数(人) Population of Birth (person)	出生率(‰) Birth Rate (‰)	死亡人口数(人) Population of Death (person)	死亡率(‰) Death Rate (‰)	自然增长人数(人) Population of Natural Growth(person)	自然增长率(‰) Natural Growth Rate (‰)
1979	7 962	24.60	1 856	5.70	6 106	18.90
1980	6 775	21.40	1 773	5.60	5 002	15.80
1981	7 544	23.00	1 732	5.30	5 812	17.80
1982	6 974	20.30	1 707	5.00	5 267	15.30
1983	5 295	13.90	1 793	4.70	3 502	9.20
1984	5 005	11.50	1 606	3.69	3 399	8.09
1985	5 606	12.27	1 533	3.36	4 073	8.91
1986	6 143	12.37	1 794	3.61	4 349	8.76
1987	6 399	11.95	1 822	3.40	4 577	8.55
1988	8 290	14.32	1 720	2.97	6 570	11.35
1989	8 615	13.79	1 713	2.74	6 902	11.05
1990	10 755	16.11	1 859	2.79	8 896	13.33
1991	11 408	16.08	1 607	2.27	9 801	13.81
1992	11 277	14.07	1 840	2.40	9 437	11.67
1993	12 054	14.36	1 619	1.93	10 435	12.43
1994	12 509	13.77	1 590	1.75	10 919	12.02
1995	12 776	13.23	1 719	1.78	11 057	11.45
1996	13 170	13.00	2 116	2.09	11 054	10.91
1997	13 447	12.64	2 268	2.13	11 179	10.51
1998	13 049	11.65	2 341	2.09	10 708	9.56
1999	14 745	12.58	3 479	2.97	11 266	9.61
2000	17 967	14.68	3 120	2.55	14 847	12.13
2001	18 060	14.06	2 223	1.73	15 837	12.33
2002	22 536	16.60	1 978	1.46	20 558	15.14
2003	*15 986	10.63	2 301	1.53	13 685	9.10
2004	19 749	11.58	2 335	1.37	17 414	10.21
2005	24 407	12.64	2 717	1.41	21 690	11.23
2006	26 407	12.53	2 316	1.10	24 091	11.44
2007	34 358	14.54	2 570	1.09	31 788	13.45
2008	36 762	14.12	2 551	0.98	34 211	13.14
2009	37 098	13.70	2 323	0.86	34 775	12.84
2010	40 342	14.50	2 552	0.92	37 790	13.58
2011	41 805	15.42	2 974	1.10	38 831	14.32
2012	61 390	19.38	4 360	1.38	57 030	18.00
2013	59 526	18.84	3 390	1.07	56 136	17.77
2014	67 594	19.89	8 192	2.41	59 402	17.48
2015	71 515	19.64	4 656	1.28	66 859	18.36
2016	87 167	22.33	5 249	1.34	81 918	20.99
2017	116 564	25.45	7 012	1.53	109 552	23.92
2018	105 864	21.58	6 333	1.29	99 531	20.29
2019	117 153	21.68	6 969	1.29	110 184	20.39
2020	98 708	17.01	7 375	1.27	91 333	15.74
2021	92 942	15.09	7 143	1.16	85 799	13.93

注：自2003年起“出生人口数”“出生率”“死亡人口数”“死亡率”“自然增长人数”“自然增长率”为市卫健委提供。

Note: Since 2003, Population of Birth, Birth Rate, Population of Death, Death Rate, Population of Natural Growth and Natural Growth and Natural Growth Rate are calculated by the statistical coverage from Shenzhen Family Planning Office.

3-3 人口指数

INDICES OF POPULATION

年 份 Year	以1979年为100 1979=100			以上年为100 Preceding Year=100		
	年末常住人口 Permanent Population (Year-end)	常住户籍人口 Permanent Registered Population	常住非户籍人口 Permanent Non-registered Population	年末常住人口 Permanent Population (Year-end)	常住户籍人口 Permanent Registered Population	常住非户籍人口 Permanent Non-registered Population
1980	106.0	102.7	800.0	106.0	102.7	800.0
1981	116.8	106.8	2 200.0	110.2	104.1	275.0
1982	143.1	113.4	6 333.3	122.5	106.2	287.9
1983	189.5	129.6	12 666.7	132.4	114.3	200.0
1984	236.0	139.2	20 406.7	124.5	107.4	161.1
1985	280.6	153.1	26 860.0	118.9	110.0	131.6
1986	297.9	164.6	28 073.3	106.1	107.5	104.5
1987	335.7	177.9	33 226.7	112.7	108.1	118.4
1988	382.5	192.4	40 000.0	113.9	108.2	120.4
1989	450.8	207.4	51 186.7	117.9	107.8	128.0
1990	534.2	219.6	66 086.7	118.5	105.9	129.1
1991	721.9	234.2	102 360.0	135.2	106.7	154.9
1992	853.3	256.6	125 200.0	118.2	109.6	122.3
1993	1 069.6	280.5	165 520.0	125.4	109.3	132.2
1994	1 313.9	300.6	212 493.3	122.8	107.2	128.4
1995	1 430.0	317.2	233 326.7	108.8	105.5	109.8
1996	1 537.4	330.7	253 006.7	107.5	104.3	108.4
1997	1 680.2	350.2	278 860.0	109.3	105.9	110.2
1998	1 847.6	366.6	310 486.7	110.0	104.7	111.3
1999	2 013.9	383.4	341 806.7	109.0	104.6	110.1
2000	2 232.5	399.6	384 213.3	110.9	104.2	112.4
2001	2 306.8	422.4	395 020.0	103.3	105.7	102.8
2002	2 377.0	446.1	404 780.0	103.0	105.6	102.5
2003	2 477.8	482.8	418 226.7	104.2	108.2	103.3
2004	2 549.5	528.2	423 780.0	102.9	109.4	101.3
2005	2 635.3	582.0	430 546.7	103.4	110.2	101.6
2006	2 772.3	629.7	449 490.8	105.2	108.2	104.4
2007	2 902.6	679.4	466 571.5	104.7	107.9	103.8
2008	3 036.1	729.7	483 834.6	104.6	107.4	103.7
2009	3 166.7	772.8	502 220.3	104.3	105.9	103.8
2010	3 299.7	803.7	523 815.8	104.2	104.0	104.3
2011	3 573.6	857.5	569 911.6	108.3	106.7	108.8
2012	3 805.9	921.0	605 246.1	106.5	107.4	106.2
2013	4 000.0	994.7	630 666.4	105.1	108.0	104.2
2014	4 192.0	1 064.3	656 523.7	104.8	107.0	104.1
2015	4 477.1	1 137.7	701 167.3	106.8	106.9	106.8
2016	4 754.7	1 232.1	739 731.5	106.2	108.3	105.5
2017	5 025.7	1 371.3	767 841.3	105.7	111.1	103.8
2018	5 277.0	1 434.4	807 001.2	105.0	104.6	105.1
2019	5 419.5	1 560.6	809 422.2	102.7	108.8	100.3
2020	5 587.5	1 621.5	832 086.0	103.1	103.9	102.8
2021	5 604.3	1 754.5	807 123.4	100.3	108.2	97.0
年平均增长率 Average Annual Growth Rate	**10.1**	**7.1**	**23.9**			

注：本表指数按可比口径计算。

Note:。The indexes in this table are calculated by comparable coverage.

3-4 各区年末常住人口数（2016-2021年）

PERMANENT POPULATION AT THE YEAR-END BY DISTRICT（2016-2021）

单位：万人 （10 000 persons）

区别	District	2016	2017	2018	2019	2020	2021
全市	**Total**	**1 495.35**	**1 587.31**	**1 666.12**	**1 710.40**	**1 763.38**	**1 768.16**
福田区	Futian	149.27	151.20	152.89	153.23	155.41	156.23
罗湖区	Luohu	104.01	107.04	109.01	111.41	114.75	114.82
盐田区	Yantian	22.08	21.94	21.82	21.55	21.43	21.54
南山区	Nanshan	156.23	164.02	170.76	173.70	180.42	181.41
宝安区	Baoan	402.50	423.76	443.21	447.13	449.11	448.29
龙岗区	Longgang	312.36	340.31	366.06	384.53	399.90	401.53
龙华区	Longhua	207.28	220.24	234.65	242.71	254.32	253.51
坪山区	Pingshan	47.42	49.81	51.66	52.78	55.43	56.65
光明区	Guangming	78.86	86.92	93.85	101.22	110.35	111.57
大鹏新区	Dapeng	15.33	15.43	15.66	15.67	15.69	15.94
深汕特别合作区	Shenzhen-Shanwei Special Cooperation Zone	-	6.64	6.55	6.47	6.57	6.68

3-5 按行业分的就业人员人数（2021年末）

NUMBER OF EMPLOYED PERSONS AT YEAR-END GROUPED BY SECTOR（2021）

项 目	Item	年末就业人员合计（万人）Number of Employed Persons (year-end) (10 000 persons)	其中：在岗职工（人）Fully Employed Staff and Workers (person)
总 计	**Total**	**1245.42**	**4 991 737**
按三次产业分	**Grouped by Industry**		
第一产业	Primary Industry	1.21	
第二产业	Secondary Industry	486.40	
第三产业	Tertiary Industry	757.81	
按国民经济行业分	**Grouped by Sector**		
1.农、林、牧、渔业	Agriculture, Forestry, Animal Husbandry and Fishery		343
2.采矿业	Mining		3 870
3.制造业	Manufacturing		2 069 588
4.电力、热力、燃气及水生产和供应业	Production and Distribution of Electricity,Heat, Gas and Water		43 280
5.建筑业	Construction		255 242
6.批发和零售业	Wholesale and Retail Trades		295 814
7.交通运输、仓储和邮政业	Transportation, Storage and Post		203 514
8.住宿和餐饮业	Hotels and Catering Services		114 373
9.信息传输、软件和信息技术服务业	Information Transmission, Software and Information Technology		393 351
10.金融业	Financial Intermediation		201 774
11.房地产业	Real Estate		303 767
12.租赁和商务服务业	Leasing and Business Services		310 819
13.科学研究和技术服务业	Scientific Research and Technical Service		149 195
14.水利、环境和公共设施管理业	Management of Water Conservancy, Environment and Public Facilities		36 645
15.居民服务、修理和其他服务业	Services to Households, Repair and Other Services		39 223
16.教育	Education		186 112
17.卫生和社会工作	Health and Social Work		131 982
18.文化、体育和娱乐业	Culture, Sports and Entertainment		27 976
19.公共管理、社会保障和社会组织	Public Management, Social Security and Social Organizations		224 869
20. 国际组织	International Organizations		

注： 1.根据国家劳动统计报表制度的统一规定，从2013年年报起，原属于乡镇企业且符合城镇非私营单位条件的“四上”企业纳入城镇非私营单位就业人员及工资统计范围。后同。

Notes: According to the provision of national labor statistics reporting form system, since the year reporting of 2013, the scope of statistics on employed persons in urban corporate unit excluding private units and labor wage covers four above designated size enterprises (refers to industrial enterprises above designated size, construction enterprises by qualification criteria, enterprises above designated size of wholesale trade, retail trade, hotels and catering services), which originally has been included township enterprises and in accordance with the condition of urban corporate unit excluding private units. The same applies to the following tables.

2.2021年起，年末就业人员不再细分行业。

From 2021, the number of employed persons in different sectors will not be provided.

3-6 就业人员人数（年末数）

NUMBER OF EMPLOYED PERSONS AT YEAR-END

单位：万人　　　　(10 000 persons)

年 份 Year	年末就业人员合计 Number of Employed Persons (year-end)	其中：在岗职工 Fully Employed Staff and Workers	国有单位 State-owned Units	城镇集体单位 Urban Collective-owned Units	其他单位 Units of Other Types of Ownership
1979	13.95	4.02	3.37	0.65	
1980	14.89	4.86	4.05	0.81	
1981	15.36	5.31	4.51	0.80	
1982	18.49	8.28	7.00	1.28	
1983	22.37	12.57	10.10	1.22	1.25
1984	27.26	18.33	14.14	2.15	2.04
1985	32.61	22.66	16.84	2.60	3.22
1986	36.04	25.88	18.97	2.68	4.23
1987	44.30	32.29	22.04	3.55	6.70
1988	54.53	41.74	28.04	4.53	9.17
1989	93.65	48.24	30.34	4.85	13.05
1990	109.22	55.41	33.85	5.25	16.31
1991	149.32	64.89	38.77	6.76	19.36
1992	175.97	71.10	38.85	7.99	24.26
1993	220.81	78.11	41.45	5.42	31.24
1994	273.00	82.29	38.71	8.28	35.30
1995	298.51	88.75	40.17	10.75	37.83
1996	322.12	89.13	41.07	9.53	38.53
1997	353.53	91.18	40.92	8.69	41.57
1998	390.33	91.93	33.75	4.25	53.93
1999	426.89	92.52	32.94	4.17	55.41
2000	474.97	93.36	31.00	3.84	58.52
2001	491.30	94.88	31.31	3.72	59.85
2002	509.74	101.76	29.62	2.57	69.57
2003	535.89	108.20	30.10	2.36	75.74
2004	562.17	135.88	31.94	1.66	102.28
2005	576.26	165.38	35.85	2.81	126.72
2006	609.76	184.25	39.85	1.57	142.83
2007	647.11	193.04	40.03	1.50	151.51
2008	682.35	198.35	41.31	1.36	155.68
2009	723.61	220.16	42.89	1.30	175.97
2010	781.45	251.09	46.56	1.54	202.99
2011	825.41	261.43	48.92	1.63	210.88
2012	902.02	277.90	49.58	1.66	226.66
2013	953.33	445.84	48.60	4.02	393.22
2014	1 009.60	448.93	42.91	3.36	402.66
2015	1 083.35	447.41	43.18	2.46	401.77
2016	1 141.42	442.55	41.84	2.35	398.36
2017	1 207.79	447.32	41.92	2.84	402.55
2018	1 214.49	466.91	39.02	1.49	426.39
2019	1 230.29	475.04	46.12	0.74	428.18
2020	1 239.61	488.66	56.83	0.97	430.86
2021	1 245.42	499.17	60.61	0.66	437.90

3-7 就业人员人数指数

INDICES OF NUMBER OF EMPLOYED PERSONS

以上年为100 (preceding year=100)

年份 Year	年末就业人员合计 Number of Employed Persons (year-end)	其中：在岗职工 Fully Employed Staff and Workers	国有单位 State-owned Units	城镇集体单位 Urban Collective-owned Units	其他单位 Units of Other Types of Ownership
1980	106.7	120.9	120.2	124.6	
1981	103.2	109.3	111.4	98.8	
1982	120.4	155.9	155.2	160.0	
1983	121.0	151.8	144.3	95.3	
1984	121.9	145.8	140.0	176.2	163.2
1985	119.6	123.6	119.1	120.9	157.8
1986	110.5	114.2	112.6	103.1	131.4
1987	122.9	124.8	116.2	132.5	158.4
1988	123.1	129.3	127.2	127.6	136.9
1989	171.7	115.6	108.2	107.1	142.3
1990	116.6	114.9	111.6	108.2	125.0
1991	136.7	117.1	114.5	128.8	118.7
1992	117.8	109.6	100.2	118.2	125.3
1993	125.5	109.9	106.7	67.8	128.8
1994	123.6	105.4	93.4	152.8	113.0
1995	109.3	107.9	103.8	129.8	107.2
1996	107.9	100.4	102.2	88.7	101.9
1997	109.8	102.3	99.6	91.2	107.9
1998	110.4	102.3	84.6	49.2	130.7
1999	109.4	100.6	97.6	98.1	102.7
2000	111.3	100.9	94.1	92.1	105.6
2001	103.4	101.6	101.0	96.9	102.3
2002	103.8	107.2	94.6	69.1	116.2
2003	105.1	106.3	101.6	91.8	108.9
2004	104.9	116.4	103.2	69.2	123.2
2005	102.5	121.7	112.2	169.3	123.9
2006	105.8	111.4	111.2	55.9	112.7
2007	106.1	104.8	100.5	95.5	106.1
2008	105.4	102.8	103.2	90.7	102.8
2009	106.0	111.0	103.8	95.6	113.0
2010	108.0	114.0	108.6	118.5	115.4
2011	105.6	104.1	105.1	105.8	103.9
2012	109.3	106.3	101.3	101.8	107.5
2013	105.7	160.4	98.0	242.2	173.5
2014	105.9	100.7	88.3	83.1	102.4
2015	107.3	99.7	100.6	73.7	99.8
2016	105.4	98.9	96.9	95.5	102.4
2017	105.8	101.1	100.2	120.9	101.1
2018	100.6	104.4	93.1	52.6	105.9
2019	101.3	101.7	118.2	49.5	100.4
2020	100.8	102.9	123.2	131.0	100.6
2021	100.5	102.2	106.7	67.9	101.6

3-8　分行业城镇单位就业人员人数（2021年末）

NUMBER OF EMPLOYED PERSONS IN URBAN UNITS AT YEAR-END BY SECTOR（2021）

单位：人　　　　(person)

项　目	Item	就业人员 Number of Employed Persons	在岗职工 Fully Employed Staff and Workers
合　计	**Total**	**5 135 959**	**4 991 737**
按国民经济行业分	**Grouped by Economic Sector**		
1.农、林、牧、渔业	Agriculture, Forestry, Animal Husbandry and Fishery	348	343
2.采矿业	Mining	3 877	3 870
3.制造业	Manufacturing	2 079 311	2 069 588
4.电力、热力、燃气及水生产和供应业	Production and Supply of Electricity,Heat,Gas and Water	43 353	43 280
5.建筑业	Construction	287 294	255 242
6.批发和零售业	Wholesale and Retail Trades	305 248	295 814
7.交通运输、仓储和邮政业	Transportation, Storage and Post	205 733	203 514
8.住宿和餐饮业	Hotels and Catering Services	126 834	114 373
9.信息传输、软件和信息技术服务业	Information Transmission, Software and Information Technology	398 929	393 351
10.金融业	Financial Intermediation	234 621	201 774
11.房地产业	Real Estate	305 673	303 767
12.租赁和商务服务业	Leasing and Business Services	324 212	310 819
13.科学研究和技术服务业	Scientific Research and Technical Service	151 167	149 195
14.水利、环境和公共设施管理业	Management of Water Conservancy, Environment and Public Facilities	40 180	36 645
15.居民服务、修理和其他服务业	Services to Households, Repair and Other Services	40 808	39 223
16.教育	Education	194 533	186 112
17.卫生和社会工作	Health and Social Work	134 481	131 982
18.文化、体育和娱乐业	Culture, Sports and Entertainment	30 518	27 976
19.公共管理、社会保障和社会组织	Public Management, Social Security and Social Organizations	228 839	224 869

主要统计指标解释

总人口　指一定时点、一定地区范围内有生命的个人的总和。按不同的统计范围可分为常住人口和户籍人口；统计时点通常为每年12月31日24时。

出生率　指某一人口在一定时期（通常为一年）内活产婴儿数与同期总人口的生存人口数（或同期平均总人口、年中人口数）之比。通常以千分比表示。本资料中的出生率指年出生率，其计算公式为：

$$出生率 = \frac{年出生人数}{年平均人数} \times 1000‰$$

式中：出生人数指活产婴儿，即胎儿脱离母体时(不管怀孕月数)，有过呼吸或其他生命现象。年平均人数指年初、年底人口数的平均数，也可用年中人口数代替。

死亡率　也称粗死亡率。指一定时期（通常为一年）内全部死亡人数与同期平均总人口之比，反映该时期人口的死亡强度。通常以千分比表示。本资料中的死亡率指年死亡率，其计算公式为：

$$死亡率 = \frac{年死亡人数}{年平均人数} \times 1000‰$$

自然增长率　指一定时期（通常为一年）内人口自然增加数（出生人口减死亡人口）与同期平均总人口之比。通常以千分比表示。计算公式为：

$$人口自然增长率 = \frac{本年出生人数 - 本年死亡人数}{年平均人数} \times 1000‰$$

$$= 人口出生率 - 人口死亡率$$

Explanatory Notes on Main Statistical Indicators

Total Population refers to the total number of people alive within a given area at a certain point of time. It can be divided into the permanent population and the population with residence registration according to different statistical coverage. The reference time of the statistics on total population is usually taken at midnight of December 31.

Birth Rate (or Crude Birth Rate) refers to the ratio of the number of births to the average population (or mid–period population) during a certain period of time (usually a year), expressed in ‰. Birth rate in the chapter refers to annual birth rate. The following formula is used:

$$\text{Birth Rate} = \frac{\text{Number of Births}}{\text{Annual Average Population}} \times 1000‰$$

Number of births in the formula refers to live births, i.e. when a baby has breathed or showed any vital phenomena regardless of the length of pregnancy.

Annual average population is the average of the number of population at the beginning of the year and that at the end of the year. Sometimes it is substituted by the mid–year population.

Death Rate (or Crude Death Rate) refers to the ratio of the number of deaths to the average population (or mid–period population) during a certain period of time (usually a year), expressed in ‰. Death rate in the chapter refers to annual death rate. The following formula is used:

$$\text{Death Rate} = \frac{\text{Number of Deaths}}{\text{Annual Average Population}} \times 1000‰$$

Natural Growth Rate of Population refers to the ratio of natural increase in population (number of births minus number of deaths) in a certain period of time (usually a year) to the average population (or mid–period population) of the same period, expressed in ‰. The following formula is applied:

$$\begin{matrix}\text{Natural Growth} \\ \text{Rate of Population}\end{matrix} = \frac{\text{Number of Births - Number of Deaths}}{\text{Annual Average Population}} \times 1000‰$$

Natural Growth Rate of Population = Birth Rate–Death Rate

04 第四部分 工业和能源

INDUSTRY AND ENERGY

CHAPTER

4-1 规模以上工业主要指标（主要年份）

MAIN INDICATORS OF INDUSTRY ENTERPRISES ABOVE DESIGNATED SIZE （MAJOR YEAR）

项 目	Item	2010	2017	2018	2019	2020	2021
企业单位数(个)	Number of Enterprises (unit)	8 249	7 943	9 006	10 337	11 255	13 027
工业总产值(亿元)	Gross Industrial Output Value (100 million yuan)	18 526.82	32 119.15	35 439.02	37 326.16	38 460.79	42 453.96
主营业务收入 (亿元)	Main Business Revenue (100 million yuan)	18 813.72	30 821.68	34 181.92	35 763.76	37 609.16	41 330.76
资产总计 (亿元)	Total Assets (100 million yuan)	18 132.47	33 174.65	37 621.58	41 854.65	45 463.64	52 546.79
负债总计 (亿元)	Total Liabilities (100 million yuan)	9 439.26	19 641.96	22 324.66	24 730.08	25 971.43	28 943.34
利润总额 (亿元)	Total Profits (100 million yuan)	1 599.02	2 101.33	2 072.36	2 521.89	2 781.07	3 461.99
总资产贡献率（%）	Ratio of Total Assets to Industrial Output Value(%)	12.32	9.67	8.63	8.84	8.48	8.69
资产负债率（%）	Rate of Liabilities to Capital(%)	52.06	59.21	59.34	59.09	57.13	55.08
全员劳动生产率（元/人）	Total Labor Productivity（yuan/person）	127 608	252 660	267 507	293 142	287 545	313 140

4−2 规模以上工业总产值及指数

GROSS OUTPUT VALUE OF INDUSTRY ABOVE DESIGNATED SIZE AND THEIR INDICIES

单位：万元 （10 000 yuan）

年 份 Year	规模以上工业总产值 Gross Output Value of Industry Above Designated Size	指数（1979年=100） Indices（1979=100）	指数（以上年为100 ） Indices（Preceding Year=100）
1979	6 061		
1980	8 444	139.3	139.3
1981	24 282	400.6	287.6
1982	36 212	597.4	149.1
1983	72 041	1 188.5	198.9
1984	166 803	2 751.8	231.5
1985	241 213	4 396.3	159.8
1986	330 454	5 856.9	133.2
1987	547 722	9 497.8	162.2
1988	993 775	14 684.2	154.6
1989	1 440 533	21 527.8	146.6
1990	2 104 696	29 487.0	137.0
1991	3 077 749	40 721.5	138.1
1992	4 198 920	56 969.4	139.9
1993	6 550 051	77 820.2	136.6
1994	9 939 113	101 944.5	131.0
1995	11 106 974	126 921.1	124.5
1996	12 992 240	150 648.1	118.7
1997	15 175 861	177 140.0	117.6
1998	20 519 485	209 910.9	118.5
1999	23 006 355	262 808.4	125.2
2000	29 502 786	326 933.6	124.4
2001	36 141 861	384 800.8	117.7
2002	43 180 816	484 464.2	125.9
2003	63 514 355	651 604.3	134.5
2004	80 205 911	813 202.2	124.8
2005	98 675 451	984 787.9	121.1
2006	119 286 001	1 187 654.2	120.6
2007	139 580 064	1 397 869.0	117.7
2008	158 601 076	1 522 279.3	108.9
2009	154 162 429	1 537 502.1	101.0
2010	185 268 200	1 735 839.9	112.9
2011	204 307 516	1 914 631.4	110.3
2012	213 637 447	2 063 972.6	107.8
2013	230 952 085	2 200 194.8	106.6
2014	247 775 911	2 380 610.8	108.2
2015	255 424 444	2 475 835.2	104.0
2016	272 922 943	2 616 957.8	105.7
2017	321 191 539	2 876 036.6	109.9
2018	354 390 190	3 137 755.9	109.1
2019	373 261 578	3 238 164.1	103.2
2020	384 607 880	3 267 307.6	100.9
2021	424 539 555	3 473 148.0	106.3
年平均增长率 Average Annual Growth Rate		**28.3**	

注： 1.1979−1997年为镇及镇以上工业总产值，1998年及以后为规模以上工业总产值。
Notes: Data in 1979−1997 are gross output value of industry of town level and above. Data from 1998 are gross output value of industry above designated size.
2.规模以上工业总产值按当年价格计算，指数按可比口径计算。
Gross Output Value of Industry Above Designated Size are calculated at current prices， whereas their indices are calculated at constant prices.

4-3 规模以上工业总产值构成（2021年）

COMPOSITION OF GROSS OUTPUT VALUE OF INDUSTRY ABOVE DESIGNATED SIZE（2021）

单位：%　　　　　　　　　　　　　　　　　　　　　　　　　　　　(%)

类　　别	Item	全 市 Total
总　　计	**Total**	**100**
一、按登记注册类型分	**Grouped by Registration**	
1.内资企业	Domestic Investment Enterprise	68.7
其中：有限责任公司	Companies Limited with Liabilities	26.4
股份有限公司	Companies Limited by Shares	12.9
私营企业	Private	29.2
2.港、澳、台投资企业	Funded by Entrepreneur from Hongkong,Macao and Taiwan	19.7
3.外商投资企业	Foreign Funded	11.5
二、按企业规模分	**Grouped by Size of Enterprises**	
1.大型企业	Large Enterprises	54.6
2.中型企业	Medium-sized Enterprises	18.9
3.小型企业	Small Enterprises	26.5
三、按工业行业大类分	**Grouped by Sector**	
煤炭开采和洗选业	Mining and Washing of Coal	
石油和天然气开采业	Extraction of Petroleum and Natural Gas	1.0
黑色金属矿采选业	Mining and Processing of Ferrous Metal Ores	
有色金属矿采选业	Mining and Processing of Nonferrous Metal Ores	
非金属矿采选业	Mining and Processing of Nonmetal Ores	
开采专业及辅助性活动	Mining and Auxiliary Activities	0.1
其他采矿业	Mining and Processing of Other Ores	
农副食品加工业	Processing of Food from Agricultural Products	0.6
食品制造业	Manufacture of Foods	0.2
酒、饮料和精制茶制造业	Manufacture of Wine,Beverages and Refined Tea	0.5

4-3 续表 CONTINUED

单位：%　　　　　　　　　　　　　　　　　　　　(%)

类别	Item	全市 Total
烟草制品业	Manufacture of Tobacco	0.3
纺织业	Manufacture of Textile	0.3
纺织服装、服饰业	Manufacture of Textile Wearing Apparel,Footware and Caps	0.7
皮革、毛皮、羽毛及其制品和制鞋业	Manufacture of Leather, Fur, Feather and Related Products	0.2
木材加工及木、竹、藤、棕、草制品业	Processing of Timber, Manufacture of Wood, Bamboo, Rattan, Palm Fiber & Straw Products	
家具制造业	Manufacture of Furniture	0.3
造纸及纸制品业	Manufacture of Paper and Paper Products	0.4
印刷和记录媒介复制业	Printing and Record Medium Reproduction	0.7
文教、工美、体育和娱乐用品制造业	Manufacture of Cultural, Educational and Sports Articles	3.6
石油加工、炼焦及核燃料加工业	Processing of Petroleum, Coking and Nuclear Fuel Processing	0.1
化学原料及化学制品制造业	Manufacture of Raw Chemical Materials and Chemical Products	0.9
医药制造业	Manufacture of Medicines	1.2
化学纤维制造业	Manufacture of Chemical Fibers	
橡胶和塑料制品业	Manufacture of Rubber	2.1
非金属矿物制品业	Manufacture of Non-metallic Mineral Products	1.5
黑色金属冶炼及压延加工业	Smelting and Pressing of Ferrous Metals	0.1
有色金属冶炼及压延加工业	Smelting and Pressing of Nonferrous Metals	1.7
金属制品业	Manufacture of Metal Products	1.8
通用设备制造业	Manufacture of General-purpose Machinery	2.9
专用设备制造业	Manufacture of Special-purpose Machinery	4.7
汽车制造业	Manufacture of Automobiles	2.2
铁路、船舶、航空航天和其他运输设备制造业	Manufacture of Railways Ships Aerospace and Other Transport Equipment	0.5
电气机械及器材制造业	Manufacture of Electrical Machinery and Equipment	8.6
计算机、通信和其他电子设备制造业	Manufacture of Communication Equipment, Computers and Other Electronic Equipment	57.4
仪器仪表制造业	Manufacture of Measuring Instruments	1.5
其他制造业	Other Manufacturing	0.5
废弃资源综合利用业	Recycling and Disposal of Waste	0.3
金属制品、机械和设备修理业	Manufacture of Metal Products,Machinery and Equipment Repair	0.1
电力、热力的生产和供应业	Production and Supply of Electric Power and Heat Power	2.5
燃气生产和供应业	Production and Supply of Gas	0.7
水的生产和供应业	Production and Supply of Water	0.4

4-4 规模以上工业企业主要指标（2021年）

单位：万元

类　别	Item	企业单位数(个) Number of Enterprises (unit)
总　　计	**Total**	**13 027**
一、按登记注册类型分	**Grouped by Registration**	
1.内资企业	Domestic Investment Enterprise	10 817
其中：有限责任公司	Companies Limited with Liabilities	1 646
股份有限公司	Companies Limited by Shares	462
私营企业	Private	8 684
2.港、澳、台投资企业	Funded by Entrepreneur from Hongkong,Macao and Taiwan	1 616
3.外商投资企业	Foreign Funded	594
二、按企业规模分	**Grouped by Size of Enterprises**	
1.大型企业	Large Enterprises	353
2.中型企业	Medium-sized Enterprises	1 341
3.小型企业	Small Enterprises	10 268
4.微型企业	Micro Enterprises	1 065
三、按工业行业大类分	**Grouped by Sector**	
煤炭开采和洗选业	Mining and Washing of Coal	
石油和天然气开采业	Extraction of Petroleum and Natural Gas	2
黑色金属矿采选业	Mining and Processing of Ferrous Metal Ores	
有色金属矿采选业	Mining and Processing of Nonferrous Metal Ores	
非金属矿采选业	Mining and Processing of Nonmetal Ores	
开采专业及辅助性活动	Mining and Auxiliary Activities	2
其他采矿业	Mining and Processing of Other Ores	
农副食品加工业	Processing of Food from Agricultural Products	50
食品制造业	Manufacture of Foods	48
酒、饮料和精制茶制造业	Manufacture of Wine,Beverages and Refined Tea	17

MAIN INDICATORS OF INDUSTRIAL ENTERPRISES ABOVE DESIGNATED SIZE（2021）

（10 000 yuan）

工业总产值 Gross Industrial Output Value	负债合计 Total Liabilities	营业收入 Business Revenue	营业成本 Business Cost	销售费用 Prime Operating Expense	管理费用 Management Expenses	财务费用 Financial Expenses	利润总额 Total Profits
424 539 555	**289 433 375**	**424 418 972**	**333 851 949**	**17 284 996**	**16 972 846**	**2 626 608**	**34 619 898**
291 839 226	207 699 798	290 817 476	220 820 435	13 889 131	12 475 807	2 169 498	24 544 693
112 176 051	86 547 161	111 571 622	74 341 797	7 173 950	4 999 540	994 191	14 764 697
54 947 258	52 393 894	52 024 995	39 776 379	2 680 477	2 273 549	512 508	4 149 742
123 776 061	67 846 609	126 246 365	105 867 347	4 021 703	5 165 679	649 638	5 551 712
83 794 516	51 533 069	83 936 703	70 031 071	2 363 607	3 146 712	302 468	6 754 729
48 905 813	30 200 508	49 664 792	43 000 443	1 032 259	1 350 327	154 641	3 320 475
231 837 701	163 983 686	224 890 478	168 542 406	10 600 163	8 144 579	1 211 594	23 679 217
80 132 455	57 576 313	82 525 662	66 985 249	3 160 883	3 371 893	690 004	5 902 286
106 266 459	62 573 494	109 990 222	91 833 399	3 448 570	5 209 674	680 406	4 946 049
6 302 941	5 299 882	7 012 609	6 490 895	75 381	246 701	44 604	92 345
4 064 155	3 868 403	3 978 801	1 354 105	8 359	67 443	56 739	2 261 393
238 344	155 320	238 352	177 113	794	4 890	259	52 797
2 608 067	1 248 199	3 124 039	2 826 596	76 409	60 885	11 125	111 708
850 314	462 285	1 010 173	730 231	158 789	57 470	2 817	95 428
2 091 995	795 676	1 855 081	1 307 624	368 365	56 907	−3 951	137 582

4-4 续表

单位：万元

类 别	Item	企业单位数（个）Number of Enterprises (unit)
烟草制品业	Manufacture of Tobacco	27
纺织业	Manufacture of Textile	78
纺织服装、服饰业	Manufacture of Textile Wearing Apparel,Footware and Caps	165
皮革、毛皮、羽毛及其制品和制鞋业	Manufacture of Leather, Fur, Feather and Related Products	77
木材加工及木、竹、藤、棕、草制品业	Processing of Timber, Manufacture of Wood, Bamboo, Rattan, Palm Fiber & Straw Products	22
家具制造业	Manufacture of Furniture	125
造纸及纸制品业	Manufacture of Paper and Paper Products	225
印刷和记录媒介复制业	Printing and Record Medium Reproduction	237
文教、工美、体育和娱乐用品制造业	Manufacture of Cultural, Educational and Sports Articles	380
石油加工、炼焦及核燃料加工业	Processing of Petroleum, Coking and Nuclear Fuel Processing	7
化学原料及化学制品制造业	Manufacture of Raw Chemical Materials and Chemical Products	259
医药制造业	Manufacture of Medicines	89
化学纤维制造业	Manufacture of Chemical Fibers	2
橡胶和塑料制品业	Manufacture of Rubber	913
非金属矿物制品业	Manufacture of Non-metallic Mineral Products	207
黑色金属冶炼及压延加工业	Smelting and Pressing of Ferrous Metals	30
有色金属冶炼及压延加工业	Smelting and Pressing of Nonferrous Metals	125
金属制品业	Manufacture of Metal Products	785
通用设备制造业	Manufacture of General-purpose Machinery	873
专用设备制造业	Manufacture of Special-purpose Machinery	1 246
汽车制造业	Manufacture of Automobiles	88
铁路、船舶、航空航天和其他运输设备制造业	Manufacture of Railways Ships Aerospace and Other Transport Equipment	100
电气机械及器材制造业	Manufacture of Electrical Machinery and Equipment	1 889
计算机、通信和其他电子设备制造业	Manufacture of Communication Equipment, Computers and Other Electronic Equipment	4 186
仪器仪表制造业	Manufacture of Measuring Instruments	503
其他制造业	Other Manufacturing	144
废弃资源综合利用业	Recycling and Disposal of Waste	15
金属制品、机械和设备修理业	Manufacture of Metal Products,Machinery and Equipment Repair	20
电力、热力的生产和供应业	Production and Supply of Electric Power and Heat Power	33
燃气生产和供应业	Production and Supply of Gas	11
水的生产和供应业	Production and Supply of Water	47

CONTINUED

（10 000 yuan）

工业总产值 Gross Industrial Output Value	负债合计 Total Liabilities	营业收入 Business Revenue	营业成本 Business Cost	销售费用 Prime Operating Expense	管理费用 Management Expenses	财务费用 Financial Expenses	利润总额 Total Profits
1 152 286	160 374	1 109 032	470 650	27 171	56 673	−5 267	83 743
1 332 821	701 427	1 376 891	1 029 564	150 141	90 344	5 172	70 597
2 844 082	1 847 145	2 639 655	1 494 871	658 519	233 208	24 164	135 225
867 865	404 095	940 097	783 390	11 458	136 041	2 137	−1 794
169 755	123 647	177 574	151 093	4 582	9 487	2 717	4 221
1 295 804	1 015 149	1 282 532	1 072 696	71 605	85 052	11 861	17 343
1 486 635	962 702	1 600 189	1 379 949	45 994	103 035	11 255	32 695
3 063 042	2 294 665	3 027 024	2 482 297	93 286	209 291	21 394	186 494
15 213 598	7 673 907	16 246 538	14 661 559	280 144	699 689	73 407	511 641
344 308	109 597	342 794	316 834	4 707	5 067	1 301	4 878
3 863 546	2 922 934	4 585 488	3 683 789	228 481	226 774	39 948	293 459
5 046 486	3 696 025	4 488 906	2 229 969	894 704	245 595	10 908	1 181 873
14 199	5 068	14 113	12 380	14	1 075	33	213
8 735 995	4 912 902	8 873 997	7 498 409	225 281	553 883	46 211	131 907
6 162 221	5 737 174	6 367 850	5 481 112	231 330	227 710	30 058	279 891
374 176	144 305	392 704	359 933	6 473	10 586	873	4 053
7 089 022	1 852 126	7 082 689	6 860 885	14 629	49 126	6 509	40 861
7 473 296	3 894 576	7 438 731	6 150 903	166 891	457 179	38 940	381 433
12 458 894	8 354 671	12 440 109	9 648 155	645 359	714 921	51 729	827 913
19 760 680	12 349 226	18 643 822	13 049 466	1 327 065	1 103 248	96 507	2 248 874
9 390 727	11 380 412	9 219 881	7 982 623	219 076	250 860	63 774	165 139
1 952 262	1 141 184	1 756 659	1 422 722	40 231	86 480	4 043	105 622
36 469 234	23 613 969	38 066 109	31 613 731	1 223 329	1 558 978	285 565	2 343 248
243 610 247	162 812 497	239 659 295	186 238 380	9 416 386	8 664 352	1 322 829	20 115 965
6 246 141	4 911 438	6 513 078	4 657 339	444 284	409 022	56 296	676 576
2 083 383	1 022 807	2 127 618	1 699 006	83 094	125 460	10 245	135 928
1 083 601	656 452	1 699 798	1 668 879	6 068	10 959	3 543	8 752
215 277	114 476	216 120	163 466	2 908	18 046	2 850	23 528
10 532 712	12 259 942	11 365 482	9 909 453	7 617	212 730	205 473	1 049 571
2 811 051	1 814 972	2 817 363	2 213 215	80 789	43 169	21 467	509 028
1 543 335	4 013 629	1 700 388	1 069 562	60 665	127 213	113 678	392 112

4-5 规模以上工业企业主要经济效益指标（2021年）

类　　别	Item	成本费用利润率(%) After-Tax Profits/Cost (%)
总　　计	**Total**	**8.70**
一、按登记注册类型分	**Grouped by Registration**	
1.内资企业	Domestic Investment Enterprise	8.99
其中：有限责任公司	Companies Limited with Liabilities	14.50
股份有限公司	Companies Limited by Shares	8.45
私营企业	Private	4.59
2.港、澳、台投资企业	Funded by Entrepreneur from Hongkong,Macao and Taiwan	8.64
3.外商投资企业	Foreign Funded	7.07
二、按企业规模分	**Grouped by Size of Enterprises**	
1.大型企业	Large Enterprises	11.38
2.中型企业	Medium-sized Enterprises	7.63
3.小型企业	Small Enterprises	4.68
4.微型企业	Micro Enterprises	1.32
三、按工业行业大类分	**Grouped by Sector**	
煤炭开采和洗选业	Mining and Washing of Coal	
石油和天然气开采业	Extraction of Petroleum and Natural Gas	150.70
黑色金属矿采选业	Mining and Processing of Ferrous Metal Ores	
有色金属矿采选业	Mining and Processing of Nonferrous Metal Ores	
非金属矿采选业	Mining and Processing of Nonmetal Ores	
开采专业及辅助性活动	Mining and Auxiliary Activities	27.62
其他采矿业	Mining and Processing of Other Ores	
农副食品加工业	Processing of Food from Agricultural Products	3.73
食品制造业	Manufacture of Foods	9.91
酒、饮料和精制茶制造业	Manufacture of Wine,Beverages and Refined Tea	7.92

MAIN INDICATORS ON ECONOMIC BENEFIT OF INDUSTRIAL ENTERPRISES ABOVE DESIGNATED SIZE（2021）

流动资产周转率(次) Turnover Times of Circulating Funds(time)	资产负债率（%） Assets-Liability Ratio (%)	总资产贡献率（%） Ratio of Total Assets to Industrial Output Value (%)	全员劳动生产率（元/人） Total Labor Productivity（yuan/person）
1.23	**55.08**	**8.69**	**313 140**
1.18	56.34	8.99	354 656
1.19	58.23	13.21	759 368
0.84	48.69	5.01	328 562
1.42	61.42	7.23	193 138
1.32	51.42	8.52	227 188
1.39	53.34	7.04	262 993
1.19	54.25	9.77	454 095
1.19	52.17	7.67	231 941
1.37	59.39	7.06	182 271
1.23	71.23	2.72	598 763
6.82	68.04	50.47	12 949 248
0.87	22.75	8.00	1 079 046
2.02	62.11	7.02	281 138
1.96	49.94	13.91	171 364
1.39	47.19	13.83	311 047

4-5 续表

类　别	Item	成本费用利润率(%) After-Tax Profits/Cost (%)
烟草制品业	Manufacture of Tobacco	14.87
纺织业	Manufacture of Textile	5.40
纺织服装、服饰业	Manufacture of Textile Wearing Apparel,Footware and Caps	5.41
皮革、毛皮、羽毛及其制品和制鞋业	Manufacture of Leather, Fur, Feather and Related Products	-0.19
木材加工及木、竹、藤、棕、草制品业	Processing of Timber, Manufacture of Wood, Bamboo, Rattan, Palm Fiber & Straw Products	2.43
家具制造业	Manufacture of Furniture	1.37
造纸及纸制品业	Manufacture of Paper and Paper Products	2.08
印刷和记录媒介复制业	Printing and Record Medium Reproduction	6.42
文教、工美、体育和娱乐用品制造业	Manufacture of Cultural, Educational and Sports Articles	3.24
石油加工、炼焦及核燃料加工业	Processing of Petroleum, Coking and Nuclear Fuel Processing	1.48
化学原料及化学制品制造业	Manufacture of Raw Chemical Materials and Chemical Products	6.76
医药制造业	Manufacture of Medicines	32.58
化学纤维制造业	Manufacture of Chemical Fibers	1.53
橡胶和塑料制品业	Manufacture of Rubber	1.53
非金属矿物制品业	Manufacture of Non-metallic Mineral Products	4.57
黑色金属冶炼及压延加工业	Smelting and Pressing of Ferrous Metals	1.04
有色金属冶炼及压延加工业	Smelting and Pressing of Nonferrous Metals	0.58
金属制品业	Manufacture of Metal Products	5.40
通用设备制造业	Manufacture of General-purpose Machinery	7.06
专用设备制造业	Manufacture of Special-purpose Machinery	13.33
汽车制造业	Manufacture of Automobiles	1.84
铁路、船舶、航空航天和其他运输设备制造业	Manufacture of Railways Ships Aerospace and Other Transport Equipment	6.46
电气机械及器材制造业	Manufacture of Electrical Machinery and Equipment	6.47
计算机、通信和其他电子设备制造业	Manufacture of Communication Equipment, Computers and Other Electronic Equipment	8.88
仪器仪表制造业	Manufacture of Measuring Instruments	11.23
其他制造业	Other Manufacturing	6.81
废弃资源综合利用业	Recycling and Disposal of Waste	0.52
金属制品、机械和设备修理业	Manufacture of Metal Products,Machinery and Equipment Repair	12.33
电力、热力的生产和供应业	Production and Supply of Electric Power and Heat Power	10.04
燃气生产和供应业	Production and Supply of Gas	21.28
水的生产和供应业	Production and Supply of Water	28.23

CONTINUED

流动资产周转率(次) Turnover Times of Circulating Funds(time)	资产负债率（%） Assets−Liability Ratio (%)	总资产贡献率（%） Ratio of Total Assets to Industrial Output Value (%)	全员劳动生产率（元/人） Total Labor Productivity（yuan/person）
1.63	20.76	79.93	1 311 855
1.63	54.24	7.57	202 284
1.14	49.33	7.26	146 331
1.71	52.93	2.08	91 847
1.27	59.98	4.53	157 790
0.98	55.40	3.12	117 278
1.45	55.51	3.97	142 872
1.04	45.46	5.02	158 258
1.64	68.63	5.98	144 071
0.79	24.71	4.09	402 032
1.15	48.66	7.14	251 064
0.73	34.84	13.25	656 650
2.64	81.33	8.58	190 962
1.36	56.69	3.74	135 306
1.01	69.49	5.62	241 378
1.95	62.45	3.15	109 893
3.58	78.51	1.01	136 245
1.42	58.62	8.91	166 238
0.98	51.86	7.12	218 333
0.94	46.41	10.70	253 301
0.77	73.44	3.26	288 380
0.97	43.69	5.34	224 805
1.17	48.77	6.42	177 799
1.25	56.50	8.73	388 576
0.91	48.53	8.90	226 366
1.33	42.13	7.09	170 335
2.59	90.15	2.23	86 409
0.83	38.76	11.70	253 634
1.63	53.19	7.42	2 414 765
3.14	46.04	14.63	2 137 830
0.83	59.91	8.49	678 198

4-6 规模以上内资工业企业主要经济指标（2021年）

单位：万元

类别	Item	企业单位数(个) Number of Enterprises (unit)
总计	**Total**	**10 817**
一、按登记注册类型分	**Grouped by Registration**	
1.内资企业	Domestic Investment Enterprise	
其中：有限责任公司	Companies Limited with Liabilities	1 646
股份有限公司	Companies Limited by Shares	462
私营企业	Private	8 684
2.港、澳、台投资企业	Funded by Entrepreneur from Hongkong,Macao and Taiwan	
3.外商投资企业	Foreign Funded	
二、按企业规模分	**Grouped by Size of Enterprises**	
1.大型企业	Large Enterprises	190
2.中型企业	Medium-sized Enterprises	888
3.小型企业	Small Enterprises	8 801
4.微型企业	Micro Enterprises	938
三、按工业行业大类分	**Grouped by Sector**	
煤炭开采和洗选业	Mining and Washing of Coal	
石油和天然气开采业	Extraction of Petroleum and Natural Gas	
黑色金属矿采选业	Mining and Processing of Ferrous Metal Ores	
有色金属矿采选业	Mining and Processing of Nonferrous Metal Ores	
非金属矿采选业	Mining and Processing of Nonmetal Ores	
开采专业及辅助性活动	Mining and Auxiliary Activities	
其他采矿业	Mining and Processing of Other Ores	
农副食品加工业	Processing of Food from Agricultural Products	35
食品制造业	Manufacture of Foods	37
酒、饮料和精制茶制造业	Manufacture of Wine,Beverages and Refined Tea	7

MAIN ECONOMIC INDICATORS OF DOMESTIC INDUSTRIAL ENTERPRISES ABOVE DESIGNATED SIZE（2021）

（10 000 yuan）

工业总产值 Gross Output Value of Industry	资产总计 Total Assets	流动资产 Current Assets	营业收入 Business Revenue	利润总额 Total Profits
291 839 226	**368 630 641**	**245 801 241**	**290 817 476**	**24 544 693**
112 176 051	148 633 174	94 049 366	111 571 622	14 764 697
54 947 258	107 599 979	62 235 138	52 024 995	4 149 742
123 776 061	110 456 457	88 755 376	126 246 365	5 551 712
142 681 612	199 859 326	125 621 555	135 905 269	16 947 246
55 534 995	76 400 044	49 517 651	57 675 454	3 426 795
88 367 169	86 094 395	66 011 262	91 332 677	4 064 705
5 255 451	6 276 876	4 650 774	5 904 077	105 948
895 027	695 107	518 663	1 235 429	27 026
509 071	674 376	331 341	598 498	44 837
50 113	80 628	57 101	77 581	−1 809

4-6 续表

单位：万元

类　别 Item		企业单位数（个） Number of Enterprises (unit)
烟草制品业	Manufacture of Tobacco	27
纺织业	Manufacture of Textile	54
纺织服装、服饰业	Manufacture of Textile Wearing Apparel,Footware and Caps	99
皮革、毛皮、羽毛及其制品和制鞋业	Manufacture of Leather, Fur, Feather and Related Products	48
木材加工及木、竹、藤、棕、草制品业	Processing of Timber, Manufacture of Wood, Bamboo, Rattan, Palm Fiber & Straw Products	21
家具制造业	Manufacture of Furniture	104
造纸及纸制品业	Manufacture of Paper and Paper Products	164
印刷和记录媒介复制业	Printing and Record Medium Reproduction	176
文教、工美、体育和娱乐用品制造业	Manufacture of Cultural, Educational and Sports Articles	265
石油加工、炼焦及核燃料加工业	Processing of Petroleum, Coking and Nuclear Fuel Processing	5
化学原料及化学制品制造业	Manufacture of Raw Chemical Materials and Chemical Products	214
医药制造业	Manufacture of Medicines	62
化学纤维制造业	Manufacture of Chemical Fibers	2
橡胶和塑料制品业	Manufacture of Rubber	676
非金属矿物制品业	Manufacture of Non-metallic Mineral Products	183
黑色金属冶炼及压延加工业	Smelting and Pressing of Ferrous Metals	26
有色金属冶炼及压延加工业	Smelting and Pressing of Nonferrous Metals	108
金属制品业	Manufacture of Metal Products	640
通用设备制造业	Manufacture of General-purpose Machinery	732
专用设备制造业	Manufacture of Special-purpose Machinery	1 068
汽车制造业	Manufacture of Automobiles	64
铁路、船舶、航空航天和其他运输设备制造业	Manufacture of Railways Ships Aerospace and Other Transport Equipment	72
电气机械及器材制造业	Manufacture of Electrical Machinery and Equipment	1 599
计算机、通信和其他电子设备制造业	Manufacture of Communication Equipment, Computers and Other Electronic Equipment	3 681
仪器仪表制造业	Manufacture of Measuring Instruments	427
其他制造业	Other Manufacturing	110
废弃资源综合利用业	Recycling and Disposal of Waste	15
金属制品、机械和设备修理业	Manufacture of Metal Products,Machinery and Equipment Repair	16
电力、热力的生产和供应业	Production and Supply of Electric Power and Heat Power	25
燃气生产和供应业	Production and Supply of Gas	10
水的生产和供应业	Production and Supply of Water	44

CONTINUED

(10 000 yuan)

工业总产值 Gross Output Value of Industry	资产总计 Total Assets	流动资产 Current Assets	营业收入 Business Revenue	利润总额 Total Profits
1 152 286	772 605	679 091	1 109 032	83 743
856 732	925 684	582 192	906 083	48 346
1 906 112	2 771 377	1 488 734	1 642 666	64 121
288 085	205 677	183 811	282 785	5 935
165 789	200 942	135 266	173 715	4 097
976 831	1 430 856	976 659	959 826	16 452
951 777	1 299 964	734 986	1 045 664	26 516
2 061 725	3 183 889	1 834 711	2 022 359	73 895
7 142 559	4 965 346	4 362 163	7 414 893	180 560
270 396	95 896	94 398	247 202	−1 193
2 417 413	4 961 581	3 240 164	3 070 962	248 790
3 125 979	7 286 692	3 936 027	2 805 689	682 147
14 199	6 231	5 346	14 113	213
5 337 854	5 578 214	4 051 107	5 403 454	30 463
5 034 307	6 140 035	4 784 553	5 258 985	169 612
322 677	165 408	148 453	332 181	2 245
5 589 411	1 591 295	1 263 082	5 580 298	36 334
5 488 494	4 967 359	3 965 471	5 460 428	267 764
8 468 363	12 387 282	9 553 728	8 378 232	545 553
13 607 554	18 815 722	14 893 716	12 575 775	1 158 825
934 818	1 659 345	1 071 655	895 190	−59 506
1 105 203	1 195 291	971 483	896 001	64 759
24 904 287	30 747 642	21 534 474	26 583 482	1 472 132
178 436 204	216 247 972	148 719 086	174 134 153	17 538 010
5 047 152	8 114 851	5 875 952	5 297 776	556 294
1 604 669	1 985 727	1 258 185	1 636 947	92 921
1 083 601	728 202	655 755	1 699 798	8 752
100 536	115 296	105 685	102 846	7 252
8 742 564	19 912 534	5 195 153	9 569 425	651 041
2 063 509	3 363 711	676 187	2 065 019	299 269
999 296	4 748 134	1 691 906	1 156 347	168 484

4-7 规模以上股份有限工业企业主要经济指标（2021年）

单位：万元

类 别	Item	企业单位数(个) Number of Enterprises (unit)
总 计	**Total**	**462**
一、按登记注册类型分	**Grouped by Registration**	
1.内资企业	Domestic Investment Enterprise	
其中：有限责任公司	Companies Limited with Liabilities	
股份有限公司	Companies Limited by Shares	462
私营企业	Private	
2.港、澳、台投资企业	Funded by Entrepreneur from Hongkong,Macao and Taiwan	
3.外商投资企业	Foreign Funded	
二、按企业规模分	**Grouped by Size of Enterprises**	
1.大型企业	Large Enterprises	71
2.中型企业	Medium-sized Enterprises	118
3.小型企业	Small Enterprises	259
4.微型企业	Micro Enterprises	14
三、按工业行业大类分	**Grouped by Sector**	
煤炭开采和洗选业	Mining and Washing of Coal	
石油和天然气开采业	Extraction of Petroleum and Natural Gas	
黑色金属矿采选业	Mining and Processing of Ferrous Metal Ores	
有色金属矿采选业	Mining and Processing of Nonferrous Metal Ores	
非金属矿采选业	Mining and Processing of Nonmetal Ores	
开采专业及辅助性活动	Mining and Auxiliary Activities	
其他采矿业	Mining and Processing of Other Ores	
农副食品加工业	Processing of Food from Agricultural Products	
食品制造业	Manufacture of Foods	
酒、饮料和精制茶制造业	Manufacture of Wine,Beverages and Refined Tea	

MAIN ECONOMIC INDICATORS OF SHARE-HOLDING INDUSTRIAL ENTERPRISES LIMITED ABOVE DESIGNATED SIZE（2021）

（10 000 yuan）

工业总产值 Gross Output Value of Industry	资产总计 Total Assets	流动资产 Current Assets	营业收入 Business Revenue	利润总额 Total Profits
54 947 258	**107 599 979**	**62 235 138**	**52 024 995**	**4 149 742**
54 947 258	107 599 979	62 235 138	52 024 995	4 149 742
39 344 444	62 611 870	37 854 153	34 318 651	2 628 714
9 107 049	28 619 846	15 545 744	11 108 942	956 089
6 340 722	15 261 919	8 503 603	6 438 353	534 952
155 043	1 106 345	331 638	159 050	29 987

4-7 续表

单位：万元

类别	Item	企业单位数（个）Number of Enterprises (unit)
烟草制品业	Manufacture of Tobacco	
纺织业	Manufacture of Textile	2
纺织服装、服饰业	Manufacture of Textile Wearing Apparel,Footware and Caps	7
皮革、毛皮、羽毛及其制品和制鞋业	Manufacture of Leather, Fur, Feather and Related Products	
木材加工及木、竹、藤、棕、草制品业	Processing of Timber, Manufacture of Wood, Bamboo, Rattan, Palm Fiber & Straw Products	
家具制造业	Manufacture of Furniture	
造纸及纸制品业	Manufacture of Paper and Paper Products	2
印刷和记录媒介复制业	Printing and Record Medium Reproduction	4
文教、工美、体育和娱乐用品制造业	Manufacture of Cultural, Educational and Sports Articles	5
石油加工、炼焦及核燃料加工业	Processing of Petroleum, Coking and Nuclear Fuel Processing	
化学原料及化学制品制造业	Manufacture of Raw Chemical Materials and Chemical Products	22
医药制造业	Manufacture of Medicines	9
化学纤维制造业	Manufacture of Chemical Fibers	
橡胶和塑料制品业	Manufacture of Rubber	19
非金属矿物制品业	Manufacture of Non-metallic Mineral Products	8
黑色金属冶炼及压延加工业	Smelting and Pressing of Ferrous Metals	
有色金属冶炼及压延加工业	Smelting and Pressing of Nonferrous Metals	
金属制品业	Manufacture of Metal Products	16
通用设备制造业	Manufacture of General-purpose Machinery	25
专用设备制造业	Manufacture of Special-purpose Machinery	52
汽车制造业	Manufacture of Automobiles	3
铁路、船舶、航空航天和其他运输设备制造业	Manufacture of Railways Ships Aerospace and Other Transport Equipment	4
电气机械及器材制造业	Manufacture of Electrical Machinery and Equipment	65
计算机、通信和其他电子设备制造业	Manufacture of Communication Equipment, Computers and Other Electronic Equipment	182
仪器仪表制造业	Manufacture of Measuring Instruments	28
其他制造业	Other Manufacturing	3
废弃资源综合利用业	Recycling and Disposal of Waste	
金属制品、机械和设备修理业	Manufacture of Metal Products,Machinery and Equipment Repair	
电力、热力的生产和供应业	Production and Supply of Electric Power and Heat Power	
燃气生产和供应业	Production and Supply of Gas	
水的生产和供应业	Production and Supply of Water	2

CONTINUED

(10 000 yuan)

工业总产值 Gross Output Value of Industry	资产总计 Total Assets	流动资产 Current Assets	营业收入 Business Revenue	利润总额 Total Profits
110 933	435 916	228 705	204 888	30 085
484 658	1 549 549	477 618	409 666	−2 453
57 256	550 041	100 401	102 634	5 564
472 498	1 658 184	668 127	443 231	26 593
464 830	291 430	262 931	417 107	58 441
693 780	3 276 040	1 831 588	1 330 618	114 707
1 122 815	3 593 944	1 421 580	937 847	393 510
570 800	1 223 332	784 302	586 232	64 714
1 060 258	2 156 545	1 387 820	1 212 007	73 803
594 938	735 692	448 924	561 662	71 067
1 680 444	4 650 363	3 267 921	1 706 323	173 557
2 952 860	6 528 209	4 786 931	2 803 518	329 690
181 334	307 631	203 877	134 441	−7 579
539 859	504 727	407 067	316 665	37 951
4 373 973	10 203 906	5 723 726	5 148 475	366 737
36 730 774	54 326 040	33 742 122	31 715 350	2 022 257
1 436 374	3 812 267	2 266 834	1 655 380	172 879
180 322	762 941	326 874	221 250	11 003
79 462	1 040 467	447 298	79 729	31 867

4-8　规模以上私营工业企业主要经济指标（2021年）

单位：万元

类　　别	Item	企业单位数(个) Number of Enterprises (unit)
总　　计	**Total**	**8 684**
一、按登记注册类型分	**Grouped by Registration**	
1.内资企业	Domestic Investment Enterprise	
其中：有限责任公司	Companies Limited with Liabilities	
股份有限公司	Companies Limited by Shares	
私营企业	Private	8 684
2.港、澳、台投资企业	Funded by Entrepreneur from Hongkong,Macao and Taiwan	
3.外商投资企业	Foreign Funded	
二、按企业规模分	**Grouped by Size of Enterprises**	
1.大型企业	Large Enterprises	80
2.中型企业	Medium-sized Enterprises	609
3.小型企业	Small Enterprises	7 200
4.微型企业	Micro Enterprises	795
三、按工业行业大类分	**Grouped by Sector**	
煤炭开采和洗选业	Mining and Washing of Coal	
石油和天然气开采业	Extraction of Petroleum and Natural Gas	
黑色金属矿采选业	Mining and Processing of Ferrous Metal Ores	
有色金属矿采选业	Mining and Processing of Nonferrous Metal Ores	
非金属矿采选业	Mining and Processing of Nonmetal Ores	
开采专业及辅助性活动	Mining and Auxiliary Activities	
其他采矿业	Mining and Processing of Other Ores	
农副食品加工业	Processing of Food from Agricultural Products	23
食品制造业	Manufacture of Foods	34
酒、饮料和精制茶制造业	Manufacture of Wine,Beverages and Refined Tea	7

MAIN ECONOMIC INDICATORS OF PRIVATE INDUSTRIAL ENTERPRISES ABOVE DESIGNATED SIZE（2021）

（10 000 yuan）

工业总产值 Gross Output Value of Industry	资产总计 Total Assets	流动资产 Current Assets	营业收入 Business Revenue	利润总额 Total Profits
123 776 061	**110 456 457**	**88 755 376**	**126 246 365**	**5 551 712**
123 776 061	110 456 457	88 755 376	126 246 365	5 551 712
20 750 439	19 749 016	14 428 859	20 424 823	1 816 308
33 112 294	31 752 121	24 686 311	33 455 074	1 316 983
65 998 105	55 263 287	46 369 344	67 954 971	2 358 315
3 915 224	3 692 032	3 270 861	4 411 496	60 106
431 525	437 860	308 118	508 260	15 730
356 194	586 946	272 676	456 650	39 481
50 113	80 628	57 101	77 581	−1 809

单位：万元

类　　别	Item	企业单位数(个) Number of Enterprises (unit)
烟草制品业	Manufacture of Tobacco	20
纺织业	Manufacture of Textile	46
纺织服装、服饰业	Manufacture of Textile Wearing Apparel,Footware and Caps	79
皮革、毛皮、羽毛及其制品和制鞋业	Manufacture of Leather, Fur, Feather and Related Products	42
木材加工及木、竹、藤、棕、草制品业	Processing of Timber, Manufacture of Wood, Bamboo, Rattan, Palm Fiber & Straw Products	19
家具制造业	Manufacture of Furniture	92
造纸及纸制品业	Manufacture of Paper and Paper Products	143
印刷和记录媒介复制业	Printing and Record Medium Reproduction	144
文教、工美、体育和娱乐用品制造业	Manufacture of Cultural, Educational and Sports Articles	230
石油加工、炼焦及核燃料加工业	Processing of Petroleum, Coking and Nuclear Fuel Processing	5
化学原料及化学制品制造业	Manufacture of Raw Chemical Materials and Chemical Products	166
医药制造业	Manufacture of Medicines	34
化学纤维制造业	Manufacture of Chemical Fibers	
橡胶和塑料制品业	Manufacture of Rubber	572
非金属矿物制品业	Manufacture of Non-metallic Mineral Products	129
黑色金属冶炼及压延加工业	Smelting and Pressing of Ferrous Metals	21
有色金属冶炼及压延加工业	Smelting and Pressing of Nonferrous Metals	89
金属制品业	Manufacture of Metal Products	524
通用设备制造业	Manufacture of General-purpose Machinery	603
专用设备制造业	Manufacture of Special-purpose Machinery	873
汽车制造业	Manufacture of Automobiles	46
铁路、船舶、航空航天和其他运输设备制造业	Manufacture of Railways Ships Aerospace and Other Transport Equipment	59
电气机械及器材制造业	Manufacture of Electrical Machinery and Equipment	1 311
计算机、通信和其他电子设备制造业	Manufacture of Communication Equipment, Computers and Other Electronic Equipment	2 903
仪器仪表制造业	Manufacture of Measuring Instruments	339
其他制造业	Other Manufacturing	83
废弃资源综合利用业	Recycling and Disposal of Waste	15
金属制品、机械和设备修理业	Manufacture of Metal Products,Machinery and Equipment Repair	12
电力、热力的生产和供应业	Production and Supply of Electric Power and Heat Power	5
燃气生产和供应业	Production and Supply of Gas	5
水的生产和供应业	Production and Supply of Water	10

CONTINUED

（10 000 yuan）

工业总产值 Gross Output Value of Industry	资产总计 Total Assets	流动资产 Current Assets	营业收入 Business Revenue	利润总额 Total Profits
286 507	121 360	106 465	285 538	12 165
298 708	234 132	184 821	318 765	11 333
1 089 972	1 037 948	867 650	971 149	56 867
263 377	191 002	170 044	258 891	5 468
113 434	143 111	102 321	122 598	−1 119
833 821	1 094 313	744 822	820 485	16 881
754 282	651 214	548 931	787 763	20 970
1 331 826	1 081 753	812 964	1 308 348	36 057
5 807 695	4 121 278	3 612 037	6 106 455	77 534
270 396	95 896	94 398	247 202	−1 193
1 540 532	1 542 835	1 293 649	1 531 441	123 953
1 173 933	2 473 835	1 746 281	1 073 510	146 643
4 105 281	3 641 596	2 814 702	4 153 756	−55 913
2 609 987	2 280 374	1 933 118	2 631 023	37 541
298 261	145 683	132 955	304 419	1 614
3 813 435	1 201 980	1 022 556	3 794 105	29 350
4 112 970	3 538 017	2 970 743	4 094 190	167 399
5 813 963	6 603 954	5 378 646	5 704 992	341 229
9 154 506	10 512 785	8 700 702	8 271 633	743 541
576 467	1 191 419	765 659	581 341	−57 100
454 899	398 405	318 645	461 902	18 347
17 677 438	17 788 352	13 377 262	18 497 274	964 816
54 730 430	43 699 859	35 976 467	56 560 441	2 425 204
2 738 679	3 317 031	2 774 388	2 744 884	290 286
1 055 710	945 099	687 444	1 067 089	57 631
1 083 601	728 202	655 755	1 699 798	8 752
57 287	91 170	83 780	59 418	6 163
161 990	145 980	45 583	13 942	−7 250
643 221	100 274	84 490	643 971	15 500
77 501	229 209	108 087	79 432	5 597

4-9 规模以上港澳台商投资和外商投资工业企业主要经济指标（2021年）

单位：万元

类　　别	Item	企业单位数(个) Number of Enterprises (unit)
总　　计	**Total**	**2 210**
一、按登记注册类型分	**Grouped by Registration**	
1.内资企业	Domestic Investment Enterprise	
其中：有限责任公司	Companies Limited with Liabilities	
股份有限公司	Companies Limited by Shares	
私营企业	Private	
2.港、澳、台投资企业	Funded by Entrepreneur from Hongkong,Macao and Taiwan	1 616
3.外商投资企业	Foreign Funded	594
二、按企业规模分	**Grouped by Size of Enterprises**	
1.大型企业	Large Enterprises	163
2.中型企业	Medium-sized Enterprises	453
3.小型企业	Small Enterprises	1 467
4.微型企业	Micro Enterprises	127
三、按工业行业大类分	**Grouped by Sector**	
煤炭开采和洗选业	Mining and Washing of Coal	
石油和天然气开采业	Extraction of Petroleum and Natural Gas	2
黑色金属矿采选业	Mining and Processing of Ferrous Metal Ores	
有色金属矿采选业	Mining and Processing of Nonferrous Metal Ores	
非金属矿采选业	Mining and Processing of Nonmetal Ores	
开采专业及辅助性活动	Mining and Auxiliary Activities	
其他采矿业	Mining and Processing of Other Ores	
农副食品加工业	Processing of Food from Agricultural Products	15
食品制造业	Manufacture of Foods	11
酒、饮料和精制茶制造业	Manufacture of Wine,Beverages and Refined Tea	10

MAIN ECONOMIC INDICATORS OF INDUSTRIAL ENTERPAISES WITH FUNDS FROM HONGKONG,MACAO,TAIWAN AND FOREIGN FUNDS ABOVE DESIGNATED SIZE（2021）

（10 000 yuan）

工业总产值 Gross Output Value of Industry	资产总计 Total Assets	流动资产 Current Assets	营业收入 Business Revenue	利润总额 Total Profits
132 700 329	**156 837 251**	**99 008 106**	**133 601 495**	**10 075 205**
83 794 516	100 221 577	63 402 507	83 936 703	6 754 729
48 905 813	56 615 674	35 605 600	49 664 792	3 320 475
89 156 088	102 437 073	63 603 772	88 985 210	6 731 971
24 597 460	33 967 841	19 916 592	24 850 208	2 475 492
17 899 291	19 268 437	14 451 027	18 657 545	881 345
1 047 490	1 163 900	1 036 716	1 108 532	−13 603
4 064 155	5 685 674	583 793	3 978 801	2 261 393
1 713 040	1 314 688	1 025 907	1 888 610	84 683
341 244	251 369	185 366	411 675	50 591
2 041 882	1 605 662	1 281 224	1 777 500	139 391

4–9 续表

单位：万元

类　　别 Item		企业单位数 (个) Number of Enterprises (unit)
烟草制品业	Manufacture of Tobacco	
纺织业	Manufacture of Textile	24
纺织服装、服饰业	Manufacture of Textile Wearing Apparel,Footware and Caps	66
皮革、毛皮、羽毛及其制品和制鞋业	Manufacture of Leather, Fur, Feather and Related Products	29
木材加工及木、竹、藤、棕、草制品业	Processing of Timber, Manufacture of Wood, Bamboo, Rattan, Palm Fiber & Straw Products	
家具制造业	Manufacture of Furniture	21
造纸及纸制品业	Manufacture of Paper and Paper Products	61
印刷和记录媒介复制业	Printing and Record Medium Reproduction	61
文教、工美、体育和娱乐用品制造业	Manufacture of Cultural, Educational and Sports Articles	115
石油加工、炼焦及核燃料加工业	Processing of Petroleum, Coking and Nuclear Fuel Processing	2
化学原料及化学制品制造业	Manufacture of Raw Chemical Materials and Chemical Products	45
医药制造业	Manufacture of Medicines	27
化学纤维制造业	Manufacture of Chemical Fibers	
橡胶和塑料制品业	Manufacture of Rubber	237
非金属矿物制品业	Manufacture of Non–metallic Mineral Products	24
黑色金属冶炼及压延加工业	Smelting and Pressing of Ferrous Metals	4
有色金属冶炼及压延加工业	Smelting and Pressing of Nonferrous Metals	17
金属制品业	Manufacture of Metal Products	145
通用设备制造业	Manufacture of General–purpose Machinery	141
专用设备制造业	Manufacture of Special–purpose Machinery	178
汽车制造业	Manufacture of Automobiles	24
铁路、船舶、航空航天和其他运输设备制造业	Manufacture of Railways Ships Aerospace and Other Transport Equipment	28
电气机械及器材制造业	Manufacture of Electrical Machinery and Equipment	290
计算机、通信和其他电子设备制造业	Manufacture of Communication Equipment, Computers and Other Electronic Equipment	505
仪器仪表制造业	Manufacture of Measuring Instruments	76
其他制造业	Other Manufacturing	34
废弃资源综合利用业	Recycling and Disposal of Waste	
金属制品、机械和设备修理业	Manufacture of Metal Products,Machinery and Equipment Repair	4
电力、热力的生产和供应业	Production and Supply of Electric Power and Heat Power	8
燃气生产和供应业	Production and Supply of Gas	
水的生产和供应业	Production and Supply of Water	3

CONTINUED

(10 000 yuan)

工业总产值 Gross Output Value of Industry	资产总计 Total Assets	流动资产 Current Assets	营业收入 Business Revenue	利润总额 Total Profits
476 089	367 559	264 420	470 808	22 251
937 971	973 321	830 714	996 989	71 104
579 780	557 750	364 963	657 312	−7 728
318 972	401 565	334 417	322 705	892
534 858	434 304	368 845	554 526	6 179
1 001 317	1 863 609	1 077 928	1 004 666	112 599
8 071 039	6 215 616	5 541 002	8 831 645	331 081
73 913	347 573	338 051	95 592	6 071
1 446 133	1 045 845	757 776	1 514 527	44 670
1 920 508	3 323 266	2 238 554	1 683 217	499 725
3 398 141	3 088 327	2 493 881	3 470 542	101 444
1 127 914	2 116 276	1 546 555	1 108 866	110 279
51 500	65 674	52 838	60 523	1 808
1 499 610	767 754	717 964	1 502 391	4 527
1 984 802	1 676 196	1 256 604	1 978 304	113 670
3 990 531	3 721 339	3 121 812	4 061 877	282 360
6 153 126	7 793 075	4 840 272	6 068 047	1 090 048
8 455 909	13 836 423	10 864 745	8 324 691	224 644
847 058	1 416 633	844 736	860 658	40 863
11 564 947	17 669 116	11 033 536	11 482 626	871 116
65 174 043	71 927 665	42 842 941	65 525 141	2 577 955
1 198 990	2 006 187	1 282 676	1 215 302	120 283
478 714	442 109	337 009	490 671	43 007
114 741	180 036	155 490	113 274	16 276
1 790 148	3 134 780	1 790 155	1 796 057	398 530
544 039	1 951 612	356 995	544 041	223 629

4-10 规模以上大中型工业企业主要经济指标（2021年）

单位：万元

类别	Item	企业单位数(个) Number of Enterprises (unit)
总　计	**Total**	**1 694**
一、按登记注册类型分	**Grouped by Registration**	
1.内资企业	Domestic Investment Enterprise	1 078
其中：有限责任公司	Companies Limited with Liabilities	195
股份有限公司	Companies Limited by Shares	189
私营企业	Private	689
2.港、澳、台投资企业	Funded by Entrepreneur from Hongkong,Macao and Taiwan	425
3.外商投资企业	Foreign Funded	191
二、按企业规模分	**Grouped by Size of Enterprises**	
1.大型企业	Large Enterprises	353
2.中型企业	Medium-sized Enterprises	1 341
3.小型企业	Small Enterprises	
4.微型企业	Micro Enterprises	
三、按工业行业大类分	**Grouped by Sector**	
煤炭开采和洗选业	Mining and Washing of Coal	
石油和天然气开采业	Extraction of Petroleum and Natural Gas	
黑色金属矿采选业	Mining and Processing of Ferrous Metal Ores	
有色金属矿采选业	Mining and Processing of Nonferrous Metal Ores	
非金属矿采选业	Mining and Processing of Nonmetal Ores	
开采专业及辅助性活动	Mining and Auxiliary Activities	2
其他采矿业	Mining and Processing of Other Ores	
农副食品加工业	Processing of Food from Agricultural Products	6
食品制造业	Manufacture of Foods	10
酒、饮料和精制茶制造业	Manufacture of Wine,Beverages and Refined Tea	4

MAIN ECONOMIC INDICATORS OF LARGE AND MEDIUM-SIZED INDUSTRIAL ENTERPRISES ABOVE DESIGNATED SIZE（2021）

（10 000 yuan）

工业总产值 Gross Output Value of Industry	资产总计 Total Assets	流动资产 Current Assets	营业收入 Business Revenue	利润总额 Total Profits
311 970 155	**412 664 284**	**258 659 569**	**307 416 140**	**29 581 503**
198 216 607	276 259 370	175 139 206	193 580 722	20 374 041
95 293 735	132 530 886	82 204 895	93 666 867	13 602 461
48 451 492	91 231 716	53 399 897	45 427 593	3 584 803
53 862 732	51 501 138	39 115 171	53 879 898	3 133 291
71 074 939	87 071 807	53 587 169	70 811 765	6 267 171
42 678 609	49 333 107	29 933 195	43 023 653	2 940 292
231 837 701	302 296 399	189 225 326	224 890 478	23 679 217
80 132 455	110 367 885	69 434 243	82 525 662	5 902 286
238 344	682 703	275 442	238 352	52 797
1 655 419	874 626	663 147	1 783 866	61 066
613 660	704 353	340 103	760 848	91 654
1 750 500	980 515	853 056	1 383 743	75 521

4-10 续表

单位：万元

类 别	Item	企业单位数（个） Number of Enterprises (unit)
烟草制品业	Manufacture of Tobacco	8
纺织业	Manufacture of Textile	8
纺织服装、服饰业	Manufacture of Textile Wearing Apparel,Footware and Caps	45
皮革、毛皮、羽毛及其制品和制鞋业	Manufacture of Leather, Fur, Feather and Related Products	12
木材加工及木、竹、藤、棕、草制品业	Processing of Timber, Manufacture of Wood, Bamboo, Rattan, Palm Fiber & Straw Products	
家具制造业	Manufacture of Furniture	19
造纸及纸制品业	Manufacture of Paper and Paper Products	11
印刷和记录媒介复制业	Printing and Record Medium Reproduction	28
文教、工美、体育和娱乐用品制造业	Manufacture of Cultural, Educational and Sports Articles	76
石油加工、炼焦及核燃料加工业	Processing of Petroleum, Coking and Nuclear Fuel Processing	
化学原料及化学制品制造业	Manufacture of Raw Chemical Materials and Chemical Products	17
医药制造业	Manufacture of Medicines	25
化学纤维制造业	Manufacture of Chemical Fibers	
橡胶和塑料制品业	Manufacture of Rubber	98
非金属矿物制品业	Manufacture of Non-metallic Mineral Products	21
黑色金属冶炼及压延加工业	Smelting and Pressing of Ferrous Metals	2
有色金属冶炼及压延加工业	Smelting and Pressing of Nonferrous Metals	2
金属制品业	Manufacture of Metal Products	63
通用设备制造业	Manufacture of General-purpose Machinery	87
专用设备制造业	Manufacture of Special-purpose Machinery	161
汽车制造业	Manufacture of Automobiles	16
铁路、船舶、航空航天和其他运输设备制造业	Manufacture of Railways Ships Aerospace and Other Transport Equipment	14
电气机械及器材制造业	Manufacture of Electrical Machinery and Equipment	250
计算机、通信和其他电子设备制造业	Manufacture of Communication Equipment, Computers and Other Electronic Equipment	612
仪器仪表制造业	Manufacture of Measuring Instruments	56
其他制造业	Other Manufacturing	18
废弃资源综合利用业	Recycling and Disposal of Waste	
金属制品、机械和设备修理业	Manufacture of Metal Products,Machinery and Equipment Repair	4
电力、热力的生产和供应业	Production and Supply of Electric Power and Heat Power	7
燃气生产和供应业	Production and Supply of Gas	2
水的生产和供应业	Production and Supply of Water	8

CONTINUED

(10 000 yuan)

工业总产值 Gross Output Value of Industry	资产总计 Total Assets	流动资产 Current Assets	营业收入 Business Revenue	利润总额 Total Profits
1 010 999	709 137	626 557	968 444	80 747
895 026	892 588	543 154	915 661	54 774
2 145 511	2 236 200	1 520 278	1 933 799	187 016
568 531	449 780	342 526	540 787	−5 917
667 270	889 859	572 773	647 609	17 460
300 704	733 924	238 685	361 387	13 972
1 799 343	3 062 354	1 750 024	1 752 386	127 760
10 292 361	7 922 259	7 010 189	11 009 629	498 614
794 803	2 632 924	1 600 164	1 454 536	160 955
4 213 889	9 573 116	5 400 385	3 731 244	1 049 552
3 752 239	4 220 823	3 042 612	3 800 508	−16 491
3 275 933	4 925 036	3 742 976	3 393 961	210 351
172 697	84 880	74 321	175 489	−613
73 566	60 599	36 728	69 544	1 026
2 379 438	2 215 593	1 603 073	2 328 294	181 788
6 867 964	10 211 103	7 736 766	6 907 704	557 022
12 405 187	17 143 178	12 382 930	11 297 721	1 822 754
8 777 295	14 729 423	11 348 333	8 584 860	156 939
1 211 985	1 666 358	1 098 363	1 009 559	57 168
23 136 804	36 033 689	22 050 674	23 840 097	1 834 038
203 200 836	248 669 643	160 596 123	197 511 454	18 085 085
2 780 482	5 578 870	3 816 031	3 004 483	289 889
960 504	1 496 645	877 248	997 124	88 179
109 466	121 702	98 063	107 965	6 993
9 121 525	19 937 609	6 002 088	10 063 124	942 575
1 650 266	2 979 261	682 298	1 655 069	337 677
1 108 752	4 624 208	1 193 915	1 233 393	313 943

4-11 规模以上工业主要产品产量

PRODUCTION OF MAIN INDUSTRIAL PRODUCTS ABOVE DISIGNATED SIZE

年 份 Year	自来水生产量 (万立方米) Tap Water (10 000 cu.m)	发电量 (万千瓦小时) Electricity (10 000 kWh)	小麦粉 (吨) Flour (ton)	啤 酒 (千升) Beer (kiloliter)	卷 烟 (万支) Cigarettes (10 000 pieces)	化学纤维 (吨) Chemical Fiber (ton)	布 (万米) Cloth (10 000 m)
1979		609					
1980		437					
1981		608					
1982		1 152					
1983		1 322					
1984		1 261			27 570		
1985		1 012			45 500		
1986	7 051	3 130			52 225		
1987	8 617	4 408			75 000	3 731	280
1988	13 060	2 508	16 794		252 255	4 190	925
1989	19 962	1 124	17 285		303 825	4 451	380
1990	19 736	31 065	21 155		380 820	5 050	631
1991	24 446	107 727	35 151		430 000	7 694	1 872
1992	23 785	195 007	44 302	57 256	442 500	7 637	30 484
1993	30 335	416 568	72 252	76 715	472 575	14 194	3 907
1994	43 425	1 739 463	75 536	82 128	472 915	19 768	2 674
1995	50 151	1 652 038	92 977	101 425	522 800	22 348	4 413
1996	53 691	1 873 881	219 700	125 302	594 120	17 576	106
1997	60 408	1 960 433	273 300	131 346	629 205	20 243	2 375
1998	62 585	2 150 147	250 000	152 279	756 095	13 271	1 716
1999	66 816	2 380 518	287 400	150 880	943 600	14 543	3 200
2000	75 547	2 618 545	229 000	250 417	1 044 490	14 368	2 356
2001	93 047	2 737 802	360 000	275 180	1 145 465	13 805	1 940
2002	113 315	3 515 696	346 000	334 590	1 175 810	13 821	2 247
2003	123 709	4 846 256	328 200	396 150	1 207 066	14 281	1 317
2004	119 510	5 220 982	313 300	477 766	1 277 700	15 083	2 697
2005	148 221	5 685 750	350 325	581 161	1 373 606	8 497	3 885
2006	141 218	5 472 103	351 289	574 554	1 454 359	4 913	2 210
2007	148 349	5 578 728	360 171	561 371	1 605 650	8 382	2 857
2008	150 221	5 844 154	368 498	473 027	1 656 000	1 115	2 541
2009	137 824	5 677 546	339 457	524 696	1 753 150	2 284	464
2010	153 218	5 778 497	324 406	597 184	1 817 025	7 627	1 904
2011	155 802	6 784 694	306 664	653 279	1 877 085	3 310	716
2012	159 944	7 001 845	442 134	623 503	1 919 220	4 548	775
2013	159 177	6 796 228	457 511	558 856	1 951 555	4 988	1 398
2014	162 415	6 959 097	355 599	513 932	1 937 700	6 037	1 474
2015	148 257	6 819 392	365 403	445 595	1 890 210	5 621	687
2016	171 064	6 942 888	369 579	423 210	1 860 920	4 579	664
2017	176 876	8 415 444	426 107	362 720	1 835 540	6 426	482
2018	181 262	8 326 420	435 913	338 127	1 868 710	6 489	300
2019	184 196	8 183 380	418 356	270 571	1 836 000	4 305	578
2020	178 514	8 183 741	394 198	239 013	1 743 665	5 488	408
2021	190 864	8 893 254	355 166	492 402	1 760 000	3 439	707

4-11 续表1 CONTINUED

年　份 Year	印染布 (万米) Printed and Dyed Fabric (10 000 m)	服　装 (万件) Garments (10 000 pieces)	塑料制品 (吨) Plastic Products (ton)
1979			
1980			
1981			
1982			
1983			
1984	4 321	649	16 419
1985	5 271	1 004	
1986	5 731	7 988	16 419
1987	6 655	8 008	28 572
1988	6 708	12 828	44 359
1989	8 344	9 931	73 945
1990	9 212	29 333	103 779
1991	14 869	16 437	233 094
1992	16 161	18 857	244 000
1993	22 918	27 026	290 508
1994	7 627	36 314	375 757
1995	20 991	25 938	449 183
1996	22 543	38 196	411 132
1997	18 522	32 089	387 692
1998	20 191	32 119	256 327
1999	16 670	25 667	378 099
2000	13 614	24 242	464 617
2001	13 338	14 509	722 024
2002	14 082	14 344	611 619
2003	15 502	18 559	669 683
2004	12 873	17 536	644 751
2005	11 351	25 281	760 206
2006	8 917	32 104	1 276 641
2007	3 531	31 611	1 119 397
2008	1 865	31 711	1 296 995
2009	1 322	35 441	1 396 805
2010	1 593	27 217	1 190 914
2011	498	19 212	1 337 546
2012	440	17 408	1 024 870
2013	325	15 130	888 056
2014	1 155	17 005	836 216
2015	1 291	21 628	728 073
2016	1 992	20 023	711 435
2017	2 065	17 628	700 522
2018	1 913	14 021	726 046
2019	1 478	13 780	968 463
2020	1 214	7 736	946 571
2021	1 587	9 322	973 094

4-11 续表2 CONTINUED

年 份 Year	铝材 (吨) Aluminium (ton)	两轮脚踏自行车 (万辆)Bicycles (10 000 sets)	表 (万只) Watches (10 000 units)	照相机 (万台) Cameras (10 000 sets)	家用电风扇 (万台) Electric Fans (10 000 sets)	电话单机 (万部)Telephone Sets (10 000 units)
1979						
1980						
1981						
1982						
1983						
1984		2.03	339.68		0.57	9.77
1985		4.31	3 447.58		40.87	123.22
1986	5 566	14.13	11 020.66	160.15	66.60	144.75
1987	6 805	41.29	11 688.16	44.24	248.01	498.94
1988	6 808	60.39	11 014.49	348.25	368.60	815.76
1989	7 399	82.01	8 318.00	159.96	323.31	926.10
1990	10 799	128.20	10 060.00	519.95	379.30	1 019.21
1991	14 361	257.78	9 646.00	423.12	407.58	1 360.80
1992	18 985	272.08	17 593.65	813.76	152.73	1 461.59
1993	21 540	288.41	22 875.39	1 247.89	433.59	2 292.50
1994	19 618	238.94	27 344.89	1 277.61	1 132.43	2 592.38
1995	19 633	215.56	24 542.05	252.57	907.35	3 902.49
1996	25 356	140.52	28 667.91	1 636.74	818.76	4 080.80
1997	23 874	123.38	16 629.66	1 531.48	845.18	4 506.65
1998	19 632	156.96	12 665.44	2 346.95	650.48	2 741.97
1999	24 408	210.99	11 593.89	1 551.80	544.74	2 711.82
2000	27 271	239.60	9 126.00	942.83	901.04	2 809.58
2001	29 379	172.66	7 908.37	642.03	753.09	2 965.67
2002	46 746	319.67	7 575.78	312.83	1 129.22	4 091.29
2003	56 805	636.70	7 100.70	428.95	1 202.76	4 947.64
2004	43 274	586.47	5 790.44	341.25	1 127.19	4 894.31
2005	43 823	665.75	7 183.60	1 207.88	958.54	6 579.87
2006	61 578	742.84	8 021.58	1 082.41	1 425.82	7 444.34
2007	61 606	593.53	7 003.35	880.47	1 403.87	7 055.94
2008	77 847	615.28	6 438.34	887.06	1 559.63	6 283.11
2009	48 087	398.60	7 991.26	793.86	1 457.34	5 312.90
2010	53 653	486.50	8 515.91	785.71	1 393.28	5 559.25
2011	35 014	438.43	7 155.89	631.57	1 975.53	3 229.52
2012	13 930	379.08	6 557.43	493.35	1 771.45	3 382.70
2013	8 580	347.82	6 399.28	404.51	1 809.56	3 139.46
2014	10 454	310.95	7 953.13	317.91	1 790.29	2 711.63
2015	6 292	279.77	7 659.11	223.61	1 639.74	2 362.04
2016	4 171	224.41	6 819.88	220.00	1 469.59	1 801.72
2017	4 382	258.41	6 208.91	180.33	1 248.95	1 372.17
2018	3 995	178.91	5 663.53	205.17	1 492.01	1 387.07
2019	18 993	179.77	5 810.22	395.48	1 701.18	1 272.61
2020	17 105	196.87	3 109.80	343.95	1 457.79	952.55
2021	18 996	360.83	3 517.26	380.95	1 536.98	761.54

4-11 续表3 CONTINUED

年 份 Year	微型计算机设备 (台) Micro Computers (unit)	打印机 (万部) Printers (10 000 units)	彩色电视机（万台） Color TV Sets (10 000 sets)
1979			
1980			
1981			0.70
1982			0.62
1983	71.00		1.23
1984	4 357		18.25
1985	1 575		48.10
1986	6 617		61.39
1987	2 728		101.64
1988	2 788		155.90
1989	15 955		137.38
1990	17 622		228.67
1991	62 440		288.08
1992	31 357		272.12
1993	27 836		269.33
1994	51 877		251.42
1995	194 131	194.84	373.50
1996	312 687	193.06	540.62
1997	568 681	433.50	519.63
1998	464 614	584.76	491.85
1999	834 476	315.68	834.13
2000	1 074 486	507.62	753.97
2001	1 642 151	695.00	659.50
2002	3 076 052	469.20	1 297.35
2003	4 866 723	570.30	1 820.33
2004	7 350 491	592.73	1 857.02
2005	11 435 877	984.50	1 964.43
2006	13 633 633	835.33	2 071.14
2007	8 947 600	1 041.78	1 803.85
2008	9 662 828	1 452.97	2 003.47
2009	18 023 372	1 493.84	1 910.03
2010	34 032 969	1 973.98	2 043.61
2011	41 718 350	1 810.97	2 203.07
2012	52 285 567	2 266.73	3 237.51
2013	19 100 994	1 721.10	3 320.12
2014	26 073 252	1 607.62	3 714.14
2015	27 793 649	1 304.84	3 545.93
2016	29 567 574	1 203.61	3 883.49
2017	27 067 302	874.06	3 695.43
2018	23 975 801	811.67	4 519.50
2019	29 465 022	539.26	4 951.98
2020	25 396 050	411.16	5 315.68
2021	26 057 342	585.13	4 722.76

4-11 续表4 CONTINUED

年 份 Year	电子元件 (万只) Electronic Units (10 000 units)	硬盘存储器 (万部) Hard Drives (10 000 units)	集成电路 (万块) Semiconductor Integrated Circuit (10 000 units)	程控交换机 (万线) Telephone Exchanges (10 000 lines)
1979				
1980				
1981				
1982				
1983				
1984				
1985				
1986	15 584			
1987	7 823			
1988	73 316			
1989	112 921		513	
1990	309 649		998	
1991	332 657		1 357	
1992	522 291		1 164	
1993	708 147		1 520	105.30
1994	1 561 900		2 263	209.70
1995	9 681 839	199.47	14 558	269.13
1996	1 403 557	440.86	22 471	331.74
1997	1 491 620	841.39	14 346	647.35
1998	1 390 107	770.54	23 976	1 515.69
1999	262 057	699.36	64 232	1 962.38
2000	527 216	867.07	87 598	3 535.33
2001	746 630	1 116.60	96 122	2 994.30
2002	1 334 537	480.04	134 966	1 856.47
2003	1 294 335	766.60	182 340	2 919.57
2004	549 722	831.71	255 504	1 976.65
2005	2 600 991	2 267.05	268 006	2 644.04
2006	10 104 734	2 035.33	604 302	1 625.75
2007	11 445 606	3 746.12	619 532	1 747.76
2008	9 138 530	5 225.41	828 381	1 960.98
2009	10 557 452	5 509.84	737 265	1 745.46
2010	21 862 763	6 866.21	1 240 820	1 526.23
2011	21 382 825	7 149.85	1 589 988	2 155.78
2012	17 486 985	8 218.81	1 424 912	1 213.55
2013	17 415 795	6 850.58	1 455 794	1 645.30
2014	14 921 810	6 264.78	1 481 497	1 527.43
2015	11 191 275	4 440.19	1 311 268	1 179.82
2016	12 516 547	4 194.02	1 810 728	1 030.74
2017	14 055 332	2 146.46	2 185 951	752.01
2018	15 911 724	690.09	2 551 057	845.31
2019	28 304 413	261.20	3 104 156	623.88
2020	33 261 315	378.71	3 047 726	529.19
2021	47 429 122	743.10	4 332 065	517.55

4-12 全社会能耗水平

ENERGY CONSUMPTION LEVEL OF THE WHOLE SOCIETY

年 份 Year	单位GDP能耗 Energy Consumption per Unit of GDP		单位工业增加值能耗 Energy Consumption per Unit of Value-added of Industry		单位GDP电耗 Electricity Consumption per Unit of GDP	
	指标值 （吨标准煤/万元） Equivalent value (ton of SCE/ 10 000 yuan)	增长速度 Growth Rate (%)	指标值 （吨标准煤/万元） Equivalent value (ton of SCE/ 10 000 yuan)	增长速度 Growth Rate (%)	指标值 （千瓦时/万元） Equivalent value (kWh/10 000 yuan)	增长速度 Growth Rate (%)
2005	0.593		0.598		889.10	
2006	0.576	−2.81	0.572	−3.04	844.10	−5.06
2007	0.560	−2.76	0.551	−3.76	848.80	0.54
2008	0.544	−2.90	0.530	−4.46	785.50	−7.46
2009	0.529	−2.76	0.511	−3.59	712.37	−9.33
2010	0.513	−2.94	0.492	−3.72	720.33	1.12
2011	0.472	−4.39		−24.02		−4.69
2012	0.451	−4.51		−12.68		−3.28
2013	0.428	−5.12		−9.49		−8.30
2014		−4.35		−8.45		−0.65
2015		−3.26		−11.07		−5.01
2016		−4.21		−4.98		−4.17
2017		−4.23		−0.75		−4.82
2018		−4.20		−11.24		−3.62
2019		−3.54		−3.89		−0.39
2020		−5.54		−6.29		−1.93
2021		1.00		2.10		5.20

注：单位GDP能耗数据2005−2009年采用的GDP为2005年可比价，2010−2015年采用的是2010年可比价，2016−2020年采用的是2015年可比价，2021年及以后采用的是2020年可比价。

Note: The data of Energy Consumption per Unit of GDP from 2005 to 2009 are calculated at 2005 constant prices of GDP,from 2010 to 2015 at 2010 constant prices of GDP,from 2016 to 2020 at 2015 constant prices of GDP，from 2021 at 2020 constant prices of GDP.

4-13 主要能源按工业行业分组消费量（2021年）
CONSUMPTION OF ENERGY BY SECTOR（2021）

单位：吨 （ton）

项目	Item	原煤 Coal	原油 Crude Oil	汽油 Gasoline	煤油 Kerosene
全部规模以上工业企业	**Total Consumption**	**9 576 552.19**	**223 557.00**	**32 747.94**	**894.63**
一、按轻、重工业分	**Grouped by Light and Heavy Industry**	**9 576 552.19**	**223 557.00**	**32 747.94**	**894.63**
1．轻工业	Light Industry	70.00		9 275.41	759.00
2．重工业	Heavy Industry	9 576 482.19	223 557.00	23 472.53	135.63
二、按工业行业大类分	**Grouped by Sector**	**9 576 552.19**	**223 557.00**	**32 747.94**	**894.63**
(一)采矿业	Mining and Quarrying		223 557.00		
煤炭开采和洗选业	Mining and Washing of Coal				
石油和天然气开采业	Extraction of Petroleum and Natural Gas		223 557.00		
黑色金属矿采选业	Mining and Processing of Ferrous Metal Ores				
有色金属矿采选业	Mining and Processing of Nonferrous Metal Ores				
非金属矿采选业	Mining and Processing of Nonmetal Ores				
开采专业及辅助性活动	Mining and Auxiliary Activities				
其他采矿业	Mining and Processing of Other Ores				
(二)制造业	Manufacturing	70.00		31 697.32	894.63
农副食品加工业	Processing of Food from Agricultural Products	70.00		172.99	
食品制造业	Manufacture of Foods			28.69	
酒、饮料和精制茶制造业	Manufacture of Wine, Beverages and Refined Tea			4.23	
烟草制品业	Manufacture of Tobacco				
纺织业	Manufacture of Textile			277.11	
纺织服装、服饰业	Manufacture of Textile Wearing Apparel,Footware and Caps			249.56	
皮革、毛皮、羽毛及其制品和制鞋业	Manufacture of Leather, Fur, Feather and Related Products			286.00	
木材加工及木、竹、藤、棕、草制品业	Processing of Timber, Manufacture of Wood, Bamboo, Rattan, Palm Fiber & Straw Products			94.03	
家具制造业	Manufacture of Furniture			805.07	
造纸及纸制品业	Manufacture of Paper and Paper Products			429.78	
印刷和记录媒介复制业	Printing and Record Medium Reproduction			1 397.27	

注：本表使用《国民经济行业分类》（GB/T 4754-2017）。
Note: Data in this table are classified according to the Industry Classification for National Economic Activities(GB/T 4754-2017).

4-13 续表1 CONTINUED

单位：吨 （ton）

项　目	Item	原煤 Coal	原油 Crude Oil	汽油 Gasoline	煤油 Kerosene
文教、工美、体育和娱乐用品制造业	Manufacture of Cultural, Educational and Sports Articles			1 124.66	
石油、煤炭及其他燃料加工业	Petroleum, Coal and Other Fuel Processing Industry			102.11	
化学原料及化学制品制造业	Manufacture of Raw Chemical Materials and Chemical Products			1 176.73	759.00
医药制造业	Manufacture of Medicines			155.01	
化学纤维制造业	Manufacture of Chemical Fibers				
橡胶和塑料制品业	Manufacture of Rubber			2 230.17	
非金属矿物制品业	Manufacture of Non-metallic Mineral Products			441.61	
黑色金属冶炼及压延加工业	Smelting and Pressing of Ferrous Metals			60.90	11.00
有色金属冶炼及压延加工业	Smelting and Pressing of Nonferrous Metals			374.37	
金属制品业	Manufacture of Metal Products			1 866.70	23.13
通用设备制造业	Manufacture of General-purpose Machinery			1 757.81	76.15
专用设备制造业	Manufacture of Special-purpose Machinery			2 596.69	
汽车制造业	Manufacture of Automobiles			1 458.32	23.25
铁路、船舶、航空航天和其他运输设备制造业	Manufacture of Railways Ships Aerospace and Other Transport Equipment			125.47	
电气机械及器材制造业	Manufacture of Electrical Machinery and Equipment			3 932.91	
计算机、通信和其他电子设备制造业	Manufacture of Communication Equipment, Computers and Other Electronic Equipment			9 311.94	2.10
仪器仪表制造业	Manufacture of Measuring Instruments			878.67	
其他制造业	Other Manufacturing			339.78	
废弃资源综合利用业	Recycling and Disposal of Waste				
金属制品、机械和设备修理业	Manufacture of Metal Products,Machinery and Equipment Repair			18.74	
(三)电力、燃气及水的生产和供应业	Production and Distribution of Electricity Heat,Gas and Water	9 576 482.19		1 050.62	
电力、热力的生产和供应业	Production and Supply of Electric Power and Heat Power	9 576 482.19		28.50	
燃气生产和供应业	Production and Supply of Gas			473.00	
水的生产和供应业	Production and Supply of Water			549.12	

4-13 续表2 CONTINUED

单位：吨 （ton）

项 目	Item	柴 油 Diesel Oil	燃料油 Fuel Oil	液化石油气 Liquefied Petroleum Gas	天然气（万立方米） Natural Gas (10 000 cu.m)	电 力（万千瓦时） Electricity (10 000 kWh)
全部规模以上工业企业	**Total Consumption**	**172 557.13**	**437.86**	**5 680.98**	**301 750.24**	**3 798 078.56**
一、按轻、重工业分	**Grouped by Light and Heavy Industry**	**172 557.13**	**437.86**	**5 680.98**	**301 750.24**	**3 798 078.56**
1．轻工业	Light Industry	10 546.48	5.77	2 799.68	13 203.12	798 062.23
2．重工业	Heavy Industry	162 010.65	432.09	2 881.30	288 547.12	3 000 016.33
二、按工业行业大类分	**Grouped by Sector**	**172 557.13**	**437.86**	**5 680.98**	**301 750.24**	**3 798 078.56**
(一)采矿业	Mining and Quarrying	92 608.28	316.00		6 044.00	1 074.70
煤炭开采和洗选业	Mining and Washing of Coal					
石油和天然气开采业	Extraction of Petroleum and Natural Gas	73 342.00	316.00		6 044.00	893.15
黑色金属矿采选业	Mining and Processing of Ferrous Metal Ores					
有色金属矿采选业	Mining and Processing of Nonferrous Metal Ores					
非金属矿采选业	Mining and Processing of Nonmetal Ores					
开采专业及辅助性活动	Mining and Auxiliary Activities	19 266.28				181.55
其他采矿业	Mining and Processing of Other Ores					
(二)制造业	Manufacturing	77 786.02	121.86	5 680.98	22 294.94	3 169 564.09
农副食品加工业	Processing of Food from Agricultural Products	416.15		507.85	851.82	20 088.75
食品制造业	Manufacture of Foods	256.54		115.18	1 252.05	14 390.50
酒、饮料和精制茶制造业	Manufacture of Wine, Beverages and Refined Tea	2.33		2.20	1 438.27	10 708.43
烟草制品业	Manufacture of Tobacco				92.66	4 002.73
纺织业	Manufacture of Textile	484.59		106.19	734.52	23 767.59
纺织服装、服饰业	Manufacture of Textile Wearing Apparel,Footware and Caps	103.68		16.50	119.09	15 299.49
皮革、毛皮、羽毛及其制品和制鞋业	Manufacture of Leather, Fur, Feather and Related Products	14.17			12.46	6 995.81
木材加工及木、竹、藤、棕、草制品业	Processing of Timber, Manufacture of Wood, Bamboo, Rattan, Palm Fiber & Straw Products	137.75			35.28	1 055.02
家具制造业	Manufacture of Furniture	519.12		11.59	216.06	12 438.93
造纸及纸制品业	Manufacture of Paper and Paper Products	1 283.38		448.10	1 154.44	19 228.07
印刷和记录媒介复制业	Printing and Record Medium Reproduction	811.82			236.06	55 081.71

4-13 续表3 CONTINUED

单位：吨 （ton）

项　目	Item	柴　油 Diesel Oil	燃料油 Fuel Oil	液化石油气 Liquefied Petroleum Gas	天然气 （万立方米） Natural Gas (10 000 cu.m)	电　力 （万千瓦时） Electricity (10 000 kWh)
文教、工美、体育和娱乐用品制造业	Manufacture of Cultural, Educational and Sports Articles	1 185.35	5.77	192.03	353.37	40 304.56
石油、煤炭及其他燃料加工业	Petroleum, Coal and Other Fuel Processing Industry	59.11		2.73	6.85	204.81
化学原料及化学制品制造业	Manufacture of Raw Chemical Materials and Chemical Products	2 339.17		18.94	148.44	58 612.83
医药制造业	Manufacture of Medicines	484.72			1 994.11	37 608.80
化学纤维制造业	Manufacture of Chemical Fibers					611.00
橡胶和塑料制品业	Manufacture of Rubber	3 532.43		494.20	1 335.85	263 165.11
非金属矿物制品业	Manufacture of Non-metallic Mineral Products	48 502.36		77.39	1 131.65	92 388.54
黑色金属冶炼及压延加工业	Smelting and Pressing of Ferrous Metals	82.75		1.10	896.00	5 852.29
有色金属冶炼及压延加工业	Smelting and Pressing of Nonferrous Metals	448.88		36.20	962.29	16 498.63
金属制品业	Manufacture of Metal Products	2 569.28		1 940.25	1 341.11	162 976.92
通用设备制造业	Manufacture of General-purpose Machinery	2 052.66		515.11	183.30	80 122.23
专用设备制造业	Manufacture of Special-purpose Machinery	1 212.85		104.99	48.58	150 241.87
汽车制造业	Manufacture of Automobiles	137.39		6.31	894.01	64 615.89
铁路、船舶、航空航天和其他运输设备制造业	Manufacture of Railways Ships Aerospace and Other Transport Equipment	3 937.22		389.85	1 017.77	25 926.91
电气机械及器材制造业	Manufacture of Electrical Machinery and Equipment	2 530.00	116.09	325.58	1 985.42	343 772.15
计算机、通信和其他电子设备制造业	Manufacture of Communication Equipment, Computers and Other Electronic Equipment	3 493.02		368.69	3 335.45	1 580 342.61
仪器仪表制造业	Manufacture of Measuring Instruments	127.67				38 198.06
其他制造业	Other Manufacturing	148.39			518.04	20 900.74
废弃资源综合利用业	Recycling and Disposal of Waste	613.64				2 398.26
金属制品、机械和设备修理业	Manufacture of Metal Products,Machinery and Equipment Repair	299.60				1 764.85
(三)电力、燃气及水的生产和供应业	Production and Distribution of Electricity Heat,Gas and Water	2 162.83			273 411.30	627 439.77
电力、热力的生产和供应业	Production and Supply of Electric Power and Heat Power	1 133.13			270 529.97	462 276.43
燃气生产和供应业	Production and Supply of Gas	606.18			2 881.33	21 749.97
水的生产和供应业	Production and Supply of Water	423.52				143 413.37

4-14 综合能源平衡表（2015-2021年）

OVERALL ENERGY BALANCE SHEET（2015-2021）

单位：万吨标准煤 (10 000 tons of SCE)

项目	Item	2015	2016	2017	2018	2019	2020	2021
可供本地区消费的能源量	**Total Energy Available for Consumption by Locality**	**3 909.91**	**4 080.91**	**4 272.64**	**4 404.73**	**4 534.14**	**4 413.70**	**4 756.67**
年初库存量	Stock at the Year-beginning	189.17	183.55	148.19	133.80	129.26	112.95	148.28
一次能源生产量	Primary Energy Output	3 007.01	2 999.29	2 919.57	2 725.43	2 928.57	3 101.99	3 225.12
外省调入量	Allocation from Other Provinces	3 515.37	3 575.25	3 728.24	3 931.60	3 950.64	3 884.17	4 180.97
进口量	Imports	400.47	350.08	426.57	513.23	482.13	459.46	511.48
境内轮船和飞机在境外加油量	Petroleum Consumed by Chinese Airplanes and Ships Abroad	3.10	12.01	15.12	37.64	62.02	56.42	54.15
本省调出量(-)	Allocation over Other Provinces(-)	-2 928.88	-2 829.85	-2 785.17	-2 764.63	-2 843.35	-3 004.16	-3 189.36
出口量(-)	Exports(-)	-76.41	-35.91	-29.16	-28.42	-22.46	-19.30	-15.52
境外轮船和飞机在境内加油量(-)	Petroleum Consumed by Foreign Airplanes and Ships in China(-)	-16.36	-24.80	-15.05	-14.95	-39.91	-29.07	-29.47
年末库存量(-)	Stock at the Year-end(-)	-183.55	-148.72	-135.67	-128.98	-112.77	-148.76	-128.98
加工转换投入(-)产出(+)量	**Input Output in Processing and Transformation**	**-0.13**	**-0.18**	**-0.22**	**-0.13**	**-0.14**	**-0.08**	**- 0.04**
火力发电	Thermal Power							
供热	Heating	-0.13	-0.18	-0.22	-0.13	-0.14	-0.08	-0.04
洗选煤	Coal Washing							
炼焦	Coking							
炼油	Petroleum Refining							
制气	Gas Production							
回收能	Recovery of Energy							

4-14 续表 CONTINUED

单位：万吨标准煤 (10 000 tons of SCE)

项 目	Item	2015	2016	2017	2018	2019	2020	2021
损失量	**Losses**	**73.08**	**84.29**	**99.70**	**95.75**	**84.15**	**70.43**	**70.01**
#运输和输配损失	Losses in Transmission	73.08	84.29	99.70	95.75	84.15	70.43	70.01
终端消费量	**End-use**	**3836.70**	**3 996.43**	**4 172.72**	**4 308.85**	**4 449.85**	**4 343.19**	**4 686.63**
第一产业	Primary Industry	10.86	15.08	8.11	12.11	14.73	11.38	14.82
农、林、牧、渔业	Farming, Forestry, Animal Husbandry and Fishery	10.86	15.08	8.11	12.11	14.73	11.38	14.82
第二产业	Secondary Industry	1697.91	1 632.88	1 603.45	1 522.51	1 684.01	1 580.66	1 656.95
工业	Industry	1651.18	1 580.90	1 567.96	1 493.02	1 644.88	1 531.76	1 596.08
#用作原材料、燃料	As Raw Materials and Fuel	1.08	0.94	0.23	0.98	0.81	119.59	0.56
建筑业	Construction	46.73	51.99	35.50	29.49	39.13	48.91	60.87
第三产业	Tertiary Industry	1512.50	1 662.84	1 817.08	2 008.86	1 927.54	1 905.88	2 110.08
交通运输仓储及邮电通信业	Transport, Storage, Postal and Telecommunication Services	732.83	808.80	881.62	960.72	928.19	806.06	864.02
批发和零售贸易业、餐饮业	Wholesale and Retail Trade and Catering	420.53	456.94	468.50	546.63	452.77	461.92	513.10
其他	Services Others	359.14	397.10	466.96	501.52	546.57	637.90	732.96
生活消费	Residential Consumption	615.43	685.63	744.09	765.37	823.57	845.27	904.78
城镇	Urban Areas	615.43	685.63	742.80	765.37	823.57	845.27	904.78
乡村	Rural Areas			1.29				
消费量合计	**Total Energy Consumption**	**3909.91**	**4 080.91**	**4 272.64**	**4 404.73**	**4 534.14**	**4 413.70**	**4 756.67**

4-15 各区单位GDP能耗增长速度（2011-2021年）

GROWTH RATE OF ENERGY CONSUMPTION PER UNIT OF GDP BY DISTRICT (2011-2021)

单位：%　　　（%）

地区	Region	2011	2012	2013	2014	2015	2016	2017	2018	2019	2020	2021
全　市	**Total**	**-4.39**	**-4.51**	**-5.12**	**-4.35**	**-3.26**	**-4.21**	**-4.23**	**-4.20**	**-3.54**	**-5.54**	**1.00**
福田区	Futian	-3.45	-3.75	-4.24	-3.54	-2.50	-3.73	-3.80	-3.73	-4.21	-4.23	0.96
罗湖区	Luohu	-3.21	-3.43	-3.81	-3.30	-2.49	-3.73	-3.80	-3.73	-4.63	-4.21	-0.70
盐田区	Yantian	-4.37	-4.62	-5.27	-4.51	-3.47	-4.37	-4.48	-4.32	-4.50	-5.65	-2.02
南山区	Nanshan	-4.36	-4.62	-5.27	-4.51	-3.42	-4.37	-4.48	-4.32	-2.36	-6.54	0.41
宝安区	Baoan	-4.61	-4.76	-6.02	-5.10	-3.83	-4.45	-4.45	-4.32	-4.94	-5.23	-1.50
龙岗区	Longgang	-4.61	-4.79	-5.71	-4.81	-3.88	-4.45	-4.40	-4.32	-3.21	-6.63	5.95
龙华区	Longhua			-4.97	-4.30	-3.23	-4.44	-4.40	-4.32	-3.65	-5.90	1.73
坪山区	Pingshan	-4.28	-4.46	-5.09	-4.38	-3.35	-4.20	-4.30	-4.20	-5.94	-5.35	3.26
光明区	Guangming	-4.41	-4.42	-5.19	-4.39	-3.21	-4.20	-4.30	-4.20	-3.15	-5.80	-2.89
大鹏新区	Dapeng			-5.08	-4.32	-3.15	-4.32	-4.40	-4.32	-4.01	-5.80	-3.11
深汕特别合作区	Shenzhen-Shanwei Special Cooperation Zone							-8.32	-2.33	25.20	7.36	-1.93

注：　1. 2010年宝安区数据含光明、龙华新区，龙岗区数据含坪山、大鹏新区。
Notes: The data of Guangming and Longhua are included in Baoan;The data of Pingshan and Dapeng are included in Longgang in 2010.
2. 2011年、2012年宝安区数据含龙华新区，龙岗区数据含大鹏新区。
The data of Longhua are included in Baoan;The data of Dapeng are included in Longgang in 2011-2012.

4-16 规模以上工业能源加工转换效率

EFFICIENCY OF ENERGY CONVERSION OF INDUSTRIAL ENTERPRISES ABOVE DESIGNATED SIZE

单位：% (%)

年 份 Year	火力发电 Thermal Power Generation	供热 Heating
2005	40.23	
2006	40.16	
2007	39.74	
2008	40.26	
2009	41.78	
2010	43.54	
2011	43.26	69.18
2012	42.54	70.22
2013	41.53	
2014	42.18	
2015	42.30	69.53
2016	43.10	63.90
2017	43.50	68.00
2018	42.60	59.40
2019	41.30	71.40
2020	42.50	77.30
2021	42.30	91.20

4-17 能源消费弹性系数

ELASTICITY RATIO OF ENERGY CONSUMPTION

年 份 Year	能源消费 比上年增长 (%) Growth Rate of Energy Consumption over Preceding Year(%)	电力消费 比上年增长(%) Growth Rate of Electricity Consumption over Preceding Year(%)	地区生产总值 比上年增长(%) Growth Rate of Gross Domestic Product(GDP) over Preceding Year(%)	能源消费弹性系数 Elasticity Ratio of Energy Consumption	电力消费弹性系数 Elasticity Ratio of Electricity Consumption
2005	9.8	12.8	15.3	0.64	0.84
2006	13.3	10.7	16.7	0.80	0.64
2007	11.6	16.5	14.8	0.79	1.12
2008	8.8	2.8	12.3	0.72	0.23
2009	7.8	0.3	11.5	0.68	0.03
2010	9.1	13.3	12.3	0.74	1.08
2011	4.5	4.9	10.1	0.45	0.49
2012	2.7	3.7	10.2	0.26	0.37
2013	2.5	1.1	10.6	0.24	0.10
2014	3.3	8.1	8.9	0.37	0.91
2015	5.3	2.3	9.0	0.59	0.26
2016	4.4	4.4	9.3	0.47	0.47
2017	4.2	3.6	8.8	0.48	0.40
2018	3.1	3.7	7.7	0.40	0.48
2019	2.9	6.3	6.7	0.43	0.94
2020	−2.7	1.1	3.1	−0.87	0.35
2021	7.8	12.2	6.7	1.16	1.82

主要统计指标解释

工业 指从事自然资源的开采，对采掘品和农产品进行加工和再加工的物质生产部门。具体包括：(1)对自然资源的开采，如采矿、晒盐、森林采伐等（但不包括禽兽捕猎和水产捕捞）；(2)对农副产品的加工、再加工，如粮油加工、食品加工、轧花、缫丝、纺织、制革等；(3)对采掘品的加工、再加工，如炼铁、炼钢、化工生产、石油加工、机器制造、木材加工等，以及电力、自来水、煤气的生产和供应等；(4)对工业品的修理、翻新，如机器设备的修理、交通运输工具（包括小卧车）的修理等。

1984年以前农村的村及村以下办工业归属农业，1984年以后划归工业。

工业总产值 是以货币表现的工业企业在一定时期内生产的已出售或可供出售工业产品总量，它反映一定时间内工业生产的总规模和总水平。它包括：在本企业内不再进行加工，经检验、包装入库（规定不需包装的产品除外）的成品价值，对外加工费收入，自制半成品、在产品期末期初差额价值。工业总产值采用“工厂法”计算，即以工业企业作为一个整体，按企业工业生产活动的最终成果来计算，企业内部不允许重复计算，不能把企业内部各个车间（分厂）生产的成果相加。但在企业之间、行业之间、地区之间存在着重复计算。

轻重工业总产值的划分也是按“工厂法”计算的，即一个工业企业在正常情况下生产的主要产品的性质属于轻工业，则该企业的全部总产值作为轻工业总产值；一个工业企业生产的主要产品的性质属于重工业，则该企业的全部总产值作为重工业总产值。

工业销售产值（当年价格） 是以货币形式表现的，工业企业在本年内销售的本企业生产的工业产品或提供工业性劳务价值的总价值量。工业销售产值包括的内容为：

1. 销售成品价值：指企业在报告期内实际销售（包括本期生产和非本期生产）的全部成品、半成品的总价值，即按报告期产品的实际销售数量乘以不含增值税（销项税额）的产品实际销售平均单价计算。销售成品价值中包括企业生产的自制设备及提供给本企业在建工程、其他非工业部门和生活福利部门等单位使用的成品价值，但不包括用订货者来料加工，并且只收取加工费的成品（半成品）价值。

2. 对外加工费收入：指企业在报告期内完成的对外承接的工业品加工（包括用订货者来料加工的产品）的加工费收入；对外工业品修理作业可收取的加工费收入和对内非工业部门提供的加工修理、设备安装等收入。对外加工费收入按不含增值税（销项税额）的价格计算。

对于以对外加工生产为主，对外加工费收入所占比重较大的企业，如果对外加工费收入出现跨年度支付的情况，为保证总产值生产口径计算的准确性，则应将对外加工费收入按实际情况调整，记录本年应实际收取的对外加工费收入。

应收账款 指企业因销售商品、产品、提供劳务等，应向购货单位或接受劳务单位收取款项。该指标根据会计“资产负债表”中“应收账款”项的年末数填报。

资产合计 指企业拥有或控制的能以货币计量的经济资源，包括各种财产、债权和其他权利。资产按其流动性(即资产的变现能力和支付能力)划分为：流动资产、长期投资、固定资产、无形资产、递延资产和其他资产。

负债合计 指企业所承担的能以货币计量，将以资产或劳务偿付的债务，偿还形式包括货币、资产或提供劳务。负债一般按偿还期长短分为流动负债和长期负债。

主营业务收入 是企业销售产品的销售收入和提供劳务等经营业务取得的业务收入。

主营业务成本 是指企业销售产品和提供劳务等主要经济业务的实际成本。

管理费用 指企业为组织和管理企业生产经营所发生的管理费用，包括企业的董事会和行政管理部门在企业经营管理中发生的，或者应当由企业统一负担的各项管理费用。包括行政管理部门职工工资、福利费、差旅费、办公费、会议费、印刷费、水电费、社保费、招待费、技术转让费等。

财务费用 指企业为筹集生产经营所需资金而发生的费用，包括企业生产经营期间发生的利息支出（减利息收入）、汇兑损失（减汇兑收益）以及相关的手续费等。

利润总额 指企业在生产经营过程中各种收入扣除各种耗费后的盈余，反映企业在报告期内实现的亏盈总额，包括营业利润、补贴收入、投资净收益和营业外收支净额。

成本费用利润率 是指工业企业投入生产成本及费用的经济效益，同时也反映企业降低成本所取得的经济效益。计算公式为：

$$\text{成本费用利润率（\%）}=\frac{\text{利润总额}}{\text{成本费用总额}}\times 100\%$$

成本费用总额为主营业务成本和营业费用、管理费用、财务费用三项期间费用。

流动资金周转率 是指一定时期内流动资产完成的周转次数，反映投入工业企业流动资金的周转速度，一般以一年时间内周转多少次表示。计算公式为：

$$\text{流动资产周转率（次）}=\frac{\text{主营业务收入}}{\text{流动资产平均余额}}$$

全员劳动生产率 是指反映企业的生产效率和劳动投入的经济效益。一般用平均每人一年创造的工业增加值表示。计算公式为：

$$\text{全员劳动生产率（元/人）}=\frac{\text{工业增加值}}{\text{全部职工平均人数}}\times 100\%$$

全部职工平均人数为企业在报告期内全部从业人员的平均人数，计算公式为：

$$\text{全部从业人员年平均人数}=\frac{\text{1至12月全部从业人员平均人数之和}}{12}$$

或：

$$\text{全部从业人员年平均人数}=\frac{\text{1至12月各月月初、月末全部从业人员之和}}{24}$$

资产负债率 是指反映企业经营风险的大小，反映企业利用债权人提供的资金从事经营活动的能力。计算公式为：

$$\text{资产负债率（\%）}=\frac{\text{负债总计}}{\text{资产总计}}\times 100\%$$

资产及负债均为报告期末数。

总资产贡献率 是指企业一定时期内全部资产获利能力，是企业经营业绩和管理水平的集中体现，是评价和考核企业盈利能力的核心指标。计算公式为：

$$\text{总资产贡献率（\%）}=\frac{\text{利润总额}+\text{税金}+\text{利息支出}}{\text{平均资产总额}}\times 100\%$$

税金总额为产品销售税金及附加与应交增值税之和，平均资产总额为期初、期末资产总计的算术平均值。

资本保值增值率 是反映企业净资产变动状况的一个重要指标，是企业发展能力的集中体现。它是指期末所有者权益总额与上年同期期末所有者权益总额的比率。计算公式为：

$$\text{资本保值增值率（\%）}=\frac{\text{报告期期末所有者权益}}{\text{上年同期期末所有者权益}}\times 100\%$$

所有者权益等于资产总计减负债总计。

单位国内生产总值能耗 指一定时期内，一个国家或地区每生产一个单位的国内生产总值所消耗的能源。计算公式为：

$$单位国内生产总值能耗=\frac{能源消费总量}{国内生产总值}$$

单位国内生产总值电耗 指一定时期内，一个国家或地区每生产一个单位的国内生产总值所消耗的电力。计算公式为：

$$单位国内生产总值电耗=\frac{全社会用电量}{国内生产总值}$$

单位工业增加值能耗 指一定时期内，一个国家或地区每生产一个单位的工业增加值所消耗的能源。计算公式为：

$$单位工业增加值能耗=\frac{工业能源消费量}{工业增加值}$$

能源消费总量 指一定时期内全国（地区）生产和生活消费的各种能源的总和，是观察能源消费水平、构成和增长速度的总量指标，能源消费总量包括原煤和原油及其制品、天然气、电力。不包括低热值燃料、生物质能和太阳能等的利用。能源消费总量分为三部分，即终端能源消费量、能源加工转换损失量和损失量。

(1) 终端能源消费量 指一定时期内全国（地区）生产和生活消费的各种能源在扣除了用于加工转换二次能源消费量和损失量以后的数量。

(2) 能源加工转换损失量 指一定时期内全国（地区）投入加工转换的各种能源数量之和与产出各种能源产品之和的差额。它是观察能源在加工转换过程中损失量变化的指标。

(3) 能源损失量 指一定时期内能源在输送、分配、储存过程中发生的损失和由客观原因造成的各种损失量。不包括各种气体能源放空、放散量。

能源消费弹性系数 是反映能源消费增长速度与国民经济增长速度之间比例关系的指标。计算公式：

$$能源消费弹性系数=\frac{能源消费增长速度}{国民经济增长速度}$$

电力消费弹性系数 是反映电力消费增长速度与国民经济增长速度之间比例关系的指标。计算公式：

$$电力消费弹性系数=\frac{电力消费量增长速度}{国民经济增长速度}$$

能源加工转换效率 指一定时期内能源经过加工、转换后，产出的各种能源产品的数量与同期内投入加工转换的各种能源数量的比率。它是观察能源加工转换装置和生产工艺先进与落后、管理水平高低等的重要指标。计算公式：

$$能源加工转换效率=\frac{能源加工、转换产出量}{能源加工、转换投入量}\times100\%$$

Explanatory Notes on Main Statistical Indicators

Industry refers to the material production sector which is engaged in extraction of natural resources and processing and reprocessing of minerals and agricultural products, including (1) extraction of natural resources, such as mining, salt production, and logging (but excluding hunting and fishing); (2) processing and reprocessing of farm and sideline produces, such as rice husking, flour milling, wine making, oil pressing, cotton ginning, silk reeling, spinning and weaving, and leather making; (3) manufacture of industrial products, such as steel making, iron smelting, chemicals manufacturing, petroleum processing, machine building, timber processing; and production and supply of electricity, water and gas; (4) repair and renovation of industrial products, such as the repair of machinery and means of transport (including cars).

Prior to 1984, industrial enterprises run by villages and cooperative organizations under village were classified into agriculture. Since 1984, these enterprises have been grouped into industry.

Gross Industrial Output Value refers to the total volume of industrial products sold or available for sale in monetary terms during a given period, which reflects the total achievements and overall scale of industrial production during a given period. It includes the value of the finished products in the enterprises, which are not to be further processed and have been inspected, packed and put in storage (where applicable), the income from external processing and the value gain of semi–finished products at the end of the reference period over the beginning. The gross industrial output value is calculated by the factory approach, i.e. the whole industrial enterprise is regarded as the basic accounting unit in calculating the gross industrial output value. No double calculations are to be made within the same enterprise and the output value of different workshops (branch factories) should not be added. However, this approach does not exclude the possibility of double calculations between enterprises, sectors and regions. Output value of light and heavy industries is also classified by the factory approach. Under normal conditions, if the major products of an industrial enterprise belong to light industry products, the gross output value of that enterprise is classified wholly into light industry; the same principle applies to heavy industry.

Sales Value of Industry (Current Price) refers to the total value of industrial products sold or industrial services provided in monetary terms within the current year. It includes:

(1) Sales Value of Finished Products. Sale value of finished products refers to the total value of finished and semi–finished products sold within the reporting period (including those produced within and outside the period). It equals the actual sales volume of products sold within the reporting period timing the actual average sales price (excluding value added or sales tax). It includes the equipment made by the enterprise itself, as well as the finished products provided to the projects under construction, non–industrial departments and welfare department, and excludes the value of finished or semi–finished products of external processing with supplied materials that produces only processing charges.

(2) Income from External Processing refers to income from contracted external processing of industrial products (including processing of industrial products using materials from the clients), and the income from industrial repairing work provided to other units. Income from external processing is calculated using information from the item "products sales income" in the enterprise accounting at the prices excluding value–added tax. For an enterprise whose main business is external processing and the charges of external processing constitute a large proportion of its income, in case of cross–year payment, the income of external processing charges shall be adjusted and the actual income of external processing charges of the current year shall be recorded to ensure the accuracy of the coverage of gross industrial output.

Account Receivable refers to accounts receivable from purchasers or receivers due to the delivery of goods, products or services. The index is recorded in accordance with the year–end figure of Account Receivable of the balance sheet.

Total Assets refer to all economic resources, in monetary terms that is owned or controlled by enterprises including properties, creditors' equity and other economic rights of all forms. Classified by the degree of equitability, total assets include circulating assets, long–term investment, fixed assets, intangible assets and deferred assets, and other assets.

Total Liabilities refer to payable liabilities of enterprises that have to be repaid in terms of money, assets or labor services. In terms of payment, it can be classified as liquid liabilities, long–term liabilities and deferred taxes,etc.

Prime Operating Revenue refers to the revenue from the principal business, including the sales of products and from rendering of industrial services by industrial enterprises.

Prime Operating Cost refers to the actual cost of products sold and industrial services provided by industrial enterprises.

Management Cost refers to the costs of organizing and managing enterprise operation, including the operational cost of the board of directors and the executive body in management that shall be borne by the enterprise. Management costs include staff wages, welfare, the costs of administration, meeting, printing, water and electricity, social security, reception, technology transfer, etc.

Financial Cost refers to the cost from raising fund for production and operation, including expenditure of interests, loss of momentary exchange and related charges.

Total Profits refer to the profits gained by the enterprises.

Ratio of Profits to Industrial Costs refers to the ratio of profits realized in a given period to the total production costs of industrial enterprises in the same period, which also reflects the economic benefit attained by the enterprises from reduced costs. This ratio is calculated as follows:

$$\text{Ratio of Profits to Industrial Costs(\%)} = \left(\frac{\text{Total Profits}}{\text{Total Costs}}\right) \times 100\%$$

where Total costs are the sum of cost of products sold, marketing cost, management cost and financial cost.

Number of Times of Turnover of Circulating Funds refers to the number of times in which turnover of circulating funds is completed in a given period of time, which reflects the speed of the turnover of circulating funds. It is expressed as times of turnover within a year and is calculated as follows:

$$\begin{matrix}\text{Number of Times of} \\ \text{Turnover of Circulating Funds}\end{matrix} = \left(\frac{\text{Sales Revenue of Products}}{\text{Average Balance of Total Number of Times of Turnover of Circulating Funds}}\right) \times 100\%$$

Value-added Labor Productivity reflects the production efficiency of the enterprise and economic benefit of its labor input. It is usually expressed as the industrial value–added created by an average member of an industrial enterprise in a year. The formula used is:

$$\begin{matrix}\text{Value-added Labor Productivity} \\ \text{(yuan/person)}\end{matrix} = \left(\frac{\text{Value-added of Industry}}{\text{Average Number of Staff and Workers}}\right) \times 100\%$$

Average Number of Staff and Workers refers to the average number of all employed persons by an industrial enterprise within the reference period. The formula used is:

$$\text{verage Number of Staff and Workers} = \frac{\text{Sum of Average Monthly Numbers from January to December}}{12}$$

Or

$$\begin{array}{l}\text{verage Number of} \\ \text{Staff and Workers}\end{array} = \frac{\text{Sum of Average Numbers at the Beginning and End of Each Month from January to December}}{24}$$

Assets-Liability Ratio reflects both the operation risk and the capability of the enterprise in making use of the capital from the creditors. It is calculated as follows: where both assets and debts are figures at the end of the reference period.

$$\text{Assets - Liability Ratio}(\%) = (\frac{\text{Total Debts}}{\text{Total Assets}}) \times 100\%$$

Ratio of Total Assets to Industrial Output Value refers to the profit–making capability of all assets of the enterprise. As a core indicator for the evaluation and assessment of the profit–making potential of the enterprise, it is a focused reflection of the performance and management efficiency of the enterprise. This ratio is calculated as follows: where Total Taxes are the sum of tax and extra charges on the sales of products and value–added tax payable; and Average Assets are the arithmetic mean of beginning assets and ending assets.

$$\begin{array}{l}\text{Ratio of Total Assets to} \\ \text{Industrial Output Yalue}\end{array} = (\frac{\text{Total Profits} + \text{Total Taxes} + \text{Interst Expenditure}}{\text{Average Assets}}) \times 100\%$$

Assets-Liability Ratio reflects both the operation risk and the capability of the enterprise in making use of the capital from the creditors. It is calculated as follows: where both assets and debts are figures at the end of the reference period.

$$\text{Assets - Liability Ratio}(\%) = (\frac{\text{Total Debts}}{\text{Total Assets}}) \times 100\%$$

Ratio of Capital Maintenance and Appreciation is an important indicator of the changes of net assets of an enterprise and a focused reflection of the development capability of enterprises. It is the ratio of total creditors' equity at the end of the reference period to that of the same period of the previous year, calculated as follows:

$$\begin{array}{c}\text{Ratio of Capital Maintenance} \\ \text{and Appreciatin}\end{array} = (\frac{\text{Total Creditors' Equity at the End of the Reference Period}}{\text{Total Creditors' Equity ofthe Same Period of the Previous Year}}) \times 100\%$$

where Creditors' equity is equal to the total assets of the enterprise minus its total liabilities.

Energy Consumption per Unit of GDP refers to the energy consumption per unit of Gross Domestic Product in a country or the Gross Regional Product in a region in the same reference period. The formula is:

$$\begin{array}{c}\text{Energy Consumption} \\ \text{per Unit of GDP}\end{array} = \frac{\text{Total Energy Consumption}}{\text{Cross Domestic Product}}$$

Electricity Consumption per Unit of GDP refers to the electricity consumption per unit of Gross Domestic Product in a country or the Gross Regional Product in a region in the same reference period. The formula is:

$$\begin{array}{c}\text{Electricity Consumption} \\ \text{per Unitof GDP}\end{array} = \frac{\text{Total Electricity Consumption}}{\text{Cross Domestic Product}}$$

Energy Consumption per Unit of Industrial Value-added refers to the energy consumption per unit of industrial value–added in a country or region in the same reference period. The formula is:

$$\begin{array}{c}\text{Energy Consumption} \\ \text{Unit of Industrial Value - added}\end{array} = \frac{\text{Total Energy Consumption}}{\text{Industrial Value - added}}$$

Total Domestic Energy Consumption refers to the total consumption of energy of various kinds by production sectors and households in the country (region) in a given period of time. It is a comprehensive indicator of the scale, composition and development speed of energy consumption. The total energy consumption includes that of coal, crude oil and their products, natural gas and electricity, but excludes the consumption of fuel of low calorific value, bioenergy and solar energy. Total domestic energy consumption can be divided into three parts:

(1) Final Energy Consumption: This refers to the total energy consumption by production sectors and households in the country (region) in a given period of time, excluding primary energy consumption and loss in the process of conversion into secondary energy.

(2)Loss During the Process of Energy Conversion: This refers to the total input of various kinds of energy for conversion minus the total output of various kinds of energy in the country (region) in a given period of time. It is an indicator of the loss that occurs during the process of energy conversion.

(3)Loss: This refers to the total loss of energy during the course of energy transmission, distribution and storage and the loss caused by any objective reason in a given period of time, excluding the loss of various kinds of gas due to gas discharges and stocktaking.

Elasticity Ratio of Energy Consumption is an indicator of the relationship between the growth rate of energy consumption and the growth rate of the national economy. The formula is:

$$\text{Elasticity Ratio of Energy Consumption} = \frac{\text{Growth Rate of Energy Consumption}}{\text{Growth Rate of National Economy}}$$

Elasticity Ratio of Electricity Consumption is an indicator of the relationship between the growth rate of electricity consumption and the growth rate of the national economy. The formula is:

$$\text{Elasticity Ratio of Electricity Consumption} = \frac{\text{Growth Rate of Electricity Consumption}}{\text{Growth Rate of National Economy}}$$

Efficiency of Energy Processing and Conversion refers to the ratio of the total output of energy products of various kinds after processing and conversion to the total input of energy of various kinds for processing and conversion in the same reference period. It is an important indicator of the current conditions of energy processing and conversion equipment, production technique and management. The formula is:

$$\text{Efficiency of Energy Processing \& Conversion} = \frac{\text{Output of Energy after Processing \& Conversion}}{\text{Input of Energy for Processing \& Conversion}} \times 100\%$$

05 第五部分

建筑业

CONSTRUCTION

CHAPTER

5-1 建筑企业主要经济指标（2017-2021年）
MAIN ECONOMIC INDICATORS ON CONSTRUCTION ENTERPRISES（2017-2021）

指标	Indicators	2017	2018	2019	2020	2021
建筑业企业个数（个）	Number of Construction Enterprises(unit)	931	1 041	1 256	1 390	1 509
建筑业总产值（亿元）	Gross Output Value of Construction (100 million yuan)	2 797.38	3 471.02	4 361.44	4 777.69	5 420.68
房屋建筑施工面积（万平方米）	Floor Space of Buildings Under Construction (10000 sq.m)	9 240.74	10 782.00	15 901.54	17 192.66	22 531.68
年末从业人员（万人）	Number of Year-end Employed Persons(10000persons)	65.64	67.79	79.93	87.60	99.54
自有机械设备台数（万台）	Number of Machinery and Equipment Owned(10000 sets)	5.11	2.18	2.29	2.90	4.36
自有机械净值（亿元）	Net value of Machinery and Equipment Owned(100 million yuan)	29.03	41.76	64.91	31.49	77.64
自有机械设备总功率（万千瓦）	Total Power of Machine and Equipment Owned(10000 kW)	143.30	102.59	130.49	121.63	191.07
资产合计（亿元）	Total Assets(100 million yuan)	4 478.55	5 131.89	6 321.58	7 901.56	8 493.11
固定资产原价（亿元）	Original Value of Fixed Assets(100 million yuan)	200.28	241.80	235.06	283.94	286.78
本年固定资产折旧（亿元）	Depreciation of Fixed Assets in the year (100 million yuan)	11.03	14.44	15.72	18.14	17.92
本年应付职工薪酬（亿元）	Total Wages in the Year(100 million yuan)	403.14	578.66	604.15	695.81	666.80
税金及附加（亿元）	Taxes and Extra Charges on Project Settle Accounts(100 million yuan)	14.89	18.72	16.99	18.43	22.49
应交增值税（亿元）	Income Taxes Payable(100 million yuan)		69.97	87.82	80.45	91.84
营业利润（亿元）	Operating Profit(100 million yuan)	112.29	119.01	150.45	121.76	45.62
利润总额（亿元）	Total Profits(100 million yuan)	118.27	121.04	154.69	123.95	50.69
按总产值计算劳动生产率（元/人）	In Terms of Gross Output Value Overall Labor Productivity(yuan/person)	386 146	475 213	474 309	482 331	479 856

5-2 建筑业企业生产情况（2017-2021年）

PRODUCTION SITUATIONS OF CONSTRUCTION ENTERPRISE（2017-2021）

指　标	Indicators	2017	2018	2019	2020	2021
企业个数（个）	Number of Enterprises(unit)	931	1 041	1 256	1 390	1 509
签订的合同额(万元)	Contractual Value(10000 yuan)	78 636 397	95 412 396	116 853 342	128 281 083	166 597 626
建筑业总产值(万元)	Gross Output Value of Construction (10000 yuan)	27 973 830	34 710 249	43 614 387	47 776 925	54 206 805
竣工产值(万元)	Output Value of buildings Completed (10000 yuan)	13 430 714	12 936 893	12 687 608	12 251 151	15 587 293
房屋建筑施工面积（万平方米）	Floor Space of Buildings Under Construction(10000 sq.m)	9 241	10 782	15 902	17 193	22 532
#本年新开工面积	Floor Space of Newly-started Buildings in this Year	3 142	4 434	5 230	5 775	5 545
自有施工机械设备年末总台数（台）	Number of Machinery and Equipment (year-end)(unit)	51 128	21 817	22 903	28 986	43 596
自有施工机械设备年末总功率（万千瓦）	Total Power of Machinery and Equipment(10000 kW)	143	103	130	121	191
自有施工机械设备年末净值(万元)	Net value of Machinery and Equipment Owned(10000 yuan)	290 279	417 554	649 096	314 873	776 396
计算劳动生产率的平均人数（人）	Average Number of Employed Persons in Calculation of Labor Productivity(person)	724 436	730 412	919 535	1 034 670	1 129 645

5-3 建筑业企业财务状况（2017-2021年）
FINANCIAL SITUATIONS OF CONSTRUCTION ENTERPRISE（2017-2021）

单位：万元 （10000 yuan）

指 标	Indicators	2017	2018	2019	2020	2021
年末资产负债	**Asset and Liabilities at Year-end**					
流动资产	Circulating Assets	39 077 684	43 483 395	53 483 041	68 731 426	71 776 564
#存货	Inventory	5 064 046	6 307 577	5 588 748	5 828 481	6 041 963
固定资产原价	Original Value of Fixed Assets	2 002 845	2 417 985	2 350 584	2 839 447	2 867 776
累计折旧	Accumulative Total Depreciation	917 786	1 068 771	1 094 454	1 229 792	1 274 820
#本年折旧	Depreciation Within the Year	110 291	144 421	157 159	181 398	179 227
在建工程	Project under Construction	273 482	342 378	403 952	390 887	301 905
资产合计	Total Assets	44 785 518	51 318 908	63 215 821	79 015 648	84 931 068
流动负债	Liquid Liabilities	27 286 380	33 297 242	41 132 150	54 546 680	57 454 423
非流动负债	Non-Liquid Liabilities	1 838 300	1 941 695	3 181 115	4 988 860	5 640 014
负债合计	Total Liabilities	29 751 975	36 799 477	45 161 902	60 006 016	64 093 757
所有者权益	Creditors'Equity	15 031 962	14 519 430	18 053 918	19 009 631	20 837 312
损益及分配	**Expenditure,Income and Distribution**					
营业收入	Revenue of Project Settlement Accounts	29 418 125	36 425 022	45 308 647	51 569 059	59 715 800
营业成本	Costs of Project Settlement Accounts	26 438 641	32 669 395	40 857 936	47 189 053	55 069 505
税金及附加	Taxes and Extra Charges on Project Settle Accounts	148 908	187 158	169 870	184 336	224 862
营业利润	Operating Surplus	1 122 907	1 190 113	1 504 490	1 217 639	456 170
利润总额	Total Profits	1 182 741	1 210 432	1 546 952	1 239 506	506 876
应交增值税	Income Taxes Payable		699 697	878 245	804 460	918 438

主要统计指标解释

建筑业总产值 是以货币表现的建筑业企业在一定时期内生产的建筑业产品和服务的总和。建筑业总产值包括三部分内容：

⑴建筑工程产值：指列入建筑工程预算内的各种工程价值。

⑵设备安装工程产值：指设备安装工程价值，但不包括设备本身的价值。

⑶其他产值：建筑业总产值中除建筑工程、安装工程以外的产值。包括房屋构筑物修理产值、非标准设备制造产值、总包企业向分包企业收取的管理费以及不能明确划分的施工活动所完成的产值。

①房屋构筑物修理产值：指房屋和构筑物的修理所完成的价值，但不包括被修理房屋构筑物的本身价值和生产设备的修理价值。

②非标准设备制造产值：指加工制造没有定型的非标准生产设备的加工费和原材料价值以及附属加工厂为本企业承建工程制作的非标准设备的价值。

房屋施工面积 指在报告期内施工的全部房屋建筑面积，它包括本期新开工的房屋面积、上期跨入本期继续施工的房屋面积、上期停缓建在本期恢复施工的房屋面积、本期竣工的房屋面积以及本期施工后又停缓建的房屋面积。

计算建筑业劳动生产率的平均人数 指建筑业企业(或单位)报告期实际拥有的、与建筑施工活动有关的人员的平均人数，包括参加本企业(或单位)建筑施工活动的非本企业(或单位)人员，但不包括企业内部社会服务性机构的人员以及由本企业支付工资但所从事的工作与本企业生产基本无关的人员。

工程结算税金及附加 指因从事建筑业生产活动，取得工程价款结算收入而按规定应该交纳的营业税、城市维护建设税等以及随同营业税金一并计算交纳的教育费附加等。

利润总额 指企业在生产经营过程中各种收入扣除各种耗费后的盈余，反映企业在报告期内实现的亏盈总额，包括营业利润、补贴收入、投资净收益和营业外收支净额。

Explanatory Notes on Main Statistical Indicators

Gross Output Value of Construction refers to the sum in monetary terms of construction products and services completed by construction enterprises during a given period of time. It includes:

(1) Output value of construction projects, which is the value of various projects covered by the project budgets;

(2)Output value of equipment installation projects refers to the value of the installation of equipment. It does not include the value of the equipment itself.

(3) Other output values, which are output values other than output value of construction projects and output value of installation projects, including output value of house and building repair, output value of non−standard equipment manufacture, management expenses received by overall contractor enterprises from subcontractor enterprises and output value completed in unclassified construction activities.

①Output value of house and building repair is the value created through the repairs of houses and buildings, excluding the value of houses or buildings being repaired and the value of the repair of production equipment.

②Output value of non−standard equipment manufacture is the value of non−standard production equipment with unique specifications (including raw materials and manufacturing costs), and equipment manufactured by subsidiary workshops for construction projects contracted by construction enterprises.

Floor Space of Buildings under Construction refers to the floor space of buildings under construction during the reference period, including newly started buildings, buildings started earlier and continued into the reference period, buildings suspended in preceding periods but resumed during the reference period, buildings completed during the reference period, and buildings started and then suspended during the reference period.

Average Number of Persons for Labor Productivity Calculation of the Construction Industry refers to the average number of persons actually employed in the construction enterprises (units) and engaged in related activities of construction in the reference period, including non−staff personnel engaged in the construction activities of the enterprises (units), but excluding personnel employed in social service institutions of the enterprises and those receiving remunerations therefrom but engaged in activities basically irrelevant to the production of the enterprises.

Taxes and Extra Charges on Project Settlement Accounts refer to business tax, city maintenance and construction tax and extra charges for education calculated and paid with business tax, which should be borne by the enterprises obtaining project settlement incomes from the production activities of construction.

Total Profits refer to the surplus of various incomes in the production and operation of the enterprises after deducting all expenses. This reflects the total profits or losses realized by the enterprises in the reference period, including profits from operation, income from subsidies, net investment earnings and net income from activities other than operations.

06 第六部分

运输和邮电

TRANSPORT,POSTAL AND TELECOMMUNICATION SERVICES

CHAPTER

6-1 全社会客货运输（吞吐）量（2017-2021年）
PASSENGER AND FREIGHT TRAFFIC （2017-2021）

项　目	Item	2017	2018	2019	2020	2021
一、货运量（万吨）	**Freight Traffic (10 000 tons)**	**32 269**	**32 764**	**43 529**	**41 483**	**43 960**
1. 铁路	Railways	71	70	120	140	153
2. 公路	Highways	23 953	24 610	34 713	32 963	34 810
3. 水运	Waterways	8 147	7 976	8 579	8 243	8 856
4. 民航	Civil Aviation	99	108	117	137	141
二、机场货物吞吐量（万吨）	**Cargo Handled at Airport (10 000 tons)**	**116**	**122**	**128**	**140**	**157**
三、货物周转量(亿吨公里)	**Turnover Volume of Freight Traffic (100 million ton-km)**	**2 302.55**	**2 173.97**	**2 242**	**2 014**	**2 197**
1. 铁路	Railways	0.76	0.82	1.32	1.46	1.92
2. 公路	Highways	383.07	391.89	454.39	438.15	498.20
3. 水运	Waterways	1 903.75	1764.35	1 766.88	1 550.54	1 670.90
4. 民航	Civil Aviation	14.97	16.91	19.63	24.10	25.64
四、客运量(万人)	**Passenger Traffic (10 000 persons)**	**18 160**	**19 864**	**21 284**	**13 750**	**13 373**
1. 铁路	Railways	7 060	8 188	8 741	4 667	5 014
2. 公路	Highways	6 001	6 136	6 373	5 105	4 441
3. 水运	Waterways	466	518	535	160	195
4. 民航	Civil Aviation	4 633	5 022	5 635	3 817	3 723
五、机场旅客吞吐量(万人)	**Passenger Departing at Airport (10 000 persons)**	**4 561**	**4 935**	**5 293**	**3 792**	**3 636**
六、旅客周转量(亿人公里)	**Turnover Volume of Passenger Traffic (100 million person-km)**	**1 092.39**	**1180.52**	**1 317.95**	**787.84**	**747.92**
1. 铁路	Railways	210.16	235.64	250.95	140.84	163.15
2. 公路	Highways	123.63	126.75	132.59	59.36	30.93
3. 水运	Waterways	2.14	2.28	2.35	0.71	0.93
4. 民航	Civil Aviation	756.46	815.85	932.06	586.93	552.91
七、港口	**Harbor**					
1. 泊位数(个)	Berths (unit)	155	156	157	168	164
#万吨级	10 000 Ton Class	74	75	76	76	75
2. 货物吞吐量(万吨)	Cargo Handled at Seaports (10 000 tons)	24 136	25 127	25 785	26 506	27 838
#蛇口港区	Shekou Seaport	7 913	8 391	7 626	7 862	7 436
赤湾港区	Chiwan Seaport	5 648	5 325	5 034	5 322	6 378
妈湾港区	Mawan Seaport	771	1 158	1 275	1 031	1 041
盐田港区	Yantian Seaport	7 108	7 561	7 323	7 924	8 330
内河港区	Neihe Seaport	165	205	338	369	226

注：2007年、2009年、2012年、2014年、2020年货运量、货物周转量、客运量、旅客周转量分别有口径调整。
Note:The statistical ranges of Freight Traffic,Turnover Volume of Freight Traffic,Passenger Traffic and Turnover Volume of Passenger Traffic are changed in 2007,2009,2012,2014 and 2020.

6-2 全社会客货运输和邮电业务量（一）

PASSENGER AND FREIGHT TRAFFIC，REVENUE FROM POSTAL AND TELECOMMUNICATIONS SERVICES

年 份 Year	机场货邮吞吐量 （万吨） Cargo Handled at Airport (10 000 tons)	机场旅客吞吐量 (万人) Passenger Departing at Airport (10 000 persons)	货运量 (万吨) Freight Traffic (10 000 tons)	货物周转量 (亿吨公里) Turnover Volume of Freight Traffic (100 million ton-km)	客运量 (万人) Passenger Traffic (10 000 persons)
1986			1 521	15	3 973
1987			1 627	14	4 268
1988			1 704	22	5 858
1989			1 383	36	6 349
1990			1 349	26	8 833
1991		2	1 486	44	6 400
1992	2	166	1 801	55	8 153
1993	4	255	2 050	74	10 218
1994	6	319	2 604	78	8 531
1995	8	412	3 542	223	8 261
1996	9	435	3 647	233	8 281
1997	10	444	3 853	232	8 515
1998	11	515	4 050	213	8 484
1999	16	525	4 274	197	8 754
2000	21	642	4 697	206	9 346
2001	25	777	5 147	204	9 869
2002	33	935	5 683	211	10 632
2003	41	1 084	6 478	244	10 471
2004	50	1 424	7 168	283	12 019
2005	55	1 574	8 249	322	12 602
2006	56	1 836	11 429	731	13 965
2007	62	2 062	13 678	794	15 056
2008	60	2 140	19 570	1 094	154 283
2009	61	2 449	22 367	1 137	146 316
2010	81	2 671	26 174	1 654	156 203
2011	83	2 825	28 901	1 956	168 447
2012	85	2 957	28 678	1 981	184 982
2013	91	3 227	27 512	1 999	12 059
2014	96	3 627	29 382	2 386	15 103
2015	101	3 972	32 475	2 253	16 511
2016	113	4 198	31 163	2 247	16 979
2017	116	4 561	32 269	2 303	18 160
2018	122	4 935	32 764	2 174	19 864
2019	128	5 293	43 529	2 242	21 284
2020	140	3 792	41 483	2 014	13 750
2021	157	3 636	43 960	2 197	13 373

6-2 全社会客货运输和邮电业务量（二）

PASSENGER AND FREIGHT TRAFFIC，REVENUE FROM POSTAL AND TELECOMMUNICATIONS SERVICES

年 份 Year	旅客周转量 (亿人公里) Turnover Volume of Passenger Traffic (100 million person-km)	港口货物吞吐量 (万吨) Cargo Handled at Seaports (10 000 tons)	港口集装箱吞吐量 （万标箱） Cargo Handled at Seaports (10 000 TEU)	# 出口 Exports	邮电业务总量 (万元) Revenue from Postal and Telecommunications Services (10 000 yuan)
1979		10			138
1980		30			190
1981		70			340
1982		91			420
1983		141			567
1984		210			923
1985		327			1 761
1986	9	302			2 633
1987	14	485			4 880
1988	19	734	1		14 826
1989	22	956	2		21 293
1990	27	1 292	2		55 356
1991	19	1 563	5		84 927
1992	41	1 956	11		114 492
1993	48	2 541	13		174 045
1994	79	3 002	18	11	259 432
1995	82	3 080	28	16	368 945
1996	83	3 021	59	32	462 261
1997	83	3 357	115	63	610 111
1998	82	3 444	195	104	764 658
1999	87	4 663	299	158	982 686
2000	99	5 697	400	210	1 336 000
2001	112	6 643	508	266	1 419 000
2002	131	8 767	762	396	1 644 200
2003	145	11 220	1 065	552	1 980 300
2004	186	13 537	1 366	713	2 660 100
2005	226	15 351	1 620	841	3 208 000
2006	268	17 598	1 847	961	3 795 000
2007	311	19 994	2 110	1 101	5 135 400
2008	485	21 125	2 142	1 087	6 117 500
2009	544	19 365	1 825	937	6 765 200
2010	635	22 098	2 251	1 154	2 937 000
2011	693	22 325	2 257	1 169	3 562 600
2012	802	22 807	2 294	1 173	5 635 800
2013	632	23 398	2 328	1 208	6 229 900
2014	806	22 324	2 404	1 247	7 619 900
2015	953	21 706	2 420	1 236	10 403 200
2016	1 027	21 410	2 398	1 239	17 150 200
2017	1 092	24 136	2 521	1 278	16 455 500
2018	1 181	25 127	2 574	1 313	27 824 427
2019	1 318	25 785	2 576	1 301	40 390 310
2020	788	26 506	2 655	1 360	44 702 800
2021	748	27 838	2 877	1 456	12 831 748

注：邮电业务总量1989年以前按1980年不变价格计算，1990-2000年按1990年不变价格计算；2001-2009年按2000年不变价格计算；2011-2017年按2010年不变价计算；2018-2020年邮政业务总量按2010不变价，电信业务总量按2015年不变价计算；2021年起，按2020年不变价计算。

Note: Revenue from Postal and Telecommunications Services in 1989, calculated at 1980 constant prices; from 1990 to 2000 at 1990 constant prices; 2001-2009 at 2000 constant prices; 2011-2017 calculated at 2010 constant prices;Revenue from Postal Services calculated at 2010 constant prices from 2018 to 2020,Revenue from Telecommunications Services at 2015 constant prices from 2018 to 2020;since 2021 at 2020 constant prices.

6-3 全社会客货运输和邮电业务量指数

INDICES OF PASSENGER AND FREIGHT TRAFFIC，REVENUE FROM POSTAL AND TELECOMMUNICATIONS SERVICES

（以上年为100）　　　　（preceding year=100）

年　份 Year	货运量 Freight Traffic	货物周转量 Turnover Volume of Freight Traffic	客运量 Passenger Traffic	旅客周转量 Turnover Volume of Passenger Traffic	港口货物吞吐量 Cargo Handled at Seaports	邮电业务总量 Revenue from Postal and Telecommunications Services
1980					300.0	137.7
1981					233.3	178.9
1982					130.0	123.5
1983					154.9	135.0
1984					148.9	162.8
1985					155.7	190.8
1986					92.4	149.5
1987	107.0	94.0	93.1	165.2	160.6	185.3
1988	104.7	153.6	137.3	133.9	151.3	303.8
1989	81.2	164.7	108.4	115.7	130.2	143.6
1990	97.5	72.0	139.1	123.0	135.1	151.7
1991	110.2	169.2	72.5	69.7	121.0	153.4
1992	121.2	125.3	127.1	219.4	125.1	134.8
1993	113.8	136.3	125.6	116.6	129.9	152.0
1994	127.0	104.8	81.5	161.2	118.1	149.1
1995	136.0	285.8	96.8	103.9	102.6	142.2
1996	103.0	104.5	100.2	100.8	98.1	125.3
1997	105.6	99.5	102.8	100.1	111.1	132.0
1998	105.1	91.8	99.6	99.3	102.6	125.3
1999	105.6	92.8	103.2	105.2	135.4	128.5
2000	109.9	104.3	106.8	114.8	122.2	136.0
2001	109.6	99.3	105.6	112.4	116.6	106.2
2002	110.4	103.2	107.7	117.3	132.0	115.9
2003	114.0	115.5	98.5	110.8	128.0	120.4
2004	110.6	116.0	114.8	128.1	120.7	134.3
2005	115.1	114.0	104.8	121.3	113.4	120.6
2006	113.3	117.2	110.8	118.8	114.6	118.3
2007	119.7	108.6	107.8	116.0	113.6	123.4
2008	108.9	93.9	105.6	116.3	105.7	119.1
2009	114.3	103.9	94.8	112.1	91.7	110.6
2010	117.0	145.5	106.8	116.7	114.1	120.7
2011	110.4	118.2	107.8	113.6	101.0	121.3
2012	99.2	101.3	109.8	115.7	102.2	118.6
2013	103.5	106.1	109.0	107.1	102.6	126.5
2014	106.8	119.4	125.2	127.5	95.4	122.3
2015	110.5	94.4	109.3	118.3	97.2	130.4
2016	96.0	99.7	102.8	107.7	98.6	164.1
2017	103.5	102.5	107.0	106.4	112.7	153.3
2018	101.5	94.4	109.4	108.1	104.1	166.9
2019	104.4	101.0	107.1	111.6	102.6	145.2
2020	95.3	89.9	64.6	59.8	102.8	123.1
2021	106.0	109.1	97.3	94.9	105.0	115.6

注：本表指数均按可比口径计算。
Note: The index in this table are calculated at comparable caliber.

6-4 全社会民用车辆和运输船舶拥有量（2016-2021年）

NUMBER OF CIVIL MOTOR VEHICLES AND TRANSPORT VESSELS OWNED (2016-2021)

项 目	Item	2016	2017	2018	2019	2020	2021
民用车辆总计(辆)	**Total Civil Motor Vehicles (unit)**	**3 225 879**	**3 265 998**	**3 366 643**	**3 482 011**	**3 588 883**	**3 791 241**
一、民用汽车(辆)	Civil Automobile (unit)	3 178 832	3 214 434	3 313 358	3 430 227	3 532 623	3 726 797
1. 载客汽车(辆)	Buses and Cars (unit)	2 828 974	2 827 106	2 880 095	2 971 331	3 042 611	3 188 583
载客量(客位)	Number of Seats in Buses and Cars(seat)	16 606 573	17 088 098	16 819 056	17 089 673	17 447 590	18 038 309
#大型(辆)	Large Scales (unit)	38 329	44 571	36 866	35 014	33 029	31 300
载客量(客位)	Number of Seats(seat)	1 851 291	2 312 149	1 888 382	1 805 608	1 744 193	1 674 392
2. 载货汽车(辆)	Ordinary Trucks (unit)	335 476	372 024	417 475	442 821	472 561	519 695
载重量(吨位)	Capacity(ton)	1 905 504	915 073	966 090	1 036 982	1 220 087	1 348 763
#重型(辆)	Heavy (unit)	80 366	91 887	93 659	95 965	105 696	122 079
载重量(吨位)	Capacity (ton)	875 186	583 366	584 855	636 202	767 703	861 233
3. 其他专用汽车(辆)	Other Special Motor Vehicles (unit)	14 382	15 304	15 788	16 075	17 451	18 519
4. 特种汽车(辆)	Particular Motor Vehicles	14 382					
二、摩托车(辆)	Motorcycle(unit)	6 221	6 814	5 035	4 361	4 350	4 200
三、挂车(辆)	Trailer Trucks(unit)	40 826	44 750	48 250	47 423	51 910	60 244
四、其他(辆)	Other (unit)						
民用运输船舶总计(艘)	**Total Civil Transport Vessels (unit)**	**277**	**295**	**303**	**286**	**276**	**274**
一、机动船艘数(艘)	Motor Vessels (unit)	273	291	299	282	272	270
载客量(客位)	Number of Seats (seat)	5 431	5 942	5 815	6 408	7 424	8 620
净载重量(吨位)	Dead Weight Tonnage (ton)	3 801 680	3 780 781	3 621 172	3 280 176	3 107 045	3 229 948
总功率(千瓦)	Total Power (kW)	908 786	964 226	924 985	857 742	775 536	821 864
1. 客船艘数(艘)	Passenger Transport Vessels (unit)	26	29	29	33	37	39
载客量(客位)	Number of Seats (seat)	5 431	5 942	5 815	6 408	7 424	8 620
2. 货船艘数(艘)	Freight Transport Vessels (unit)	238	253	260	241	227	223
净载重量(吨位)	Dead Weight Tonnage (ton)	3 801 175	3 780 204	3 620 598	3 279 521	3 106 290	3 229 948
3. 拖船艘数(艘)	Tugboats (unit)	9	9	10	8	8	8
二、驳船艘数(艘)	Barges (unit)	4	4	4	4	4	4
净载重量(吨位)	Dead Weight Tonnage(ton)	10 000	10 000	10 000	10 000	10 000	10 000

6-5 邮电业务量及邮电通讯设施（2017-2021年）

BUSINESS VOLUME OF POSTAL AND TELECOMMUNICATIONS SERVICES, FACILITIES OF POST AND TELECOMMUNICATIONS （2017-2021）

项 目	Item	2017	2018	2019	2020	2021
邮电业务总量(亿元)	Business Volume of Post and Telecommunications (100 million yuan)	1645.55	2 782.44	4 039.03	4 470.28	1 283.17
#邮政（快递）业务量(亿元）	Business Volume of Post(100 million yuan)	375.49	435.70	561.37	657.20	648.92
函件(万件)	Mail (10 000 pcs)	22 134	19 290	16 931	7 148	2 808
包件(万件)	Parcels (10 000 pcs)	10	21	21	21	28
订销报纸期发数(万份)	Number of Newspapers Circulation (10 000pcs)	33	33	31	30	27
订销报纸累计份数(万份)	Total Copy of Newspapers (10 000 pcs)	8 847	8 803	8 593	8 599	7 889
订销杂志期发数(万份)	Number of Magazines Circulation (10 000 pcs)	38	38	40	39	41
订销杂志累计份数(万份)	Total Copy of Magazines (10 000 pcs)	651	646	667	648	665
固定电话用户(万户)	Number of Installed Telephone Subscribers (subscribers)	478	430	431	401	394
移动电话用户(万户)	Number of Mobile Telephones Subscribers (10 000 subscribers)	2 679	2 978	2 896	2 682	2 804
互联网宽带网用户(万户)	Internet Subscribers Number of Wide Band(10 000 subscribers)	483	506	533	548	629
邮政.电信局、所(处)	Number of Post and Telecommunications Offices(Unit)	541	541	541	541	549
邮运邮路总条数(条)	Total Number of Mail Routes (route)	242	282	834	455	440
邮路长度(单程)(公里)	Length of Postal Routes (km)	32 964	33 000	131 000	90 397	141 343
城市投递段道长度(单程)(公里)	Length of City Delivery Routes (km)	41 700	44 000	71 000	54 909	46 653

6-6 年末公路通车里程到达数（按技术等级）

LENGTHS OF OPERATION MILEAGE AT YEAR-END（GROUPED BY GRADE）

单位：公里 （km）

年 份 Year	公路里程总计 Operation Mileage	高速公路 Express Way	一级公路 First Class Highways	二级公路 Second Class Highways	三级公路 Third Class Highways	四级公路 Fourth Class Highways
1980	746			3	120	508
1981	736			14	103	504
1982	743			17	111	501
1983	745			17	152	461
1984	786			17	173	482
1985	791			19	194	463
1986	810			19	202	515
1987	803			19	267	454
1988	835			16	286	476
1989	837		13	14	279	475
1990	832		13	12	276	496
1991	827		56	12	236	488
1992	907		58	11	235	567
1993	917		81	11	221	568
1994	972	28	121	39	210	538
1995	1 103	110	202	68	185	503
1996	1 169	110	246	84	174	519
1997	1 214	133	267	88	177	514
1998	1 258	155	355	178	216	352
1999	1 344	176	401	195	214	355
2000	1 357	176	420	197	196	365
2001	1 361	186	525	257	180	213
2002	1 510	196	575	282	255	202
2003	1 540	203	590	282	255	210
2004	1 540	203	588	280	260	210
2005	1 580	245	588	280	258	210
2006	1 930	268	860	366	274	162
2007	1 938	269	867	351	284	167
2008	1 619	340	703	259	217	100
2009	1 619	340	703	259	217	100
2010	1 617	340	691	270	217	100
2011	1 618	340	691	270	217	100
2012	1 659	390	686	270	209	105
2013	1 680	420	685	270	209	96
2014	1 647	421	665	256	209	96
2015	1 644	421	665	256	207	96
2016	1 638	420	664	255	203	96
2017	1 634	420	677	239	202	96
2018	727	417	257	7	36	9
2019	736	426	257	7	36	9
2020	716	388	276	7	36	9
2021	725	397	276	7	36	9

注：公路里程统计口径2008年、2018年分别有调整。
Note: The statistical coverage of operation mileage have been adjusted in 2008 and 2018.

主要统计指标解释

货(客)运量　指在一定时期内，各种运输工具实际运送的货物(旅客)数量。该指标是反映运输业为国民经济和人民生活服务的数量指标，也是制定和检查运输生产计划、研究运输发展规模和速度的重要指标。货运按吨计算，客运按人计算。货物不论运输距离长短、货物类别，均按实际重量统计。旅客不论行程远近或票价多少，均按一人一次客运量统计；半价票、小孩票也按一人统计。

货物(旅客)周转量　指在一定时期内，由各种运输工具运送的货物(旅客)数量与其相应运输距离的乘积之总和。该指标可以反映运输业生产的总成果，也是编制和检查运输生产计划，计算运输效率、劳动生产率以及核算运输单位成本的主要基础资料。计算货物(旅客)周转量通常按发出站与到达站之间的最短距离，也就是计费距离计算。计算公式为：

货物（旅客）周转量=∑（货物（旅客）运输量×运输距离）

港口货物吞吐量　指经水运进出港区范围，并经过装卸的货物数量，包括邮件及办理托运手续的行李、包裹以及补给运输船舶的燃料、物料和淡水。货物吞吐量按货物流向分为进口、出口吞吐量，按货物交流性质分为外贸货物吞吐量和国内贸易货物吞吐量。货物吞吐量的货类构成及其流向，是衡量港口生产能力大小的重要指标。

民用汽车　指报告期末，在公安交通管理部门按照《机动车注册登记工作规范》，已注册登记领有民用车辆牌照的全部汽车数量。汽车统计的主要分类：根据汽车结构分为载客汽车、载货汽车及其他汽车；根据汽车所有者不同分为个人(私人)汽车、单位汽车；根据汽车的使用性质分为营运汽车、非营运汽车；根据汽车大小规格不同载客汽车分为大型、中型、小型和微型，载货汽车分为重型、中型、轻型和微型。

邮电业务总量　指以价值量形式表现的邮电通信企业为社会提供各类邮电通信服务的总数量。邮电业务量按专业分类包括函件、包件、汇票、报刊发行、邮政快件、特快专递、邮政储蓄、集邮、公众电报、用户电报、传真、长途电话、出租电路、无线寻呼、移动电话、分组交换数据通信、出租代维等。计算方法为各类产品乘以相应的平均单价(不变价)之和，再加上出租电路和设备、代用户维护电话交换机和线路等的服务收入。该指标综合反映了一定时期邮电业务发展的总成果，是研究邮电业务量构成和发展趋势的重要指标。计算公式为：

邮电业务总量=∑（各类邮电业务量×不变单价）+出租代维及其他业务收入 =邮政业务总量+通信业务总量

移动电话用户　指通过移动电话交换机进入移动电话网、占用移动电话号码的各类电话用户。包括签约用户和智能网预付费用户。一个移动电话号码统计为一户。

移动电话交换机容量　指移动电话交换机根据一定话务模型和交换机处理能力计算出来的最大同时服务用户的数量。

Explanatory Notes on Main Statistical Indicators

Freight (Passenger) Traffic refers to the volume of freight (passengers) transported with various means. This indicator provides a quantitative measure of how the transport industry serves the national economy and the needs of the people, as well as an important reference for drafting and checking production plans in the transport industry and for studying the scale and speed of development in the transport industry. Freight transport is calculated in tons and passenger traffic is calculated in the number of persons. Freight transport is calculated in the actual weight of goods regardless of traveling distances and types of freight; while passenger traffic is calculated as the number of individuals traveling once, regardless of traveling distances, ticket prices, whether the passengers are traveling with half–price tickets or child tickets.

Freight Ton-kilometers (Passenger-kilometers) refer to the sum of the products of the volume of transported cargo (passengers) multiplied by the transport distance. These are important indicators of the total achievements of the transport industry, as well as the major foundation for drafting and checking production plans in the transport industry and for calculating the efficiency, labor productivity and the cost of transport enterprises. Normally, the shortest distance between the departure station and the destination station (i.e. the payable distance) is the basis to calculate the freight ton–kilometers and passenger–kilometers on. These indicators are calculated as follows: Freight Ton–kilometers (Passenger–kilometers) = $\sum$(Freight (Passenger) Traffic $\times$ Transport Distance)

Volume of Freight Handled in Ports refers to the volume of cargo passing in and out of the harbor area that undergoes the loading and unloading processes, including mails, checked baggage and bales, as well as fuel, material and fresh water supplies to ships. The volume of freight handled may be classified by direction of flow as import volume and export volume, or by nature of cargo as volume of freight for domestic trade and volume of freight for foreign trade. The classification of volume of freight handled and its direction of flow are important indicators of the production capacity of ports.

Possession of Civil Motor Vehicles refers to the total number of vehicles that are registered at transport management offices under the public security authorities and provided with civil vehicle licenses and tags according to the Work Standard for Motor Vehicles Registration at the end of the reference period. Major categories of vehicle are: passenger vehicles, freight vehicles and other vehicles in terms of structure; private vehicles and organization–owned vehicles in terms of ownership; commercial vehicles and non–commercial vehicles in terms of use; large, medium, small and mini passenger vehicles, and heavy, medium, light and mini trucks in terms of size.

Business Volume of Postal and Telecommunication Services refers to the total amount of postal and telecommunication services, expressed in value terms, provided by postal and telecommunication enterprises for the society. Postal and telecommunication services can be classified as letters, parcels, remittance, delivery of newspapers and magazines, fast mail service, express mail service, savings deposits, stamps for collection, public and individual telegraph service, facsimiles, long–distance telephone service, leasing of telephone lines, urban paging service, mobile telephone service, data communication through packet networks, network elements lease and maintenance, etc. To calculate the volume, the business volume of each product is multiplied by its average unit price (at constant prices), summed, and added to income from other services such as leasing of telephone lines and equipment, maintenance of telephone switchboards and lines on behalf of customers. This indicator reflects the overall achievements of postal and telecommunication services during a given period, and is an important reference for studying the composition of business volume and the development trend of postal and telecommunication services. This volume is calculated as follows:

Business Volume of Postal and Telecommunication Services = $\sum$(Business Volume of Each Product × Constant Unit Price) + Income from Leasing, Maintenance, and Other Services = Business Volume of Postal Services + Business Volume of Telecommunication Services

Mobile Telephone Subscribers refer to persons who own mobile telephone numbers and are connected with the mobile telephone communication network through mobile telephone switchboards, including contracted subscribers and pre-paid subscribers for intelligent network. One mobile telephone number is calculated as one subscriber.

Capacity of Mobile Telephone Exchanges refers to the maximum number of subscribers that can be served simultaneously, calculated according to a certain calling model and the handling capacity of the mobile telephone exchanges.

07 第七部分

农业

AGRICULTURE

CHAPTER

7-1 农林牧渔业总产值

GROSS OUTPUT VALUE OF AGRICULTURE，FORESTRY,ANIMAL HUSBANDRY AND FISHERY

单位：万元 （10 000 yuan）

年 份 Year	农林牧渔业总产值 Gross Output Value of Agriculture，Forestry,Animal Husbandry and Fishery	农业 Foaming	林 业 Forestry	牧 业 Animal Husbandry	渔 业 Fishery	农林牧渔专业及辅助性活动 Professional and Support Activities for Agriculture，Forestry，Animal Husbandry，Fishery
1979	13 106	6 494	85	1 598	433	4 496
1980	16 938	6 913	69	2 186	1 084	6 686
1981	24 181	8 515	153	5 677	1 869	7 967
1982	26 929	9 402	281	7 540	2 744	6 962
1983	29 083	10 930	207	7 832	3 400	6 714
1984	40 416	13 931	912	10 346	7 895	7 332
1985	45 821	15 641	1 371	14 444	7 875	6 490
1986	49 552	18 947	1 259	17 132	10 956	1 258
1987	73 772	26 631	1 678	28 869	14 339	2 255
1988	99 404	32 296	1 315	42 202	19 852	3 739
1989	108 015	31 412	1 253	54 389	19 010	1 951
1990	119 205	37 622	1 716	52 550	24 043	3 274
1991	143 063	40 697	4 097	63 117	31 025	4 127
1992	185 297	57 458	5 637	81 532	36 334	4 335
1993	192 880	49 977	3 519	94 969	38 506	5 909
1994	224 776	54 363	2 334	110 150	52 322	5 607
1995	232 653	58 407	2 207	125 623	43 173	3 243
1996	273 246	70 642	2 989	141 464	52 080	6 071
1997	270 889	73 030	3 792	124 140	64 676	5 250
1998	298 174	79 738	6 773	139 244	65 967	6 452
1999	299 662	91 560	5 312	126 799	68 401	7 590
2000	311 359	95 289	5 560	128 417	72 522	9 571
2001	327 111	105 153	5 060	127 565	76 213	13 120
2002	340 757	115 021	4 790	135 377	76 279	9 290
2003	337 406	111 989	6 557	135 940	76 935	5 985
2004	299 939	96 930	6 409	102 689	88 516	5 395
2005	217 369	53 152	4 861	75 334	76 831	7 191
2006	180 017	38 280	3 930	66 538	59 615	11 654
2007	171 380	43 415	6 682	64 678	42 875	13 730
2008	187 859	45 786	5 474	69 383	53 131	14 084
2009	154 760	42 590	2 062	55 992	39 550	14 564
2010	150 467	48 707	1 606	43 734	38 918	17 502
2011	152 533	46 535	2 159	48 691	37 855	17 293
2012	148 572	45 024	1 298	43 669	42 291	16 290
2013	139 479	53 307	757	36 547	44 149	4 719
2014	129 156	37 842	1 307	26 292	58 352	5 363
2015	159 515	32 799	1 975	22 422	95 487	6 831
2016	190 940	65 741	1 952	16 201	98 749	8 298
2017	388 609	123 414	2 379	29 013	214 992	18 811
2018	424 606	117 928	1 750	25 464	259 541	19 923
2019	481 641	121 729	3 949	33 254	303 901	18 808
2020	488 467	155 221	14 585	33 323	263 404	21 934
2021	462 885	152 265	7 068	32 715	250 748	20 089

注： 1.本表按当年价格计算。
Notes:The data in this table are calculated at current prices.
2.2016年农业数据已按照第三次全国农业普查省反馈数进行修订（后同）。
The agricultural data of 2016 have been revised according to the feedback from the third national agricultural census (same later).

7-2 农林牧渔业总产值构成

COMPOSITION OF GROSS OUTPUT VALUE OF AGRICULTURE, FORESTRY,ANIMAL HUSBANDRY AND FISHERY

单位：%　　　　(%)

年 份 Year	总 计 Total	农业 Foaming	林 业 Forestry	牧 业 Animal Husbandry	渔 业 Fishery	农林牧渔专业及辅助性活动 Professional and Support Activities for Agriculture, Forestry, Animal Husbandry, Fishery
1979	100.0	49.6	0.6	12.2	3.3	34.3
1980	100.0	40.8	0.4	12.9	6.4	39.5
1981	100.0	35.2	0.6	23.5	7.7	33.0
1982	100.0	34.9	1.0	28.0	10.2	25.9
1983	100.0	37.6	0.7	26.9	11.7	23.1
1984	100.0	34.5	2.3	25.6	19.5	18.1
1985	100.0	34.1	3.0	31.5	17.2	14.2
1986	100.0	38.2	2.6	34.6	22.1	2.5
1987	100.0	36.1	2.3	39.1	19.4	3.1
1988	100.0	32.5	1.3	42.5	20.0	3.7
1989	100.0	29.1	1.2	50.3	17.6	1.8
1990	100.0	31.6	1.4	44.1	20.2	2.7
1991	100.0	28.4	2.9	44.1	21.7	2.9
1992	100.0	31.0	3.0	44.0	19.6	2.4
1993	100.0	25.9	1.8	49.2	20.0	3.1
1994	100.0	24.2	1.0	49.0	23.3	2.5
1995	100.0	25.1	0.9	54.0	18.6	1.4
1996	100.0	25.9	1.1	51.8	19.0	2.2
1997	100.0	27.0	1.4	45.8	23.9	1.9
1998	100.0	26.7	2.3	46.7	22.1	2.2
1999	100.0	30.6	1.8	42.3	22.8	2.5
2000	100.0	30.6	1.8	41.2	23.3	3.1
2001	100.0	32.1	1.6	39.0	23.3	4.0
2002	100.0	33.8	1.4	39.7	22.4	2.7
2003	100.0	33.2	1.9	40.3	22.8	1.8
2004	100.0	32.3	2.1	34.2	29.5	1.8
2005	100.0	24.5	2.2	34.7	35.3	3.3
2006	100.0	21.3	2.2	37.0	33.1	6.5
2007	100.0	25.3	3.9	37.7	25.0	8.0
2008	100.0	24.4	2.9	36.9	28.3	7.5
2009	100.0	27.5	1.3	36.2	25.6	9.4
2010	100.0	32.4	1.1	29.1	25.9	11.5
2011	100.0	30.5	1.4	31.9	24.8	11.4
2012	100.0	30.3	0.9	29.4	28.5	11.0
2013	100.0	38.2	0.5	26.2	31.7	3.4
2014	100.0	29.3	1.0	20.4	45.2	4.2
2015	100.0	20.6	1.2	14.1	59.9	4.3
2016	100.0	34.4	1.0	8.5	51.8	4.3
2017	100.0	31.8	0.6	7.5	55.3	4.8
2018	100.0	27.8	0.4	6.0	61.1	4.7
2019	100.0	25.3	0.8	6.9	63.1	3.9
2020	100.0	31.8	3.0	6.8	53.9	4.5
2021	100.0	32.9	1.5	7.1	54.2	4.3

7-3 农林牧渔业总产值及其指数

GROSS OUTPUT VALUE OF AGRICULTURE,FORESTRY,ANIMAL HUSBANDRY AND FISHERY AND ITS INDICES

年 份 Year	农林牧渔业总产值(万元) 当年价格 Gross Output Value of Agriculture, Forestry, Animal Husbandry and Fishery (10000yuan) At Current Prices	以上年为100 Preceding Year=100
1979	13 106	
1980	16 938	85.4
1981	24 181	119.1
1982	26 929	108.1
1983	29 083	98.4
1984	40 416	102.3
1985	45 821	119.2
1986	49 552	116.5
1987	73 772	111.8
1988	99 404	119.4
1989	108 015	112.1
1990	119 205	115.2
1991	143 063	109.3
1992	185 297	99.2
1993	192 880	92.9
1994	224 776	96.1
1995	232 653	101.0
1996	273 246	114.2
1997	270 889	101.7
1998	298 174	104.3
1999	299 662	107.9
2000	311 359	102.4
2001	327 111	103.7
2002	340 757	107.0
2003	337 406	109.8
2004	299 939	111.7
2005	217 369	87.8
2006	180 017	75.3
2007	171 380	89.2
2008	187 859	84.0
2009	154 760	87.1
2010	150 467	92.2
2011	152 533	94.0
2012	148 572	103.1
2013	139 479	70.8
2014	129 156	92.2
2015	159 515	108.6
2016	190 940	96.4
2017	388 609	122.7
2018	424 606	97.0
2019	481 641	105.7
2020	488 467	94.3
2021	462 885	101.4

注：2005年起国家统计报表制度中取消1990年不变价，增长速度按可比口径计算。

Note: Since 2005, the national statistical reporting system has cancelled the index, Gross Output Value of Agriculture (at 1990 constant prices), the growth rates are calculated at comparable coverage.

7-4 农作物播种面积

TOTAL SOWN AREAS OF FARM CROPS

单位：亩 （mu）

年 份 Year	一、农作物总播种面积 Total Sown Areas	# 粮食作物合 计 Grain Crops	# 薯 类 Tubers	# 经济作物合 计 Cash Crops	# 花 生 Peanuts
1979	953 300	758 100	55 095	165 800	107 148
1980	808 500	646 000	38 663	125 500	100 186
1981	728 400	576 000	27 457	119 200	96 606
1982	739 500	536 000	27 219	125 200	97 152
1983	711 300	536 400	27 700	95 103	65 700
1984	705 078	507 255	28 036	91 147	68 523
1985	625 716	379 247	22 690	85 356	61 095
1986	632 747	363 895	22 755	89 810	60 765
1987	617 290	331 531	24 911	84 466	57 508
1988	607 146	284 545	19 370	77 678	51 331
1989	591 309	280 930	18 897	71 134	51 120
1990	573 090	261 454	18 177	67 306	52 035
1991	523 174	194 055	19 529	63 530	49 146
1992	355 244	103 946	13 348	31 910	30 545
1993	191 711	21 361	6 711	12 118	9 579
1994	163 838	16 136	6 029	5 022	4 544
1995	164 870	16 970	6 814	5 031	3 965
1996	205 078	19 448	9 444	6 151	4 675
1997	175 250	14 907	7 183	5 386	3 854
1998	180 525	11 742	5 946	6 770	3 224
1999	177 372	10 354	5 381	5 616	2 680
2000	187 401	9 714	5 559	5 138	2 842
2001	184 038	8 023	5 194	4 098	2 568
2002	159 063	6 480	4 442	3 357	1 142
2003	164 363	4 679	2 490	1 227	807
2004	147 094	5 304	2 955	2 870	260
2005	106 167	1 572	815	310	300
2006	90 614	305	175	105	100
2007	95 596	290	240	236	220
2008	109 423	438	365	10764	20
2009	103 673	163	150	914	42
2010	96 090	151	136	67	41
2011	90 803	52	44	50	41
2012	87 311	12	12	2 255	19
2013	81 472	155	13	8	8
2014	73 775	144	14	513	5
2015	72 358	152	50	6 702	9
2016	86 659	852	258	2 243	332
2017	179 190	34 898	4 760	5 169	4 319
2018	189 272	34 813	7 210	5 267	4 345
2019	184 095	34 745	7 997	5 273	4 341
2020	169 275	21 725	6 440	7 485	4 488
2021	163 301	19 558	6 604	6 197	4 099

7-4 续表 CONTINUED

单位：亩　　　　　　　　　　　　　　　　　　　　　　　　　　　　　　　　　　　　　　　（mu）

年 份 Year	# 其他作物 合 计 Other Crops	# 蔬 菜 Vegetable	二、茶园面积 Area of Tea Plantations (year-end)	三、果园面积 Area of Orchards (year-end)	# 柑桔橙 Citrus	# 荔 枝 Litchi
1979	22 813	14 798		55 604	6 248	18 600
1980	28 802	15 712		56 701	8 169	19 760
1981	24 327	17 935		55 353	7 476	21 021
1982	68 296	44 020		56 040	6 331	25 399
1983	72 219	66 048		85 897	15 154	4 687
1984	98 843	86 037		85 567	11 204	39 384
1985	154 494	139 353		108 418	16 889	44 979
1986	172 688	160 467		168 790	38 698	70 782
1987	196 065	185 202		218 396	59 358	91 744
1988	240 104	223 191		236 876	69 972	100 912
1989	235 349	217 929		245 516	71 429	107 979
1990	240 865	231 308		256 110	72 632	109 477
1991	261 772	244 591		254 021	73 350	111 324
1992	217 456	201 422		227 207	60 844	104 390
1993	157 909	144 468		191 838	50 147	92 227
1994	142 640	133 284	460	188 411	44 124	97 613
1995	142 849	135 212	3 003	185 285	36 267	98 358
1996	179 479	167 063	2 976	195 926	32 532	111 332
1997	154 957	145 591	2 968	216 996	26 733	136 123
1998	162 013	153 026	2 440	215 058	26 240	136 006
1999	161 402	152 890	2 435	218 811	22 013	144 201
2000	172 549	166 916	2 355	224 820	19 551	152 804
2001	171 917	168 147	353	209 232	16 406	142 580
2002	149 226	147 278	348	191 031	9 949	130 896
2003	158 457	156 899	350	159 817	11 066	102 095
2004	138 920	137 887		150 523	6 830	109 407
2005	104 285	104 059		149 175	5 908	111 154
2006	90 204	89 478		127 809	2 249	100 771
2007	95 070	94 891	312	64 630	1 728	43 004
2008	98 221	98 023	350	46 273	1 088	32 882
2009	102 596	98 505	340	55 508	548	44 320
2010	95 872	95 371	340	53 567	629	43 279
2011	90 701	89 908	340	50 813	484	41 501
2012	85 044	84 704	340	46 990	391	39 088
2013	81 309	81 057	350	38 035	234	32 087
2014	73 118	67 975	340	36 825	204	31 000
2015	65 504	65 249	340	35 474	282	30 658
2016	83 564	82 778	340	68 876	1 050	57 441
2017	139 123	137 558	1 040	95 170	5 787	65 051
2018	149 192	147 361	1 320	65 175	5 361	36 563
2019	144 077	142 513	1 385	53 659	5 339	26 003
2020	140 065	137 174	1 360	59 571	5 411	30 296
2021	137 546	133 741	5 413	51 721	4 372	27 034

7-5 主要农业产品产量

YIELD OF MAJOR FARM CROPS

单位：吨　　　　（ton）

年 份 Year	粮 食 Grain	#稻 谷 Rice	#薯 类 Tubers	花 生 Peanuts	蔬 菜 Vegetable	茶 叶 Tea	水 果 Fruits	#柑桔橙 Citrus	#荔 枝 Litchi
1979	132 584	127 559	4 285	6 877	8 639		2 401	157	742
1980	126 461	123 022	3 003	7 323	14 593		2 280	388	1 127
1981	116 489	114 070	2 310	8 641	22 772		3 245	284	1 534
1982	124 189	121 026	3 046	9 276	34 484		2 866	571	798
1983	126 977	122 936	3 906	5 761	74 251		3 575	1 105	839
1984	126 960	123 205	3 595	6 060	107 820		5 752	1 579	1 829
1985	94 465	90 106	4 026	5 208	162 898		6 420	1 726	1 559
1986	92 495	88 369	3 787	5 894	151 629		13 249	3 467	3 522
1987	85 534	80 110	5 081	5 634	159 937		18 180	5 368	1 336
1988	76 263	72 114	3 850	5 275	182 190		21 324	7 931	2 366
1989	82 215	77 928	3 974	5 777	193 367		23 928	10 910	1 293
1990	81 018	75 380	5 161	6 107	227 346		39 986	23 769	4 184
1991	59 138	52 847	5 418	6 284	238 716		52 392	35 195	2 855
1992	32 906	27 924	4 211	3 874	201 517		59 505	36 082	8 230
1993	6 950	3 838	2 077	1 315	151 421		45 807	31 968	2 791
1994	5 166	1 660	1 676	652	141 899	2	42 744	26 949	4 886
1995	4 887	1 848	1 700	613	147 171	4	40 914	22 973	5 674
1996	6 586	1 801	2 557	735	193 966	4	36 961	21 148	5 944
1997	4 990	954	1 793	595	169 683	5	39 775	21 509	7 546
1998	3 781	743	1 367	496	185 747	8	34 310	22 042	2 055
1999	3 412	555	1 235	444	183 517	9	43 183	19 662	13 516
2000	3 700	429	1 579	556	210 479	14	27 498	14 114	4 513
2001	3 966	248	2 331	548	194 849	11	24 835	10 571	5 250
2002	3 094	31	1 219	384	217 185	12	35 279	7 085	18 393
2003	1 850	8	773	184	201 395	11	29 087	8 323	8 753
2004	2 028	6	936	98	162 788		28 028	5 334	14 486
2005	599	4	248	67	141 652		25 843	3 546	15 008
2006	59		49	6	111 509		12 793	839	7 852
2007	55		46	42	121 539		7 389	503	4 016
2008	110		92	4	114 086	3	4 520	487	2 076
2009	52		46	9	107 203	2	3 921	134	2 315
2010	49		42	8	110 739	2	3 179	163	1 952
2011	18		11	8	101 783	2	2 873	205	1 933
2012	5		5	4	103 941	3	2 695	190	1 835
2013	59		3	6	101 324	2	1 745	122	1 141
2014	77		65	5	67 167	2	2 120	77	1 420
2015	63		63	5	63 030	2	4 014	62	2 901
2016	157	58	63	78	82 423	2	12 304	23	9 537
2017	7 955	7 497	330	505	149 544	42	41 292	6 584	12 069
2018	9 013	6 855	2 000	514	158 738	57	41 506	6 907	11 116
2019	9 103	6 680	2 232	512	157 057	59	36 088	7 392	6 499
2020	7 349	4 471	2 558	542	161 294	67	45 477	7 758	12 885
2021	5 680	3 536	1 771	523	168 334	155	43 013	6 408	13 940

7-6 农作物亩产量

OUTPUT OF FARM CROPS PER MU

单位：千克　　　　　　　　　　　　　　　　　　　　　　　　　　　　　　（kg）

年份 Year	粮食 Grain	薯类 Tubers	花生 Peanuts	蔬菜 Vegetable	茶叶 Tea	水果 Fruits	柑桔橙 Citrus	荔枝 Litchi
1979	175	78	64	584				
1980	196	78	73	929				
1981	202	84	89	1 269				
1982	232	112	95	783				
1983	237	141	87	1 124				
1984	251	128	88	1 253				
1985	249	178	85	1 169				
1986	254	166	97	945				
1987	258	204	98	864				
1988	268	199	103	816				
1989	293	210	113	887				
1990	310	284	117	983				
1991	305	277	128	976				
1992	317	315	127	1 000				
1993	325	309	137	1 048				
1994	340	302	107	1 064	4.76	467	786	50.1
1995	288	249	155	1 088	6.45	414	765	57.7
1996	339	271	157	1 161	6.06	345	799	53.4
1997	335	257	154	1 165	6.30	307	897	55.4
1998	322	230	154	1 214	3.40	456	840	15.1
1999	330	230	166	1 200	3.70	322	958	93.7
2000	381	284	196	1 261	5.94	122	722	29.5
2001	494	449	213	1 266	31.16	119	644	36.8
2002	477	274	336	1 475	34.48	185	712	140.5
2003	395	310	228	1 284	31.43	182	752	85.7
2004	382	317	377	1 181		186	781	132.4
2005	381	304	223	1 361		173	135	135.0
2006	193	280	60	1 246		100	370	77.9
2007	190	192	191	1 281	6.41	114	291	93.4
2008	251	252	200	1 164	8.57	98	448	63.1
2009	319	307	214	1 088	5.88	71	245	52.2
2010	325	309	195	1 161	5.88	59	259	45.0
2011	346	250	195	1 132	5.88	57	424	46.6
2012	417	417	211	1 227	8.82	57	486	46.9
2013	381	231	750	1 250	5.71	46	521	35.6
2014	535	4 642	1 000	988	5.88	58	378	45.8
2015	414	1 260	555	966	5.88	113	220	94.6
2016	263	244	235	996	5.88	179	22	166.0
2017	229	69	117	1 087	40.38	434	1 138	185.5
2018	259	277	118	1 077	43.18	637	1 288	304.0
2019	262	279	118	1 102	43.00	673	1 385	250.0
2020	338	397	121	1 176	49.26	763	1 434	425.3
2021	290	268	128	1 259	28.63	832	1 466	515.6

7-7 畜牧业、林业和渔业
ANIMAL HUSBANDRY, FORESTRY AND FISHERY

年 份 Year	畜 牧 业 Animal Husbandry				
	牛年末头数(头) Year-end Number of Cattle (head)	#奶 牛 Milk Cows	牛奶产量 (吨) Milk Output (ton)	生猪饲养量 (万头) Raised Hogs (the whole year) (10 000 heads)	生猪年末存栏量(万头) Raised Hogs (Year-end) (10 000 heads)
1979	25 633	465	1 622	22.90	11.69
1980	24 451	2 365	2 876	15.58	8.42
1981	28 917	3 066	5 214	10.69	6.06
1982	31 301	3 233	6 852	15.61	8.51
1983	31 200	3 642	7 411	17.60	9.40
1984	30 716	4 506	9 830	18.59	8.89
1985	28 474	5 352	10 815	20.34	9.58
1986	27 685	6 204	12 837	25.41	12.29
1987	26 587	6 460	14 237	36.02	16.94
1988	24 759	6 764	13 720	52.20	21.90
1989	24 618	7 384	16 729	65.28	24.45
1990	24 105	7 715	18 887	59.37	22.58
1991	20 660	7 380	20 566	64.23	22.07
1992	16 451	7 059	20 592	61.36	20.89
1993	11 460	7 107	20 255	62.39	20.77
1994	9 780	7 235	20 080	64.49	23.38
1995	9 960	7 955	19 475	68.09	25.76
1996	9 509	8 152	20 420	75.61	27.35
1997	8 900	7 478	18 857	80.26	30.52
1998	8 625	7 575	19 851	89.36	30.09
1999	8 881	7 990	22 480	85.98	28.16
2000	9 808	9 094	24 926	93.02	26.88
2001	9 661	8 883	22 176	92.23	27.08
2002	9 740	9 285	22 802	96.11	31.42
2003	8 196	6 780	24 128	79.31	18.56
2004	8 579	8 511	22 018	63.17	12.49
2005	7 857	7 832	19 567	68.69	17.15
2006	8 009	7 980	18 727	60.66	13.73
2007	7 625	7 585	18 130	53.19	16.25
2008	6 772	5 681	16 150	48.36	15.92
2009	5 035	5 035	10 699	41.04	11.21
2010	6 487	6 479	15 000	29.37	6.93
2011	6 610	6 580	14 310	27.39	6.98
2012	5 671	5 671	13 322	24.96	6.49
2013	5 523	5 523	13 759	18.06	5.88
2014	4 211	4 211	11 805	10.06	3.09
2015	3 656	3 656	12 973	6.71	1.56
2016	2 110	2 110	8 197	3.97	1.26
2017	2 688	2 120	8 364	10.72	3.71
2018	2 577	2 017	8 695	10.13	4.22
2019	2 584	2 026	9 225	10.16	4.07
2020	2 418	1 913	7 620	8.10	2.53
2021	2 376	1 990	7 974	13.03	4.95

注：2020年渔业养殖面积不包含深汕合作区。
Note: The area of aquaculture didn't include Shenzhen-Shanwei Special Cooperation Zone in 2020.

7-7 续表1 CONTINUED

年 份 Year	畜 牧 业 Animal Husbandry					造林面积 (万亩) Areas of Forestation (10 000 mu)
	肉猪全年出栏量(万头) Slaughtered Fattened Hogs of the Year (10 000 heads)	家禽饲养量 (万只) Raised Poultry (10 000 heads)	# 出栏量 Slaughtered Fattened Poultry	鲜蛋(吨) Fresh eggs (ton)	当年出售肉类总产量(吨) Total Output of Meat Sold (ton)	
1979	11.21	99.59	69.71	57	6 726	1.84
1980	7.16	160.90	112.63	88	4 296	1.65
1981	4.63	321.84	257.42	119	2 778	1.38
1982	7.10	578.61	506.31	265	4 260	2.62
1983	8.20	786.79	586.40	1 352	4 920	2.37
1984	9.70	857.31	686.27	1 137	12 648	1.78
1985	10.76	1 305.20	944.32	1 085	22 932	16.85
1986	13.12	1 548.94	1 115.77	1 169	25 323	4.01
1987	19.08	1 955.78	1 371.76	805	33 935	15.38
1988	30.30	2 634.80	1 892.70	1 335	47 449	13.32
1989	40.83	3 101.80	2 291.00	1 212	65 300	5.33
1990	36.79	3 330.80	2 445.20	1 895	62 513	5.92
1991	42.16	3 522.27	2 964.39	3 462	79 022	13.10
1992	40.47	4 063.21	2 911.96	4 172	74 081	0.62
1993	41.62	3 534.32	2 668.70	2 472	77 254	0.15
1994	41.11	2 988.07	2 280.63	2 100	67 043	1.10
1995	42.33	2 635.46	2 015.59	2 120	70 277	1.85
1996	48.26	2 111.72	1 633.59	1 351	64 280	3.74
1997	49.74	2 142.36	2 142.36	1 333	65 911	6.27
1998	59.27	2 900.24	2 462.97	1 421	82 947	4.93
1999	57.82	3 090.74	2 616.25	1 130	77 608	3.44
2000	66.14	2 340.20	1 953.85	1 546	79 893	3.30
2001	65.15	2 503.53	1 871.64	922	73 495	2.63
2002	64.68	2 158.62	1 803.00	380	75 531	2.47
2003	60.74	1 698.14	1 515.24	289	66 730	4.96
2004	50.68	1 329.01	1 159.61	292	55 810	3.41
2005	51.55	1 156.99	999.48	110	46 846	3.05
2006	46.93	934.53	811.00	20	42 478	2.45
2007	37.94	866.48	679.75	1 176	32 016	7.35
2008	32.44	903.06	764.50	838	27 458	
2009	29.83	913.76	732.78	282	25 525	1.85
2010	22.44	703.03	568.39	406	18 992	1.87
2011	20.40	582.74	456.06	654	17 142	1.55
2012	18.47	509.96	438.10	902	15 066	1.30
2013	12.18	264.01	184.47	304	11 149	0.81
2014	6.97	287.86	247.71	242	6 422	0.29
2015	5.15	260.64	225.18	27	4 597	0.34
2016	2.71	73.99	61.46		2 587	
2017	7.01	168.47	127.90	1 359	8 019	0.61
2018	5.91	256.54	141.20	1 465	5 966	0.62
2019	6.09	211.27	163.77	1 489	6 192	0.78
2020	5.57	192.85	142.60	1 460	5 686	4.38
2021	8.08	173.57	138.96	1 360	7 356	1.63

7–7 续表2 CONTINUED

年份 Year	渔业 Fishery							
	水产品生产总量(吨) Total Output of Aquatic Products(ton)	1.海水产品 Seawater Aquatic Products	#鱼类 Fish	2.淡水产品 Freshwater Aquatic Products	#鱼类 Fish	养殖面积(万亩) Cultured Areas of Aquatic (10 000 mu)	1.海水面积 Seawater	2.淡水面积 Freshwater
1979	7 039	6 068		971				1.13
1980	7 667	5 315		2 352				3.27
1981	7 410	5 048		2 362				3.54
1982	10 406	6 128		4 278				4.24
1983	12 303							
1984	16 086							4.68
1985	16 762	4 485		12 277				8.84
1986	23 654	5 595	3 716	18 059		19.33	7.88	11.45
1987	26 889	17 363		9 526		21.16	13.40	7.76
1988	31 535	20 923	16 515	10 612	6 860	20.92	7.53	13.39
1989	32 148	20 153	16 454	11 995	11 995	21.36	14.18	7.18
1990	38 587	24 239	18 420	14 348	13 793	21.88	14.73	7.15
1991	41 740	12 076	8 402	29 664	29 664	16.91	7.81	9.10
1992	44 349	27 558	18 488	16 791	15 836	18.77	13.64	5.13
1993	31 104	11 527	8 423	19 577	19 577	11.77	5.90	5.87
1994	28 196	10 661	6 733	17 535	17 535			
1995	37 394	30 041	26 438	7 353	7 353			
1996	41 183	21 957	17 718	19 226	19 188	16.00	13.60	2.40
1997	55 569	47 687	32 229	7 882	7 773	13.47	10.82	2.65
1998	58 315	50 352	32 371	7 963	7 962	13.61	10.52	3.09
1999	59 764	52 410	34 888	7 354	7 334	11.19	8.16	3.03
2000	59 881	51 191	31 649	8 690	8 690	11.41	8.50	2.91
2001	65 784	56 566	32 850	9 218	9 218	10.84	7.20	3.64
2002	64 059	54 757	22 248	9 302	9 116	9.31	6.59	2.72
2003	85 324	77 506	50 446	7 818	7 610	8.81	6.89	1.92
2004	96 682	88 718	67 553	7 964	6 899	7.33	5.61	1.71
2005	81 764	74 560	55 435	7 204	7 038	7.19	5.84	1.35
2006	56 126	51 411	33 443	4 715	4 697	6.91	5.86	1.05
2007	34 068	31 173	21 708	2 895	2 765	4.67	3.93	0.74
2008	38 468	37 126	27 547	1 342	1 232	3.76	3.07	0.69
2009	30 329	28 544	17 391	1 785	1 714	3.03	2.62	0.41
2010	27 230	25 302	13 010	1 928	1 838	2.92	2.51	0.41
2011	24 929	23 488	13 795	1 441	1 306	2.92	2.51	0.41
2012	28 738	27 430	17 784	1 308	1 253	1.75	1.50	0.25
2013	19 107	18 062	14 287	1 045	990	1.71	1.50	0.21
2014	27 205	26 285	17 867	920	865	0.57	0.41	0.16
2015	39 777	38 796	30 407	981	918	0.46	0.39	0.07
2016	39 624	39 294	30 907	330	330	0.45	0.40	0.05
2017	82 905	80 164	54 335	2 741	2 683	0.31	0.31	
2018	78 453	75 685	44 741	2 768	2 701	1.32	0.94	0.38
2019	84 444	81 540	49 463	2 904	2 779	1.59	1.25	0.34
2020	75 578	72 664	40 660	2 914	2 824	0.37	0.37	
2021	79 697	76 604	45 757	3 093	3 009	1.43	1.04	0.39

主要统计指标解释

农林牧渔业总产值 是以货币表现的农林牧渔业的全部产品总量和对农林牧渔业生产活动进行的各种支持性服务活动的价值。它反映一定时期内农林牧渔业生产总规模和总成果，是观察农林牧渔业生产水平和发展速度，研究农林牧渔业内部比例关系、农林牧渔业与工业、农林牧渔业与国家建设、人民生活比例关系的重要指标，同时也是计算农林牧渔业劳动生产率和农林牧渔业增加值的基础资料。

农林牧渔业总产值的计算，一般采用“产品法”，即凡有产品产量的，都按单位产品价格乘产量的办法求得每种产品产量的产值，然后相加求得各业的产值，最后各业相加求出农林牧渔业总产值。

农作物播种面积 是指一定生产季节结束时实际播种或移植有农作物的面积。播种面积的大小，反映农作物的生产规模和耕地的利用程度。正确地核算播种面积，对于组织农业生产活动，计算农作物产量，研究农作物的种植结构和分布情况以及制定各项增产技术措施，都是非常必要的。

播种面积的统计年度，凡是能在本日历年度内（自1月1日至12月31日）收获的农作物（包括上年秋冬播和本年春播、夏播以及南方地区的晚秋播而在本年收获的全部作物）播种面积，都包括在内。

粮食产量 指全社会的产量。包括国有经济经营的、集体统一经营的和农民家庭经营的粮食产量，还包括工矿企业办的农场和其他生产单位的产量。粮食除包括稻谷、小麦、玉米、高粱、谷子及其他杂粮外，还包括薯类和豆类。其产量计算方法，豆类按去豆荚后的干豆计算；薯类(包括甘薯和马铃薯，不包括芋头和木薯)1963年以前按每4公斤鲜薯折1公斤粮食计算，从1964年开始改为按5公斤鲜薯折1公斤粮食计算。城市郊区作为蔬菜的薯类(如马铃薯等)按鲜品计算，并且不作粮食统计。其他粮食一律按脱粒后的原粮计算。1989年以前全国粮食产量数据主要靠全面报表取得，1989年开始使用抽样调查数据。

水产品产量 指人工养殖的水产品和天然生长的水产品的捕捞量。包括海水的鱼类、虾蟹类、贝类和藻类以及内陆水域的鱼类、虾蟹类和贝类，不包括淡水生植物。水产品产量是通过各级水产和统计部门逐级上报取得数据。1995年及以前，贝类中牡蛎按鲜肉计算；蚶、蛤、蛏按 5 斤鲜品折 1 斤计算。1996年以后则统一按鲜品计算。

Explanatory Notes on Main Statistical Indicators

Gross Output Value of Agriculture refers to the total volume of products of farming, forestry, animal husbandry, and fishery and the value of various services supporting the production of farming, forestry, animal husbandry and fishery in monetary terms, which reflects the total scale and total results of farming, forestry, animal husbandry and fishery production during a given period of time. It is an important indicator to observe the production level and development speed of farming, forestry, animal husbandry and fishery, to study the internal structure of farming, forestry, animal husbandry and fishery, and to review the proportionate relationship of farming, forestry, animal husbandry and fishery to industry, to national construction and to people' s life. It is also the foundation for calculating the labor productivity and value-added of farming, forestry, animal husbandry and fishery.

Generally, the gross output value of farming, forestry, animal husbandry and fishery is calculated with the production approach. Where applicable, the gross output value of each single product is obtained by multiplying the output of each product by its price. These values are then summed up to obtain the output value of each sector. The sum of output values of all sectors is the gross output value of farming, forestry, animal husbandry and fishery.

Area of Regularly Cultivated Land refers to farmland among the total land resources which is exclusively used for farming and is under regular cultivation with harvest in normal years. Included are currently cultivated land, land that has been abandoned or put in idle for less than 3 years and is available for recultivation at any time, newly-claimed land that has been put into cultivation for more than 3 years, and ditches, trenches, roads, and ridges with a width of less than 1 meter. Excluded under this category are steep slope land over 25 degrees under temporary cultivation, stretches or scattered plots temporarily claimed along river bends, lake sides or banks of reservoirs, as well as land that has been designated under the "Green for Grain" programmes of the state and provincial governments but is still temporarily under cultivation. Regularly cultivated land is classified into basic farmland and odd pieces of land used for cultivation.

Grain Output refers to the total output in the whole country including grains produced by State farms, collective units, rural households, as well as by farms affiliated to industrial and mining enterprises and other production units. Grain includes rice, wheat, corn, sorghum, millet and other miscellaneous grains as well as tubers and beans. Output of beans refers to dry beans without pods. The output of tubers (sweet potatoes and potatoes, not including taros and cassava) are converted into that of grain at the ratio 4:1, i.e. 4 kilograms of fresh tubers were equivalent to 1 kilogram of grain up to 1963. Since 1964 the ratio for conversion has been 5:1. Tubers supplied as vegetables (such as potatoes) in cities and suburbs are calculated as fresh vegetables and their output is not included in the output of grain. Output of all other grains refers to husked grain. Data on grain production before 1989 were obtained through the Comprehensive Statistical Reporting System. Since 1989, data from sample surveys are used.

Output of Aquatic Products refers to catches of both artificially cultured and naturally grown aquatic products, including fish, shrimps, crabs and shellfish in sea and inland water as well as seaweed. Freshwater plants are not included. Data on output of aquatic products are reported by aquatic product and statistical agencies level by level. Before 1995, among the shellfish, oyster was counted as fresh meat; 5 kilograms of ark shell, clams and frogs are equivalent to 1 kilogram of fresh aquatic products; they have all been counted as fresh aquatic products since 1996.

08 第八部分 固定资产投资

INVESTMENT IN FIXED ASSETS

CHAPTER

8-1 固定资产投资主要指标（主要年份）

MAIN INDICATORS OF INVESTMENT IN FIXED ASSETS（MAJOR YEAR）

	项　目 Item	2000	2010	2018	2019	2020	2021
投资完成额(亿元,%)	**Investment (100 million yuan)**	**677.12**	**1 944.70**	**20.6**	**18.8**	**8.2**	**3.7**
#房地产开发	Real Estate Development	260.97	458.47	23.6	15.9	16.4	−15.4
按登记注册类型分	Grouped by Status of Registration						
内资	Domestic	367.20	1 615.49	25.2	18.0	11.1	1.1
国有	State−owned	216.77	819.70	36.7	38.2	13.0	16.8
集体	Collective−owned	44.21	44.24	682.7	−64.0	−18.5	−0.1
其他	Others	106.21	751.55	16.7	10.4	10.1	−9.2
港澳台投资	Funds from Hong Kong, Macao and Taiwan	194.69	237.61	−22.6	−0.5	−17.7	49.2
外商投资	Foreign Funded	115.23	91.60	30.3	75.0	−14.3	16.0
按构成分	Grouped by Use of Funds						
建筑安装工程	Construction and Installation		1 149.37	10.6	18.5	7.8	9.5
设备工具器具购置	Purchase of Equipments and Instruments		375.36	10.5	1.6	−0.4	40.4
其他费用	Others		278.02	45.1	25.1	11.1	−13.4
按三次产业分	Grouped by Three Strata of Industry						
第一产业	Primary Industry		0.64	−91.3	1 000.6	3.5	−24.6
第二产业	Secondary Industry		480.86	7.0	12.6	0.9	27.2
第三产业	Tertiary Industry		1 463.21	23.4	19.9	9.4	0.0
按财务拨款合计(亿元,%)	**Grouped by Source of Funds (100 million yuan)**	**267.36**	**2 339.36**	**17.7**	**13.9**	**9.7**	**20.6**
国家预算资金	State and Local Budget	2.36	9.14	27.3	38.7	14.2	15.2
国内贷款	Domestic Loans	21.27	539.62	−0.4	−4.4	13.6	6.8
债券	Securities		1.08	1 636.8	54.6	−27.6	−59.9
利用外资	Foreign Investment	18.25	46.48	−32.7	−77.4	96.2	−70.3
自筹资金	Self−raising Funds	213.72	1 293.40	21.8	5.8	9.5	18.6
其他资金	Others	11.75	449.64	27.0	30.2	5.4	37.8
房屋建筑面积(万平方米)	**Floor Space of Buildings (10 000 sq.m)**						
施工面积	Floor Space under Construction	3 591.22	5 178.84	21.9	12.5	21.3	8.6
竣工面积	Floor Space Completed	1 287.21	692.70	4.3	77.7	12.0	5.4
商品房屋销售面积(万平方米)	**Floor Space of Commercial Buildings(10 000 sq.m)**	**611.37**	**465.59**	**7.6**	**14.5**	**12.4**	**-11.6**
#住宅	Residential Buildings	556.82	413.80	10.0	14.9	17.3	−16.7

注：1. 2011年起固定资产投资项目统计起点由50万元提高至500万元，且不包含农村农户投资；2010年以前为全社会固定资产投资，后同。

Notes: Since 2011, the cut-off point of investment statistics is changed from a minimum of 500,000 yuan to a minimum of 5,000,000 yuan, and the data do not include the investment made by rural households. Data before 2010 refer to total investment in fixed assets. The same applies to all tables following.

2. 2011年报起，原国家预算内资金改为国家预算资金，后同。

Since 2011, state budget is changed to state and local budget. The same applies to all tables following.

3. 2018年起，资金来源指标不包含5000万元以下项目数据，增速为可比口径，后同。

Since 2018, sources of funds for investment do not include projects under 50 million yuan. The growth rate is calculated by comparable coverage, and the same applies to the following table.

4. 根据第三次全国农业普查统计执法检查和第四次全国经济普查单位清查，2018年固定资产投资增速按可比口径计算，后同。

According to comparable statistics The Third National Agricultural Census Law Enforcement Inspection, investigation of those censuses during the Fourth National Economic Census, growth rate of investment in fixed assets in 2018 are calculated with comparable coverage. The same applies to the following tables.

5. 2018年起，数据为比上年增长数据。

From 2018, The data in the table is the increase over the previous year.

8-2 固定资产投资增长速度

GROWTH RATE OF INVESTMENT IN FIXED ASSETS

单位：%　　　　(%)

年　份 Year	固定资产投资额 Investment in Fixed Assets	非房地产开发项目 Non-Real Estate Development	房地产开发项目 Real Estate Development
1980	132.4	132.4	
1981	115.1	115.1	
1982	148.5	148.5	
1983	46.9	46.9	
1984	79.6	79.6	
1985	71.3	71.3	
1986	−25.4	−25.4	
1987	14.7	14.7	
1988	52.9	52.9	
1989	14.6	14.6	
1990	24.7	24.7	
1991	46.4	28.4	128.2
1992	95.4	62.5	179.7
1993	39.0	35.9	43.8
1994	13.8	4.5	26.9
1995	−2.2	14.1	−21.0
1996	18.7	17.3	21.1
1997	20.0	26.5	9.5
1998	22.2	22.0	22.6
1999	18.6	13.2	28.5
2000	18.9	17.4	21.2
2001	1.4	−10.9	20.9
2002	14.8	7.8	23.1
2003	20.4	34.2	6.2
2004	15.1	22.7	5.2
2005	8.2	15.2	−2.4
2006	7.7	7.0	9.1
2007	5.6	8.9	−0.2
2008	9.1	16.2	−4.5
2009	16.5	23.8	−0.7
2010	13.8	16.9	4.8
2011	6.0	4.0	12.3
2012	12.3	2.0	43.1
2013	7.6	2.3	19.0
2014	9.1	2.1	22.0
2015	21.4	19.4	24.5
2016	23.6	18.0	32.0
2017	23.8	25.4	21.6
2018	20.6	18.4	23.6
2019	18.8	21.0	15.9
2020	8.2	2.3	16.4
2021	3.7	19.2	−15.4

注：1993年以前房地产开发投资主要是商品房建设投资。
Note: Prior to 1993, investment in real estate development focused mainly on the construction of commercial buildings.

8-3 新增固定资产

NEWLY INCREASED FIXED ASSETS

单位：万元 (10 000 yuan)

年 份 Year	固定资产投资额 Investment in Fixed Assets	非房地产开发项目 Non-Real Estate Development	房地产开发项目 Real Estate Development
1979	3 201	3 201	
1980	7 753	7 753	
1981	19 032	19 032	
1982	42 369	42 369	
1983	81 902	81 902	
1984	149 020	149 020	
1985	190 359	190 359	
1986	192 016	192 016	
1987	185 758	185 758	
1988	269 475	269 475	
1989	384 183	384 183	
1990	379 167	310 915	68 252
1991	573 793	490 199	83 594
1992	682 768	556 594	126 174
1993	1 010 590	798 022	212 568
1994	1 542 090	1 199 729	342 361
1995	1 634 350	981 780	652 570
1996	2 549 663	1 302 786	1 246 877
1997	2 997 015	1 952 308	1 044 707
1998	3 865 634	2 189 077	1 676 557
1999	4 556 303	2 661 567	1 894 736
2000	5 474 627	2 981 399	2 493 228
2001	5 378 592	2 651 070	2 727 522
2002	6 153 318	2 720 727	3 432 591
2003	5 527 718	2 454 025	3 073 693
2004	6 863 722	3 905 969	2 957 753
2005	8 870 417	4 610 708	4 259 709
2006	7 476 770	3 913 902	3 562 868
2007	7 644 448	5 176 711	2 467 737
2008	6 827 922	3 897 679	2 930 243
2009	6 424 221	4 032 767	2 391 454
2010	8 258 270	5 950 452	2 307 818
2011	13 103 117	11 304 379	1 798 738
2012	16 695 671	13 076 993	3 618 678
2013	23 742 351	19 783 173	3 959 178
2014	23 740 961	19 606 539	4 134 422
2015	14 785 593	10 792 355	3 993 238
2016	19 150 135	15 035 087	4 115 048
2017	10 390 404	7 504 016	2 886 388
2018	12 414 328	8 609 897	3 804 431
2019	19 240 819	9 271 883	9 968 936
2020	19 468 699	9 870 558	9 598 141
2021	25 185 740	14 475 132	10 710 608

8-4 固定资产投资额（按区域分）

单位：万元，%

年 份 Year	全市 Total	福田区 Futian	罗湖区 Luohu	盐田区 Yantian	南山区 Nanshan	大宝安 Original Baoan
1998	4 803 901	1 784 698	651 825	281 358	1 114 038	555 262
1999	5 695 878	2 074 046	852 818	358 135	1 214 324	669 676
2000	6 771 205	2 295 119	994 334	376 515	1 462 357	888 938
2001	6 863 749	2 306 192	831 700	481 386	1 465 527	973 073
2002	7 881 459	2 464 975	870 025	491 513	1 612 012	1 213 488
2003	9 491 016	2 559 087	969 324	547 965	1 923 414	1 803 186
2004	10 925 571	2 585 071	966 473	554 665	2 297 922	2 332 793
2005	11 823 245	2 052 337	834 046	526 955	2 656 686	2 906 828
2006	12 736 693	1 801 066	762 101	609 949	2 899 380	3 331 725
2007	13 450 037	1 701 123	707 931	708 264	2 691 670	3 841 235
2008	14 676 043	1 602 214	643 690	730 332	2 571 590	4 676 889
2009	17 091 514	1 683 418	683 182	872 004	2 705 194	5 846 894
2010	19 447 008	1 744 163	731 777	873 096	2 871 308	6 902 828
2011	20 609 180	1 737 597	756 050	850 994	2 860 146	7 608 192
2012	23 144 319	1 604 050	860 784	900 942	3 120 392	8 851 825
2013	24 901 970	1 652 532	891 661	919 145	3 294 549	9 662 238
2014	27 174 226	1 811 806	951 102	921 701	4 159 002	10 488 710
2015	32 983 076	2 353 842	1 259 008	995 926	6 339 870	12 263 409
2016	40 781 638	3 000 289	1 843 702	1 225 743	8 879 664	14 477 957
2017	51 473 152	3 745 056	2 289 818	1 486 533	10 967 612	11 886 199
2018	20.6	24.1	22.9	3.6	21.6	
2019	18.8	16.1	23.9	10.7	19.4	
2020	8.2	16.5	10.2	12.8	−6.6	
2021	3.7	−0.3	11.6	9.8	1.0	

注：1. 2007年以来，深圳陆续设立功能新区及新行政区，表中大宝安区数据2011年及以前为原宝安区数据，2012-2016年包含宝安区、龙华新区和光明新区，2017年包含宝安区和光明新区。大龙岗区数据2011年及以前为原龙岗区数据，2012-2016年包含龙岗区、坪山新区和大鹏新区，2017年包含龙岗区和大鹏新区。

Notes:Since 2007, functional zones and new administrative districts have been established in Shenzhen.The data of Original Baoan were the data of Baoan in 2011 and before,included Baoan Longhua and Guangming in 2012-2016,included Baoan and Guangming in 2017.The data of Original Longgang were the data of Longgang in 2011 and before,l,included Longgang,Pingshan and Dapeng in 2012-2016,included Longgang and Dapeng in 2017.

2. 2018年起，数据为比上年增长数据。

From 2018,the data in the table is the increase over the previous year.

INVESTMENT IN FIXED ASSETS（GROUPED BY DISTRICT）

（10 000 yuan,%）

宝安区 Baoan	光明区 Guangming	龙华区 Longhua	大龙岗 Original Longgang	龙岗区 Longgang	坪山区 Pingshan	大鹏新区 Dapeng	深汕特别合作区 Shenzhen-Shanwei Special Cooperation Zone
			416 720				
			526 879				
			753 943				
			805 871				
			1 229 446				
			1 688 040				
			2 188 647				
			2 846 392				
			3 332 472				
			3 799 814				
			4 451 328				
			5 300 822				
			6 323 836				
			6 796 201				
3 715 334	2 046 433	3 090 057	7 806 327	5 234 668	1 882 445	689 215	
4 289 041	2 212 184	3 161 012	8 481 845	5 763 807	2 016 046	701 991	
4 606 802	2 311 908	3 570 000	8 841 905	6 020 000	2 141 905	680 000	
5 457 214	2 692 767	4 113 428	9 771 021	6 580 947	2 468 152	721 922	
6 504 842	3 024 869	4 948 246	11 354 283	7 636 984	2 978 899	738 400	
8 170 568	3 715 631	6 182 721	10 243 457	9 466 863	3 776 637	776 594	895 119
30.3	28.8	20.9		18.7	3.5	11.8	−15.0
22.3	29.7	17.1		17.6	0.2	20.0	36.8
14.6	27.6	14.6		0.0	6.0	14.8	37.4
5.8	11.4	−10.7		0.5	15.9	28.7	32.4

8-5 固定资产投资增长速度（按区域分）

单位：%

年 份 Year	全市 Total	福田区 Futian	罗湖区 Luohu	盐田区 Yantian	南山区 Nanshan	大宝安 Original Baoan
1999	18.6	16.2	30.8	27.3	9.0	20.6
2000	18.9	10.7	16.6	5.1	20.4	32.7
2001	1.4	0.5	−16.4	27.9	0.2	9.5
2002	14.8	6.9	4.6	2.1	10.0	24.7
2003	20.4	3.8	11.4	11.5	19.3	48.6
2004	15.1	1.0	−0.3	1.2	19.5	29.4
2005	8.2	−20.6	−13.7	−5.0	15.6	24.6
2006	7.7	−12.2	−8.6	15.7	9.1	14.6
2007	5.6	−5.5	−7.1	16.1	−7.2	15.3
2008	9.1	−5.8	−9.1	3.1	−4.5	21.8
2009	16.5	5.1	6.1	19.4	5.2	25.0
2010	13.8	3.6	7.1	0.1	6.1	18.1
2011	6.0	−0.4	3.3	−2.5	−0.4	10.2
2012	12.3	−7.7	13.9	5.9	9.1	16.3
2013	7.6	3.0	3.6	2.0	5.6	9.2
2014	9.1	9.6	6.7	0.3	26.2	8.6
2015	21.4	29.9	32.4	8.1	52.4	16.9
2016	23.6	27.5	46.4	23.1	40.1	18.1
2017	23.8	24.8	24.2	21.3	23.5	−17.9
2018	20.6	24.1	22.9	3.6	21.6	
2019	18.8	16.1	23.9	10.7	19.4	
2020	8.2	16.5	10.2	12.8	−6.6	
2021	3.7	−0.3	11.6	9.8	1.0	

GROWTH RATE OF INVESTMENT IN FIXED ASSETS（GROUPED BY DISTRICT）

（%）

宝安区 Baoan	光明区 Guangming	龙华区 Longhua	大龙岗 Original Longgang	龙岗区 Longgang	坪山区 Pingshan	大鹏新区 Dapeng	深汕特别合作区 Shenzhen-Shanwei Special Cooperation Zone
			26.4				
			43.1				
			6.9				
			52.6				
			37.3				
			29.7				
			30.1				
			17.1				
			14.0				
			17.1				
			19.1				
			19.3				
			7.5				
			14.9				
15.4	8.1	2.3	8.7	10.1	7.1	1.9	
7.4	4.5	12.9	4.2	4.4	6.2	−3.1	
18.5	16.5	15.2	10.5	9.3	15.2	6.2	
19.2	12.3	20.3	16.2	16.0	20.7	2.3	
25.6	22.8	24.9	−9.8	24.0	26.8	5.2	11.5
30.3	28.8	20.9		18.7	3.5	11.8	−15.0
22.3	29.7	17.1		17.6	0.2	20.0	36.8
14.6	27.6	14.6		0.0	6.0	14.8	37.4
5.8	11.4	−10.7		0.5	15.9	28.7	32.4

8-6 固定资产投资额比重（按区域分）

单位：%

年 份 Year	全市 Total	福田区 Futian	罗湖区 Luohu	盐田区 Yantian	南山区 Nanshan	大宝安 Original Baoan
1998	100	37.2	13.6	5.9	23.2	11.6
1999	100	36.4	15.0	6.3	21.3	11.8
2000	100	33.9	14.7	5.6	21.6	13.1
2001	100	33.6	12.1	7.0	21.4	14.2
2002	100	31.3	11.0	6.2	20.5	15.4
2003	100	27.0	10.2	5.8	20.3	19.0
2004	100	23.7	8.8	5.1	21.0	21.4
2005	100	17.4	7.1	4.5	22.5	24.4
2006	100	14.1	6.0	4.8	22.8	26.2
2007	100	12.6	5.3	5.3	20.0	28.6
2008	100	10.9	4.4	5.0	17.5	31.9
2009	100	9.9	4.0	5.1	15.8	34.2
2010	100	9.0	3.8	4.5	14.8	35.5
2011	100	8.4	3.7	4.1	13.9	36.9
2012	100	6.9	3.7	3.9	13.5	38.2
2013	100	6.6	3.6	3.7	13.2	38.8
2014	100	6.7	3.5	3.4	15.3	38.6
2015	100	7.1	3.8	3.0	19.2	37.2
2016	100	7.4	4.5	3.0	21.8	35.5
2017	100	7.3	4.4	2.9	21.3	23.1
2018	100	7.5	4.5	2.5	21.5	
2019	100	7.3	4.7	2.3	21.7	
2020	100	7.9	4.8	2.4	18.7	
2021	100	7.6	5.2	2.6	18.2	

INVESTMENT IN FIXED ASSETS（GROUPED BY DISTRICT）

(%)

宝安区 Baoan	光明区 Guangming	龙华区 Longhua	大龙岗 Original Longgang	龙岗区 Longgang	坪山区 Pingshan	大鹏新区 Dapeng	深汕特别合作区 Shenzhen−Shanwei Special Cooperation Zone
			8.5				
			9.2				
			11.1				
			11.7				
			15.6				
			17.7				
			20.0				
			24.1				
			26.1				
			28.2				
			30.3				
			31.0				
			32.5				
			33.0				
16.1	8.8	13.4	33.7	22.6	8.1	3.0	
17.2	8.9	12.7	34.1	23.1	8.1	2.8	
17.0	8.5	13.1	32.5	22.2	7.9	2.5	
16.5	8.2	12.5	29.6	20.0	7.5	2.2	
16.0	7.4	12.1	27.8	18.7	7.3	1.8	
15.9	7.2	12.0	19.9	18.4	7.3	1.5	1.7
17.2	7.7	12.1		18.1	6.3	1.4	1.1
17.7	8.4	11.9		18.0	5.3	1.4	1.2
18.7	9.9	12.6		16.6	5.2	1.5	1.6
19.1	10.7	10.9		16.1	5.8	1.9	2.0

8-7 固定资产投资增长速度（按注册登记类型分）

GROWTH RATE OF IVESTMENT IN FIXED ASSETS (GROUPED BY REGISTRATION)

单位：%　　　　(%)

年 份 Year	固定资产投资额 Investment in fixed Assets	一、内资 Domestic Funded	1.国有 State-Owned	2.集体 Collective-Owned	3.其他 Others	二、港澳台商投资 Hong Kong Macao and Taiwan Funded	三、外商投资 Foreign Funded
1980	132.4	56.0	66.5	7.4	52.0	1343.1	506.4
1981	115.1	92.1	108.3	23.1	18.1	207.8	38.9
1982	148.5	238.1	261.1	138.3	−44.3	48.2	11.8
1983	46.9	57.7	47.3	212.8	331.8	8.4	60.5
1984	79.6	95.2	85.4	179.6	108.5	−2.0	102.7
1985	71.3	76.8	74.9	64.6	224.9	20.6	65.4
1986	−25.4	−57.9	−70.5	−15.8	60.3	369.5	66.2
1987	14.7	100.2	128.0	44.0	91.3	−77.0	−52.0
1988	52.9	60.3	78.2	5.1	51.5	4.2	−9.3
1989	14.6	11.5	−2.6	−38.7	127.5	34.1	87.4
1990	24.7	8.9	5.1	−14.9	22.9	164.9	153.6
1991	46.4	50.9	38.5	130.5	61.2	13.5	56.8
1992	95.4	83.3	36.0	274.0	115.9	168.8	118.5
1993	39.0	26.3	55.1	−32.0	20.3	80.1	76.8
1994	13.8	8.4	23.3	−21.4	−4.5	21.3	31.8
1995	−2.2	−15.6	−15.5	55.8	−29.0	22.4	24.6
1996	18.7	22.0	29.3	41.3	−0.7	11.3	18.8
1997	20.0	18.9	16.9	6.3	31.3	25.9	16.3
1998	22.2	34.3	21.3	36.6	63.9	−0.3	14.0
1999	18.6	9.7	11.2	4.1	9.2	48.5	16.7
2000	18.9	10.3	15.7	11.2	0.3	37.7	21.1
2001	1.4	6.0	16.2	−2.5	−11.1	−6.8	0.3
2002	14.8	12.1	4.0	12.0	33.9	19.0	17.5
2003	20.4	37.1	30.5	18.3	57.8	−4.8	6.9
2004	15.1	22.1	12.3	−27.3	52.9	−3.5	12.7
2005	8.2	−8.6	−6.3	−17.7	−10.4	78.7	−2.0
2006	7.7	16.6	−0.1	−31.0	44.6	−2.9	−5.8
2007	5.6	31.2	13.8	7.2	48.5	−26.7	−52.7
2008	9.1	17.1	19.6	38.5	14.4	−26.1	19.3
2009	16.5	22.4	47.8	22.0	3.8	−3.6	−22.4
2010	13.8	10.4	13.3	3.5	7.8	32.3	38.4
2011	6.0	10.0	−5.3	22.2	25.9	−20.2	3.7
2012	12.3	11.6	1.2	89.0	15.7	−10.5	71.0
2013	7.6	11.8	3.8	−24.8	20.8	−5.2	−29.8
2014	9.1	9.9	−7.1	28.1	19.4	1.7	4.1
2015	21.4	11.2	5.6	−68.6	18.8	114.7	102.2
2016	23.6	25.1	16.4	−44.6	29.9	35.5	−9.7
2017	23.8	31.9	45.5	11.7	26.8	7.9	−21.9
2018	20.6	25.2	36.7	682.7	16.7	−22.6	30.3
2019	18.8	18.0	38.2	−64.0	10.4	−0.5	75.0
2020	8.2	11.1	13.0	−18.5	10.1	−17.7	−14.3
2021	3.7	1.1	16.8	−0.1	−9.2	49.2	16.0

8-8 固定资产投资增长速度（按国民经济行业分）

GROWTH RATE OF INVESTMENT IN FIXED ASSETS (GROUPED BY NATIONAL ECONOMIC INDUSTRIES)

单位：% (%)

年份 Year	合计 Total	农、林、牧、渔业 Agriculture, Forestry,Animal Husbandry and Fishery	采矿业 Mining	制造业 Manufacturing	电力、热力、燃气及水的生产和供应业 Production and Distribution of Electricity,Heat,Gas and Water	建筑业 Construction	批发和零售业 Wholesale and Retail Trades
1980	132.4	−32.7		502.0	−65.2	98.4	141.0
1981	115.1	9.1		14.0	16.5	−56.9	86.3
1982	148.5	179.8		11.3	5.1	248.6	245.1
1983	46.9	−68.0		82.3	59.0	238.1	52.4
1984	79.6	159.5	−71.8	49.5	2 003.3	215.5	110.0
1985	71.3	124.5	199.2	131.9	43.6	143.3	70.2
1986	−25.4	−36.9	29.1	21.7	−71.8	−69.4	−52.5
1987	14.7	33.5		−4.5	71.1	−38.3	−41.4
1988	52.9	25.5		115.6	114.6	106.4	95.3
1989	14.6	−11.3		5.9	−1.0	630.5	−27.6
1990	24.7	−31.4		49.3	454.6	−67.7	−49.1
1991	46.4	43.0		−18.1	3.2	−62.6	102.0
1992	95.4	97.5	−38.4	50.4	22.9	162.7	58.8
1993	39.0	47.3	−46.7	−13.9	53.2	369.3	−27.2
1994	13.8	−2.1		13.6	−19.2	86.3	40.7
1995	−2.2	−40.3		4.7	23.2	−45.3	221.2
1996	18.7	67.1		36.6	30.6	−72.3	66.2
1997	20.0	43.0		65.7	−11.3	103.5	−63.5
1998	22.2	14.5		3.1	−51.3	110.4	43.1
1999	18.6	70.6		60.8	−36.2	20.7	−1.0
2000	18.9	84.1		29.7	56.0	10.0	127.2
2001	1.4	−62.3		−14.1	133.4	−97.2	−32.7
2002	14.8	−33.8	55.2	25.4	13.4	363.9	5.1
2003	20.4	213.4	−49.8	14.4	17.6	1 554.7	−42.7
2004	15.1	−81.3	2.1	67.7	94.3	−9.2	173.2
2005	8.2	−70.1	75.9	16.2	96.2		69.0
2006	7.7		−26.3	19.4	2.6		−36.0
2007	5.6		−78.0	7.2	−26.3		29.7
2008	9.1			−11.4	8.0		0.0
2009	16.5	−37.0		−11.5	35.5		−41.2
2010	13.8	938.4		43.6	−13.8		4.3
2011	6.0	−91.2		0.6	−20.1		138.7
2012	12.3	7 147.5	−87.2	13.4	0.8	−75.3	8.5
2013	7.6	−24.7		−24.1	−46.5	226.2	−8.0
2014	9.1	−87.2		41.8	36.9	−77.1	30.4
2015	21.4	57.8		12.5	19.6	−62.3	0.6
2016	23.6	−57.2	−76.7	20.3	−4.0	1 773.6	−24.8
2017	23.8	−22.2		28.9	61.8		33.7
2018	20.6	−34.9		4.4	24.2		−39.7
2019	18.8	47.8	117.7	8.6	19.7	31.7	−2.3
2020	8.2	74.4	133.7	−5.1	10.4	−100.0	−24.1
2021	3.7	−55.3	48.1	22.5	41.7		29.1

8-8 续表

单位：%

年 份 Year	交通运输、仓储和邮政业 Transportation, Storage and Post Services	住宿和餐饮业 Hotels and Catering Services	信息传输、软件和信息技术服务业 Information Transmission, Software and Information Technology	金融业 Financial Intermediation	房地产业 Real Estate	租赁和商务服务业 Leasing and Business Services
1980	519.0	139.8	163.2	113.9	7.4	
1981	−75.8	86.4	36.5	84.4	438.5	992.4
1982	671.0	245.3	37.0	85.2	184.8	80.2
1983	132.4	52.4	248.7	87.1	64.3	43.0
1984	44.6	110.0	44.6	251.2	195.3	−35.4
1985	117.9	70.2	117.9	186.7	62.6	87.1
1986	−29.9	−52.5	−29.9	44.9	−35.0	−38.6
1987	11.5	−41.4	11.5	−27.5	72.8	−46.5
1988	92.0	95.3	92.0	−95.3	26.8	206.2
1989	92.3	−27.6	92.3	1 460.8	−18.8	−26.2
1990	19.4	−49.1	19.4	−94.1	42.4	−20.9
1991	53.6	29.8	53.6	165.2	96.1	291.0
1992	64.3	58.8	64.3	−15.3	181.6	−2.9
1993	21.4	−27.2	21.4	1 317.3	32.9	370.5
1994	59.8	40.8	59.8	15.3	14.8	−20.6
1995	−16.8	221.2	−16.8	125.9	−11.4	5.5
1996	18.1	−3.0	18.1	34.2	22.7	−14.9
1997	35.4	−2.7	35.4	−78.2	10.9	66.2
1998	4.5	−35.7	4.5	−51.1	31.5	1.7
1999	−32.4	−2.2	−32.4	59.3	17.8	−13.7
2000	42.5	1.1	42.5		22.2	−6.6
2001	−23.2	−7.3	−23.2		7.6	−21.8
2002	−15.2	−47.6	−15.2		25.3	−36.1
2003	214.3	−94.0	214.3	−39.3	14.9	−64.8
2004	−10.8	6 402.1	44.0	13.0	−2.6	74.1
2005	72.5	17.0	−24.0	320.9	−11.4	282.5
2006	32.2	131.7	−37.7	−54.5	7.5	22.1
2007	48.0	−48.5	10.2	27.1	−0.3	−79.3
2008	13.8	125.9	−28.2	329.6	5.3	23.9
2009	39.6	−13.4	79.7	43.0	4.6	397.6
2010	−7.3	−17.7	115.7	114.6	1.9	3.8
2011	−7.9	180.9	10.2	−49.9	21.8	50.6
2012	−24.7	65.5	10.4	328.7	41.2	180.2
2013	67.2	−42.7	−31.2	−27.3	27.8	−20.5
2014	−18.3	51.2	−11.3	1.3	10.0	−49.7
2015	14.9	−33.3	52.1	66.6	21.0	282.2
2016	12.5	−54.8	122.3	4.5	26.0	−11.9
2017	13.8	13.3	−8.4	−22.5	24.2	84.2
2018	14.1	312.9	39.7	19.8	22.6	60.8
2019	23.3	−32.6	12.7	87.5	12.0	34.8
2020	10.5	−26.0	14.5	−4.6	10.6	−25.1
2021	35.5	387.9	−0.4	−35.0	−6.1	−15.6

CONTINUED

（%）

科学研究和技术服务业 Scientific Research and Technical Services	水利、环境和公共设施管理业 Management of Water Conservancy, Environment and Public Facilities	居民服务、修理和其他服务业 Services to Households, Repair and Other Services	教育 Education	卫生和社会工作 Health and Social Work	文化、体育和娱乐业 Culture,Sports and Entertainment	公共管理、社会保障和社会组织 Public Management, Social Security and Social Organizations
41.7	64.5					57.7
105.5	993.3	1 004.1	94.4	17.8	95.8	16.6
41.2	82.3	80.2	156.9	140.2	791.0	418.1
33.6	43.3	42.9	−10.0	111.4	1.5	28.6
154.9	−36.0	−35.4	718.8	103.0	24.4	31.1
0.7	87.4	87.2	−1.1	178.3	24.5	19.0
22.9	−37.9	−38.6	30.0	−53.3	26.5	4.1
61.0	20.1	−46.5	−45.9	−11.5	−27.7	−10.5
27.6	34.7	206.1	2.3	44.6	−19.9	79.5
2.5	−23.0	−26.2	125.3	21.9	345.8	10.5
0.0	−2.7	−20.9	−30.6	−20.5	−44.3	−51.4
93.0	222.2	291.0	42.5	408.2	61.8	43.1
−8.5	5.4	−2.9	11.2	−26.2	45.4	52.3
11.5	315.5	370.5	−3.3	55.6	−25.4	−35.0
14.8	−18.6	−20.6	36.1	2.4	−0.2	143.3
11.6	11.5	5.5	67.4	42.5	46.9	78.1
38.0	−11.8	−14.9	43.3	4.8	10.3	20.3
−19.9	71.3	−13.3	91.2	28.7	9.2	−0.3
7.8	73.7	−24.3	22.0	73.6	−6.5	9.3
45.7	42.5	−59.5	10.0	0.5	59.0	5.4
52.7	−19.7	−12.6	10.9	6.1	−15.1	76.7
49.9	10.5	−52.3	−2.1	−15.4	58.7	−21.4
−38.4	−13.5	11.8	13.7	−25.4	−10.6	−5.5
−27.2	−27.2	−48.9	11.7	−30.6	70.8	6.1
86.1	57.5	−44.8	11.4	143.7	−9.5	0.4
−33.4	9.6		−14.7	13.9	−23.5	37.6
−13.9	−7.5		−4.3	−43.5	−3.7	−56.8
17.2	−35.7	2 056.7	−29.5	62.2	1.6	333.7
676.0	136.5	256.0	−21.5	25.0	86.0	−37.4
−9.6	31.2	20.0	76.5	145.1	31.8	87.3
90.0	60.9	−92.2	160.1	2.0	31.4	−38.1
−46.9	12.5	347.6	48.7	−7.1	−21.9	−33.2
−20.8	−28.6	89.6	1.6	22.9	−41.9	44.3
41.0	−15.6	13.0	−44.4	−1.5	−0.9	−59.1
62.5	27.5	15.8	16.2	−29.1	−43.9	−29.3
86.4	4.0	116.4	37.0	149.2	33.8	−65.3
15.2	42.9	−19.3	79.3	−13.0	88.4	275.7
28.1	52.4	−9.9	28.5	48.5	−37.1	120.2
−16.1	28.1	−88.8	33.8	14.4	82.5	22.2
24.7	45.2	167.8	47.0	22.7	21.4	−1.5
−54.5	4.7	113.5	66.6	94.4	30.1	28.0
89.4	−25.1	−21.5	39.2	18.6	66.7	12.3

8-9 固定资产投资额比重（按注册登记类型分）
INVESTMENT IN FIXED ASSETS（GROUPED BY REGISTRATION）

单位：%　　　　(%)

年 份 Year	固定资产投资额 Investment in Fixed Assets	一、内资 Domestic Funded	1.国有 State-owned	2.集体 Collective-owned	3.其他 Others	二、港澳台商投资 Hongkong Macao and Taiwan Funded	三、外商投资 Foreign Funded
1979	100	90.8	69.2	14.5	7.1	4.2	5.0
1980	100	60.9	49.6	6.7	4.6	25.9	13.1
1981	100	54.4	48.0	3.8	2.5	37.1	8.5
1982	100	74.1	69.8	3.7	0.6	22.1	3.8
1983	100	79.5	70.0	7.8	1.7	16.3	4.2
1984	100	86.4	72.3	12.2	1.9	8.9	4.7
1985	100	89.2	73.8	11.7	3.7	6.3	4.5
1986	100	50.4	29.2	13.2	7.9	39.5	10.1
1987	100	87.8	58.0	16.6	13.2	7.9	4.2
1988	100	92.1	67.6	11.4	13.1	5.4	2.5
1989	100	89.6	57.4	6.1	26.0	6.3	4.1
1990	100	78.2	48.4	4.2	25.7	13.4	8.4
1991	100	80.7	45.8	6.5	28.3	10.4	9.0
1992	100	75.7	31.9	12.5	31.2	14.3	10.0
1993	100	68.7	35.6	6.1	27.0	18.5	12.7
1994	100	65.5	38.6	4.2	22.7	19.7	14.8
1995	100	56.5	33.3	6.7	16.5	24.7	18.8
1996	100	58.0	36.3	8.0	13.8	23.2	18.8
1997	100	57.5	35.3	7.1	15.1	24.3	18.2
1998	100	63.2	35.1	7.9	20.2	19.8	17.0
1999	100	58.5	32.9	7.0	18.6	24.8	16.7
2000	100	54.2	32.0	6.5	15.7	28.8	17.0
2001	100	56.7	36.7	6.3	13.8	26.4	16.8
2002	100	55.4	33.2	6.1	16.0	27.4	17.2
2003	100	63.1	36.0	6.0	21.0	21.7	15.3
2004	100	66.9	35.1	3.8	27.9	18.2	15.0
2005	100	56.5	30.4	2.9	23.1	30.0	13.6
2006	100	61.1	28.2	1.9	31.0	27.0	11.9
2007	100	76.0	30.4	1.9	43.6	18.7	5.3
2008	100	81.5	33.4	2.4	45.6	12.7	5.8
2009	100	85.6	42.3	2.5	40.8	10.5	3.9
2010	100	83.1	42.2	2.3	38.6	12.2	4.7
2011	100	86.2	37.7	2.6	45.9	9.2	4.6
2012	100	85.7	33.9	4.4	47.3	7.3	7.0
2013	100	89.0	32.8	3.1	53.1	6.5	4.6
2014	100	89.6	27.9	3.6	58.1	6.0	4.4
2015	100	82.3	31.0	2.9	48.4	11.5	6.1
2016	100	83.0	22.8	0.4	59.8	11.7	5.3
2017	100	86.7	26.3	0.4	60.0	10.0	3.3
2018	100	90.0	29.9	2.0	58.1	6.4	3.6
2019	100	89.4	34.8	0.6	54.0	5.4	5.2
2020	100	91.8	36.3	0.5	55.0	4.1	4.2
2021	100	89.5	40.9	0.4	48.1	5.9	4.6

8-10 固定资产投资资金来源增长速度

GROWTH RATE OF INVESTMENT IN FIXED ASSETS BY SOURCE OF FUNDS AND STRUCTURE OF INVESTMENT

单位：%　　　　　　　　　　　　　　　　　　　　　　　　　　　　（%）

年 份 Year	财务拨款额 Financial Appropriation	国家预算资金 State and Local Budget	国内贷款 Domestic Loans	债券 Securities	利用外资 Foreign Investment	自筹资金 Self-raising Funds	其他资金 Others
1991	17.3	−24.1	67.4		−24.8	16.8	53.4
1992	31.2	−75.0	19.9		−29.3	74.9	41.5
1993	61.2		6.6		78.9	81.8	78.4
1994	7.1		−28.6	−50.9	12.0	23.2	−4.5
1995	4.8		−4.7		31.9	9.6	−38.8
1996	9.7		13.5		40.7	2.4	−4.9
1997	33.1		−17.1		61.1	38.2	−22.0
1998	5.7		22.5		−75.4	34.9	32.0
1999	18.6	930.7	52.7		74.3	6.3	57.8
2000	5.1	−51.5	−27.8		−18.6	15.7	−8.4
2001	4.4	178.1	70.0		−27.0	1.8	−53.6
2002	4.7	−89.1	5.9		106.4	2.1	−32.9
2003	40.5	−19.5	50.4		10.6	40.6	133.7
2004	33.0	420.5	45.3	−34.0	53.3	23.4	210.0
2005	19.4	309.0	39.6		55.1	13.3	−45.9
2006	18.0	−67.8	49.1		47.8	8.8	−32.0
2007	−1.0	92.0	29.8	97.8	7.3	−20.7	277.3
2008	157.1	−90.0	128.7	37.1	−21.6	177.5	732.5
2009	13.4	1 271.3	13.3	37.2	−35.9	8.2	42.3
2010	5.2	−11.5	−7.9	−7.8	−19.3	14.3	3.0
2011	8.9	−48.7	5.6		−38.5	21.6	−17.2
2012	12.2	7 568.1	−12.8		48.9	−3.2	17.8
2013	24.6	−5.2	35.7		9.3	9.5	90.5
2014	−1.8	21.9	4.2		−41.9	7.8	−33.4
2015	54.3	4.6	45.4		−60.3	37.9	160.9
2016	4.6	4.2	13.4	178.8	−89.0	−3.3	12.3
2017	3.8	73.3	37.2	−65.9	1 686.6	−11.3	−18.0
2018	17.7	27.3	−0.4	1 636.8	−32.7	21.8	27.0
2019	13.9	38.7	−4.4	54.6	−77.4	5.8	30.2
2020	9.7	14.2	13.6	−27.6	96.2	9.5	5.4
2021	20.6	15.2	6.8	−59.9	−70.3	18.6	37.8

注：1991年及以后的资金来源为财务拨贷款数，各项相加不等于投资总额；从2012年定报开始，资金来源中的“国家预算内资金”改为“国家预算资金”，包括中央预算资金和地方预算资金，口径有所扩大；2018年资金来源不含5000万元以下项目。

Note: Source of funds for investment since 1991 refers to financial appropriations, which do not add up to total investment. Since 2012, state budget is changed to state and local budget. Since 2018, sources of funds for Investment do not include projects under 50 million yuan.

8-11 各区按登记注册类型分固定资产投资增长速度 (2021年)

GROWTH RATE OF INVESTMENT IN FIXED ASSETS BY STATUS OF REGISTRATION AND DISTRICT（2021）

单位：% (%)

地 区 District		总计 Total	一、内资 Funded	1.国有 State-owned	2.集体 Collective-owned	3.其他 Others	二、港澳台商投资 Hongkong Macao and Taiwan Funded	三、外商投资 Foreign Funded
全市总计	**Total**	**3.7**	**1.1**	**16.8**	**-0.1**	**-9.2**	**49.2**	**16.0**
福田区	Futian	-0.3	1.1	-2.5	-91.8	-31.6	-55.6	13.5
罗湖区	Luohu	11.6	10.7	14.4		9.1	63.4	-27.0
盐田区	Yantian	9.8	9.2	-10.5		16.2	1.1	55.4
南山区	Nanshan	1.0	-5.6	55.1	-100.0	-18.3	54.3	12.4
宝安区	Baoan	5.8	4.6	2.4	76.3	5.1	79.6	-27.7
龙岗区	Longgang	0.5	-1.9	13.7	0.2	-11.4	185.3	-30.1
龙华区	Longhua	-10.7	-14.8	2.8		-14.4	104.4	59.1
坪山区	Pingshan	15.9	7.5	-0.2		11.8	52.7	161.4
光明区	Guangming	11.4	13.1	10.1	-21.6	488.9	-8.3	2.4
大鹏新区	Dapeng	28.7	27.2	73.2		-3.4	92.8	-31.7
深汕特别合作区	Shenzhen-Shanwei Special Cooperation Zone	32.4	31.8	1.0		99.0	794.7	

8-12 各区按主要行业分固定资产投资增长速度（2021年）

GROWTH RATE OF INVESTMENT IN FIXED ASSETS IN BY DISTRICT AND SECTOR（2021）

单位：%　　(%)

地区	District	合计 Total	农、林、牧、渔业 Agriculture, Forestry, Animal Husbandry and Fishery	采矿业 Mining	制造业 Manufacturing	电力、热力、燃气及水的生产和供应业 Production and Distribution of Electricity,Heat, Gas and Water	建筑业 Construction	批发和零售业 Wholesale and Retail Trades
全市总计	**Total**	**3.7**	**-55.3**	**48.1**	**22.5**	**41.7**		**29.1**
福田区	Futian	−0.3			70.3	85.7		51.3
罗湖区	Luohu	11.6			3.6	28.6		24.8
盐田区	Yantian	9.8			114.3	−9.7		
南山区	Nanshan	1.0		48.1	−4.4	499.5		145.8
宝安区	Baoan	5.8			28.9	59.9		10.4
龙岗区	Longgang	0.5	−24.6		33.2	11.2		−59.6
龙华区	Longhua	−10.7			8.9	36.0		−82.8
坪山区	Pingshan	15.9			46.9	15.5		
光明区	Guangming	11.4			5.3	−6.2		202.1
大鹏新区	Dapeng	28.7			14.6	71.9		40.9
深汕特别合作区	Shenzhen-Shanwei Special Cooperation Zone	32.4			137.6	36.8		

8-12 续表1 CONTINUED

单位：% (%)

地 区	District	交通运输、仓储和邮政业 Transport, Storage and Post	住宿和餐饮业 Hotels and Catering Services	信息传输、软件和信息技术服务业 Information Transmission, Software and Information Technology	金融业 Financial Interme-diation	房地产业 Real Estate	租赁和商务服务业 Leasing and Business Services	科学研究和技术服务业 Scientific Research and Technical Services
全市总计	**Total**	**35.5**	**387.9**	**-0.4**	**-35.0**	**-6.1**	**-15.6**	**89.4**
福田区	Futian	23.5		−10.6	39.4	−15.6	20.9	39.5
罗湖区	Luohu	−41.3		−41.6		24.5	3.6	
盐田区	Yantian	21.1	345.7	−97.3		12.7	−32.4	120.4
南山区	Nanshan	52.5		57.2	−54.1	−4.7	−44.4	39.6
宝安区	Baoan	31.4	2 048.7	−6.0	135.2	−1.3	322.5	112.9
龙岗区	Longgang	71.3	−50.1	−42.5	24.7	−13.2	−84.6	6.3
龙华区	Longhua	−31.3		−23.1		−19.9	958.0	309.7
坪山区	Pingshan	50.1		−48.6		−10.8	64.9	824.7
光明区	Guangming	30.0		26.9		4.7	2 683.3	172.8
大鹏新区	Dapeng	2 821.3	242.7	−61.9		−22.2	−100.0	835.9
深汕特别合作区	Shenzhen−Shanwei Special Cooperation Zone	46.9		−40.0		12.8	17 797.6	

8-12 续表2 CONTINUED

单位：%　　　　(%)

地 区 District		水利、环境和公共设施管理业 Management of Water Conservancy, Environment and Public Facilities	居民服务、修理和其他服务业 Services to Households, Repair and Other Services	教育 Education	卫生和社会工作 Health and Social Work	文化、体育和娱乐业 Culture, Sports and Entert-ainment	公共管理、社会保障和社会组织 Public Management, Social Security and Social Organizations
全市总计	**Total**	**-25.1**	**-21.5**	**39.2**	**18.6**	**66.7**	**12.3**
福田区	Futian	−28.6	−75.5	−8.8	−1.2	70.3	12.6
罗湖区	Luohu	−16.5		27.0	−67.7	977.0	−58.1
盐田区	Yantian	−27.6		55.9	61.7	−33.4	−33.6
南山区	Nanshan	−2.6		74.8	6.1	50.0	−35.7
宝安区	Baoan	−59.5		215.7	48.9	82.1	−18.9
龙岗区	Longgang	−17.5	19.7	29.0	−9.8	910.1	15.3
龙华区	Longhua	−24.4		32.0	27.8	55.3	128.4
坪山区	Pingshan	−2.2		−5.9	36.5	83.2	−59.2
光明区	Guangming	−13.8		35.6	202.2	−27.6	228.3
大鹏新区	Dapeng	6.7		484.7	99.1	−34.1	
深汕特别合作区	Shenzhen-Shanwei Special Cooperation Zone	−2.8	134.6	22.9		855.4	

8-13 国有经济固定资产投资主要指标（2017-2021年）

MAIN INDICATORS OF INVESTMENT IN FIXED ASSETS OF STATE-OWNED ECONOMY（2017-2021）

单位：亿元　　(100 million yuan)

项　目	Item	2017	2018	2019	2020	2021
建设项目个数(个)	**Number of Projects(unit)**					
施工项目	Projects under Construction	2 019	2 218	1 926	1 255	3 633
全部建成投产项目	Projects Completed and Put into Use	557	451	922	240	1 001
投资总额	**Total Investment**	**1 355.83**	**1 850.56**	**2 557.73**	**2 891.07**	**3 376.26**
#住宅	Residential Buildings	21.93	70.63	137.15	165.86	254.38
按构成分	Grouped by Structure of Investment					
建筑安装工程	Construction and Installation	1 044.63	1 202.11	1 798.71	2 134.24	2 324.53
设备工具器具购置	Purchase of Equipment and Instruments	96.25	116.55	114.28	171.33	280.23
其他费用	Others	214.95	531.90	644.75	585.51	771.50
按建设性质分	Grouped by Type of Construction					
#新建	New Construction	1 164.93	1 709.91	2 356.39	2 561.47	3 011.81
#扩建	Expansion	43.38	44.76	90.05	144.10	135.61
#改建	Reconstruction	62.17	77.57	90.71	161.89	187.52
按资金来源分	Grouped by Source of Funds	1 361.49	1 462.36	2 067.41	1 964.11	2 976.21
国家预算资金	State and Local Budget	758.76	836.33	1 072.09	1 202.77	1 520.98
国内贷款	Domestic Loans	247.52	219.09	259.09	302.22	538.43
利用外资	Foreign Investment	1.55				
自筹资金	Self-raising Funds	316.75	363.87	485.33	348.72	654.03
其他资金	Others	36.91	43.06	250.91	110.40	262.77
新增固定资产	**Newly Increased Fixed Assets**	**393.12**	**331.81**	**533.26**	**367.76**	**677.07**
房屋建筑面积(万平方米)	**Floor Space of Buildings(10 000 sq.m)**					
施工面积	Floor Space under Construction	1 146.82	1 923.44	2 270.36	834.83	966.24
竣工面积	Floor Space Completed	28.71	22.68	97.41	41.61	30.54
#住宅	Residential Buildings	11.42	0.05	14.01	20.43	13.42

注：建设项目个数不含房地产开发部分。
Note:Number of projects exclude real estate development.

8-14 基础产业和基础设施完成投资额（2018-2021年）
COMPLETED INVESTMENT IN BASIC INDUSTRIES AND NFRASTRUCTURE (2018-2021)

单位：亿元 (100 million yuan)

项目	Item	2018	2019	2020	2021
基础产业投资完成额	Completed Investment in Basic Industries	1 426.75	1 940.58	2 119.03	2 247.78
#基础设施投资	Investment in Infrastructure	1 419.60	1 896.97	2 032.94	2 142.77
（一）电力、热力、燃气及水的生产和供应业	Production and Distribution of Electric,Heat,Gas and Water	139.67	167.16	184.51	261.44
（二）交通运输、仓储和邮政业	Transport , Storage and Postal Services	576.27	710.79	785.26	1 064.37
#交通运输业	Transport Service	545.88	690.62	748.22	1 043.07
1.铁路运输业	Railway Transport	14.12	49.05	35.60	27.44
2.道路运输业	Road Transport	397.66	517.13	603.46	825.98
# 城市公共交通业	Urban Public Transport	321.91	427.14	512.48	698.64
3.水上运输业	Waterway Trarsport	23.82	22.76	20.32	84.57
4.航空运输业	Air Transport	100.78	90.76	80.40	99.95
5.管道运输业	Pipeline Transport			0.19	
（三）信息传输、软件和信息技术服务业	Information Transmission,Computer Services and Software	127.23	143.38	164.18	163.47
（四）水利、环境和公共设施管理业	Management of Water Conservancy,Environment and Public Facilities	657.10	954.25	999.43	748.91
#水利管理投资	Investment of Water Conservancy	49.62	35.01	35.06	32.68
1.防洪管理	Flood Prevention Management	17.73	16.54	16.99	15.67
2.水资源管理	Water Resources Management	1.43	2.64	3.71	10.59
3.其他水利管理	Other Water Conservancy	29.29	15.57	12.87	5.67
#能源产业投资	Investment of Energy Industry	106.37	143.42	165.08	242.53
1.煤炭开采和洗选业	Mining and Washing of Coal				
2.石油和天然气开采业	Extraction of Petroleum and Natual Gas		24.58	56.26	85.26
3.石油加工炼焦及核燃料加工业	Processing of Petroleum, Coking and Nuclear Fuel Processing			0.29	
4.电力、热力的生产和供应业	Production and Supply of Electric Power and Heat Power	94.67	92.39	85.24	109.38
5.燃气的生产和供应业	Production and Supply of Gas	11.70	26.44	23.29	47.90

8-15 各区按构成和建设性质分城镇固定资产投资增长速度（2021年）

GROWTH RATE OF INVESTMENT IN FIXED ASSETS IN URBAN AREA BY COMPOSITION OF FUNDS, TYPE OF CONSTRUCTION AND DISTRICT（2021）

单位：% (%)

地 区 District		投资额 Total Investment	按构成分 By Composition of Funds			按建设性质分 By Type of Construction		
			建筑安装工程 Construction and Installation	设备、工器具购置 Purchase of Equipment and Instruments	其他费用 Others	#新建 New Construction	#扩建 Expansion	#改建、技术改造 Reconstruction and Technological Transformation
全市总计	**Total**	**3.7**	**9.5**	**40.4**	**-13.4**	**-0.5**	**17.5**	**25.7**
福田区	Futian	−0.3	2.5	61.8	−20.2	−10.4	42.0	11.4
罗湖区	Luohu	11.6	26.2	−32.0	2.5	11.8	125.0	−4.4
盐田区	Yantian	9.8	11.1	67.9	2.0	7.5	−34.9	107.8
南山区	Nanshan	1.0	21.2	219.8	−28.1	0.2	22.9	19.8
宝安区	Baoan	5.8	10.0	18.0	−5.3	3.6	−16.2	−1.8
龙岗区	Longgang	0.5	5.7	204.9	−16.9	−1.7	74.7	24.4
龙华区	Longhua	−10.7	−11.3	−3.4	−11.7	−13.3	13.0	6.5
坪山区	Pingshan	15.9	20.6	104.1	−33.3	−2.0	24.7	81.3
光明区	Guangming	11.4	1.8	20.8	26.2	5.0	205.3	54.1
大鹏新区	Dapeng	28.7	43.2	77.4	−17.7	24.7	83.4	145.2
深汕特别合作区	Shenzhen-Shanwei Special Cooperation Zone	32.4	30.4	25.6	40.5	34.7	13.5	26.8

8-16 房屋施工建筑面积

FLOOR SPACE OF BUILDINGS UNDER CONSTRUCTION

单位：万平方米 （10 000 sq. m）

年 份 Year	合 计 Total	非房地产开发项目 Non-Real Estate Development	房地产开发项目 Real Estate Development
1979	29.26	29.26	
1980	52.36	52.36	
1981	96.88	96.88	
1982	250.71	250.71	
1983	368.40	368.40	
1984	644.59	644.59	
1985	1 030.94	1 030.94	
1986	940.39	771.29	
1987	887.21	642.48	
1988	1 161.77	888.29	
1989	1 088.02	926.36	
1990	848.65	408.71	304.62
1991	1 257.19	533.66	467.82
1992	1 813.80	532.45	950.06
1993	2 319.40	566.70	1 396.44
1994	2 733.59	704.15	1 298.82
1995	2 733.59	951.68	1 371.06
1996	2 878.53	965.41	1 495.27
1997	2 775.82	847.14	1 454.17
1998	3 218.81	862.96	1 656.65
1999	3 369.43	829.19	1 834.13
2000	3 591.22	790.57	2 134.95
2001	4 137.47	977.07	2 392.77
2002	4 467.16	861.88	2 776.29
2003	5 567.66	1 277.01	2 838.22
2004	5 856.65	2 177.17	3 120.25
2005	4 841.55	1 624.60	3 058.90
2006	4 512.66	1 204.30	3 122.10
2007	4 184.86	920.16	3 149.56
2008	4 619.53	1 116.83	3 276.30
2009	5 257.21	2 144.85	3 112.36
2010	5 178.84	2 238.90	2 939.94
2011	5 162.10	2 286.12	2 875.98
2012	5 259.50	2 042.81	3 216.69
2013	6 308.89	2 305.40	4 003.49
2014	6 249.70	1 757.52	4 492.18
2015	7 010.06	2 031.65	4 978.41
2016	6 677.50	1 503.51	5 173.99
2017	7 560.49	1 851.16	5 709.34
2018	9 216.78	2 469.09	6 747.69
2019	10 370.79	2 403.29	7 967.50
2020	9 661.44		9 661.44
2021	10 497.10		10 497.10

8-17 房屋竣工建筑面积
FLOOR SPACE OF BUILDINGS COMPLETED

单位：万平方米 （10 000 sq.m）

年 份 Year	合 计 Total	非房地产开发项目 Non-Real Estate Development	房地产开发项目 Real Estate Development
1979	13.01	13.01	
1980	34.63	34.63	
1981	54.59	54.59	
1982	92.67	92.67	
1983	146.86	146.86	
1984	266.63	266.63	
1985	320.94	320.94	
1986	453.07	453.07	
1987	464.69	464.69	
1988	567.38	567.38	
1989	563.01	563.01	
1990	383.42	250.01	133.41
1991	539.20	388.76	150.44
1992	682.29	483.89	198.40
1993	781.07	499.61	281.46
1994	783.62	472.52	311.10
1995	838.46	526.91	311.55
1996	964.52	570.20	394.32
1997	942.91	615.87	327.04
1998	1 211.89	748.58	463.31
1999	1 267.00	764.85	502.15
2000	1 287.21	655.16	632.05
2001	1 526.90	798.93	727.97
2002	1 668.25	776.01	892.24
2003	2 228.44	1 208.13	1 020.31
2004	2 155.82	1 143.43	1 012.39
2005	1 488.86	543.08	945.78
2006	1 184.00	335.11	848.89
2007	905.56	269.54	636.02
2008	877.18	247.45	629.73
2009	712.58	310.57	402.01
2010	692.70	348.27	344.43
2011	962.10	637.10	325.00
2012	815.47	389.72	425.75
2013	895.76	542.21	353.55
2014	954.77	529.46	425.31
2015	818.86	458.65	360.21
2016	587.81	97.78	490.03
2017	351.23	66.17	285.06
2018	366.40	104.84	261.56
2019	650.97	78.86	572.11
2020	640.88		640.88
2021	675.31		675.31

8-18 竣工房屋价值

VALUE OF BUILDINGS COMPLETED

单位：万元　　　　（10 000 yuan）

年 份 Year	合 计 Total	非房地产开发项目 Non-Real Estate Development	房地产开发项目 Real Estate Development
1979	1 207	1 207	
1980	4 607	4 607	
1981	9 189	9 189	
1982	20 865	20 865	
1983	37 164	37 164	
1984	79 318	79 318	
1985	103 970	103 970	
1986	157 701	157 701	
1987	151 670	151 670	
1988	348 453	348 453	
1989	276 535	276 535	
1990	210 323	143 647	66 676
1991	308 940	209 291	99 649
1992	601 150	441 123	160 027
1993	640 545	402 632	237 913
1994	784 100	450 155	333 945
1995	1 343 491	589 564	753 927
1996	1 825 063	689 196	1 135 867
1997	1 745 964	831 798	914 166
1998	2 416 223	951 213	1 465 010
1999	2 670 993	1 196 580	1 474 413
2000	2 955 291	895 867	2 059 424
2001	2 795 702	1 029 008	1 766 694
2002	3 601 624	992 766	2 608 858
2003	4 260 940	1 578 186	2 682 754
2004	3 421 757	1 121 432	2 300 325
2005	3 632 843	673 980	2 958 863
2006	3 594 969	419 621	3 175 348
2007	2 933 541	523 025	2 410 516
2008	2 862 722	206 362	2 656 360
2009	2 993 216	585 173	2 408 043
2010	2 663 742	573 198	2 090 544
2011	3 340 401	1 731 089	1 609 312
2012	3 384 230	788 002	2 596 228
2013	4 851 340	2 101 465	2 749 875
2014	3 858 122	1 110 096	2 748 026
2015	4 238 203	1 222 205	3 015 998
2016	4 166 251	546 280	3 619 971
2017	3 040 094	255 529	2 784 565
2018	3 895 487	371 728	3 523 759
2019	9 613 925	476 682	9 137 243
2020	8 102 754		8 102 754
2021	9 044 284		9 044 284

8-19 住宅投资

INVESTMENT IN RESIDENTIAL HOUSING

单位：万元 （10 000 yuan）

年 份 Year	合 计 Total	非房地产开发项目 Non-Real Estate Development	房地产开发项目 Real Estate Development
1979	914	914	
1980	2 838	2 838	
1981	6 428	6 428	
1982	19 021	19 021	
1983	27 640	27 640	
1984	38 406	38 406	
1985	64 863	64 863	
1986	46 940	46 940	
1987	54 629	54 629	
1988	114 993	114 993	
1989	123 617	123 617	
1990	184 564	113 964	70 600
1991	368 786	215 386	153 400
1992	886 272	435 872	450 400
1993	913 193	245 193	668 000
1994	1 131 517	257 417	874 100
1995	937 427	308 927	628 500
1996	1 101 662	315 262	786 400
1997	1 135 054	280 005	855 049
1998	1 500 548	501 698	998 850
1999	1 874 853	461 747	1 413 106
2000	2 185 195	398 406	1 786 789
2001	2 471 512	374 412	2 097 100
2002	3 046 579	337 379	2 709 200
2003	2 987 720	485 806	2 501 914
2004	3 018 249	459 849	2 558 400
2005	2 785 401	130 001	2 655 400
2006	3 384 498	134 044	3 250 454
2007	3 468 913	151 346	3 317 567
2008	3 494 643	344 854	3 149 789
2009	3 456 595	558 747	2 897 848
2010	3 601 242	552 364	3 048 878
2011	4 055 301	523 183	3 532 118
2012	5 422 058	676 077	4 745 981
2013	6 544 510	603 463	5 941 047
2014	7 779 946	477 182	7 302 764
2015	9 239 015	267 684	8 971 331
2016	10 612 596	167 234	10 445 362
2017	23 970 296	68 430	23 901 866
2018	13 153 220	119 938	13 033 282
2019	15 394 475	205 636	15 188 839
2020	21 154 040	1 825 726	19 328 314
2021	17 973 299	1 707 390	16 265 909

8-20 住宅施工建筑面积

FLOOR SPACE OF RESIDENTIAL HOUSING UNDER CONSTRUCTION

单位：万平方米 （10 000 sq. m）

年 份 Year	合 计 Total	非房地产开发项目 Non-Real Estate Development	房地产开发项目 Real Estate Development
1979	13.41	13.41	
1980	27.81	27.81	
1981	43.34	43.34	
1982	128.3	128.3	
1983	156.68	156.68	
1984	258.52	258.52	
1985	362.7	362.7	
1986	366.59	366.59	
1987	339.69	339.69	
1988	447.03	447.03	
1989	434.43	434.43	
1990	393.02	200.87	192.15
1991	630.97	351.97	279
1992	1 040.81	439.71	601.1
1993	1 302.24	392.73	909.51
1994	1 344.78	475.92	868.86
1995	1 443.75	599.55	844.2
1996	1 474.14	533.53	940.61
1997	1 365.44	399.26	966.18
1998	1 866.76	719.79	1 146.97
1999	1 944.88	589.26	1 355.62
2000	2 059.39	482.5	1 576.89
2001	2 261.63	471.14	1 790.49
2002	2 575.33	450.47	2 124.86
2003	2 824.41	751.52	2 072.89
2004	2 944.42	686.74	2 257.68
2005	2 343.55	190.97	2 152.58
2006	2 292.72	135.33	2 157.39
2007	2 302.93	125.15	2 177.78
2008	2 487.73	277.37	2 210.36
2009	2 490.16	402.69	2 087.47
2010	2 510.02	484.88	2 025.14
2011	2 252.60	286.97	1 965.63
2012	2 547.67	440.08	2 107.59
2013	3 067.52	459.23	2 608.29
2014	3 165.22	295.22	2 870.00
2015	3 343.16	186.17	3 156.99
2016	3 195.56	116.28	3 079.28
2017	3 076.68	87.26	2 989.42
2018	3 453.99	3.67	3 450.31
2019	3 994.33	33.99	3 960.34
2020	4 793.00		4 793.00
2021	5 323.28		5 323.28

8-21 住宅竣工建筑面积

FLOOR SPACE OF RESIDENTIAL HOUSING COMPLETED

单位：万平方米　　　　　　　　　　　　　　　　　　　　　　　　（10 000 sq. m）

年　份 Year	合　计 Total	非房地产开发项目 Non-Real Estate Development	房地产开发项目 Real Estate Development
1979	5.26	5.26	
1980	17.85	17.85	
1981	23.41	23.41	
1982	45.57	45.57	
1983	62.42	62.42	
1984	123.76	123.76	
1985	139.31	139.31	
1986	197.15	197.15	
1987	199.09	199.09	
1988	245.10	245.10	
1989	236.98	236.98	
1990	204.77	120.37	84.40
1991	305.17	213.95	91.22
1992	416.31	285.41	130.90
1993	440.36	243.61	196.75
1994	438.83	232.33	206.50
1995	485.23	268.85	216.38
1996	565.86	315.35	250.51
1997	512.24	269.05	243.19
1998	729.48	373.18	356.30
1999	800.60	388.14	412.46
2000	755.59	231.04	524.55
2001	852.58	279.37	573.21
2002	1 000.19	301.87	698.32
2003	1 290.61	473.99	816.62
2004	1 245.59	473.39	772.20
2005	781.54	77.10	704.44
2006	627.31	45.44	581.87
2007	507.71	70.57	437.14
2008	519.72	75.95	443.77
2009	415.18	145.64	269.54
2010	376.03	124.92	251.11
2011	283.34	50.68	232.66
2012	310.85	21.45	289.40
2013	229.38	33.05	196.33
2014	336.24	66.98	269.26
2015	206.60	4.23	202.37
2016	302.26	21.62	280.64
2017	183.89	0.10	183.79
2018	125.16	0.25	124.91
2019	303.76		303.76
2020	341.00		341.00
2021	377.45		377.45

8-22 住宅竣工价值

VALUE OF RESIDENTIAL HOUSING COMPLETED

单位：万元 （10 000 yuan）

年 份 Year	合 计 Total	非房地产开发项目 Non-Real Estate Development	房地产开发项目 Real Estate Development
1979	449	449	
1980	2 440	2 440	
1981	4 322	4 322	
1982	9 873	9 873	
1983	15 043	15 043	
1984	37 418	37 418	
1985	38 341	38 341	
1986	54 880	54 880	
1987	46 707	46 707	
1988	88 625	88 625	
1989	109 242	109 242	
1990	105 056	54 141	50 915
1991	180 594	97 555	83 039
1992	256 111	126 101	130 010
1993	351 941	183 002	168 939
1994	432 365	197 797	234 568
1995	754 577	256 370	498 207
1996	918 088	320 698	597 390
1997	879 347	280 726	598 621
1998	1 426 708	381 849	1 044 859
1999	1 604 378	413 281	1 191 097
2000	2 023 916	295 545	1 728 371
2001	1 768 793	360 468	1 408 325
2002	2 317 417	256 691	2 060 726
2003	2 718 868	573 862	2 145 006
2004	2 140 997	349 310	1 791 687
2005	2 249 795	105 330	2 144 465
2006	2 166 187	35 346	2 130 841
2007	1 782 456	126 881	1 655 575
2008	2 859 458	403 511	2 455 947
2009	1 954 702	174 664	1 780 038
2010	1 809 542	145 208	1 664 334
2011	1 304 387	140 743	1 163 644
2012	1 731 885	41 786	1 690 099
2013	1 624 371	112 366	1 512 005
2014	2 098 830	182 101	1 916 729
2015	1 710 751	12 941	1 697 810
2016	2 240 657	44 430	2 196 227
2017	1 707 425	180	1 707 245
2018	1 926 382	1 200	1 925 182
2019	6 133 752	298	6 133 454
2020	4 646 903		4 646 903
2021	6 021 542		6 021 542

8-23　固定资产投资完成情况主要指标增长速度（2018-2021年）

GROWTH RATE OF MAIN INDICATORS OF INVESTMENT IN FIXED ASSETS（2018-2021）

单位：%　　　　(%)

指　标	Indicators	2018	2019	2020	2021
一、计划总投资及项目个数	**Total Planned Investment and Project Number**				
1.计划总投资	Total Planned Investment	27.0	22.8	15.2	21.8
其中：本年新开工项目	New Projects under Construction in Current Year	92.4	-12.2	9.3	26.7
2.施工项目个数（个）	Number of Projects under Construction(unit)	17.3	28.5	13.1	20.1
其中：本年新开工（个）	Newly Started Projects of the Year(unit)	4.2	23.2	9.3	9.8
本年投产项目个数（个）	Number of Projects Put into Use in Current Year	8.7	97.0	2.0	-4.8
二、本年完成投资	**Investment Completed in Current Year**	**20.6**	**18.8**	**8.2**	**3.7**
（一）按登记注册类型分组	Grouped by Registration Status				
1.内资	Domestic-funded	25.2	18.0	11.1	1.1
国有经济	State-owned	36.7	38.2	13.0	16.8
集体经济	Collective-owned	682.7	-64.0	-18.5	-0.1
其他内资经济	Others	16.7	10.4	10.1	-9.2
2.港澳台商投资	Funds from Hong Kong,Macao and Taiwan	-22.6	-0.5	-17.7	49.2
3.外商投资	Foreign-funded	30.3	75.0	-14.3	16.0
（二）按建设性质分	Grouped by Type of Construction				
#新建	New Construction	20.3	18.8	7.4	-0.5
#扩建	Expansion	-14.4	20.1	49.6	17.5
#改建和技术改造	Reconstruction and Technical Reconstruction	63.7	14.5	17.8	25.7
（三）按构成分	Grouped by Use of Funds				
1.建筑安装工程	Construction and Installation	10.6	18.5	7.8	9.5
2.设备工器具购置	Purchase of Equipment and Instruments	10.5	1.6	-0.4	40.4
3.其他费用	Other Expenses	45.1	25.1	11.1	-13.4
（四）按主要产业分	Grouped by Major Industries				

注：　1.计划总投资及项目个数不含房地产开发部分。
Notes:The data of total planned investment and project number exclude the data of real estate development.
2.2018年起，数据为比上年增长数据。
From 2018,the data in the table is the increase over the previous year.

8-23 续表1 CONTINUED

单位：%　　(%)

指 标	Indicators	2018	2019	2020	2021
1.第一产业	Primary Industry	−91.3	1 000.6	3.5	−24.6
2.第二产业	Secondary Industry	7.0	12.6	0.9	27.2
#工业合计	Total Industries	8.2	11.5	0.5	27.1
3.第三产业	Tertiary Industry	23.4	19.9	9.4	0.0
（五）按国民经济行业分	Grouped by Economic Sector				
农、林、牧、渔业	Agriculture,Forestry,Animal Husbandry and Fishery	−34.9	47.8	74.4	−55.3
采矿业	Mining		117.7	133.7	48.1
制造业	Manufacturing	4.4	8.6	−5.1	22.5
电力、燃气及水的生产和供应业	Production and Supply of Electric Power,Gas and Water	24.2	19.7	10.4	41.7
建筑业	Construction		31.7	−100.0	
批发和零售业	Wholesale and Retail Trades	14.1	−2.3	−24.1	29.1
交通运输、仓储和邮政业	Transport,Storage and Postal Services	39.7	23.3	10.5	35.5
住宿与饮食业	Hotels and Catering Services	−39.7	−32.6	−26.0	387.9
信息传输、软件和信息技术服务业	Information Transmission, Software and Information Technology	312.9	12.7	14.5	−0.4
金融业	Financial Intermediation	19.8	87.5	−4.6	−35.0
房地产业	Real Estate	22.6	12.0	10.6	−6.1
租赁和商务服务业	Leasing and Business Services	60.8	34.8	−25.1	−15.6
科学研究和技术服务业	Scientific Research and Technical Services	−16.1	24.7	−54.5	89.4
水利、环境和公共设施管理业	Management of Water Conservancy,Environment and Public Facilities	28.1	45.2	4.7	−25.1
居民服务、修理和其他服务业	Services to Households, Repair and Other Services	−88.8	167.8	113.5	−21.5
教育	Education	33.8	47.0	66.6	39.2
卫生和社会工作	Health and Social Work	14.4	22.7	94.4	18.6
文化、体育和娱乐业	Culture,Sports and Recreation	82.5	21.4	30.1	66.7
公共管理、社会保障和社会组织	Public Management,Social Security and Social Organizations	22.2	−1.5	28.0	12.3
国际组织	International Organizations				

8-23 续表2 CONTINUED

单位：% (%)

指　标	Indicators	2018	2019	2020	2021
三、房屋面积	**Floor Space**				
本年施工房屋面积(万平方米)	Floor Space of Buildings Under Construction in Current Year(10 000sq.m)	21.9	12.5	21.3	8.6
其中：住宅(万平方米)	Residential Buildings(10 000sq.m)	12.3	15.6	21.0	11.1
本年竣工房屋面积(万平方米)	Floor Space of Buildings Completed in Current Year(10 000sq.m)	4.3	77.7	12.0	5.4
其中：住宅(万平方米)	Residential Buildings(10 000sq.m)	−31.9	142.7	12.3	10.7
四、资金来源情况	**Source of Funds**				
（一）本年资金来源合计	Source of Total Funds This Year	12.8	21.3	5.4	16.2
上年末结余资金	Surplus Funds From the Year−end of Preceding Year	0.3	43.6	−5.1	4.0
本年资金来源小计	Source of Sub−total Funds This Year	17.7	13.9	9.7	20.6
国家预算资金	State and Local Budget	27.3	38.7	14.2	15.2
国内贷款	Domestic Loans	−0.4	−4.4	13.6	6.8
债券	Bond	1 636.8	54.6	−27.6	−59.9
利用外资	Foreign Investment	−32.7	−77.4	96.2	−70.3
其中：外商直接投资	Foreign Direct Investment				
自筹资金	Self−raising Funds	21.8	5.8	9.5	18.6
其他资金来源	Other Sources of Funds	27.0	30.2	5.4	37.8
（二）各项应付款合计	Total Payment Of This Year	28.9	6.3	−3.1	16.5

主要统计指标解释

固定资产投资额 是以货币形式表现的在一定时期内建造和购置固定资产的工作量以及与此有关的费用的总称。它是反映固定资产投资规模、结构和发展速度的综合性指标，又是观察工程进度和考核投资效果的重要依据。固定资产投资包括国有经济单位投资、城乡集体及其他各种登记注册类型的单位投资和城乡居民个人投资。按照国家统计制度规定，固定资产投资统计范围包括：城镇和农村投资两大部分。城乡集体经济单位投资包括城镇集体所有制单位投资和农村集体所有制单位投资；其他各种经济类型单位投资包括联营经济、股份制经济、中外合资经济、中外合作经济、外资、与大陆合资经营、与大陆合作经营、港澳台独资及其他经济的单位投资；城乡居民个人投资包括城市、县城、镇、工矿区所辖范围内的个人建房和农村个人建房及购买生产性固定资产的投资。

1.城镇和农村建设项目投资月报统计范围为：城镇和农村各种登记注册类型的企业、事业、行政单位及个体户进行的计划总投资500万元及500万元以上的建设项目，包括城镇各种经济类型的建设项目和工矿区私人建房项目，以及农村非农户投资项目、农村农户建房和购置生产性设备投资。年报统计范围中的城镇和工矿区私人建房为市、县城、镇、工矿区所辖范围内的全部私人建房（不论其房主是否系本地的常住户口均应包括），其他部分与月报统计范围一致。年报统计范围中的农户固定资产投资为所辖范围内的全部私人建房和其他购置生产性设备等投资。

2.城镇建设项目投资在城乡分组中:“城镇”、农村非农户建设项目投资在城乡分组中“农村”，农村农户在城乡分组中填“农户”，汇总表中“农村”包含“农户”。

房地产开发投资 各种登记注册类型的房地产开发公司 、商品房建设公司及其他房地产开发单位统一开发的包括统代建、拆迁还建的住宅、厂房、仓库、饭店、宾馆、度假村、写字楼、办公楼等房屋建筑物和配套的服务设施、土地开发工程，如道路、给水、排水、供电 、供热、通讯、平整场地等基础设施工程的投资。包括实际从事房地产开发或经营活动的附营房地产开发单位。不包括单纯的土地交易活动。

住宅建筑面积 指施工和竣工房屋建筑面积中供居住用的房屋建筑面积。

房屋施工面积 指在报告期内施工的全部房屋建筑面积。包括本期新开工的面积和上期开工跨入本期继续施工的面积，以及上期已停建在本期恢复施工的房屋面积。本期竣工和本期施工后又停缓建的房屋，其建筑面积仍计入本期房屋施工面积中。

房屋竣工面积 指在报告期内房屋建筑按照设计要求已经全部完工，达到住人和使用条件，经验收鉴定合格（或达到竣工验收标准），正式移交使用的各栋房屋建筑面积的总和。

新增固定资产 指已经完成建造和购置过程，并已交付生产或使用单位的固定资产的价值。它是表示固定资产投资成果的价值指标，也是反映建设进度，计算固定资产投资效果的重要依据。

Explanatory Notes on Main Statistical Indicators

Amount of Investment in Fixed Assets refers to the sum in monetary terms of the volume of activities in the construction and purchase of fixed assets as well as related expenses. It is not only a comprehensive indicator of the size, proportional relations and developmental pace of investment in fixed assets, but also an important basis to follow the progress of projects and check the result of investment on. Total investment in fixed assets includes investment by state–owned units, urban and rural collective units, units of other types of ownership and individuals in urban and rural areas. According to China's current statistics system, investment in fixed assets is classified into two parts: urban and rural. Investment by urban and rural collective units includes investment by urban collective units and investment by rural collective units. Investment by units of other types of ownership includes investment by units of joint ownership economy, shareholding economy, Sino–foreign joint economy, Sino–foreign cooperative economy, economy exclusively funded by foreign investors, joint economy with the mainland, cooperative economy with the mainland, economy exclusively funded by compatriots from Hong Kong, Macao and Taiwan and units of other types of ownership. Investment by individuals in urban and rural areas includes investment in personal housing in areas under the jurisdiction of the city, county, town and special industrial and mining areas as well as investment in personal housing and purchase of productive fixed assets in rural areas.

Investment in Real Estate Development includes investment by real estate developers, commercial builders and other units of real estate development of various statuses of registration in the construction of house buildings, such as residential buildings, factory buildings, warehouses, restaurants, hotels, holiday resorts, office buildings, and complementary service facilities and land development projects, such as roads, water supply, water drainage, power supply, heating, telecommunications, land leveling and other projects of infrastructure. This indicator covers the activities of non–real estate companies engaged in real estate development or management, but excludes simple land transactions.

Floor Space of Residential Buildings refers to the floor space of the residential buildings among the total space of buildings under construction or completed.

Floor Space under Construction refers to total floor space of all buildings under construction during the reference period, including floor space of newly started buildings during the reference period, floor space of construction extended from the previous period to the current period, and floor space of construction suspended during the previous period but resumed in the current period. Floor space of construction completed in the current period and floor space of construction started and then suspended in the current period are also included in floor space under construction.

Floor Space of Buildings Completed refers to total floor space of all buildings completed in the reference period, which have come up to the designed standards with proper conditions of residence and use, and have been examined and accepted (or met the standards for completion), and put into use.

Newly Increased Fixed Assets refer to the value of fixed assets which have been completed and transfered to production units or users. It is a value indicator of the achievements of investment in fixed assets as well as an important basis to evaluate the result of investment in fixed assets on.

09 第九部分

房地产开发

REAL ESTATE EDEVELOPMENT

CHAPTER

9-1 房地产开发投资额（按投资去向分）

INVESTMENT IN REAL ESTATE DEVELOPMENT（GROUPED BY INVESTMENT DESTINATION）

单位：亿元 (100 million yuan)

年 份 Year	本年完成投资 Investment Completed This Year	土地购置费 Total Value of Land Purchased
1993	102.77	19.69
1994	130.46	20.28
1995	103.04	3.90
1996	124.83	5.72
1997	136.65	13.52
1998	167.49	24.18
1999	215.25	32.88
2000	260.97	36.87
2001	315.64	70.99
2002	388.44	71.01
2003	412.66	75.82
2004	434.24	71.80
2005	423.69	64.05
2006	462.09	43.86
2007	461.04	62.22
2008	440.49	65.98
2009	437.46	45.25
2010	458.46	60.98
2011	514.74	89.01
2012	736.84	129.77
2013	876.90	98.88
2014	1 069.49	195.67
2015	1 331.03	316.76
2016	1 756.52	416.81
2017	2 135.86	723.33
2018	2 640.71	986.28
2019	3 059.94	1 269.37
2020	3 562.57	1 420.05
2021	3 012.68	957.97

9-2 房地产开发投资额（按用途分）

INVESTMENT IN REAL ESTATE DEVELOPMENT(GROUPED BY USE)

单位：亿元 (100 million yuan)

年份 Year	本年完成投资 Investment Completed This Year	住宅 Residential Buildings	办公楼 Office Buildings	商业用房 Houses for Business Use	其他 Others
1993	102.77	66.80	11.30	14.39	10.28
1994	130.46	87.41	13.05	18.26	11.74
1995	103.04	62.85	16.49	14.43	9.27
1996	124.83	78.64	19.97	16.23	9.99
1997	136.65	85.50	18.18	14.78	18.19
1998	167.49	99.89	12.10	19.97	35.53
1999	215.25	141.31	13.57	17.95	42.42
2000	260.97	178.68	13.62	22.90	45.77
2001	315.64	209.71	9.32	28.21	68.40
2002	388.44	270.92	13.00	35.26	69.26
2003	412.66	250.19	15.05	47.29	100.13
2004	434.24	255.84	24.51	57.43	96.46
2005	423.69	265.54	28.04	53.07	77.04
2006	462.09	325.05	30.63	67.40	39.01
2007	461.04	331.76	30.08	53.48	45.72
2008	440.49	314.98	26.12	51.96	47.43
2009	437.46	289.78	35.34	53.22	59.12
2010	458.46	304.88	37.98	59.35	56.32
2011	514.74	353.21	36.78	64.61	60.14
2012	736.84	474.60	27.00	90.11	145.13
2013	876.90	583.29	64.63	90.22	138.76
2014	1 069.49	730.28	104.22	118.22	116.77
2015	1 331.03	897.13	158.84	142.72	132.34
2016	1 756.52	1 044.54	310.44	246.45	155.09
2017	2 135.86	1 014.05	535.82	340.06	245.92
2018	2 640.71	1 303.33	598.56	331.87	406.96
2019	3 059.94	1 518.88	600.80	370.68	569.57
2020	3 562.57	1 932.83	697.92	412.79	519.03
2021	3 012.68	1 626.59	598.30	344.00	443.79

9-3 房地产开发投资额（按构成分）

INVESTMENT IN REAL ESTATE DEVELOPMENT（GROUPED BY COMPOSITION）

单位：亿元　　　　(100 million yuan)

年 份 Year	本年完成投资 Investment Completed This Year	建筑安装工程 Constructional Project	设备购置 Purchase of Equipment	其 他 Others
1993	102.77	93.06	4.77	4.94
1994	130.46	104.23	8.75	17.48
1995	103.04	79.32	6.75	16.97
1996	124.83	92.22	12.38	20.23
1997	136.65	98.41	6.36	31.89
1998	167.49	115.79	7.35	44.35
1999	215.25	150.26	10.47	54.53
2000	260.97	187.90	9.59	63.47
2001	315.64	217.69	6.39	91.56
2002	388.44	281.11	11.35	95.99
2003	412.66	298.08	12.63	101.95
2004	434.24	315.44	15.06	103.74
2005	423.69	314.11	11.40	98.17
2006	462.09	380.02	10.93	71.14
2007	461.04	356.66	6.61	97.77
2008	440.49	327.83	10.53	102.13
2009	437.46	352.79	8.87	75.80
2010	458.46	347.15	8.67	102.66
2011	514.74	358.98	10.08	145.68
2012	736.84	488.33	8.58	239.94
2013	876.90	684.81	10.39	181.70
2014	1 069.49	794.76	17.85	256.88
2015	1 331.03	892.03	26.75	412.25
2016	1 756.52	1 200.97	18.76	536.79
2017	2 135.86	1 193.23	32.54	910.09
2018	2 640.71	1 366.58	25.73	1 248.40
2019	3 059.94	1 310.16	35.78	1 714.00
2020	3 562.57	1 364.08	38.02	2 160.47
2021	3 012.68	1 509.23	9.53	1 493.92

9-4 房地产开发投资额（按区域分）

INVESTMENT IN REAL ESTATE DEVELOPMENT（GROUPED BY DISTRICT）

单位：亿元　　　　（100 million yuan）

年份 Year	本年完成投资 Investment Completed This Year	福田区 Futian	罗湖区 Luohu	盐田区 Yantian	南山区 Nanshan	大宝安区 Original Baoan	宝安区 Baoan	龙华区 Longhua	光明区 Guangming	大龙岗区 Original Longgang	龙岗区 Longgang	坪山区 Pingshan	大鹏新区 Dapeng	深汕特别合作区 Shenzhen-Shanwei Special Cooperation Zone
1997	136.65	42.36	41.00		20.50	15.03				17.76				
1998	167.49	50.25	48.57	1.67	31.82	16.75				18.42				
1999	215.25	73.19	53.81	2.15	38.75	15.07				32.29				
2000	260.97	83.51	65.24	5.22	49.58	26.10				31.32				
2001	315.64	107.32	66.28	3.16	72.60	31.56				34.72				
2002	388.44	116.53	69.80	7.77	89.34	54.38				46.61				
2003	412.66	118.23	66.18	11.07	101.93	61.75				53.50				
2004	434.24	115.68	67.90	16.59	96.45	79.57				58.05				
2005	423.69	104.13	53.21	9.83	86.26	107.38				62.88				
2006	462.09	89.84	50.83	13.21	93.59	126.52				88.10				
2007	461.04	54.35	36.11	19.70	82.73	139.68				128.47				
2008	440.49	41.93	32.71	30.04	101.47	130.51				103.83				
2009	437.46	40.82	36.50	41.68	99.12	96.36				122.98				
2010	458.46	48.13	38.32	32.67	72.51	126.41				140.42				
2011	514.74	44.50	37.11	26.97	69.33	160.00				176.83				
2012	736.84	85.22	45.05	34.54	82.26	233.88	125.99	91.36	16.53	255.90	215.28	25.95	14.67	
2013	876.90	114.38	41.80	38.16	94.74	250.75	116.96	112.03	21.76	337.08	277.98	46.62	12.48	
2014	1 069.49	126.60	40.00	37.30	149.22	360.22	165.77	161.21	33.24	356.16	296.32	45.39	14.44	
2015	1 331.03	156.09	35.57	42.39	228.86	460.56	213.55	185.57	61.45	407.56	347.28	49.55	10.73	
2016	1 756.52	180.57	92.91	41.67	350.35	618.32	292.54	248.25	77.53	472.70	374.18	84.51	14.02	
2017	2 135.86	239.40	98.80	47.10	457.94	371.63	280.45	331.70	91.18	449.81	428.99	134.48	20.82	4.99
2018	2 640.71	265.96	124.30	40.78	579.55		380.68	399.29	128.76		554.45	141.07	14.69	11.20
2019	3 059.94	258.88	145.49	66.89	691.52		407.24	461.75	170.76		680.85	128.33	29.94	18.29
2020	3 562.57	258.51	227.28	87.32	699.99		611.05	605.09	268.60		597.51	135.83	46.66	24.73
2021	3 012.68	184.24	261.95	77.13	515.65		570.31	457.89	287.38		479.35	114.20	30.97	33.60

注：2007年以来，深圳陆续设立功能新区及新行政区，表中大宝安区数据2011年及以前为原宝安区数据，2012-2016年包含宝安区、龙华新区和光明新区，2017年包含宝安区和光明新区。大龙岗区数据2011年及以前为原龙岗区数据，2012-2016年包含龙岗区、坪山新区和大鹏新区，2017年包含龙岗区和大鹏新区。

Note: Since 2007, functional zones and new administrative districts have been established in Shenzhen.The data of Original Baoan were the data of Baoan in 2011 and before,included Baoan Longhua and Guangming in 2012-2016,included Baoan and Guangming in 2017.The data of Original Longgang were the data of Longgang in 2011 and before,1,included Longgang,Pingshan and Dapeng in 2012-2016,included Longgang and Dapeng in 2017.

9-5 房地产开发投资额（按注册登记类型分）（2013-2021年）

INVESTMENT IN REAL ESTATE DEVELOPMENT（GROUPED BY REGISTRATION）（2013-2021）

单位：亿元　　　　(100 million yuan)

类别	Item	2013	2014	2015	2016	2017	2018	2019	2020	2021
合计	**Total**	**876.90**	**1 069.49**	**1 331.03**	**1 756.52**	**2 135.86**	**2 640.71**	**3 059.94**	**3 562.57**	**3 012.68**
1.内资企业	Domestic Investment Enterprises	730.95	892.77	1 096.32	1 494.14	1 852.08	2 401.23	2 784.50	3 371.65	2 814.15
国有企业	State-Owned	56.87	47.39	15.47	2.58	14.22	82.80	177.41	131.14	91.64
集体企业	Collective-Owned	3.07	6.66			1.66	26.30	9.65	6.16	6.81
股份合作企业	Shareholding	5.41	2.44	1.80	5.99		15.61	15.67	1.78	5.66
联营企业	Joint Owned						23.92	14.67	0.22	0.43
国有联营企业	State-Joint Owned									
集体联营企业	Collective-Joint Owned							6.51		
国有与集体联营企业	State Collective Joint Owned									
其他联营企业	Other Joint Owned						23.92	8.16	0.22	0.43
有限责任公司	Limited-Liability Corporations	294.21	395.06	502.76	797.15	1 039.33	1 257.34	1 248.83	1 740.83	1 259.89
国有独资公司	Enterprises Solely Funded by the State			27.28	30.82	49.60	75.78	142.93	154.44	142.32
其他有限责任公司	Others			475.48	766.32	989.73	1 181.55	1 105.90	1 586.39	1 117.57
股份有限公司	Shareholding	53.69	66.74	87.65	61.17	53.09	122.91	183.95	74.32	119.80
私营企业	Private	311.07	374.44	456.59	625.43	740.82	851.69	1 134.32	1 417.19	1 324.13
其他内资	Others	6.63	0.04	32.05	1.82	2.96	20.66			5.80
2.港、澳、台商投资企业	Enterprises with Funds from Hong Kong,Macao and Taiwan	120.24	136.76	197.34	234.82	245.39	190.99	185.32	141.94	164.21
3.外商投资企业	Foreign Funded	25.71	39.96	37.38	27.56	38.38	48.50	90.12	48.98	34.32

9-6 房地产开发投资资金来源及构成

TOTAL CAPITAL SOURCE AND COMPOSITION OF REAL ESTATE DEVELOPMENT

单位：亿元 (100 million yuan)

年 份 Year	本年资金来源小计 Sub-total Capital Source of this Year	国内贷款 Domestic Loans	利用外资 Foreign Capital Utilized	自筹资金 Self-raising Capital	其他资金 Other Capital
1994	189.90	40.01		63.56	86.33
1995	147.83	31.43	28.14	49.41	38.85
1996	149.10	29.46	28.30	45.49	45.85
1997	168.11	30.91	20.14	61.20	55.86
1998	223.04	55.03	9.31	80.32	78.38
1999	252.88	59.59	4.64	83.31	105.34
2000	333.36	89.06	6.68	96.11	141.52
2001	391.47	102.64	8.93	131.38	148.52
2002	516.40	127.01	9.24	138.96	241.19
2003	644.70	166.37	8.02	179.19	291.12
2004	663.35	149.33	7.04	197.98	309.00
2005	694.01	159.87	2.38	216.49	315.27
2006	837.85	229.39	8.94	174.78	424.74
2007	847.90	169.83	11.78	241.42	424.87
2008	396.35	124.78	0.45	97.90	173.22
2009	881.76	258.83	1.39	171.95	449.59
2010	773.08	199.88	10.33	203.97	358.90
2011	818.81	199.85	2.06	294.03	322.87
2012	1 190.97	302.88	0.00	473.24	414.84
2013	1 686.91	441.09	0.12	456.97	788.73
2014	1 631.90	538.02	20.46	545.65	527.77
2015	2 938.53	730.79	3.21	783.13	1 421.41
2016	3 400.48	812.56		1 081.80	1 506.11
2017	3 233.05	1 196.93	7.91	792.43	1 235.77
2018	3 847.61	1 159.98		1 103.54	1 584.09
2019	4 392.05	1 140.67		1 213.02	2 038.36
2020	4 874.69	1 305.33		1 360.24	2 209.13
2021	5 616.57	1 162.30	0.73	1 419.66	3 033.88

9-7 商品房施工面积（按用途分）

TOTAL FLOOR SPACE UNDER CONSTRUCTION OF COMMODITY HOUSING (GROUPED BY USE)

单位：万平方米 (10 000 sq. m)

年 份 Year	施工面积 Floor Space Under Construction	住 宅 Residential Building	办公楼 Office Building	商业用房 Houses For Business Use	其 他 Others
1991	467.82	279.00	47.72	73.62	67.48
1992	950.06	601.10	101.91	139.21	107.84
1993	1 396.44	909.51	152.43	199.92	134.58
1994	1 298.82	868.86	132.75	176.36	120.85
1995	1 371.06	844.20	214.51	187.71	124.64
1996	1 495.27	940.61	238.93	193.68	122.05
1997	1 454.17	966.18	181.76	185.17	121.06
1998	1 656.65	1 146.97	175.09	208.97	125.62
1999	1 834.13	1 355.62	137.58	201.34	139.59
2000	2 134.95	1 576.89	146.62	225.46	185.98
2001	2 392.77	1 790.49	115.10	255.38	231.80
2002	2 776.29	2 124.86	120.83	279.14	251.46
2003	2 838.22	2 072.89	134.29	317.74	313.30
2004	3 120.25	2 257.68	147.78	379.15	335.64
2005	3 058.90	2 152.58	155.67	370.34	380.31
2006	3 122.10	2 157.39	171.88	385.71	407.12
2007	3 149.56	2 177.78	189.65	335.98	446.15
2008	3 276.30	2 210.36	201.55	346.45	517.94
2009	3 112.36	2 087.47	189.09	328.27	507.53
2010	2 939.94	2 025.13	182.36	298.62	433.83
2011	2 875.98	1 965.63	171.46	298.47	440.42
2012	3 216.69	2 107.59	156.93	339.25	612.92
2013	4 003.49	2 608.29	261.51	383.62	750.06
2014	4 492.18	2 870.00	337.32	481.78	803.09
2015	4 978.41	3 156.99	467.48	614.59	739.35
2016	5 173.99	3 079.28	562.84	705.77	826.09
2017	5 709.34	2 989.42	911.54	821.27	987.11
2018	6 747.69	3 450.31	1 168.28	915.13	1 213.97
2019	7 967.50	3 960.34	1 486.04	1 137.77	1 383.35
2020	9 661.44	4 793.00	1 984.59	1 361.28	1 522.57
2021	10 497.10	5 323.28	2 070.82	1 378.29	1 724.71

9-8 商品房施工面积（按区域分）

TOTAL FLOOR SPACE UNDER CONSTRUCTION OF COMMODITY HOUSING（GROUPED BY DISTRICT）

单位：万平方米 （10 000 sq. m）

年 份 Year	施工面积 Floor Space Under Construction	福田区 Futian	罗湖区 Luohu	盐田区 Yantian	南山区 Nanshan	大宝安区 Original Baoan	宝安区 Baoan	龙华区 Longhua	光明区 Guangming	大龙岗区 Original Longgang	龙岗区 Longgang	坪山区 Pingshan	大鹏新区 Dapeng	深汕特别合作区 Shenzhen-Shanwei Special Cooperation Zone
1996	1 495.27	403.72	613.06		254.20	119.62				104.67				
1997	1 454.17	445.27	435.48		214.29	163.51				195.62				
1998	1 656.65	493.49	483.06	10.29	321.63	171.62				176.56				
1999	1 834.13	622.47	459.35	16.77	334.98	125.71				274.85				
2000	2 134.95	691.02	523.64	41.69	415.09	212.04				251.47				
2001	2 392.77	807.12	510.52	29.91	554.37	228.69				262.16				
2002	2 776.29	830.24	511.82	57.08	631.89	397.97				347.29				
2003	2 838.22	812.15	472.85	56.07	717.41	436.46				343.28				
2004	3 120.25	789.79	437.61	76.11	743.36	639.07				434.31				
2005	3 058.90	667.26	333.72	76.90	513.84	865.27				601.91				
2006	3 122.10	517.48	329.37	94.44	586.94	859.65				734.22				
2007	3 149.56	397.80	192.14	97.66	603.23	891.86				966.87				
2008	3 276.30	314.50	251.52	125.13	689.71	880.39				1 015.05				
2009	3 112.36	315.12	236.45	138.35	547.83	823.30				1 051.31				
2010	2 939.94	252.00	208.68	147.83	503.31	777.89				1 050.23				
2011	2 875.98	257.07	227.71	136.45	377.74	871.40				1 005.61				
2012	3 216.69	261.24	199.69	151.13	369.77	948.14	459.12	440.63	48.39	1 286.72	1 170.81	81.51	34.41	
2013	4 003.49	404.18	311.03	145.12	341.04	1 136.80	521.22	552.22	53.36	1 665.32	1 438.74	186.86	39.71	
2014	4 492.18	522.37	247.94	168.10	558.18	1 307.34	569.65	618.05	119.64	1 688.26	1 457.18	169.95	61.13	
2015	4 978.41	574.92	227.63	136.88	688.22	1 617.08	666.82	691.75	258.50	1 733.69	1 483.34	173.94	76.40	
2016	5 173.99	568.95	217.03	140.27	804.18	1 771.70	851.98	683.63	236.09	1 671.85	1 419.71	197.00	55.14	
2017	5 709.34	575.56	235.56	145.95	1 225.74	1 110.92	951.18	695.97	159.74	1 538.46	1 462.54	147.91	75.92	33.26
2018	6 747.69	675.41	355.01	166.14	1 453.02		1 093.69	940.88	229.83		1 502.64	196.76	85.19	49.12
2019	7 967.50	717.30	435.47	177.57	1 922.45		1 278.23	984.50	445.48		1 500.74	304.62	141.50	59.65
2020	9 661.44	766.38	570.11	237.21	1 932.06		1 602.53	1 223.61	532.73		1 940.06	548.06	185.19	123.50
2021	10 497.10	797.95	675.01	260.50	2 052.26		1 771.41	1 309.80	659.87		2 004.25	629.25	158.99	177.81

9-9 商品房新开工面积（按用途分）

FLOOR SPACE OF NEWLY STARTED OF COMMODITY HOUSING（GROUPED BY USE）

单位：万平方米 （10 000 sq. m）

年 份 Year	新开工面积 Floor Space of Newly Started Buildings	住 宅 Residential Buildings	办公楼 Office Buildings	商业用房 Houses For Business Use	其 他 Others
1998	414.14	333.27	25.62	33.19	22.06
1999	580.56	492.81	6.98	31.94	48.83
2000	646.41	487.48	26.10	64.72	68.12
2001	999.71	792.24	26.96	83.74	96.77
2002	959.32	747.50	41.71	101.12	68.99
2003	932.86	645.18	35.89	119.88	131.91
2004	1 025.55	766.91	25.32	123.24	110.08
2005	1 054.19	753.90	39.89	127.15	133.25
2006	798.12	609.46	19.91	69.98	98.77
2007	876.40	621.91	40.06	72.94	141.49
2008	752.60	471.80	46.61	84.91	149.28
2009	489.18	328.04	29.82	60.70	70.62
2010	470.96	355.17	15.25	38.69	61.84
2011	537.99	367.32	18.54	54.76	97.37
2012	905.24	561.89	50.69	103.47	189.18
2013	1 366.40	910.13	114.88	120.68	220.70
2014	932.68	549.50	91.30	118.00	173.88
2015	1 208.27	777.32	126.79	153.91	150.24
2016	975.33	472.09	165.80	154.75	182.69
2017	1 001.53	446.31	261.28	138.09	155.86
2018	1 529.57	794.68	297.03	185.83	252.02
2019	1 455.54	772.83	293.20	220.20	169.32
2020	1 882.36	983.10	324.69	216.64	357.94
2021	1 591.23	963.94	178.53	173.86	274.90

9-10 商品房新开工面积（按区域分）

FLOOR SPACE OF NEWLY STARTED OF COMMODITY HOUSING （GROUPED BY DISTRICT）

单位：万平方米　　　　（10 000 sq. m）

年 份 Year	新开工面积 Floor Space of Newly Started Buildings	福田区 Futian	罗湖区 Luohu	盐田区 Yantian	南山区 Nanshan	大宝安区 Original Baoan	宝安区 Baoan	龙华区 Longhua	光明区 Guangming	大龙岗区 Original Longgang	龙岗区 Longgang	坪山区 Pingshan	大鹏新区 Dapeng	深汕特别合作区 Shenzhen-Shanwei Special Cooperation Zone
1998	414.14	114.77	101.25	0.56	82.98	47.37				67.21				
1999	580.56	201.65	119.44	2.84	114.81	47.33				94.49				
2000	646.41	169.62	103.02	26.03	168.21	96.96				82.57				
2001	999.71	299.01	132.88	6.74	305.10	140.30				115.68				
2002	959.32	238.00	136.41	25.56	242.46	175.92				140.97				
2003	932.86	220.77	158.89	24.30	210.84	199.54				118.52				
2004	1 025.55	152.62	112.05	34.14	201.34	307.07				218.33				
2005	1 054.19	208.29	24.81	37.99	205.98	319.96				257.16				
2006	798.12	69.00	15.49	42.61	123.74	271.85				275.43				
2007	876.40	38.69	36.93	25.03	211.70	203.18				360.87				
2008	752.60	52.23	87.76	57.60	153.94	195.60				205.47				
2009	489.18	24.29	44.61	34.27	144.97	126.67				114.36				
2010	470.96	25.97	4.10	10.04	70.63	225.06				135.16				
2011	537.99	33.69	13.98	35.46	42.06	230.90				181.90				
2012	905.24	93.28	58.61	61.27	88.03	195.98	103.76	69.48	22.74	408.07	379.06	12.23	16.79	
2013	1 366.40	187.83	103.63	16.11	83.63	312.42	120.91	168.74	22.77	662.77	559.84	97.35	5.57	
2014	932.68	91.01	28.91	24.91	227.56	364.18	145.68	161.34	57.16	196.11	178.28	9.64	8.18	
2015	1 208.27	159.92	14.33	11.25	176.85	468.83	221.40	163.39	84.04	377.10	343.42	25.48	8.20	
2016	975.33	32.51	61.48	39.07	179.27	383.80	236.73	139.81	7.26	279.20	214.70	56.33	8.16	
2017	1 001.53	135.77	23.60	19.76	214.32	210.53	206.34	64.36	4.19	226.51	205.73	75.97	20.78	30.70
2018	1 529.57	184.03	109.53	17.20	313.55		286.01	268.19	87.47		190.50	48.85	8.38	15.86
2019	1 455.54	64.25	83.72	27.86	250.79		252.04	127.73	165.25		323.43	73.96	78.15	8.35
2020	1 882.36	125.87	174.80	82.43	156.92		237.11	312.09	154.78		439.81	113.49	21.22	63.85
2021	1 591.23	40.04	62.50	52.93	186.25		324.36	215.89	112.13		357.65	182.03	6.15	51.30

9-11 商品房竣工面积（按用途分）

TOTAL FLOOR SPACE OF COMMERCIAL HOUSES COMPLETED (GROUPED BY USE)

单位：万平方米 （10 000 sq. m）

年 份 Year	竣工面积 Floor Space Completed	住 宅 Residential Buildings	办公楼 Office Buildings	商业用房 Houses For Business Use	其 他 Others
1991	150.44	91.22	7.93	11.21	40.08
1992	198.40	130.90	9.20	14.70	43.60
1993	281.46	196.75	11.51	21.32	51.88
1994	311.10	206.50	10.01	39.90	54.69
1995	311.55	216.38	34.24	36.98	23.95
1996	394.32	250.51	42.50	48.58	52.73
1997	327.04	243.19	34.22	29.57	20.06
1998	463.31	356.30	42.26	41.05	23.70
1999	502.15	412.46	16.89	37.05	35.75
2000	632.05	524.55	12.94	53.92	40.64
2001	727.97	573.21	27.74	53.84	73.18
2002	892.24	698.32	25.07	79.15	89.70
2003	1 020.31	816.62	24.43	95.63	83.63
2004	1 012.39	772.20	35.66	105.54	98.99
2005	945.78	704.44	18.70	96.67	125.97
2006	848.89	581.87	36.83	126.63	103.56
2007	636.02	437.14	32.38	73.99	92.51
2008	629.73	443.77	27.55	59.79	98.62
2009	402.01	269.54	25.05	32.20	75.22
2010	344.43	251.10	32.05	25.26	36.02
2011	325.00	232.66	20.97	35.89	35.48
2012	425.75	289.40	12.30	39.75	84.31
2013	353.55	196.33	30.84	53.35	73.03
2014	425.31	269.26	10.97	39.22	105.86
2015	360.21	202.37	47.48	31.69	78.67
2016	490.03	280.64	51.33	39.09	118.97
2017	285.06	183.79	34.41	31.96	34.90
2018	261.56	124.91	60.34	30.24	46.07
2019	572.11	303.76	58.37	72.35	137.63
2020	640.88	341.00	97.72	105.66	96.49
2021	675.31	377.45	103.49	95.02	99.35

9-12　商品房竣工面积（按区域分）

TOTAL FLOOR SPACE OF COMMERCIAL HOUSES COMPLETED（GROUPED BY DISTRICT）

单位：万平方米　　　　(10 000 sq. m)

年　份 Year	竣工面积 Floor Space Completed	福田区 Futian	罗湖区 Luohu	盐田区 Yantian	南山区 Nanshan	大宝安区 Original Baoan	宝安区 Baoan	龙华区 Longhua	光明区 Guangming	大龙岗区 Original Longgang	龙岗区 Longgang	坪山区 Pingshan	大鹏新区 Dapeng	深汕特别合作区 Shenzhen-Shanwei Special Cooperation Zone
1998	463.31	137.29	105.53	2.67	103.33	58.96				55.53				
1999	502.15	159.44	100.38	5.09	75.99	46.81				114.44				
2000	632.05	161.53	142.36	13.09	113.69	96.68				104.70				
2001	727.97	225.65	215.53	2.61	152.54	42.44				89.20				
2002	892.24	208.95	186.66	21.10	234.61	117.81				123.11				
2003	1 020.31	275.96	155.56	17.25	278.90	155.27				137.37				
2004	1 012.39	258.59	106.41	21.20	343.98	173.98				108.23				
2005	945.78	203.91	149.96	37.16	157.39	213.12				184.24				
2006	848.89	176.37	91.89	27.36	159.17	228.39				165.71				
2007	636.02	110.74	15.15	26.01	126.68	245.68				111.76				
2008	629.73	32.97	59.61	8.51	214.86	179.03				134.75				
2009	402.01	58.69	0.57	26.98	93.58	100.63				121.56				
2010	344.43	20.12	0.24	9.87	70.60	120.97				122.63				
2011	325.00	24.12	65.63	16.00	21.76	57.36				140.13				
2012	425.75	50.32	8.28	6.41	73.97	151.25	72.29	78.97		135.52	121.16	14.36		
2013	353.55	53.21	68.79		35.39	98.08	67.56	30.52		98.08	66.98	27.90	3.20	
2014	425.31	14.47	24.65	35.91	73.03	161.65	25.03	109.16	27.46	115.60	110.29	5.31		
2015	360.21	80.07	24.73	19.02	47.81	120.36	14.36	106.00		68.22	52.60	1.00	14.62	
2016	490.03	141.19	3.03	11.41	113.32	151.61	89.15	38.17	24.29	69.48	69.48			
2017	285.06	44.29	19.48		55.43	114.15	114.15	0.18		51.52	51.52			
2018	261.56	43.71	2.90	14.89	44.43		31.26	26.29			92.78		5.31	
2019	572.11	76.79	24.95	6.76	160.73		78.95	49.95	66.21		83.85	23.92		
2020	640.88	8.56	15.54	17.33	84.20		89.41	59.48	59.83		186.02	73.51	47.01	
2021	675.31	132.65			107.45		139.63	90.67	57.93		87.33	38.89	9.82	10.94

9-13 商品房销售面积（按用途分）

TOTAL FLOOR SPACE OF BUILDINGS SOLD(GROUPED BY USE)

单位：万平方米 （10 000 sq.m）

年 份 Year	销售面积 Floor Space of Buildings Sold	住 宅 Residential Buildings	办公楼 Office Buildings	商业用房 Houses For Business Use	其 他 Others
1991	112.54	97.13	2.10	0.63	12.68
1992	151.46	96.00	9.00	10.00	36.46
1993	180.17	140.89	5.85	9.58	23.85
1994	246.93	183.28	13.29	17.14	33.22
1995	274.59	209.07	17.37	16.89	31.26
1996	324.92	261.13	32.33	21.23	10.23
1997	405.44	336.70	28.88	27.40	12.46
1998	432.22	372.38	22.06	19.85	17.93
1999	541.84	492.51	15.02	26.20	8.11
2000	611.37	556.82	12.19	26.32	16.04
2001	643.47	593.72	11.01	27.40	11.34
2002	791.70	724.41	17.94	46.36	2.99
2003	877.85	811.90	19.54	39.37	7.04
2004	908.62	802.58	26.90	58.09	21.05
2005	993.20	901.13	28.49	53.48	10.10
2006	797.66	704.89	37.64	46.89	8.24
2007	555.11	500.35	20.87	30.64	3.25
2008	466.71	413.65	5.59	33.58	13.89
2009	762.16	717.40	19.63	18.07	7.07
2010	465.59	413.80	15.00	21.88	14.91
2011	496.89	469.43	9.90	16.96	0.60
2012	525.83	488.44	5.98	21.00	10.41
2013	588.58	527.16	21.31	19.05	21.06
2014	532.57	474.81	23.17	23.59	11.00
2015	831.46	747.83	56.54	19.84	7.25
2016	736.19	660.08	50.57	23.49	2.05
2017	671.03	520.97	98.56	27.22	24.29
2018	722.01	572.99	96.60	24.13	28.29
2019	826.62	658.48	96.57	39.79	31.78
2020	929.16	772.53	108.36	27.81	20.46
2021	821.05	643.28	112.49	36.51	28.76

9-14 商品房销售面积（按区域分）

TOTAL FLOOR SPACE OF BUILDINGS SOLD(GROUPED BY DISTRICT)

单位：万平方米 （10 000 sq. m）

年份 Year	销售面积 Floor Space of Buildings Sold	福田区 Futian	罗湖区 Luohu	盐田区 Yantian	南山区 Nanshan	大宝安区 Original Baoan	宝安区 Baoan	龙华区 Longhua	光明区 Guangming	大龙岗区 Original Longgang	龙岗区 Longgang	坪山区 Pingshan	大鹏新区 Dapeng	深汕特别合作区 Shenzhen-Shanwei Special Cooperation Zone
1997	405.44	126.57	95.18		70.27	54.48				58.94				
1998	432.22	135.99	90.89	7.69	75.68	54.63				67.34				
1999	541.84	162.69	118.53	12.10	94.89	71.62				82.01				
2000	611.37	200.59	86.13	7.57	125.39	78.65				113.04				
2001	643.47	165.28	110.75	9.01	140.62	95.21				122.60				
2002	791.70	206.81	129.45	9.67	182.60	127.22				135.95				
2003	877.85	206.30	120.49	25.45	236.85	149.76				139.02				
2004	908.62	164.74	83.90	17.32	285.04	186.40				171.22				
2005	993.20	210.36	103.11	22.85	171.05	283.84				201.99				
2006	797.66	122.22	53.56	18.63	130.60	260.36				212.29				
2007	555.11	69.29	35.26	17.92	72.60	189.08				170.97				
2008	466.71	35.47	37.27	15.55	71.11	161.66				145.65				
2009	762.16	52.49	34.86	30.95	171.33	217.20				255.33				
2010	465.59	18.74	17.10	14.37	81.76	122.11				211.51				
2011	496.89	153.60	7.07	10.38	53.35	106.07				166.42				
2012	525.83	22.53	9.36	7.47	61.84	214.73	104.16	102.56	8.01	209.90	184.54	25.01	0.36	
2013	588.58	61.27	11.18	14.31	53.94	218.56	98.38	106.60	13.58	229.32	197.57	30.59	1.15	
2014	532.57	39.06	8.42	22.06	58.42	204.45	107.52	89.4	7.53	200.16	163.32	35.01	1.84	
2015	831.46	73.72	17.75	27.94	101.72	296.37	120.86	117.61	57.90	313.96	240.47	54.97	18.51	
2016	736.19	46.75	42.17	21.92	129.04	245.83	78.64	120.29	46.89	250.49	222.63	18.38	9.48	
2017	671.03	25.71	36.75	5.15	127.06	125.35	86.02	87.44	39.34	237.98	231.89	25.59	6.09	
2018	722.01	35.79	32.69	10.21	121.07		133.18	86.72	27.86		214.67	56.22	3.60	
2019	826.62	50.27	33.96	20.19	131.48		158.83	108.52	60.07		178.76	60.81	3.66	20.06
2020	929.16	32.92	36.67	26.44	146.46		163.53	124.00	89.56		214.79	63.94	10.49	20.36
2021	821.05	37.73	36.66	26.76	162.24		140.42	93.01	100.13		133.01	61.24	8.39	21.46

9-15 商品住宅销售面积（按区域分）

TOTAL FLOOR SPACE OF RESIDENTIAL BUILDINGS SOLD （GROUPED BY DISTRICT）

单位：万平方米 　　　　(10 000 sq. m)

年份 Year	销售面积 Floor Space of Buildings Sold	福田区 Futian	罗湖区 Luohu	盐田区 Yantian	南山区 Nanshan	大宝安区 Original Baoan	宝安区 Baoan	龙华区 Longhua	光明区 Guangming	大龙岗区 Original Longgang	龙岗区 Longgang	坪山区 Pingshan	大鹏新区 Dapeng	深汕特别合作区 Shenzhen-Shanwei Special Cooperation Zone
1996	261.13	82.35	71.87		43.19	21.26				42.46				
1997	336.70	106.75	71.23		61.63	43.31				53.78				
1998	372.38	111.06	75.29	3.80	70.61	50.07				61.55				
1999	492.51	147.54	109.57	6.36	88.59	64.24				76.21				
2000	556.82	181.94	77.17	6.80	114.95	69.70				106.26				
2001	593.72	155.44	97.85	7.97	135.20	86.75				110.51				
2002	724.41	186.29	119.80	9.38	173.18	111.31				124.45				
2003	811.90	186.59	111.08	24.29	222.60	142.53				124.82				
2004	802.58	125.29	83.78	17.26	270.81	167.84				137.60				
2005	901.13	172.73	100.15	21.77	157.76	266.25				182.49				
2006	704.89	77.58	52.72	17.28	119.41	244.08				193.82				
2007	500.35	49.22	31.36	17.50	63.95	176.32				162.00				
2008	413.65	31.77	21.36	15.04	64.33	146.68				134.47				
2009	717.40	37.11	34.46	30.27	167.42	205.59				242.55				
2010	413.80	7.2	10.21	18.36	69.30	114.91				193.82				
2011	469.43	148.36	5.25	10.03	46.44	101.80				157.55				
2012	488.43	11.39	7.74	7.16	54.22	207.17	98.03	101.13	8.01	200.75	176.46	23.96	0.33	
2013	527.16	36.20	10.54	9.46	49.61	213.02	93.83	105.61	13.58	208.32	178.51	29.11	0.70	
2014	474.81	19.52	7.97	17.11	56.22	190.19	99.10	83.60	7.49	183.80	149.36	33.71	0.73	
2015	747.83	44.43	17.61	24.49	94.53	281.34	109.50	114.71	57.12	285.43	214.14	52.78	18.51	
2016	660.08	15.32	42.05	17.33	125.18	232.07	73.55	115.34	43.18	228.14	203.51	15.45	9.17	
2017	520.97	17.93	21.77	4.11	97.34	94.00	71.11	52.09	22.89	219.50	213.54	14.24	5.96	
2018	572.99	28.76	16.52	6.22	93.69		111.28	51.36	22.36		196.91	42.30	3.60	
2019	658.48	33.69	11.62	19.78	86.02		134.95	84.03	56.18		155.89	52.61	3.66	20.06
2020	772.53	20.96	16.89	21.68	79.78		144.06	112.99	82.95		200.96	61.82	10.17	20.26
2021	643.28	29.77	25.90	18.61	92.25		117.78	71.13	87.25		115.60	57.02	8.00	19.98

9-16 办公楼销售面积（按区域分）

TOTAL FLOOR SPACE OF OFFICE BUILDINGS SOLD（GROUPED BY DISTRICT）

单位：万平方米 (10 000 sq. m)

年 份 Year	销售面积 Floor Space of Buildings Sold	福田区 Futian	罗湖区 Luohu	盐田区 Yantian	南山区 Nanshan	大宝安区 Original Baoan	宝安区 Baoan	龙华区 Longhua	光明区 Guangming	大龙岗区 Original Longgang	龙岗区 Longgang	坪山区 Pingshan	大鹏新区 Dapeng	深汕特别合作区 Shenzhen-Shanwei Special Cooperation Zone
1996	32.33	8.80	14.35		9.18									
1997	28.88	9.34	13.06		3.59	1.39				1.50				
1998	22.06	12.11	7.60	0.31	0.94					1.10				
1999	15.02	9.30	3.70	1.33	0.63	0.06								
2000	12.19	6.15	3.95	0.05	1.50	0.13				0.41				
2001	11.01	2.91	5.77	0.14	0.66	0.01				1.52				
2002	17.94	12.63	3.39	0.29	1.37	0.02				0.24				
2003	19.54	13.72	2.16		1.68	1.45				0.53				
2004	26.90	23.11		26.90	3.66	0.01				0.12				
2005	28.49	22.19			5.04	0.54				0.72				
2006	37.64	31.85	0.06		5.22					0.51				
2007	20.87	15.51	0.61		3.80	0.87				0.08				
2008	5.59	2.27			1.65	1.67								
2009	19.63	12.65			2.24	4.46				0.28				
2010	15.00	5.80	4.19		0.27	3.21				1.53				
2011	9.90	4.68	0.37		4.51	0.34								
2012	5.98	1.68			3.60	0.51	0.51			0.19	0.19			
2013	21.31	13.70	0.64	1.39	3.63	0.36		0.36		1.59	1.59			
2014	23.17	9.69	0.46	2.10	2.06	6.03	2.53	3.50		2.84	2.84			
2015	56.54	23.19	0.14	3.21	5.92	7.39	7.02	0.37		16.69	16.69			
2016	50.57	30.30		2.37	2.52	5.69	4.16	1.53		9.68	8.95	0.73		
2017	98.56	7.50	12.20	1.03	16.48	16.52	10.12	27.56	6.40	5.96	5.96	11.30		
2018	96.60	6.56	9.53	3.99	21.51		11.34	23.65	1.70		9.15	9.16		
2019	96.57	7.51	19.13	0.28	28.81		15.61	7.55	0.86		12.47	4.35		
2020	108.36	7.21	13.96	1.63	52.43		13.39	4.66	5.52		8.67	0.79		0.11
2021	112.49	4.36	7.36	2.64	52.89		15.12	14.62	4.33		9.55	0.15		1.48

9-17 商业用房销售面积（按区域分）

TOTAL FLOOR SPACE OF COMMERCIAL BUILDINGS SOLD (GROUPED BY DISTRICT)

单位：万平方米 (10 000 sq. m)

年份 Year	销售面积 Floor Space of Buildings Sold	福田区 Futian	罗湖区 Luohu	盐田区 Yantian	南山区 Nanshan	大宝安区 Original Baoan	宝安区 Baoan	龙华区 Longhua	光明区 Guangming	大龙岗区 Original Longgang	龙岗区 Longgang	坪山区 Pingshan	大鹏新区 Dapeng	深汕特别合作区 Shenzhen-Shanwei Special Cooperation Zone
1996	21.23	2.66	11.49		1.32	4.38				1.38				
1997	27.40	4.48	8.75		2.48	9.54				2.15				
1998	19.85	3.70	5.34	0.08	2.00	4.04				4.69				
1999	26.20	2.15	5.26	4.43	2.91	5.85				5.60				
2000	26.32	3.88	3.21	0.72	4.64	7.57				6.30				
2001	27.40	3.42	4.92	0.28	2.59	8.23				7.96				
2002	46.36	6.52	6.15		6.53	15.89				11.27				
2003	39.37	4.81	6.61	1.16	7.62	5.51				13.66				
2004	58.09	8.16	0.94	0.15	9.66	17.79				21.39				
2005	53.48	9.20	2.93	1.17	8.55	16.77				14.86				
2006	46.89	7.72	0.69	1.36	5.96	16.25				14.91				
2007	30.64	1.64	3.28	0.41	4.85	11.89				8.57				
2008	33.58	1.43	15.91	0.51	2.20	4.85				8.68				
2009	18.07	0.40	0.22	0.67	1.67	7.15				7.96				
2010	21.88	0.35	1.79	0.07	1.79	4.70				13.18				
2011	16.95	0.70	1.36	0.34	2.22	3.78				8.55				
2012	21.00	0.68	1.62	0.30	4.01	7.06	5.62	1.43		7.33	6.25	1.05	0.02	
2013	19.05	2.67		3.46	0.70	5.17	4.55	0.63		7.04	5.11	1.48	0.45	
2014	23.59	3.70		2.85	0.14	4.02	2.94	1.04	0.04	12.88	10.49	1.29	1.10	
2015	19.84	3.89		0.24	1.26	4.77	2.28	1.70	0.78	9.67	7.48	2.19		
2016	23.49	0.92	0.12	2.21	0.57	7.83	0.92	3.27	3.64	11.84	9.77	2.04	0.03	
2017	27.22	0.06	2.25	0.01	1.22	5.63	1.90	7.76	3.74	10.29	10.16		0.13	
2018	24.13	0.47	1.75		1.16		5.39	7.62	0.54		5.59	1.60		
2019	39.79	8.90	0.14	0.03	5.19		5.92	9.37	1.42		6.84	1.97		
2020	27.81	4.76	1.83	0.56	7.49		3.55	4.21	0.52		3.81	0.76	0.31	
2021	36.51	3.61	1.70	1.32	8.50		4.27	4.86	2.83		5.38	3.65	0.39	

9-18 商品房屋待售面积（按用途分）

TOTAL FLOOR SPACE OF COMMERCIALIZED BUILDINGS FOR SALE （GROUPED BY USE）

单位：万平方米 (10 000 sq. m)

年 份 Year	待售面积 Floor space of Commercialized Buildings	住 宅 Residential Buildings	办公楼 Office Buildings	商业用房 Houses For Business Use	其 他 Others
1996	328.68	191.94	40.31	55.20	41.23
1997	258.69	137.34	48.69	48.66	24.00
1998	296.94	158.88	55.96	56.73	25.37
1999	249.60	139.67	42.49	52.90	14.54
2000	272.62	170.92	47.17	48.49	6.04
2001	241.35	142.72	29.53	51.69	17.41
2002	311.03	206.50	23.03	59.99	21.51
2003	319.94	190.88	26.23	81.12	21.71
2004	251.53	138.15	21.62	68.45	23.31
2005	191.51	90.24	14.38	63.44	23.45
2006	185.41	69.63	23.98	66.41	25.39
2007	152.36	58.92	15.81	55.30	22.33
2008	231.58	121.17	15.02	69.22	26.17
2009	141.64	63.60	15.41	49.56	13.07
2010	134.36	53.15	9.00	51.82	20.39
2011	257.69	148.13	5.15	84.49	19.92
2012	310.05	188.94	16.89	80.14	24.09
2013	351.66	203.06	14.08	103.06	31.47
2014	319.85	191.95	16.09	96.27	15.54
2015	336.51	231.66	14.72	65.56	24.57
2016	272.98	140.17	29.86	77.44	25.52
2017	261.30	147.20	28.83	72.74	12.53
2018	277.29	158.30	36.18	65.30	17.51
2019	396.15	224.42	62.71	79.41	29.61
2020	353.82	151.59	87.66	74.85	39.71
2021	414.37	136.11	129.76	98.52	49.98

9-19 商品房屋待售面积（按区域分）

TOTAL FLOOR SPACE OF VACANT BUILDINGS（GROUPED BY DISTRICT）

单位：万平方米 (10 000 sq. m)

年 份 Year	待售面积 Floor space of Commercialized Buildings	福田区 Futian	罗湖区 Luohu	盐田区 Yantian	南山区 Nanshan	大宝安区 Original Baoan	宝安区 Baoan	龙华区 Longhua	光明区 Guangming	大龙岗区 Original Longgang	龙岗区 Longgang	坪山区 Pingshan	大鹏新区 Dapeng	深汕特别合作区 Shenzhen-Shanwei Special Cooperation Zone
1996	328.68	92.03	105.18		55.88	49.30				26.29				
1997	258.69	55.41	78.56		59.13	37.47				28.12				
1998	296.94	74.08	82.92	2.59	76.22	39.61				21.52				
1999	249.60	60.46	82.32	4.03	45.21	25.51				32.07				
2000	272.62	61.38	98.36	2.82	50.22	29.99				29.85				
2001	241.35	72.12	81.50	1.81	34.59	24.00				27.33				
2002	311.03	89.77	75.29	9.04	69.26	30.38				37.29				
2003	319.94	103.76	74.54	8.20	67.50	34.87				31.07				
2004	251.53	81.49	61.37	12.38	38.04	22.46				35.79				
2005	191.51	56.42	46.46	11.26	21.81	30.27				25.29				
2006	185.41	57.02	48.47	7.40	26.31	12.79				33.42				
2007	152.36	42.48	32.39	3.50	21.38	16.29				36.32				
2008	231.58	36.14	33.45	6.88	43.75	46.79				64.57				
2009	141.64	34.65	28.45	3.57	29.30	19.38				26.29				
2010	134.36	31.51	23.00	8.75	16.51	33.34				21.25				
2011	257.69	37.28	22.64	13.67	10.72	106.12				67.26				
2012	310.05	45.64	20.36	16.51	18.02	93.40	56.75	36.33	0.33	116.12	114.21	0.63	1.28	
2013	351.66	34.72	37.87	18.44	40.92	104.67	50.04	54.31	0.33	115.05	100.16	6.16	8.73	
2014	319.85	18.49	27.68	25.48	45.92	98.76	49.01	42.87	6.87	103.52	84.76	10.63	8.12	
2015	336.51	22.26	31.32	15.26	33.23	138.06	57.42	69.32	11.32	96.38	69.93	8.14	18.31	
2016	272.98	12.87	14.78	15.90	65.51	96.29	49.95	35.29	11.06	67.63	52.25		15.38	
2017	261.30	15.22	16.13	11.59	56.50	68.58	66.49	30.56	2.09	55.61	46.31	7.11	9.30	
2018	277.29	13.58	18.01	19.91	50.18		80.02	29.65	3.30		50.95		11.70	
2019	396.15	15.72	27.96	38.23	55.62		74.56	51.40	12.43		80.89	28.21	11.14	
2020	353.82	8.79	28.16	25.56	52.49		64.24	35.76	37.22		46.23	43.76	9.98	1.64
2021	414.37	35.57	29.49	26.03	75.86		77.14	33.22	43.20		53.40	21.80	10.93	7.74

9-20 商品房二级市场平均交易价格（按用途分）
AVERAGE SELLING PRICE OF COMMERCIAL HOUSES IN SECONDARY MARKET (GROUPED BY USE)

单位：元/平方米 (yuan/ sq. m)

年份 Year	商品房二级市场平均交易价格 Average Selling Price of Commercial Houses in Secondary Market	住宅 Residential Buildings	办公楼 Office Buildings	商业用房 Houses For Business Use	其他 Others
1998	5 927	5 191	11 995	10 241	3 468
1999	5 503	5 004	10 504	11 195	3 743
2000	5 718	5 275	10 954	10 306	3 186
2001	5 779	5 517	13 717	11 916	4 126
2002	6 074	5 641	8 145	12 175	5 000
2003	6 215	5 879	8 678	11 624	2 804
2004	6 771	6 419	9 670	12 764	5 672
2005	7 582	6 996	12 374	15 083	6 869
2006	10 039	9 190	15 762	18 257	9 714
2007	14 050	13 370	23 535	19 103	10 203
2008	12 665	12 823	19 071	11 469	8 286
2009	15 214	14 858	23 919	20 826	12 768
2010	20 850	20 297	24 797	23 346	24 787
2011	20 674	19 038	39 481	31 654	28 603
2012	20 035	18 848	37 814	29 859	27 472
2013	23 776	21 808	36 402	18 059	28 337
2014	25 700	23 955	32 926	34 911	30 165
2015	35 071	33 406	46 327	42 552	26 273
2016	52 777	53 455	52 529	53 090	43 210
2017	54 430	54 455	49 977	60 365	35 514
2018	54 090	54 120	55 173	57 382	36 241
2019	55 250	54 741	58 030	62 802	34 516
2020	54 003	52 808	55 828	63 430	38 940
2021	60 027	61 273	57 191	60 839	29 339

注：本表2017年及以前数据来源为深圳市规划和国土资源委员会，2018年及以后数据来源为深圳市住房和建设局。
Note:The data of this table are provided by Shenzhen Municipal Bureau of Planning and Land Resources before 2018,provided by Housing and Construction Bureau of ShenZhen Municipality from 2018.

9-21　商品房二级市场平均交易价格（按区域分）

AVERAGE SELLING PRICE OF COMMERCIAL HOUSES IN SECONDARY MARKET (GROUPED BY DISTRICT)

单位：元/平方米　　　　(yuan/ sq. m)

年份 Year	商品房二级市场平均交易价格 Average Selling Price of Commercial Houses in Secondary Market	福田区 Futian	罗湖区 Luohu	盐田区 Yantian	南山区 Nanshan	宝安区 Baoan	龙岗区 Longgang	龙华区 Longhua	坪山区 Pingshan	光明区 Guangming	大鹏新区 Dapeng	深汕特别合作区 Shenzhen-Shanwei Special Cooperation Zone
1999	5 503	6 299	8 763	3 379	4 472	3 222	3 226					
2000	5 718	7 048	8 047	6 437	4 682	3 452	3 976					
2001	5 779	7 171	6 272	4 079	6 007	3 256	3 537					
2002	6 145	7 981	7 048	5 360	5 930	4 302	3 925					
2003	6 215	7 787	7 444	6 111	6 041	3 866	4 046					
2004	6 771	8 324	7 953	9 003	6 738	4 989	5 067					
2005	7 582	9 565	8 548	7 896	8 929	5 799	5 889					
2006	10 039	15 485	10 115	9 793	12 855	8 626	6 906					
2007	14 050	20 639	17 834	14 293	18 196	12 256	10 785					
2008	12 665	16 946	14 011	24 748	17 230	11 425	9 136					
2009	15 214	24 338	22 674	25 349	19 751	13 677	9 822					
2010	20 850	27 691	26 016	40 780	31 463	19 752	14 288					
2011	20 674	39 481	26 118	20 869	35 936	18 236	15 010					
2012	20 035	33 852	29 928	29 924	34 924	18 288	14 526					
2013	23 776	42 843	34 715	25 964	41 636	21 616	17 621					
2014	25 700	44 171	40 866	31 358	41 406	24 221	18 938					
2015	35 071	55 570	47 518	34 725	57 700	34 971	26 728	33 005	16 764	19 648	17 051	
2016	52 777	64 750	58 211	46 220	76 077	57 369	39 723	43 853	30 271	31 289	27 531	
2017	54 430	84 869	63 937	55 230	86 411	57 149	37 520	53 235	32 310	32 692	37 639	
2018	54 090	81 199	59 850	47 717	87 876	52 204	41 541	57 914	27 530	40 020	37 043	
2019	55 250	86 225	54 605	45 226	91 001	52 390	41 430	55 685	33 740	44 481	30 151	10 789
2020	54 003	87 705	55 874	47 300	90 951	57 774	42 556	61 092	37 358	50 320	30 656	14 055
2021	60 027	96 751	70 726	48 868	100 379	62 991	43 047	58 055	38 737	48 834	33 791	12 489

注：本表2017年及以前数据来源为深圳市规划和国土资源委员会，2018年及以后数据来源为深圳市住房和建设局。

Note: The data of this table are provided by Shenzhen Municipal Bureau of Planning and Land Resources before 2018, provided by Housing and Construction Bureau of ShenZhen Municipality from 2018.

9-22 商品住宅二级市场平均交易价格（按区域分）

AVERAGE SELLING PRICE OF COMMERCIAL HOUSES IN SECONDARY MARKET （GROUPED BYDISTRICT）

单位：元/平方米 (yuan/ sq. m)

年 份 Year	住宅平均平均交易价格 Average Selling Price of Commercial Houses in Secondary Market	福田区 Futian	罗湖区 Luohu	盐田区 Yantian	南山区 Nanshan	宝安区 Baoan	龙岗区 Longgang	龙华区 Longhua	坪山区 Pingshan	光明区 Guangming	大鹏新区 Dapeng	深汕特别合作区 Shenzhen-Shanwei Special Cooperation Zone
1999	5 004	6 027	7 394	3 194	4 390	3 074	3 033					
2000	5 275	6 728	7 200	4 252	4 540	3 025	3 718					
2001	5 517	6 465	6 408	4 139	5 709	2 851	3 402					
2002	5 641	7 664	6 496	5 265	5 639	3 805	3 522					
2003	5 879	7 640	6 866	6 076	5 778	3 640	3 485					
2004	6 419	7 806	7 789	9 002	6 499	4 787	4 447					
2005	6 996	8 627	8 135	7 698	8 502	5 353	5 353					
2006	9 190	13 803	9 988	9 454	12 119	8 297	6 423					
2007	13 370	18 441	16 946	14 178	18 008	12 212	10 478					
2008	12 823	16 876	16 891	24 995	17 050	11 652	9 112					
2009	14 858	23 216	22 607	25 366	19 636	13 726	9 626					
2010	20 297	29 248	23 470	40 861	30 840	19 944	14 166					
2011	19 038	29 866	24 656	19 392	35 370	17 805	14 705					
2012	18 848	29 958	30 319	23 254	34 401	18 028	13 942					
2013	21 808	41 439	36 396	19 485	42 273	20 947	17 118					
2014	23 955	42 445	42 480	28 253	41 259	23 747	18 755					
2015	33 406	54 461	48 636	30 498	56 463	35 841	27 230	32 835	16 014	18 791	17 051	
2016	53 455	83 292	64 330	44 606	82 142	58 745	40 859	41 850	30 837	33 833	27 531	
2017	54 455	87 377	75 042	55 230	101 134	56 960	37 560	52 737	32 652	34 774	37 639	
2018	54 120	93 803	72 910	47 589	92 095	54 052	44 610	57 787	26 806	45 290	37 043	
2019	54 741	97 256	69 625	47 300	95 413	54 605	44 527	59 862	35 063	46 014	30 151	10 789
2020	52 808	111 987	79 661	49 534	94 423	62 642	43 467	63 154	37 758	51 954	30 656	14 220
2021	61 273	115 312	89 226	57 231	107 506	65 478	44 908	64 195	40 056	50 883	33 791	12 594

注：本表2017年及以前数据来源为深圳市规划和国土资源委员会，2018年及以后数据来源为深圳市住房和建设局。

Note:The data of this table are provided by Shenzhen Municipal Bureau of Planning and Land Resources before 2018,provided by Housing and Construction Bureau of ShenZhen Municipality from 2018.

9-23 房地产开发企业主要财务指标（2016-2021年）

FINANCIAL INDICATORS OF REAL ESTATE COMPANIES（2016-2021）

类 别	Item	2016	2017	2018	2019	2020	2021
一、年末资产负债（亿元）	**Total Assets and Liabilities at the year end (100 million yuan)**						
资产总计	Total Capital	16 433.75	20 196.64	25 624.59	26 666.46	32 974.64	38 247.44
负债合计	Total liabilities	12 405.27	15 350.48	18 341.80	19 978.58	24 375.71	27 981.37
所有者权益合计	Creditors' Equity	4 028.48	4 846.15	7 282.79	6 687.88	8 598.93	10 266.06
二、损益及分配（亿元）	**Profit,loss and distribution(100 million yuan)**						
1.主营业务收入	Business Revenue	2 406.26	2 570.31	3 235.17	3 371.03	3 562.43	4 070.10
#土地转让收入	Land Sales Revenue		0.80	0.56		0.33	6.00
商品房屋销售收入	Sales Revenue of Commodity	2 236.99	2 407.45	3 025.22	3 190.13	3 262.05	3 766.99
房屋出租收入	Revenue Leased	130.76	114.09	80.55	96.87	146.84	161.33
其他收入	Other Revenues	38.51	41.10	73.85	71.13	111.00	120.70
2.主营业务成本、主营业务税金及附加	Business Cost,Taxes and Extra Charge	1 525.90	1 569.84	1 982.30	2 240.65	2 379.44	2 934.94
主营业务成本	Business cost	1 172.91	1 207.13	1 529.89	1 712.27	1 873.77	2 459.55
主营业务税金及附加	Business Taxes and Extra Charge	353.00	362.71	452.41	528.37	505.68	475.39
3.费用合计	Total Expenses	249.28	297.31	331.53	383.38	448.55	491.92
销售费用	Sales Expenses	71.11	72.65	98.69	127.38	127.81	125.17
管理费用	Management Expenses	97.57	112.78	111.44	130.00	147.68	161.04
财务费用	Financial Expenses	80.61	111.88	121.41	126.00	173.06	205.71
4.其他业务利润	Other Profits	4.25	1.79	1.61	4.97	2.11	4.08
5.投资收益	Investment Revenue	131.58	92.37	178.70	114.54	105.82	196.35
6.营业外收入	Nonbusiness Revenue	10.81	6.89	13.94	8.31	27.66	19.09
7.营业外支出	Nonbusiness Expenses	15.28	39.04	21.14	19.61	27.26	19.16
8.利润总额	Total Profits	772.44	824.73	1 082.63	890.86	801.27	853.20
三、工资总额（亿元）	**Total Payable Salaries(100 million yuan)**	**47.49**	**52.91**	**77.26**	**89.81**	**84.68**	**91.94**
四、从业人员年平均人数(人)	**Average Number of Employed Persons(person)**	**29 143**	**30 856**	**33 632**	**33 965**	**36 528**	**36 312**
五、企业数(个)	**Number of Enterprises(unit)**	**566**	**599**	**645**	**686**	**752**	**825**

主要统计指标解释

房地产开发投资 指各种登记注册类型的房地产开发公司、商品房建设公司及其他房地产开发法人单位和附属于其他法人单位实际从事房地产开发或经营活动的单位统一开发的包括统代建、拆迁还建的住宅、厂房、仓库、饭店、宾馆、度假村、写字楼、办公楼等房屋建筑物和配套的服务设施，土地开发工程（如道路、给水、排水、供电、供热、通讯、平整场地等基础设施工程）的投资；不包括单纯的土地交易活动。

施工面积 指报告期内施工的全部房屋建筑面积。包括本期新开工的面积和上期开工跨入本期继续施工的房屋面积，以及上期已停建在本期恢复施工的房屋面积。本期竣工和本期施工后又停缓建的房屋，其建筑面积仍计入本期房屋施工面积中。

竣工面积 指在报告期内房屋建筑按照设计要求已经全部完工，达到住人和使用条件，经验收鉴定合格（或达到竣工验收标准），正式移交使用单位的各栋房屋建筑面积的总和。

Explanatory Notes on Main Statistical Indicators

Investment in Real Estate Development It includes the investment by the real estate development companies, commercial buildings construction companies and other real estate development units of various types of ownership in the construction of house buildings, such as residential buildings, factory buildings, warehouses, hotels, guesthouses, holiday villages, office buildings, and the complementary service facilities and land development projects, such as roads, water supply, water drainage, power supply, heating, telecommunications, land leveling and other projects of infrastructure. It excludes the activities in simple land transactions.

Floor Space under Construction refers to total floor space of all buildings under construction during the reference period, including floor space of newly started buildings during the reference period, floor space of construction extended from the previous period to the current period, and floor space of construction suspended during the previous period and resumed in the current period. Floor space of construction completed in the current period, and floor space of construction started and then suspended in the current period are also included in the floor space under construction of the current year.

Floor Space of Building Completed refers to the floor space of all buildings completed in the reference period, which have been appraised and accepted (or come up to the designed standards) and have been transferred to the owners for use.

10 第十部分

商业和物价

COMMERCE AND PRICE

CHAPTER

10-1 社会消费品零售总额及指数

INDICES OF TOTAL RETAIL SALES OF CONSUMER GOODS

年 份 Year	社会消费品 零售总额(万元) Total Retail Sales of Consumer Goods (10 000 yuan)	社会消费品零售总额指数 Retail Sales Indices	
		以1979年为100 (1979=100)	以上年为100 (Preceding year=100)
1979	11 259	100.0	
1980	19 615	174.2	174.2
1981	34 229	304.0	174.5
1982	54 185	481.3	158.3
1983	123 794	1 099.5	228.5
1984	201 107	1 786.2	162.5
1985	265 642	2 359.4	132.1
1986	273 712	2 431.1	103.0
1987	324 364	2 880.9	118.5
1988	502 430	4 462.5	154.9
1989	545 741	4 847.2	108.6
1990	667 580	5 929.3	122.3
1991	828 341	7 357.1	124.1
1992	1 939 506	10 204.3	138.7
1993	2 761 015.1	14 526.5	142.4
1994	3 779 851.9	19 886.9	136.9
1995	4 664 470.9	24 545.0	123.4
1996	5 296 806.2	27 872.4	113.6
1997	5 910 891.2	31 103.8	111.6
1998	6 545 354.6	34 442.4	110.7
1999	7 369 954.5	38 781.6	112.6
2000	8 547 894.1	44 980.0	116.0
2001	9 740 535.2	51 255.9	114.0
2002	11 104 360.3	58 432.5	114.0
2003	13 044 599.6	68 642.2	117.5
2004	15 106 057.3	79 489.9	115.8
2005	17 578 465.0	92 500.0	116.4
2006	20 553 267.3	108 153.7	116.9
2007	23 510 708.0	123 716.1	114.4
2008	28 049 939.3	147 602.1	119.3
2009	31 718 952.6	166 908.9	113.1
2010	36 468 898.1	191 903.7	115.0
2011	42 592 660.3	224 127.6	116.8
2012	49 140 580.0	258 583.6	115.4
2013	55 344 878.7	291 231.3	112.6
2014	61 416 401.2	323 180.4	111.0
2015	64 197 845.5	337 816.7	104.5
2016	69 997 208.9	368 333.6	109.0
2017	77 881 731.4	409 822.9	111.3
2018	85 194 999.6	448 306.2	109.4
2019	91 444 581.0	481 192.3	107.3
2020	86 648 297	455 953.6	94.8
2021	94 981 156	499 802.1	109.6
年平均增长率 Average Annual Growth Rate		**22.5**	

注：1992-2018年数据已根据全国第四次经济普查结果进行修订。

Note: The data from 1992 to 2018 have been revised by the fourth national economic census.

10−2 限额以上批发零售贸易业商品分类销售（2021年）

TOTAL SALES OF ENTERPRISES OVER LEVELS IN WHOLESALE AND RETAIL SALE TRADES GROUPED BY CATEGORY OF COMMODITIES（2021）

单位：万元 （10 000 yuan）

项　目	Item	批发额 Value in Wholesale Trade	零售额 Value in Retail Sale Trade
总　　计	**Total**	**344 746 654**	**38 164 599**
食品、饮料、烟酒类	Food,Beverage,Tobacco and Liquor	37 034 181	5 886 104
针、纺织品类	Knitwear and Textiles	1 948 851	398 425
服装、鞋帽类	Garments,Footwear and Headgear	2 726 921	3 416 298
化妆品类	Cosmetics	1 013 512	518 047
日用品类	Articles for Daily Use	7 801 751	2 540 425
五金、电料类	Hardwares and Electric Appliances	6 060 899	20 893
家用电器及音像器材类	Household Appliances and Video Appliances	9 651 427	1 788 836
电子出版类及音像制品类	E−journals and Video Products	104 210	9 247
体育、娱乐用品类	Sports and Recreational Articles	751 626	207 292
文化、办公用品类	Articles For Culture and Office Use	16 276 821	1 587 143
金银珠宝类	Gold, Silver and Jewelry	6 931 311	1 517 760
家具类	Furniture	1 684 524	398 404
中西药品类	Traditional Chinese and Western Medicines	7 215 054	858 052
书报杂志类	Newspapers and Magazines	172 210	157 368
通讯器材类	Communications Appliances	34 844 847	2 888 191
建筑材料类	Building Materials	10 827 596	198 713
木材及制品类	Timber and Related Products	2 524 080	
化工材料及制品类	Chemical Materials and Products	20 711 785	
金属材料类	Metal Materials	72 150 165	
机电设备及零件类	Mechanical and Electrical Products and Accessories	55 930 902	73 744
煤炭及制品类	Coal and Related Products	4 077 292	
石油及制品类	Petroleum and Related Products	8 744 343	2 608 441
种子饲料类	Seeds and Feedstuff	655 966	
棉麻类	Cotton and Hemp	477 478	
汽车类	Motor Vehicles	18 135 632	12 673 277
其他类	Others	16 293 271	417 942

10-3 限额以上批发和零售业法人企业商品购销存综合表（2021年）

单位：万元

项　目	Item	法人企业（个）Number of Corporative Enterprises (unit)	从业人员期末人数（人）Number of Employees at the Year-end (person)
总　　计	**Total**	**12 175**	**570 961**
一、批发业	**Wholesale Trade**	**10 384**	**367 078**
1.按批发行业分组	Grouped by Sector		
农畜产品批发	Wholesale of Farm and Livestock Products	128	2 789
食品、饮料及烟草制品批发	Wholesale of Foods, Beverages&Tobaccos	1 031	56 720
纺织、服装及日用品批发	Wholesale of Textiles, Garments and Daily-use Products	1 282	52 877
文化、体育用品及器材批发	Wholesale of Cultural and Sports Articles and Appliances	632	28 799
医药及医疗器材批发	Wholesale of Medicine and Medical Appliances	362	24 476
矿产品、建材及化工产品批发	Wholesale of Mineral Products, Building Material and Chemical Products	2 272	46 408
机械设备、五金交电及电子产品批发	Wholesale of Mechanical Equipment,Hardware and Electronic Products	4 324	139 883
贸易经纪与代理	Trade Broker and Agent	176	7 036
其他批发	Other Wholesales	177	8 090
2.按登记注册类型分组	Grouped by Registration Status		
内资企业	Domestic-funded	9 445	306 654
国有企业	State-owned	63	4 802
集体企业	Collective-owned		
股份合作企业	Share-holding Cooperative Enterprises	4	235
联营企业	Joint Ownership		
有限责任公司	Limited Liabilities Companies	1 309	52 032
股份有限公司	Share-holding Limited Companies	140	25 201
私营企业	Private-owned	7 929	224 384
港、澳、台商投资企业	Funded by Entrepreneur from Hong Kong,Macao and Taiwan	660	36 238
合资经营企业（港或澳、台资）	Joint-venture(Hong Kong,Macao and Taiwan)	56	3 386
合作经营企业（港或澳、台资）	Cooperative(Hong Kong,Macao and Taiwan)	2	97
港、澳、台商独资经营企业	Enterprises with Sole Funds(Hong Kong,Macao and Taiwan)	574	30 935
港、澳、台商投资股份有限公司	Share-holding Corporations Ltd(Hong Kong,Macao and Taiwan)	10	462
外商投资企业	Foreign-funded	279	24 186
中外合资经营企业	Jointly-owned	49	6 961
中外合作经营企业	Cooperatively-owned	1	17
外资企业	Exclusively Foreign-owned	220	16 691
外商投资股份有限公司	Foreign-funded Investment Companies Limited	7	477
3.按控股情况分组	Grouped by Holding Condition		
国有控股	State-controlled	192	23 426
集体控股	Collective-controlled	40	1 916
私人控股	Private-controlled	9 251	285 571
港澳台商控股	Controlled by Entrepreneur from Hong Kong,Macao and Taiwan	641	38 225
外商控股	Foreign-funded-controlled	244	17 705
其他	Others	16	235
4.按经营形式分组	Grouped by Business Forms		
独立门店	Independent Stores	1 511	52 877

TOTAL PURCHASES SALES AND INVENTORY OF ENTERPRISES ABOVE THE DESIGNATED SIZE IN WHOLESALE AND RETAIL TRADE（2021）

（10 000 yuan）

商品购进总额 Total Purchase	进口额 Imports	商品销售总额 Total Sales	批发额 Wholesales Trade	出口额 Exports	零售额 Retail Trade	年末商品库存总额 Inventory (Year-end)	年末零售营业面积（平方米） Retail Business Area at the Year-end(sq.m)
389 534 769	**40 461 707**	**411 419 255**	**369 652 593**	**18 203 314**	**40 449 520**	**26 010 685**	**10 311 387**
352 039 653	**39 230 224**	**368 984 947**	**363 686 128**	**18 115 971**	**3 985 547**	**21 848 053**	**1 050 586**
3 060 725	199 972	3 111 954	3 099 877	81 485	12 077	400 900	1 729
37 931 197	4 450 301	39 305 370	38 952 618	363 728	293 234	2 911 541	101 386
18 145 346	540 354	20 336 032	19 280 434	3 861 852	1 022 803	1 679 035	427 621
11 653 730	298 165	12 369 801	11 371 323	398 801	940 576	2 096 072	79 079
7 835 503	608 153	8 713 350	8 630 504	207 609	73 832	662 970	22 302
120 851 375	3 572 780	124 397 593	122 663 200	900 948	629 861	3 202 645	111 766
124 205 326	15 961 358	131 412 480	130 452 854	9 831 949	912 341	10 223 322	290 597
26 317 455	13 424 667	27 009 036	26 970 121	1 721 808	38 915	524 257	3 118
2 038 996	174 476	2 329 333	2 265 198	747 791	61 909	147 313	12 988
316 790 257	32 845 912	330 532 642	325 760 502	15 542 547	3 481 166	19 446 725	941 241
13 333 816	80 099	14 169 411	14 027 036	336 665	142 375	504 518	51 814
18 666		27 731	27 035		696	26 596	1 000
88 573 595	6 318 304	90 391 502	89 724 410	1 677 552	611 548	3 438 143	159 409
20 219 209	472 033	22 647 278	21 893 058	2 713 888	754 140	713 323	20 283
194 644 971	25 975 476	203 296 720	200 088 963	10 814 442	1 972 407	14 764 145	708 735
16 897 552	3 192 038	19 717 550	19 357 902	696 352	354 381	1 324 871	89 125
1 293 937	326 951	1 467 346	1 394 319	174 114	72 037	105 244	800
882 172		888 531	888 531	12 233		5 620	
13 635 591	2 815 329	16 215 398	16 002 081	473 590	209 040	1 117 808	77 834
115 253	18 493	121 793	119 206	1 279	2 587	15 777	5 015
18 351 843	3 192 275	18 734 755	18 567 725	1 877 072	150 000	1 076 457	20 220
2 755 273	169 989	3 033 466	2 961 232	117 277	55 204	101 906	10 735
731		1 017	1 017			250	
15 503 262	3 017 367	15 603 559	15 514 065	1 756 650	89 494	960 388	6 790
86 845	4 919	88 133	82 831	3 145	5 302	13 549	2 695
53 753 753	1 339 688	55 215 337	54 901 268	2 479 879	275 405	1 978 628	77 768
2 424 675	35 610	2 709 430	2 705 921	44 683	3 508	70 240	618
263 090 042	31 505 135	275 379 570	270 779 547	13 288 874	3 363 755	17 500 766	870 288
16 821 577	3 311 186	19 553 446	19 303 178	537 228	245 989	1 297 741	91 007
15 812 516	3 038 606	15 950 789	15 838 963	1 765 307	94 796	991 807	9 485
137 090		176 377	157 250		2 094	8 871	1 420
40 119 149	1 660 102	41 577 419	40 816 849	1 113 348	700 204	2 500 004	193 832

10-3 续表

单位：万元

项 目	Item	法人企业（个）Number of Corporative Enterprises (unit)	从业人员期末人数（人）Number of Employees at the Year-end (person)
连锁总店	General Chain Stores	34	7 785
连锁门店	Chain Stores	34	3 692
其他	Others	8 805	302 724
二、零售业	**Retail Trade Sector**	**1 791**	**203 883**
1.按零售行业分组	Grouped by Sector		
综合零售	Integrated Retail	111	43 431
食品、饮料及烟草制品专门零售	Special Retail of Foods, Beverages&Tobaccos	112	16 650
纺织、服装及日用品专门零售	Special Retail of Textile, Garments and Daily-use Articles	211	39 826
文化、体育用品及器材专门零售	Special Retail of Cultural and Sports Goods and Appliances	91	10 683
医药及医疗器材专门零售	Special Retail of Medicine and Medical Appliances	45	14 387
汽车、摩托车、燃料及零配件专门零售	Special Retail of Automobiles, Motorcycles, Fuels and Related Accessories	613	41 078
家用电器及电子产品专门零售	Special Retail of Household Electrical Appliances and Electronic Products	207	11 379
五金、家具及室内装修材料专门零售	Special Retail of Hardware, Furniture and Indoor Decoration Materials	65	3 342
无店铺及其他零售	Retail without Shops and Other	336	23 107
2.按登记注册类型分组	Grouped by Registration		
内资企业	Civil Funded	1 657	142 353
国有企业	State-owned	16	1 223
集体企业	Collective-owned	1	42
股份合作企业	Share-holding Cooperative Enterprise		
联营企业	Joint Ownership	4	211
有限责任公司	Limited Liabilities Companies	370	39 148
股份有限公司	Share-holding Limited Companies	33	10 480
私营企业	Private-owned	1 232	91 249
港、澳、台商投资企业	Funded by Entrepreneur from Hong Kong, Macao and Taiwan	94	32 112
外商投资企业	Foreign-funded	40	29 418
3.按控股情况分组	Grouped by Holding Condition		
国有控股	State-controlled	106	26 024
集体控股	Collective-controlled	24	8 161
私人控股	Private-controlled	1 538	121 890
港澳台商控股	Controlled by Entrepreneur from Hong Kong,Macao and Taiwan	89	30 176
外商控股	Foreign-funded-controlled	28	16 685
其他	Others	6	947
4.按经营形式分组	Grouped by Business Forms		
独立门店	Independent Stores	801	62 870
连锁总店	General Chain Stores	101	52 355
连锁门店	Chain Stores	115	26 557
其他	Other	774	62 101
5.按零售业态分组	Grouped by Retail Format		
有店铺零售	Store-based Retailing	1 246	168 036
无店铺零售	Non-Store Retailing	545	35 847

CONTINUED

(10 000 yuan)

商品购进总额 Total Purchase		商品销售总额 Total Sales				年末商品库存总额 Inventory (Year-end)	年末零售营业面积（平方米） Retail Business area at the Year-end(sq.m)
	进口额 Imports		批发额 Wholesales Trade		零售额 Retail Trade		
				出口额 Exports			
11 499 098	21 314	11 417 219	11 297 958	3 744	119 211	206 683	86 213
656 304	323	738 213	699 671	17 821	38 450	160 749	142 973
299 765 103	37 548 486	315 252 096	310 871 650	16 981 058	3 127 682	18 980 617	627 568
37 495 117	**1 231 483**	**42 434 308**	**5 966 465**	**87 344**	**36 463 973**	**4 162 632**	**9 260 801**
6 702 790	1 599	7 242 649	1 351 654	5 709	5 889 945	485 693	3 913 497
1 080 432	44 241	1 421 480	244 819		1 176 661	172 814	96 274
2 144 658	58 349	3 314 161	477 216	12 892	2 836 768	894 112	1 190 940
958 480	526	1 501 922	357 000	52	1 144 778	572 547	366 184
942 767	2 902	949 022	37 676		911 346	103 917	266 980
15 549 129	974 592	16 517 664	1 285 170	66	15 230 140	1 108 362	2 571 021
2 964 504	16 878	3 214 214	795 971	2 659	2 418 100	326 123	364 694
368 587	9 308	495 292	50 204	6 789	445 088	43 679	165 445
6 783 771	123 089	7 777 904	1 366 756	59 178	6 411 148	455 386	325 766
27 049 103	1 015 693	30 775 806	4 339 056	86 483	26 432 880	3 236 783	5 270 363
170 894		217 617	44 536		173 081	33 667	52 296
11 452		12 173			12 173	62	4 000
32 609		38 737			38 737	6 819	2 957
8 269 645	425 025	9 115 074	946 316	4 542	8 167 215	886 202	1 522 984
2 502 099	6 997	3 223 910	1 002 758		2 221 151	227 179	443 274
16 062 404	583 672	18 168 296	2 345 446	81 941	15 820 523	2 082 855	3 244 852
5 649 315	125 526	6 523 052	318 453	250	6 204 599	519 221	2 590 716
4 796 699	90 263	5 135 451	1 308 957	611	3 826 494	406 628	1 399 722
5 217 867	64 494	5 937 045	2 311 050		3 624 629	566 333	1 193 799
1 638 129	68 177	1 546 554	85 660		1 460 894	75 175	289 670
22 244 554	680 931	25 449 905	3 132 190	87 042	22 316 439	2 835 768	4 426 870
5 661 371	356 486	6 547 363	386 195	250	6 161 168	461 776	2 576 473
2 627 386	61 394	2 784 595	49 279		2 735 316	216 810	751 789
105 810		168 846	2 091	52	165 527	6 772	22 200
14 673 161	895 003	16 403 579	1 026 151	8 643	15 376 062	1 509 017	3 336 165
8 468 519	8 490	9 419 866	2 194 679	96	7 224 137	732 558	3 397 113
2 810 932	23 251	3 072 069	418 908	516	2 653 161	457 173	1 045 051
11 542 505	304 739	13 538 794	2 326 727	78 090	11 210 614	1 463 884	1 482 472
29 944 794	1 095 331	33 410 546	4 317 023	25 507	29 090 929	3 182 367	8 620 813
7 550 323	136 152	9 023 762	1 649 442	61 837	7 373 044	980 265	639 988

10-4 限额以上批发和零售业法人单位主要财务状况综合表（一）（2021年）

单位：万元

项 目	Item	法人企业数（个）Number of Corporative Enterprises (unit)	流动资产合计 Total Current Assets	应收账款 Accounts Payable
总　　计	**Total**	**12 175**	**206 085 810**	**50 581 462**
一、批发业	**Wholesale Trade**	**10 384**	**185 864 067**	**47 772 588**
1.按批发行业分组	Grouped by Sector			
农畜产品批发	Livestock products wholesale	128	1 363 420	194 411
食品、饮料及烟草制品批发	Wholesale of Foods, Beverages&Tobaccos	1 031	17 069 675	3 711 308
纺织、服装及日用品批发	Wholesale of Textiles, Garments and Daily-use Products	1 282	11 200 208	2 663 696
文化、体育用品及器材批发	Wholesale of Cultural and Sports Articles and Appliances	632	7 766 909	1 765 544
医药及医疗器材批发	Wholesale of Medicine and Medical Appliances	362	5 205 670	1 262 832
矿产品、建材及化工产品批发	Wholesale of Mineral Products, Building Material and Chemical Products	2 272	66 906 598	14 235 768
机械设备、五金交电及电子产品批发	Wholesale of Mechanical Equipment,Hardware and Electronic Products	4 324	63 257 212	19 250 082
贸易经纪与代理	Trade Broker and Agent	176	11 538 655	4 047 311
其他批发	Other Wholesales	177	1 555 721	641 638
2.按登记注册类型分组	Grouped by Registration Status			
内资企业	Domestic-funded	9 445	162 274 393	41 690 836
国有企业	State-owned	63	4 820 257	569 444
集体企业	Collective-owned			
股份合作企业	Share-holding Cooperative Enterprises	4	142 370	3 532
联营企业	Joint Ownership			
有限责任公司	Limited Liabilities Companies	1 309	42 457 207	8 637 570
股份有限公司	Share-holding Limited Companies	140	12 334 473	2 662 138
私营企业	Private-owned	7 929	102 520 087	29 818 153
港、澳、台商投资企业	Funded by Entrepreneur from Hong Kong,Macao and Taiwan	660	13 139 360	2 775 426
合资经营企业（港或澳、台资）	Joint-venture(Hong Kong,Macao and Taiwan)	56	715 130	216 833
合作经营企业（港或澳、台资）	Cooperative(Hong Kong,Macao and Taiwan)	2	332 546	40 709
港、澳、台商独资经营企业	Enterprises with Sole Funds(Hong Kong,Macao and Taiwan)	574	11 523 464	2 385 476
港、澳、台商投资股份有限公司	Share-holding Corporations Ltd(Hong Kong,Macao and Taiwan)	10	119 385	28 499
外商投资企业	Foreign-funded	279	10 450 315	3 306 326
中外合资经营企业	Jointly-owned	49	3 819 464	729 736
中外合作经营企业	Cooperatively-owned	1	1 341	
外资企业	Exclusively Foreign-owned	220	6 524 543	2 546 388
外商投资股份有限公司	Foreign-funded Investment Companies Limited	7	101 032	29 400
3.按控股情况分组	Grouped by Holding Condition			
国有控股	State-controlled	192	18 841 429	3 036 314
集体控股	Collective-controlled	40	1 581 409	209 008
私人控股	Private-controlled	9 251	145 314 115	39 171 514
港澳台商控股	Controlled by Entrepreneur from Hong Kong,Macao and Taiwan	641	13 018 251	2 665 039
外商控股	Foreign-funded-controlled	244	6 728 880	2 621 411
其他	Others	16	379 984	69 302
4.按经营形式分组	Grouped by Business Forms			
独立门店	Independent Stores	1 511	22 566 855	5 158 495

MAIN FINANCIAL INDICATORS OF WHOLESALE AND RETAIL SALES ABOVE THE SET SCALE Ⅰ（2021）

（10 000 yuan）

存货 Inventory	固定资产原价 Original Value of Fixed Assets	累计折旧 Accumulative Depreciation		资产总计 Total Assets	流动负债合计 Total Current Liabilities	应付账款 Accounts Payable
			本年折旧 Depreciation of the Year			
24 276 079	**8 502 055**	**3 968 329**	**629 247**	**265 541 092**	**166 221 995**	**47 810 060**
20 011 903	**5 861 838**	**2 662 687**	**412 296**	**238 775 255**	**150 796 089**	**43 856 065**
336 763	69 760	24 621	3 921	1 829 918	1 109 080	192 483
3 083 213	752 176	377 273	57 703	20 152 328	12 607 676	3 598 587
1 485 730	462 877	185 927	31 060	14 239 233	9 370 911	2 644 528
2 174 824	231 250	123 983	15 018	8 660 866	6 218 765	1 642 501
641 107	244 612	117 476	21 651	7 069 767	3 716 173	1 409 961
3 219 425	2 324 486	1 043 846	115 189	98 936 973	53 111 039	6 154 942
8 370 292	1 450 053	669 961	149 814	72 120 457	53 321 222	24 945 155
562 054	243 358	81 029	10 080	13 817 072	10 435 799	2 968 650
138 497	83 265	38 571	7 861	1 948 642	905 423	299 259
17 522 035	4 781 755	2 138 482	322 959	208 988 412	132 600 505	38 168 468
506 973	465 393	271 552	22 520	5 761 571	2 660 781	789 235
22 525	1 044	994	39	154 072	16 958	2 707
3 519 004	899 532	312 991	58 654	51 298 067	40 183 917	9 784 435
865 638	1 361 253	680 954	64 858	21 511 423	10 084 921	1 826 765
12 607 895	2 054 533	871 992	176 888	130 263 279	79 653 927	25 765 325
1 350 130	509 465	191 986	30 887	16 967 787	9 520 093	2 689 081
111 105	75 864	28 275	3 574	814 016	432 115	173 166
5 778	2 308	1 675	203	420 622	322 034	34 207
1 115 118	425 264	159 615	26 490	15 135 993	8 418 830	2 408 716
15 670	1 103	533	136	134 886	43 909	18 497
1 139 738	570 618	332 218	58 451	12 819 057	8 675 491	2 998 516
100 297	216 364	132 619	25 664	4 566 773	2 729 413	350 588
221	55	51	1	1 358	1 283	1 264
1 024 743	350 095	198 113	32 150	8 054 604	5 906 152	2 636 915
14 059	4 058	1 419	626	192 356	37 767	9 194
2 158 625	1 866 463	959 744	85 649	27 673 569	14 820 882	3 215 728
178 743	32 847	18 621	2 204	1 967 231	682 041	151 935
15 308 254	3 024 806	1 240 369	242 767	183 475 039	119 656 714	35 142 075
1 297 557	495 020	189 678	30 085	16 912 415	9 484 921	2 599 176
1 056 806	362 853	205 489	33 737	8 355 816	5 997 401	2 674 948
11 919	79 849	48 785	17 855	391 186	154 131	72 203
4 255 149	552 373	277 168	41 249	25 553 239	18 879 949	9 157 554

10-4（一）续表

单位：万元

项　目	Item	法人企业数（个）Number of Corporative Enterprises (unit)	流动资产合计 Total Current Assets	应收账款 Accounts Payable
连锁总店	General Chain Stores	34	6 744 788	2 099 552
连锁门店	Chain Stores	34	732 921	54 498
其他	Others	8 805	155 819 503	40 460 044
二、零售业	**Retail Trade Sector**	**1 791**	**20 221 743**	**2 808 874**
1.按零售行业小类分组	Grouped by Sector			
综合零售	Integrated Retail	111	4 027 906	180 664
食品、饮料及烟草制品专门零售	Special Retail of Foods, Beverages&Tobaccos	112	1 098 619	147 416
纺织、服装及日用品专门零售	Special Retail of Textile, Garments and Daily-use Articles	211	1 980 976	307 557
文化、体育用品及器材专门零售	Special Retail of Cultural and Sports Goods and Appliances	91	1 736 623	210 970
医药及医疗器材专门零售	Special Retail of Medicine and Medical Appliances	45	602 912	36 428
汽车、摩托车、燃料及零配件专门零售	Special Retail of Automobiles, Motorcycles, Fuels and Related Accessories	613	6 141 729	898 371
家用电器及电子产品专门零售	Special Retail of Household Electrical Appliances and Electronic Products	207	1 731 384	526 541
五金、家具及室内装修材料专门零售	Special Retail of Hardware, Furniture and Indoor Decoration Materials	65	271 785	43 150
无店铺及其他零售	Retail without Shops and Other	336	2 629 809	457 778
2.按登记注册类型分组	Grouped by Registration			
内资企业	Domestic-funded	1 657	15 811 102	2 409 091
国有企业	State-owned	16	238 562	15 854
集体企业	Collective-owned	1	6 425	4 705
股份合作企业	Share-holding Cooperative Enterprise			
联营企业	Joint Ownership	4	21 360	969
有限责任公司	Limited Liabilities Companies	370	4 167 260	522 917
股份有限公司	Share-holding Limited Companies	33	1 579 663	376 504
私营企业	Private-owned	1 232	9 797 831	1 488 141
港、澳、台商投资企业	Funded by Entrepreneur from Hong Kong, Macao and Taiwan	94	2 722 611	295 807
外商投资企业	Foreign-funded	40	1 688 030	103 977
3.按控股情况分组	Grouped by Holding Condition			
国有控股	State-controlled	106	2 016 430	429 156
集体控股	Collective-controlled	24	772 793	145 055
私人控股	Private-controlled	1 538	13 654 547	1 880 055
港澳台商控股	Controlled by Entrepreneur from Hong Kong,Macao and Taiwan	89	2 615 449	271 504
外商控股	Foreign-funded-controlled	28	1 109 965	57 666
其他	Others	6	52 559	25 438
4.按经营形式分组	Grouped by Business Forms			
独立门店	Independent Stores	801	7 295 609	782 336
连锁总店	General Chain Stores	101	4 296 398	598 299
连锁门店	Chain Stores	115	1 947 978	244 601
其他	Other	774	6 681 759	1 183 637
5.按零售业态分组	Grouped by Retail Format			
有店铺零售	Store-based Retailing	1 246	15 949 055	1 812 772
无店铺零售	Non-Store Retailing	545	4 272 688	996 102

CONTINUED

(10 000 yuan)

存货 Inventory	固定资产原价 Original Value of Fixed Assets	累计折旧 Accumulative Depreciation	本年折旧 Depreciation of the Year	资产总计 Total Assets	流动负债合计 Total Current Liabilities	应付账款 Accounts Payable
219 256	61 320	26 259	8 305	6 969 487	6 437 629	3 490 623
192 844	11 039	6 959	1 075	764 077	351 334	119 684
15 344 654	5 237 106	2 352 301	361 668	205 488 453	125 127 177	31 088 203
4 264 176	**2 640 217**	**1 305 642**	**216 951**	**26 765 837**	**15 425 907**	**3 953 996**
462 553	813 356	480 455	55 750	6 960 693	3 145 347	1 069 468
176 628	137 947	83 440	7 779	1 435 369	551 939	182 161
910 278	131 099	77 106	11 994	2 485 647	1 458 646	529 449
576 758	206 532	85 326	16 338	2 217 709	1 206 717	186 690
260 045	180 251	15 735	8 769	743 022	530 960	137 061
1 061 225	991 912	485 878	97 109	7 637 334	4 893 104	535 123
293 978	36 095	17 632	3 854	1 912 874	1 255 583	349 054
61 314	56 307	25 576	3 951	351 322	216 903	51 840
461 398	86 719	34 495	11 408	3 021 867	2 166 709	913 152
3 393 013	1 771 043	830 110	152 343	19 409 509	11 969 828	2 727 732
31 333	248 474	125 667	8 419	573 018	282 922	40 319
40	160	135	8	6 475	6 131	4 633
5 476	1 970	1 416	60	22 597	10 823	5 288
861 162	473 410	260 348	56 882	5 198 307	3 408 335	1 103 364
231 146	168 740	102 377	10 624	2 127 050	717 330	104 706
2 263 856	878 287	340 167	76 351	11 482 063	7 544 287	1 469 423
505 088	345 881	162 077	32 574	4 343 801	1 965 874	427 311
366 076	523 294	313 455	32 034	3 012 528	1 490 204	798 952
528 542	792 974	432 606	45 092	3 522 929	1 478 498	600 747
62 132	49 821	30 004	9 280	908 883	827 580	178 858
2 993 931	1 132 551	465 958	112 323	16 264 663	10 210 359	2 439 589
472 926	367 988	171 583	34 560	4 220 637	1 916 424	410 501
197 746	293 598	203 991	15 638	1 774 517	991 673	331 312
8 899	3 286	1 502	58	74 209	1 373	− 7 011
1 422 413	1 081 147	542 357	97 024	9 248 547	5 313 119	895 151
880 598	754 393	343 793	37 622	7 090 061	3 172 911	1 252 295
448 993	286 485	157 924	28 132	2 636 409	2 067 508	665 822
1 512 173	518 193	261 569	54 173	7 790 820	4 872 369	1 140 728
3 290 154	2 332 507	1 153 067	184 092	21 812 593	11 953 653	3 168 227
974 022	307 710	152 575	32 860	4 953 244	3 472 254	785 769

10-4 限额以上批发和零售业法人单位主要财务状况综合表（二）（2021年）

单位：万元

项　目	Item	负债合计 Total Liabilities
总　　计	**Total**	**203 126 875**
一、批发业	**Wholesale Trade**	**183 627 121**
1.按批发行业分组	Grouped by Sector	
农畜产品批发	Livestock products wholesale	1 269 829
食品、饮料及烟草制品批发	Wholesale of Foods, Beverages&Tobaccos	14 572 720
纺织、服装及日用品批发	Wholesale of Textiles, Garments and Daily-use Products	10 684 545
文化、体育用品及器材批发	Wholesale of Cultural and Sports Articles and Appliances	6 714 428
医药及医疗器材批发	Wholesale of Medicine and Medical Appliances	3 902 627
矿产品、建材及化工产品批发	Wholesale of Mineral Products, Building Material and Chemical Products	77 232 028
机械设备、五金交电及电子产品批发	Wholesale of Mechanical Equipment,Hardware and Electronic Products	57 318 054
贸易经纪与代理	Trade Broker and Agent	10 957 091
其他批发	Other Wholesales	975 799
2.按登记注册类型分组	Grouped by Registration Status	
内资企业	Domestic-funded	163 963 123
国有企业	State-owned	2 723 921
集体企业	Collective-owned	
股份合作企业	Share-holding Cooperative Enterprises	122 289
联营企业	Joint Ownership	
有限责任公司	Limited Liabilities Companies	42 999 810
股份有限公司	Share-holding Limited Companies	11 311 748
私营企业	Private-owned	106 805 354
港、澳、台商投资企业	Funded by Entrepreneur from Hong Kong,Macao and Taiwan	10 590 954
合资经营企业（港或澳、台资）	Joint-venture(Hong Kong,Macao and Taiwan)	453 480
合作经营企业（港或澳、台资）	Cooperative(Hong Kong,Macao and Taiwan)	326 679
港、澳、台商独资经营企业	Enterprises with Sole Funds(Hong Kong,Macao and Taiwan)	9 449 989
港、澳、台商投资股份有限公司	Share-holding Corporations Ltd(Hong Kong,Macao and Taiwan)	55 500
外商投资企业	Foreign-funded	9 073 045
中外合资经营企业	Jointly-owned	2 800 340
中外合作经营企业	Cooperatively-owned	1 283
外资企业	Exclusively Foreign-owned	6 231 356
外商投资股份有限公司	Foreign-funded Investment Companies Limited	39 189
3.按控股情况分组	Grouped by Holding Condition	
国有控股	State-controlled	16 056 290
集体控股	Collective-controlled	1 332 198
私人控股	Private-controlled	148 911 582
港澳台商控股	Controlled by Entrepreneur from Hong Kong,Macao and Taiwan	10 553 096
外商控股	Foreign-funded-controlled	6 324 299
其他	Others	449 657
4.按经营形式分组	Grouped by Business Forms	
独立门店	Independent Stores	20 550 585

MAIN FINANCIAL INDICATORS OF WHOLESALE AND RETAIL SALES ABOVE THE SET SCALE Ⅱ（2021）

（10 000 yuan）

所有者权益合计 Total Owner's Equities	实收资本 Paid-in Capital	主营业务收入 Prime Operating Revenues	营业成本 Operating Costs	税金及附加 Sales Taxes and Extra Charges
62 225 131	**35 336 007**	**362 065 920**	**341 594 276**	**856 867**
54 942 000	**30 445 037**	**324 043 406**	**309 135 325**	**685 779**
561 926	242 668	3 004 810	2 875 958	2 158
5 580 263	1 972 987	35 747 699	33 642 630	319 985
3 561 405	5 074 185	18 655 586	16 513 817	99 651
1 941 239	1 702 727	10 951 765	10 217 827	16 986
3 163 644	737 446	7 840 955	6 698 607	20 887
21 589 760	10 777 112	109 263 941	107 344 337	95 237
14 711 461	8 701 694	116 830 116	110 935 314	117 902
2 859 982	1 045 018	19 576 007	19 024 365	9 857
972 322	191 202	2 172 527	1 882 471	3 116
44 829 290	25 401 770	289 409 560	277 631 127	635 479
3 037 650	861 537	12 820 626	11 989 956	280 677
31 783	6 076	24 688	21 640	153
8 311 803	6 367 987	81 102 667	78 482 659	74 334
10 200 154	2 746 531	17 481 294	16 317 916	34 458
23 247 900	15 419 639	177 980 285	170 818 957	245 857
6 366 698	3 209 314	17 551 144	15 441 242	32 326
360 076	117 841	1 346 602	1 200 952	3 039
93 943	51 200	742 064	740 601	457
5 676 329	2 995 311	14 431 985	12 627 769	27 516
79 386	28 113	107 997	95 197	223
3 746 012	1 833 953	17 082 702	16 062 956	17 974
1 766 433	978 137	2 643 494	2 564 105	4 452
75	67	900	745	1
1 823 247	817 321	14 353 885	13 423 369	13 298
153 167	38 154	76 325	69 383	182
11 627 786	3 902 487	47 994 079	45 973 753	334 578
635 026	298 786	2 418 718	2 259 331	4 001
34 348 816	21 571 055	241 470 147	231 506 327	301 718
6 349 644	3 224 249	17 377 425	15 475 163	31 454
2 031 517	872 460	14 647 182	13 686 601	13 838
−50 789	576 000	135 854	234 151	191
4 946 201	4 579 734	37 185 009	35 251 643	151 967

10-4（二）续表

单位：万元

项 目	Item	负债合计 Total Liabilities
连锁总店	General Chain Stores	6 475 444
连锁门店	Chain Stores	515 631
其他	Others	156 085 461
二、零售业	**Retail Trade Sector**	**19 499 754**
1.按零售行业小类分组	Grouped by Sector	
综合零售	Integrated Retail	5 025 525
食品、饮料及烟草制品专门零售	Special Retail of Foods, Beverages&Tobaccos	667 248
纺织、服装及日用品专门零售	Special Retail of Textile, Garments and Daily-use Articles	1 613 014
文化、体育用品及器材专门零售	Special Retail of Cultural and Sports Goods and Appliances	1 328 205
医药及医疗器材专门零售	Special Retail of Medicine and Medical Appliances	559 424
汽车、摩托车、燃料及零配件专门零售	Special Retail of Automobiles, Motorcycles, Fuels and Related Accessories	5 762 675
家用电器及电子产品专门零售	Special Retail of Household Electrical Appliances and Electronic Products	1 790 329
五金、家具及室内装修材料专门零售	Special Retail of Hardware, Furniture and Indoor Decoration Materials	239 351
无店铺及其他零售	Retail without Shops and Other	2 513 984
2.按登记注册类型分组	Grouped by Registration	
内资企业	Civil Funded	14 331 586
国有企业	State-owned	337 457
集体企业	Collective-owned	6 131
股份合作企业	Share-holding Cooperative Enterprise	
联营企业	Joint Ownership	11 056
有限责任公司	Limited Liabilities Companies	3 805 306
股份有限公司	Share-holding Limited Companies	830 715
私营企业	Private-owned	9 340 920
港、澳、台商投资企业	Funded by Entrepreneur from Hong Kong, Macao and Taiwan	2 971 673
外商投资企业	Foreign-funded	2 196 495
3.按控股情况分组	Grouped by Holding Condition	
国有控股	State-controlled	1 930 704
集体控股	Collective-controlled	884 260
私人控股	Private-controlled	12 339 822
港澳台商控股	Controlled by Entrepreneur from Hong Kong,Macao and Taiwan	2 921 385
外商控股	Foreign-funded-controlled	1 378 897
其他	Others	44 686
4.按经营形式分组	Grouped by Business Forms	
独立门店	Independent Stores	6 153 617
连锁总店	General Chain Stores	4 781 100
连锁门店	Chain Stores	2 403 800
其他	Other	6 161 237
5.按零售业态分组	Grouped by Retail Format	
有店铺零售	Store-based Retailing	15 401 381
无店铺零售	Non-Store Retailing	4 098 373

CONTINUED

(10 000 yuan)

所有者权益合计 Total Owner's Equities	实收资本 Paid-in Capital	主营业务收入 Prime Operating Revenues	营业成本 Operating Costs	税金及附加 Sales Taxes and Extra Charges
495 522	200 392	10 115 013	9 722 665	8 661
248 446	246 866	656 690	558 768	1 348
49 251 832	25 418 046	276 086 694	263 602 250	523 803
7 283 131	**4 890 970**	**38 022 515**	**32 458 950**	**171 088**
1 943 026	1 379 242	6 178 348	5 231 223	15 348
768 120	300 888	1 377 947	1 080 122	4 475
872 162	656 936	2 784 223	1 759 672	11 563
888 995	135 130	1 373 973	869 189	33 681
183 598	42 925	892 046	587 585	2 021
1 872 659	1 561 936	14 754 506	13 739 909	64 614
134 829	164 557	2 860 726	2 621 412	3 651
111 971	134 724	434 133	322 630	1 781
507 770	514 633	7 366 615	6 247 209	33 955
5 094 037	3 526 061	27 688 893	23 774 128	140 420
235 560	98 601	213 002	175 330	1 239
344	290	10 823	10 205	18
11 541	2 840	35 670	28 574	107
1 394 611	958 676	8 129 550	6 988 561	36 460
1 294 418	187 175	2 733 645	2 191 174	29 870
2 157 563	2 278 480	16 566 204	14 380 284	72 726
1 372 128	673 482	5 680 225	4 735 041	20 797
816 966	691 426	4 653 396	3 949 781	9 871
1 595 800	946 460	5 179 382	4 540 642	12 736
24 623	73 003	1 428 229	1 207 838	3 175
3 937 025	2 957 938	23 067 820	19 704 968	126 455
1 299 252	661 891	5 687 815	4 806 510	21 569
395 620	247 261	2 513 742	2 109 310	6 500
30 811	4 418	145 527	89 683	653
3 095 023	1 849 047	14 741 187	12 983 180	95 092
2 312 190	967 643	7 838 853	6 478 744	15 868
234 987	539 256	2 836 886	2 359 631	6 741
1 640 932	1 535 023	12 605 588	10 637 395	53 387
6 419 700	4 005 190	29 426 473	25 276 994	132 451
863 431	885 780	8 596 041	7 181 956	38 637

10-4 限额以上批发和零售业法人单位主要财务状况综合表（三）（2021年）

单位：万元

项 目	Item	其他业务利润 Profits from Other Business	销售费用 Sale Expenses	管理费用 Management Expenses
总 计	**Total**	**1 059 349**	**11 481 273**	**6 954 653**
一、批发业	**Wholesale Trade**	**752 623**	**6 749 273**	**5 407 168**
1.按批发行业分组	Grouped by Sector			
农畜产品批发	Livestock products wholesale	5 592	62 381	59 526
食品、饮料及烟草制品批发	Wholesale of Foods, Beverages&Tobaccos	366 041	1 112 460	911 321
纺织、服装及日用品批发	Wholesale of Textiles, Garments and Daily-use Products	104 993	1 262 866	684 620
文化、体育用品及器材批发	Wholesale of Cultural and Sports Articles and Appliances	9 869	386 931	296 513
医药及医疗器材批发	Wholesale of Medicine and Medical Appliances	10 110	728 930	310 750
矿产品、建材及化工产品批发	Wholesale of Mineral Products, Building Material and Chemical Products	56 952	755 737	824 124
机械设备、五金交电及电子产品批发	Wholesale of Mechanical Equipment,Hardware and Electronic Products	194 080	2 204 600	2 063 332
贸易经纪与代理	Trade Broker and Agent	3 694	126 153	150 499
其他批发	Other Wholesales	1 292	109 215	106 482
2.按登记注册类型分组	Grouped by Registration Status			
内资企业	Domestic-funded	307 333	5 069 030	4 186 880
国有企业	State-owned	5 167	106 389	150 180
集体企业	Collective-owned			
股份合作企业	Share-holding Cooperative Enterprises	-2 368	3 875	3 143
联营企业	Joint Ownership			
有限责任公司	Limited Liabilities Companies	70 436	1 129 167	711 984
股份有限公司	Share-holding Limited Companies	31 619	356 500	312 952
私营企业	Private-owned	202 479	3 473 099	3 008 622
港、澳、台商投资企业	Funded by Entrepreneur from Hong Kong,Macao and Taiwan	105 316	1 009 723	608 128
合资经营企业（港或澳、台资）	Joint-venture(Hong Kong,Macao and Taiwan)	5 130	105 836	42 948
合作经营企业（港或澳、台资）	Cooperative(Hong Kong,Macao and Taiwan)	1 846	859	5 253
港、澳、台商独资经营企业	Enterprises with Sole Funds(Hong Kong,Macao and Taiwan)	98 266	787 238	538 785
港、澳、台商投资股份有限公司	Share-holding Corporations Ltd(Hong Kong,Macao and Taiwan)		4 098	6 692
外商投资企业	Foreign-funded	339 974	670 520	612 160
中外合资经营企业	Jointly-owned	42 058	175 695	97 842
中外合作经营企业	Cooperatively-owned		95	110
外资企业	Exclusively Foreign-owned	295 722	487 567	509 126
外商投资股份有限公司	Foreign-funded Investment Companies Limited	2 195	6 634	4 455
3.按控股情况分组	Grouped by Holding Condition			
国有控股	State-controlled	17 770	491 911	377 565
集体控股	Collective-controlled	1 461	35 556	30 578
私人控股	Private-controlled	329 967	4 770 702	3 879 999
港澳台商控股	Controlled by Entrepreneur from Hong Kong,Macao and Taiwan	105 562	933 615	585 980
外商控股	Foreign-funded-controlled	297 862	499 921	523 395
其他	Others		17 568	9 651
4.按经营形式分组	Grouped by Business Forms			
独立门店	Independent Stores	35 298	915 099	618 847

MAIN FINANCIAL INDICATORS OF WHOLESALE AND RETAIL SALES ABOVE THE SET SCALE III（2021）

（10 000 yuan）

财务费用 Financial Expenses	利息费用 Interest Expense	营业利润 Operating profits	投资收益 Profits of Investment	营业外收入 Non-operating Income	利润总额 Total Profits	应交所得税 Total Payable Tax	应付职工薪酬 Total Wages Payable	本年应交增值税 Total Value-added Payable	从业人员期末人数（人） Average Employed Persons (Persons)
1 554 158	**1 593 114**	**6 165 060**	**3 146 253**	**541 786**	**6 453 764**	**1 123 356**	**7 191 223**	**2 405 898**	**570 961**
1 377 412	**1 492 947**	**6 109 066**	**2 940 525**	**399 745**	**6 311 504**	**919 129**	**5 111 062**	**1 923 524**	**367 078**
11 836	10 705	−35 321	−31 590	4 462	−32 027	5 615	38 517	8 969	2 789
44 613	43 644	832 962	201 728	193 515	1 010 130	186 402	727 475	268 125	56 720
116 256	81 655	567 996	261 485	28 200	569 942	87 434	693 154	159 171	52 877
56 193	53 751	39 022	16 538	13 455	56 728	29 087	292 355	128 736	28 799
5 400	30 645	536 584	317 539	7 550	532 892	62 003	377 062	142 564	24 476
685 286	797 879	1 924 591	1 456 938	33 685	1 891 605	213 842	745 005	422 133	46 408
354 958	305 479	1 930 603	660 466	103 588	1 960 640	282 298	2 018 012	731 199	139 883
94 098	164 767	264 644	52 156	12 720	272 346	39 940	105 632	48 428	7 036
8 773	4 424	47 985	5 266	2 570	49 249	12 508	113 851	14 200	8 090
1 354 375	1 371 249	4 301 052	1 920 252	187 172	4 336 521	663 050	3 964 291	1 677 470	306 654
−33 001	17 743	478 030	63 342	7 916	482 251	102 268	180 769	115 036	4 802
418	361	−25 741		312	−25 625	1	3 836	829	235
504 808	493 768	824 575	458 604	27 993	826 581	159 755	766 074	384 500	52 032
158 567	199 769	692 428	344 412	10 210	674 232	65 791	472 825	119 198	25 201
723 584	659 608	2 331 759	1 053 895	140 742	2 379 083	335 234	2 540 787	1 057 908	224 384
3 352	88 217	1 290 063	675 263	182 064	1 436 585	164 835	664 392	183 073	36 238
−847	2 275	35 915	2 632	150 117	182 316	10 307	53 318	6 269	3 386
3 925	6 920	−185	6 051	33	−500	−1 232	3 520	430	97
−4 326	76 259	1 250 513	665 488	30 516	1 251 694	154 565	580 833	167 657	30 935
35	203	3 439	1 107	169	3 526	736	7 254	1 494	462
19 684	33 482	517 952	345 010	30 508	538 398	91 245	482 380	62 981	24 186
−473	18 574	271 575	324 891	2 028	271 200	18 844	122 947	7 964	6 961
−2		−252	18		−252		276	6	17
19 546	14 330	261 398	19 871	28 076	282 492	71 756	350 771	52 988	16 691
616	577	−16 318	230	400	−16 595	284	7 963	1 404	477
126 389	245 775	1 054 148	259 244	17 996	1 061 664	192 167	639 487	312 020	23 426
9 345	5 810	175 507	106 148	671	175 865	20 821	29 079	27 098	1 916
1 217 119	1 133 506	3 470 183	1 879 112	172 555	3 496 374	465 191	3 384 957	1 356 125	285 571
838	87 987	1 284 665	675 768	179 536	1 431 823	167 483	684 090	185 104	38 225
19 970	15 065	252 806	20 136	28 602	273 710	73 411	366 773	56 851	17 705
3 751	4 803	−128 241	117	386	−127 931	56	6 676	−13 674	235
117 936	130 173	391 705	202 473	22 185	399 957	83 380	594 639	236 534	52 877

10-4（三）续表

单位：万元

项 目	Item	其他业务利润 Profits from Other Business	销售费用 Sale Expenses	管理费用 Management Expenses
连锁总店	General Chain Stores	26 226	346 566	73 924
连锁门店	Chain Stores	408	58 123	54 565
其他	Others	690 691	5 429 486	4 659 832
二、零售业	**Retail Trade Sector**	**306 726**	**4 732 000**	**1 547 484**
1.按零售行业小类分组	Grouped by Sector			
综合零售	Integrated Retail	139 371	914 509	279 300
食品、饮料及烟草制品专门零售	Special Retail of Foods, Beverages&Tobaccos	2 849	268 991	80 230
纺织、服装及日用品专门零售	Special Retail of Textile, Garments and Daily-use Articles	11 112	838 599	214 392
文化、体育用品及器材专门零售	Special Retail of Cultural and Sports Goods and Appliances	5 985	206 015	186 528
医药及医疗器材专门零售	Special Retail of Medicine and Medical Appliances	4 963	294 610	28 647
汽车、摩托车、燃料及零配件专门零售	Special Retail of Automobiles, Motorcycles, Fuels and Related Accessories	105 745	805 156	409 876
家用电器及电子产品专门零售	Special Retail of Household Electrical Appliances and Electronic Products	5 048	198 813	76 292
五金、家具及室内装修材料专门零售	Special Retail of Hardware, Furniture and Indoor Decoration Materials	3 793	80 233	38 447
无店铺及其他零售	Retail without Shops and Other	27 860	1 125 074	233 772
2.按登记注册类型分组	Grouped by Registration			
内资企业	Civil Funded	198 914	3 126 899	1 073 839
国有企业	State-owned	3 352	13 546	30 095
集体企业	Collective-owned		570	1
股份合作企业	Share-holding Cooperative Enterprise			
联营企业	Joint Ownership	1 809	1 353	3 688
有限责任公司	Limited Liabilities Companies	43 062	945 001	243 322
股份有限公司	Share-holding Limited Companies	1 795	301 323	127 510
私营企业	Private-owned	148 896	1 865 106	669 223
港、澳、台商投资企业	Funded by Entrepreneur from Hong Kong, Macao and Taiwan	32 461	978 444	291 355
外商投资企业	Foreign-funded	75 352	626 657	182 291
3.按控股情况分组	Grouped by Holding Condition			
国有控股	State-controlled	41 773	487 141	179 911
集体控股	Collective-controlled	323	212 145	24 245
私人控股	Private-controlled	181 656	2 722 521	950 028
港澳台商控股	Controlled by Entrepreneur from Hong Kong,Macao and Taiwan	29 899	921 317	291 776
外商控股	Foreign-funded-controlled	53 075	328 901	96 196
其他	Others		59 975	5 328
4.按经营形式分组	Grouped by Business Forms			
独立门店	Independent Stores	144 972	1 287 917	609 609
连锁总店	General Chain Stores	85 414	1 170 592	295 820
连锁门店	Chain Stores	25 107	493 952	114 613
其他	Other	51 234	1 779 538	527 443
5.按零售业态分组	Grouped by Retail Format			
有店铺零售	Store-based Retailing	280 675	3 366 375	1 198 670
无店铺零售	Non-Store Retailing	26 051	1 365 625	348 814

CONTINUED

(10 000 yuan)

财务费用 Financial Expenses	利息费用 Interest Expense	营业利润 Operating profits	投资收益 Profits of Investment	营业外收入 Non-operating Income	利润总额 Total Profits	应交所得税 Total Payable Tax	应付职工薪酬 Total Wages Payable	本年应交增值税 Total Value-added Payable	从业人员期末人数（人） Average Employed Persons (Persons)
9 315	7 614	84 682	5 880	4 924	83 603	20 916	111 905	57 305	7 785
2 622	1 387	−21 246	893	9 898	−24 586	987	41 733	9 019	3 692
1 247 540	1 353 773	5 653 926	2 731 279	362 738	5 852 530	813 847	4 362 785	1 620 666	302 724
176 746	**100 167**	**55 994**	**205 728**	**142 041**	**142 259**	**204 227**	**2 080 161**	**482 374**	**203 883**
75 127	52 140	−195 939	21 828	35 552	−178 814	28 499	414 312	53 806	43 431
−3 530	1 854	9 921	27 151	8 613	17 050	2 119	144 140	20 147	16 650
8 844	5 387	80 044	49 394	8 979	85 390	25 114	355 822	90 533	39 826
7 452	1 839	147 006	58 298	3 131	147 321	27 721	117 144	38 507	10 683
2 875	2 034	−25 096	206	2 089	−23 702	−2 611	114 540	8 533	14 387
50 462	22 332	301 053	39 387	64 530	350 612	95 413	483 501	166 677	41 078
16 145	3 275	−34 832	1 002	3 942	−33 008	3 142	114 869	20 457	11 379
1 731	2 525	13 859	63	1 882	15 226	4 962	34 917	10 608	3 342
17 641	8 782	−240 021	8 400	13 325	−237 815	19 868	300 916	73 107	23 107
114 410	59 953	289 507	162 125	97 956	353 968	161 866	1 461 315	352 644	142 353
2 330	636	8 847	10 068	5 351	13 906	399	22 148	2 696	1 223
1		28			28	11	289	145	42
50		2 980		15	2 986	655	2 323	418	211
24 626	11 404	72 896	23 269	18 844	83 419	46 707	423 013	96 233	39 148
9 116	2 114	217 366	86 345	26 195	240 962	38 208	137 995	49 320	10 480
78 287	45 799	−12 610	42 444	47 551	12 668	75 886	875 547	203 831	91 249
29 130	6 044	−82 137	38 152	16 562	−81 184	20 952	360 633	75 736	32 112
33 206	34 170	−151 377	5 452	27 524	−130 525	21 408	258 213	53 994	29 418
25 779	36 134	−43 056	56 569	51 074	6 515	31 142	322 466	57 580	26 024
8 772	1 721	−12 125	72	4 263	−8 873	1 010	65 777	11 190	8 161
103 161	55 137	143 621	110 783	63 228	178 270	131 860	1 224 225	297 567	121 890
27 734	5 019	−60 833	38 107	16 190	−58 890	22 799	338 231	72 546	30 176
10 604	2 010	33 416	196	7 271	31 618	17 097	120 256	39 257	16 685
696	146	−5 029		16	−6 382	319	9 207	4 233	947
74 397	39 630	446 430	100 869	34 653	461 296	126 612	651 622	201 923	62 870
55 453	30 947	63 177	48 580	50 056	92 807	35 127	544 564	82 264	52 355
10 616	10 012	−231 719	38 382	9 356	−225 468	1 772	236 174	37 964	26 557
36 280	19 577	−221 895	17 897	47 977	−186 374	40 716	647 801	160 223	62 101
153 034	87 805	312 673	197 826	110 903	376 141	178 912	1 662 195	373 542	168 036
23 713	12 362	−256 680	7 902	31 139	−233 882	25 315	417 966	108 832	35 847

10-5 限额以上住宿和餐饮业法人企业主要财务状况综合表(一)(2021年)

单位：万元

项目	Item	法人企业数(个) Number of Corporative Enterprises (unit)	流动资产合计 Total Current Assets	应收账款 Accounts Payable
总　　计	**Total**	**2 066**	**5 984 297**	**341 588**
一、住宿业	**Hotels**	**619**	**3 792 769**	**135 686**
1.按住宿行业分组	Grouped by Sector			
旅游饭店	Tour Restaurant	282	2 774 355	83 972
一般旅馆	General Restaurant	306	857 190	49 802
其他住宿服务	Other Hotel Services	31	161 224	1 912
2.按登记注册类型分组	Grouped by Registration Status			
内资企业	Domestic-funded	574	2 827 531	95 436
国有企业	State-owned	16	79 641	9 053
集体企业	Collective-owned	2	3 753	58
股份合作企业	Share-holding Cooperative Enterprise			
联营企业	Joint Ownership	1	730	40
有限责任公司	Limited Liabilities Companies	145	1 812 479	26 980
股份有限公司	Share-holding Limited Companies	8	16 970	5 788
私营企业	Private-owned	402	913 958	53 517
港、澳、台商投资企业	Funded by Entrepreneur from Hong Kong,Macao and Taiwan	33	445 442	17 223
合资经营企业（港或澳、台资）	Joint-venture(Hong Kong,Macao and Taiwan)	7	47 209	2 427
合作经营企业（港或澳、台资）	Cooperative(Hong Kong,Macao and Taiwan)	4	91 683	1 064
港、澳、台商独资经营企业	Enterprises with Sole Funds(Hong Kong,Macao and Taiwan)	22	306 550	13 732
港、澳、台商投资股份有限公司	Share-holding Corporations Ltd(Hong Kong,Macao and Taiwan)			
外商投资企业	Foreign-funded	12	519 796	23 027
中外合资经营企业	Jointly-owned	5	113 987	661
中外合作经营企业	Cooperatively-owned	2	16 647	644
外资企业	Exclusively Foreign-owned	5	389 162	21 723
外商投资股份有限公司	Foreign-funded Investment Companies Limited			
3.按控股情况分组	Grouped by Holding Condition			
国有控股	State-controlled	52	652 530	22 736
集体控股	Collective-controlled	13	67 677	1 129
私人控股	Private-controlled	511	2 137 794	72 998
港澳台商控股	Controlled by Entrepreneur from Hong Kong,Macao and Taiwan	31	414 028	16 318
外商控股	Foreign-funded-controlled	9	487 991	22 166
其他	Others	3	32 749	340
4.按经营形式分组	Grouped by Business Forms			
独立门店	Independent Stores	379	2 087 737	89 658
连锁总店	General Chain Stores	5	737 573	19 015
连锁门店	Chain Stores	127	599 953	15 093
其他	Other	108	367 506	11 920
5.按星级分组	Grouped by Star Rating			
五星	Five Star	26	969 656	22 425
四星	Four Star	60	318 097	12 617
三星	Three Star	44	111 875	11 341

MAIN FINANCIAL INDICAFORS OF ENTERPRISE ABOVE DESIGNATED SIZE OF HOTELS AND CATERING SERVICES Ⅰ （2021）

（10 000 yuan）

存货 Inventory	固定资产原价 Original Value of Fixed Assets	累计折旧 Accumulative Depreciation	本年折旧 Depreciation of the Year	资产总计 Total Assets	流动负债合计 Total Current Liabilities	应付账款 Accounts Payable
134 631	**3 122 145**	**1 693 694**	**139 653**	**9 530 672**	**5 395 583**	**599 586**
23 619	**2 430 841**	**1 336 917**	**88 206**	**6 182 273**	**3 349 250**	**204 955**
19 866	2 127 340	1 145 725	72 814	4 792 949	2 464 646	134 317
3 211	244 410	166 309	11 907	1 176 938	795 028	68 016
542	59 091	24 884	3 485	212 385	89 575	2 622
20 350	1 745 678	889 412	70 299	4 719 265	2 459 697	155 841
3 150	199 802	125 621	6 371	221 184	50 311	6 209
39	60	24	3	3 781	3 483	2 219
	1 384	1 334		946	219	15
4 822	1 165 665	532 540	46 169	2 952 621	1 340 005	74 556
691	42 800	30 957	2 237	68 654	38 264	2 295
11 648	335 967	198 936	15 520	1 472 078	1 027 415	70 548
2 430	480 855	286 481	10 896	807 769	523 359	31 999
272	108 783	98 265	1 972	69 220	29 043	3 383
858	147 317	80 208	3 653	186 902	86 564	1 348
1 300	224 755	108 008	5 272	551 647	407 753	27 268
839	204 309	161 025	7 010	655 239	366 194	17 115
408	38 794	29 420	1 126	126 957	23 404	2 342
187	34 119	27 831	753	46 633	13 674	884
244	131 396	103 774	5 131	481 650	329 117	13 888
5 709	612 959	380 637	24 549	1 294 663	665 535	26 854
218	73 282	37 043	4 558	129 934	12 183	1 244
14 893	1 107 953	527 461	42 552	3 328 065	1 792 903	129 778
2 300	457 229	265 481	10 694	766 981	511 788	30 225
422	139 677	109 439	5 187	592 494	363 354	16 539
77	39 742	16 857	665	70 136	3 487	316
19 390	1 699 157	946 391	52 661	3 575 876	1 910 936	143 458
215	160 069	120 665	6 517	886 928	396 420	12 975
1 167	76 388	37 169	8 199	813 907	480 708	20 608
2 846	495 228	232 692	20 829	905 562	561 186	27 915
7 962	772 059	487 758	18 213	1 520 328	995 965	62 923
2 215	311 624	206 895	9 908	543 739	233 203	15 285
1 746	105 035	79 698	2 511	240 819	92 043	10 283

10-5（一）续表

单位：万元

项 目	Item	法人企业数（个）Number of Corporative Enterprises (unit)	流动资产合计 Total Current Assets	应收账款 Accounts Payable
二星	Two Star	6	3 761	62
一星	One Star	1	102	
其他	Others	482	2 389 277	89 241
二、餐饮业	**Catering Services**	**1 447**	**2 191 528**	**205 902**
1.按餐饮行业小类分组	Grouped by Sector			
正餐服务	Restaurant	1 231	1 267 112	114 400
快餐服务	Fast Food	70	290 856	27 499
饮料及冷饮服务	Beverages and Cold Drinks	45	425 053	4 475
餐饮配送及外卖送餐服务	Catering Delivery and Food Delivery	54	163 096	49 933
其他餐饮服务	Others	47	45 412	9 595
2.按登记注册类型分组	Grouped by Registration			
内资企业	Domestic-funded	1 338	1 763 896	187 478
国有企业	State-owned	2	3 547	70
集体企业	Collective-owned	1	1 631	
股份合作企业	Share-holding Cooperative Enterprise			
联营企业	Joint Ownership			
有限责任公司	Limited Liabilities Companies	227	337 861	51 241
股份有限公司	Share-holding Limited Companies	7	8 406	3 985
私营企业	Private-owned	1 101	1 412 451	132 183
其他企业	Others			
港、澳、台商投资企业	Funded by Entrepreneur from Hong Kong,Macao and Taiwan	89	332 831	15 540
合资经营企业（港或澳、台资）	Joint-venture(Hong Kong,Macao and Taiwan)	14	31 997	5 060
合作经营企业（港或澳、台资）	Cooperative(Hong Kong,Macao and Taiwan)	1	9 166	4 476
港、澳、台商独资经营企业	Enterprises with Sole Funds(Hong Kong,Macao and Taiwan)	69	289 896	6 104
港、澳、台商投资股份有限公司	Share-holding Corporations Ltd(Hong Kong,Macao and Taiwan)	3	1 403	-100
外商投资企业	Foreign-funded	20	94 801	2 884
中外合资经营企业	Jointly-owned	4	2 411	80
中外合作经营企业	Cooperatively-owned			
外资企业	Exclusively Foreign-owned	14	81 443	2 737
外商投资股份有限公司	Foreign-funded Investment Companies Limited			
3.按控股情况分组	Grouped by Holding Condition			
国有控股	State-controlled	14	98 827	22 093
集体控股	Collective-controlled	2	3 864	723
私人控股	Private-controlled	1 318	1 682 653	170 071
港澳台商控股	Controlled by Entrepreneur from Hong Kong,Macao and Taiwan	85	307 355	8 234
外商控股	Foreign-funded-controlled	20	95 499	3 046
其他	Others	8	3 331	1 734
4.按经营形式分组	Grouped by Business Forms			
独立门店	Independent Stores	903	776 972	91 787
连锁总店	General Chain Stores	94	536 409	16 004
连锁门店	Chain Stores	158	512 106	14 765
其他	Other	292	366 040	83 346

CONTINUED

(10 000 yuan)

存货 Inventory	固定资产原价 Original Value of Fixed Assets	累计折旧 Accumulative Depreciation	本年折旧 Depreciation of the Year	资产总计 Total Assets	流动负债合计 Total Current Liabilities	应付账款 Accounts Payable
106	4 818	1 902	129	6 911	1 753	909
	61	48	6	115	149	12
11 590	1 237 244	560 616	57 440	3 870 360	2 026 137	115 544
111 012	**691 304**	**356 777**	**51 447**	**3 348 399**	**2 046 334**	**394 630**
78 643	326 698	181 326	31 155	1 808 641	1 149 412	226 026
12 364	266 877	128 163	10 354	756 840	449 281	98 245
6 580	49 266	23 076	5 858	509 172	293 625	30 897
11 600	31 088	14 523	2 774	202 269	117 529	26 037
1 825	17 375	9 689	1 306	71 478	36 486	13 426
89 619	430 891	209 333	31 036	2 416 605	1 648 687	290 734
31	1 969	1 163	35	21 248	6 501	1 621
270	354	285	25	1 723	839	654
17 063	144 797	61 193	9 204	511 716	390 227	58 299
537	4 558	2 811	557	11 662	9 135	1 879
71 719	279 213	143 881	21 215	1 870 257	1 241 986	228 282
13 285	181 573	105 858	17 608	637 695	237 559	48 449
1 446	6 783	2 805	449	39 560	28 227	6 096
238	5 134	3 836	272	14 157	5 952	2 097
11 583	169 496	99 092	16 867	581 954	202 490	39 891
15	124	90	20	1 654	718	250
8 108	78 840	41 586	2 803	294 099	160 088	55 447
836	1 752	1 454	240	5 517	2 182	916
6 541	77 082	40 126	2 558	274 291	153 023	53 373
1 743	15 966	10 382	1 222	135 003	93 617	24 910
329	4 910	1 064	−86	7 836	1 521	884
88 686	415 272	201 739	30 360	2 301 382	1 572 717	266 564
12 019	175 648	101 443	17 170	604 785	217 573	46 519
8 214	79 337	41 985	2 781	295 819	160 907	55 753
22	171	164		3 574		
34 626	225 365	126 954	14 134	1 061 983	607 137	124 096
33 746	244 236	111 471	11 017	976 890	528 788	120 158
18 723	166 283	92 952	20 415	860 767	608 497	71 858
23 919	55 421	25 399	5 882	448 759	301 912	78 518

10-5 限额以上住宿和餐饮业法人企业主要财务状况综合表(二)（2021年）

单位：万元

项 目	Item	负债合计 Total Liabilities
总　　计	**Total**	**8 120 968**
一、住宿业	**Hotels**	**5 434 653**
1.按住宿行业分组	Grouped by Sector	
旅游饭店	Tour Restaurant	4 200 382
一般旅馆	General Restaurant	1 032 972
其他住宿服务	Other Hotel Services	201 299
2.按登记注册类型分组	Grouped by Registration Status	
内资企业	Domestic-funded	4 317 475
国有企业	State-owned	120 920
集体企业	Collective-owned	3 483
股份合作企业	Share-holding Cooperative Enterprise	
联营企业	Joint Ownership	219
有限责任公司	Limited Liabilities Companies	2 565 976
股份有限公司	Share-holding Limited Companies	62 031
私营企业	Private-owned	1 564 845
港、澳、台商投资企业	Funded by Entrepreneur from Hong Kong,Macao and Taiwan	610 519
合资经营企业（港或澳、台资）	Joint-venture(Hong Kong,Macao and Taiwan)	34 143
合作经营企业（港或澳、台资）	Cooperative(Hong Kong,Macao and Taiwan)	88 143
港、澳、台商独资经营企业	Enterprises with Sole Funds(Hong Kong,Macao and Taiwan)	488 234
港、澳、台商投资股份有限公司	Share-holding Corporations Ltd(Hong Kong,Macao and Taiwan)	
外商投资企业	Foreign-funded	506 660
中外合资经营企业	Jointly-owned	100 568
中外合作经营企业	Cooperatively-owned	24 033
外资企业	Exclusively Foreign-owned	382 059
外商投资股份有限公司	Foreign-funded Investment Companies Limited	
3.按控股情况分组	Grouped by Holding Condition	
国有控股	State-controlled	855 023
集体控股	Collective-controlled	134 584
私人控股	Private-controlled	3 302 533
港澳台商控股	Controlled by Entrepreneur from Hong Kong,Macao and Taiwan	598 766
外商控股	Foreign-funded-controlled	482 351
其他	Others	61 397
4.按经营形式分组	Grouped by Business Forms	
独立门店	Independent Stores	2 998 320
连锁总店	General Chain Stores	854 824
连锁门店	Chain Stores	799 895
其他	Other	781 613
5.按星级分组	Grouped by Star Rating	
五星	Five Star	1 342 166
四星	Four Star	503 423
三星	Three Star	109 915

MAIN FINANCIAL INDICAFORS OF ENTERPRISE ABOVE DESIGNATED SIZE OF HOTELS AND CATERING SERVICES II（2021）

（10 000 yuan）

所有者权益合计 Total Owner's Equities	实收资本 Paid-in Capital	主营业务收入 Prime Operating Revenues	营业成本 Operating Costs	税金及附加 Sales Taxes and Extra Charges
1 449 575	**1 754 686**	**5 625 090**	**2 857 507**	**22 488**
750 050	**1 155 946**	**1 311 474**	**655 387**	**14 990**
594 500	872 607	863 740	416 842	13 260
143 312	263 953	403 463	213 453	1 261
12 237	19 386	44 271	25 092	470
404 220	796 014	1 041 687	526 893	10 841
100 264	112 225	54 585	23 405	739
298		2 700	895	14
727	1 387	430	246	2
393 014	405 095	396 668	211 759	8 038
6 623	27 978	22 322	9 585	110
−96 706	249 329	564 983	281 004	1 939
197 250	223 659	157 644	79 188	2 968
35 077	38 930	26 715	11 788	488
98 759	72 382	36 038	19 509	611
63 413	112 346	94 891	47 891	1 870
148 580	136 273	112 142	49 306	1 181
26 389	11 046	28 811	10 549	293
22 600	31 757	9 670	1 854	350
99 591	93 470	73 662	36 903	538
437 540	320 241	206 623	107 403	4 031
−4 649	13 290	28 628	11 419	692
29 741	510 478	816 702	405 206	6 770
168 215	213 084	152 280	78 281	2 838
110 143	96 853	97 076	44 802	647
9 061	2 000	10 165	8 277	12
585 019	749 619	809 764	364 862	9 196
32 105	91 620	88 849	59 236	679
8 002	86 103	152 151	90 945	896
124 924	228 604	260 710	140 344	4 219
178 163	301 109	281 825	120 942	4 622
34 514	73 922	128 069	61 272	1 791
130 904	139 117	61 837	30 906	484

10-5（二）续表

单位：万元

项 目	Item	负债合计 Total Liabilities
二星	Two Star	2 147
一星	One Star	333
其他	Others	3 476 669
二、餐饮业	**Catering Services**	**2 686 315**
1.按餐饮行业小类分组	Grouped by Sector	
正餐服务	Restaurant	1 520 230
快餐服务	Fast Food	666 440
饮料及冷饮服务	Beverages and Cold Drinks	316 867
餐饮配送及外卖送餐服务	Catering Delivery and Food Delivery	128 336
其他餐饮服务	Others	54 442
2.按登记注册类型分组	Grouped by Registration	
内资企业	Domestic-funded	2 021 966
国有企业	State-owned	17 500
集体企业	Collective-owned	839
股份合作企业	Share-holding Cooperative Enterprise	
联营企业	Joint Ownership	
有限责任公司	Limited Liabilities Companies	452 000
股份有限公司	Share-holding Limited Companies	9 349
私营企业	Private-owned	1 542 278
其他企业	Others	
港、澳、台商投资企业	Funded by Entrepreneur from Hong Kong,Macao and Taiwan	400 864
合资经营企业（港或澳、台资）	Joint-venture(Hong Kong,Macao and Taiwan)	29 847
合作经营企业（港或澳、台资）	Cooperative(Hong Kong,Macao and Taiwan)	8 797
港、澳、台商独资经营企业	Enterprises with Sole Funds(Hong Kong,Macao and Taiwan)	361 330
港、澳、台商投资股份有限公司	Share-holding Corporations Ltd(Hong Kong,Macao and Taiwan)	718
外商投资企业	Foreign-funded	263 485
中外合资经营企业	Jointly-owned	6 312
中外合作经营企业	Cooperatively-owned	
外资企业	Exclusively Foreign-owned	247 628
外商投资股份有限公司	Foreign-funded Investment Companies Limited	
3.按控股情况分组	Grouped by Holding Condition	
国有控股	State-controlled	110 245
集体控股	Collective-controlled	1 521
私人控股	Private-controlled	1 924 679
港澳台商控股	Controlled by Entrepreneur from Hong Kong,Macao and Taiwan	377 129
外商控股	Foreign-funded-controlled	264 304
其他	Others	8 438
4.按经营形式分组	Grouped by Business Forms	
独立门店	Independent Stores	859 581
连锁总店	General Chain Stores	703 837
连锁门店	Chain Stores	773 958
其他	Other	348 938

CONTINUED

(10 000 yuan)

所有者权益合计 Total Owner's Equities	实收资本 Paid-in Capital	主营业务收入 Prime Operating Revenues	营业成本 Operating Costs	税金及附加 Sales Taxes and Extra Charges
2 664	2 591	1 638	1 673	37
−218	500	939	503	2
404 024	638 706	837 166	440 091	8 055
699 526	**598 740**	**4 313 617**	**2 202 120**	**7 498**
320 864	385 714	2 425 010	1 186 868	5 290
90 336	98 985	900 813	456 427	1 253
196 086	27 790	471 498	180 212	256
72 909	66 623	365 351	300 951	432
19 330	19 629	150 946	77 663	266
419 941	425 469	3 164 290	1 701 978	5 676
3 748	4 000	3 773	2 174	6
884	1 000	2 578	1 341	
66 796	79 541	838 797	526 596	1 479
2 275	1 810	18 503	13 946	71
346 238	339 118	2 300 639	1 157 921	4 120
247 281	113 861	696 467	258 356	1 471
10 532	4 551	44 659	21 081	74
5 360	2 551	15 785	15 794	125
230 256	106 605	630 969	219 619	1 266
935	104	4 369	1 519	6
32 304	59 410	452 859	241 787	351
−795	4 531	16 754	5 345	5
27 765	52 683	429 512	234 277	338
24 758	10 911	198 286	172 867	511
6 315	2 400	6 522	5 326	23
397 898	416 289	2 993 674	1 549 578	5 386
237 349	110 453	662 493	232 100	1 307
33 206	58 687	452 643	241 798	357
			452	−87
215 127	272 009	1 209 909	638 095	2 899
284 018	140 412	1 240 962	540 704	1 808
88 075	91 027	1 015 863	419 982	662
112 307	95 292	846 883	603 340	2 129

10-5 限额以上住宿和餐饮业法人企业主要财务状况综合表 (三)（2021年）

单位：万元

项目	Item	其他业务利润 Profits from Other Business	销售费用 Sale Expenses	管理费用 Management Expenses
总　　计	**Total**	**71 610**	**2 020 448**	**1 019 184**
一、住宿业	**Hotels**	**24 876**	**322 631**	**443 568**
1.按住宿行业分组	Grouped by Sector			
旅游饭店	Tour Restaurant	23 198	215 188	312 150
一般旅馆	General Restaurant	1 654	95 187	120 594
其他住宿服务	Other Hotel Services	24	12 257	10 823
2.按登记注册类型分组	Grouped by Registration Status			
内资企业	Domestic-funded	9 625	275 614	368 841
国有企业	State-owned	1 533	20 860	25 054
集体企业	Collective-owned		1 929	50
股份合作企业	Share-holding Cooperative Enterprise			
联营企业	Joint Ownership			105
有限责任公司	Limited Liabilities Companies	5 476	92 793	136 884
股份有限公司	Share-holding Limited Companies	252	7 606	8 443
私营企业	Private-owned	2 364	152 427	198 306
港、澳、台商投资企业	Funded by Entrepreneur from Hong Kong,Macao and Taiwan	14 069	25 643	39 454
合资经营企业（港或澳、台资）	Joint-venture(Hong Kong,Macao and Taiwan)	86	6 892	8 392
合作经营企业（港或澳、台资）	Cooperative(Hong Kong,Macao and Taiwan)	16	3 792	9 740
港、澳、台商独资经营企业	Enterprises with Sole Funds(Hong Kong,Macao and Taiwan)	13 967	14 959	21 322
港、澳、台商投资股份有限公司	Share-holding Corporations Ltd(Hong Kong,Macao and Taiwan)			
外商投资企业	Foreign-funded	1 182	21 374	35 273
中外合资经营企业	Jointly-owned		5 392	8 738
中外合作经营企业	Cooperatively-owned	1 182	3 564	3 502
外资企业	Exclusively Foreign-owned		12 417	23 033
外商投资股份有限公司	Foreign-funded Investment Companies Limited			
3.按控股情况分组	Grouped by Holding Condition			
国有控股	State-controlled	3 495	54 204	81 031
集体控股	Collective-controlled	11	8 250	8 206
私人控股	Private-controlled	6 118	218 053	283 767
港澳台商控股	Controlled by Entrepreneur from Hong Kong,Macao and Taiwan	14 069	24 635	36 917
外商控股	Foreign-funded-controlled	1 182	17 402	31 316
其他	Others		87	2 332
4.按经营形式分组	Grouped by Business Forms			
独立门店	Independent Stores	21 377	224 277	284 079
连锁总店	General Chain Stores		18 140	17 980
连锁门店	Chain Stores	1 539	21 566	45 698
其他	Other	1 960	58 647	95 811
5.按星级分组	Grouped by Star Rating			
五星	Five Star	13 882	45 547	109 186
四星	Four Star	1 656	37 658	49 923
三星	Three Star	2 049	21 332	26 143

MAIN FINANCIAL INDICAFORS OF ENTERPRISE ABOVE DESIGNATED SIZE OF HOTELS AND CATERING SERVICES Ⅲ（2021）

（10 000 yuan）

财务费用 Financial Expenses	利息费用 Interest Expense	营业利润 Operating profits	投资收益 Profits of Investment	营业外收入 Non-operating Income	利润总额 Total Profits	应交所得税 Total Payable Tax	应付职工薪酬 Total Wages Payable	从业人员期末人数（人）Average Employed Persons (Persons)
111 131	**62 992**	**-343 309**	**35 188**	**46 482**	**-189 642**	**19 332**	**1 465 768**	**215 320**
74 425	**55 376**	**-276 619**	**2 700**	**18 957**	**-129 592**	**6 552**	**358 070**	**40 614**
59 466	45 237	−242 716	2 468	13 716	−100 051	4 825	261 778	27 527
9 198	3 181	−25 146	224	4 421	−21 489	1 568	86 242	11 745
5 762	6 958	−8 758	8	821	−8 051	158	10 051	1 342
66 040	49 370	−287 543	1 312	13 401	−144 453	3 025	283 705	33 222
1 950	2 473	−17 261	131	6 216	−11 362	−638	31 267	2 300
−7		53		5	57		683	68
−1		159		20	179	11	234	32
35 252	36 432	−55 533	1 177	2 894	−54 006	3 268	122 551	12 718
878	537	−3 921	113	411	−3 546	−40	6 715	829
27 967	9 929	−211 040	−109	3 855	−75 776	424	122 254	17 275
1 613	5 784	12 037	1 411	3 310	13 621	2 797	45 565	4 266
40	40	−15	138	271	236	−513	9 269	884
99		2 633		1 537	4 147	891	11 741	913
1 474	5 745	9 420	1 273	1 502	9 238	2 419	24 555	2 469
6 771	222	−1 114	−23	2 247	1 241	730	28 801	3 126
4 599		−805		209	−814	−55	7 424	784
48	35	453		198	643	394	3 640	431
2 124	187	−762	−23	1 840	1 412	391	17 738	1 911
5 815	4 152	−40 112	1 449	7 398	−33 611	1 392	93 830	7 826
7 083	7 086	−5 384		165	−5 234	172	6 269	792
53 901	37 339	−240 935	−37	7 322	−103 162	1 699	186 822	25 448
1 469	5 784	10 932	1 273	2 006	11 218	2 671	42 474	3 967
5 416	187	−1 914	−23	2 065	405	309	23 907	2 475
741	828	794	39		793	310	4 768	106
35 250	25 383	−79 711	1 817	9 629	−74 338	5 023	248 084	26 823
10 084	17 677	76	−129	558	1 031	286	17 934	1 942
16 614	606	−19 753	146	1 712	−18 381	1 386	26 970	4 320
12 478	11 710	−177 231	866	7 059	−37 904	−143	65 082	7 529
13 763	9 780	−11 750	1 259	2 427	−10 545	2 648	74 336	7 244
4 777	6 765	−149 794	894	7 553	−9 664	922	41 464	4 733
938	345	−13 822	−214	1 775	−12 177	1 277	28 294	3 053

10-5（三）续表

单位：万元

项 目	Item	其他业务利润 Profits from Other Business	销售费用 Sale Expenses	管理费用 Management Expenses
二星	Two Star		104	341
一星	One Star			416
其他	Others	7 289	217 990	257 559
二、餐饮业	**Catering Services**	**46 734**	**1 697 817**	**575 617**
1.按餐饮行业小类分组	Grouped by Sector			
正餐服务	Restaurant	14 061	997 409	363 736
快餐服务	Fast Food	1 333	352 279	93 429
饮料及冷饮服务	Beverages and Cold Drinks	31 073	253 202	64 588
餐饮配送及外卖送餐服务	Catering Delivery and Food Delivery		32 012	36 739
其他餐饮服务	Others	267	62 915	17 124
2.按登记注册类型分组	Grouped by Registration			
内资企业	Domestic-funded	45 211	1 146 316	476 459
国有企业	State-owned		1 622	1 554
集体企业	Collective-owned		680	570
股份合作企业	Share-holding Cooperative Enterprise			
联营企业	Joint Ownership			
有限责任公司	Limited Liabilities Companies	1 390	235 786	109 956
股份有限公司	Share-holding Limited Companies		2 747	2 271
私营企业	Private-owned	43 821	905 482	362 109
其他企业	Others			
港、澳、台商投资企业	Funded by Entrepreneur from Hong Kong,Macao and Taiwan	1 521	374 725	55 953
合资经营企业（港或澳、台资）	Joint-venture(Hong Kong,Macao and Taiwan)	393	18 206	6 332
合作经营企业（港或澳、台资）	Cooperative(Hong Kong,Macao and Taiwan)		348	2 140
港、澳、台商独资经营企业	Enterprises with Sole Funds(Hong Kong,Macao and Taiwan)	1 128	354 042	46 844
港、澳、台商投资股份有限公司	Share-holding Corporations Ltd(Hong Kong,Macao and Taiwan)		1 825	571
外商投资企业	Foreign-funded	2	176 777	43 204
中外合资经营企业	Jointly-owned	2	10 208	978
中外合作经营企业	Cooperatively-owned			
外资企业	Exclusively Foreign-owned		163 023	41 085
外商投资股份有限公司	Foreign-funded Investment Companies Limited			
3.按控股情况分组	Grouped by Holding Condition			
国有控股	State-controlled	1	12 870	14 632
集体控股	Collective-controlled		680	570
私人控股	Private-controlled	45 480	1 139 305	465 534
港澳台商控股	Controlled by Entrepreneur from Hong Kong,Macao and Taiwan	1 254	367 997	51 689
外商控股	Foreign-funded-controlled		176 182	43 082
其他	Others		784	110
4.按经营形式分组	Grouped by Business Forms			
独立门店	Independent Stores	13 701	410 796	222 640
连锁总店	General Chain Stores	31 728	640 964	132 373
连锁门店	Chain Stores	1 242	490 519	111 181
其他	Other	63	155 538	109 422

CONTINUED

(10 000 yuan)

财务费用 Financial Expenses	利息费用 Interest Expense	营业利润 Operating profits	投资收益 Profits of Investment	营业外收入 Non-operating Income	利润总额 Total Profits	应交所得税 Total Payable Tax	应付职工薪酬 Total Wages Payable	从业人员期末人数（人） Average Employed Persons (Persons)
14		−145		18	−138	3	725	98
1		18		17	27		216	52
54 932	38 487	−101 126	761	7 168	−97 095	1 702	213 036	25 434
36 706	**7 616**	**-66 690**	**32 488**	**27 525**	**-60 050**	**12 780**	**1 107 697**	**174 706**
17 297	4 408	−65 980	35 052	17 762	−57 358	6 005	602 932	95 435
15 689	2 552	−4 959	−797	3 984	−7 381	3 048	260 766	45 473
1 581	104	13 672	−10	3 595	12 291	2 949	128 986	14 030
1 368	519	−5 810	−2 076	1 475	−4 313	357	74 999	13 401
772	33	−3 613	319	709	−3 289	422	40 014	6 367
22 922	6 249	−97 755	4 333	19 131	−93 354	3 909	779 841	123 582
245	247	123		17	134	−93	2 406	179
3		−16			−16		486	112
5 101	1 511	−23 258	−1 801	3 173	−22 605	1 578	192 389	33 470
107	107	−85		44	−55	139	7 251	972
17 466	4 385	−74 519	6 134	15 897	−70 812	2 285	577 310	88 849
7 837	872	31 843	27 853	5 329	33 812	6 829	219 721	29 031
116	75	−5	212	126	−51	210	10 141	1 561
134		−2 419		96	−2 349	−472	9 060	665
7 578	797	33 885	27 629	5 088	35 814	7 057	199 577	26 622
9		409	12	15	423	33	757	147
5 947	494	−778	302	3 065	−508	2 043	108 136	22 093
189	2	−5		108	75		2 839	541
5 738	492	−655	302	2 812	−597	2 018	103 913	21 358
407	412	1 379		562	1 721	1 186	54 842	6 157
−5		25		3	−46	3	3 803	378
22 701	5 898	−101 942	4 438	18 727	−97 595	2 308	733 896	118 224
7 656	813	34 313	27 748	5 141	36 237	7 224	207 104	27 786
5 945	492	−288	302	3 046	−35	2 060	108 052	22 161
3		−177		47	−332			
9 476	3 777	−49 866	196	8 016	−43 534	1 252	301 836	47 958
9 675	2 525	−27 460	5 895	10 893	−29 970	6 004	354 732	50 769
15 001	495	23 249	27 961	4 638	24 222	3 228	264 076	41 758
2 555	819	−12 614	−1 564	3 978	−10 768	2 296	187 054	34 221

10-6 限额以上住宿和餐饮业法人企业经营情况综合表（2021年）

单位：万元

项 目	Item	法人企业数（个）Number of Corporative Enterprises (unit)	从业人员期末人数（人）Average Employed Persons (Persons)	营业额 Business Revenue
总　　计	**Total**	**2 066**	**215 320**	**6 001 240**
一、住宿业	**Hotels**	**619**	**40 614**	**1 390 034**
1.按住宿行业小类分组	Grouped by sector			
旅游饭店	Tour Restaurant	282	27 527	917 260
一般旅馆	General Restaurant	306	11 745	426 869
其他住宿服务	Other Hotel Services	31	1 342	45 905
2.按登记注册类型分组	Grouped by Registration			
内资企业	Domestic-funded	574	33 222	1 106 147
国有企业	State-owned	16	2 300	59 890
集体企业	Collective-owned	2	68	2 932
股份合作企业	Share-holding Cooperative Enterprise			
联营企业	Joint Ownership	1	32	535
国有联营企业	State-owned Joint Ownership			
集体联营企业	Collective Joint Ownership			
国有与集体联营企业	State & Collective Joint Ownership	1	32	535
其他联营企业	Other Jonit Ownership			
有限责任公司	Limited Liabilities Companies	145	12 718	421 347
国有独资公司	State-owned Companies Limited	13	2 508	76 230
其他有限责任公司	Other Companies Limited	132	10 210	345 117
股份有限公司	Share-holding Limited Companies	8	829	23 396
私营企业	Private-owned	402	17 275	598 047
私营独资企业	Exclusively Private-owned Companies	13	423	19 582
私营合伙企业	Joint Private-owned Companies	2	15	1 443
私营有限责任公司	Private-owned Companies Limited	383	16 677	571 339
私营股份有限公司	Share-holding Private-owned Companies	4	160	5 683
其他企业	Others			
港、澳、台商投资企业	Funded by Entrepreneur from Hong Kong,Macao and Taiwan	33	4 266	168 286
合资经营企业（港或澳、台资）	Joint-venture(Hong Kong,Macao and Taiwan)	7	884	29 108
合作经营企业（港或澳、台资）	Cooperative(Hong Kong,Macao and Taiwan)	4	913	38 505
港、澳、台商独资经营企业	Enterprises with Sole Funds(Hong Kong,Macao and Taiwan)	22	2 469	100 673
港、澳、台商投资股份有限公司	Share-holding Corporations Ltd(Hong Kong,Macao and Taiwan)			
外商投资企业	Foreign-funded	12	3 126	115 601
中外合资经营企业	Jointly-owned	5	784	28 949
中外合作经营企业	Cooperatively-owned	2	431	10 240
外资企业	Exclusively Foreign-owned	5	1 911	76 413
外商投资股份有限公司	Foreign-funded Investment Companies Limited			
3.按控股情况分组	Grouped by Holding Condition			
国有控股	State-controlled	52	7 826	221 898
集体控股	Collective-controlled	13	792	26 552
私人控股	Private-controlled	511	25 448	868 090
港澳台商控股	Controlled by Entrepreneur from Hong Kong,Macao and Taiwan	31	3 967	162 560
外商控股	Foreign-funded-controlled	9	2 475	100 001
其他	Others	3	106	10 934
4.按经营形式分组	Grouped by Business Forms			
独立门店	Independent Stores	379	26 823	869 792
连锁总店	General Chain Stores	5	1 942	89 553
连锁门店	Chain Stores	127	4 320	159 605
其他	Other	108	7 529	271 084
5.按星级分组	Grouped by Star			
五星	Five Star	26	7 244	300 427
四星	Four Star	60	4 733	139 451

CONSOLIDATED TABLE OF ENTERPRISES ABOVE DESIGNATED SIZE OF HOTELS AND CATERING SERVICES （2021）

（10 000 yuan）

客房收入 Revenue of Rooms	餐费收入 Total Revenue of Meals	商品销售收入 Total Sales of Commodities	其他收入 Others	客房间数（间） Number of Rooms (room)	床位数（张） Number of Beds (bed)	餐位数（位） Number of Dining-seats (seat)	年末餐饮营业面积（平方米） Operating Area Catering (sq.m)
945 723	**4 492 212**	**231 007**	**332 298**	**139 098**	**197 094**	**1 068 546**	**5 440 213**
915 353	**277 848**	**8 517**	**188 316**	**134 275**	**189 982**	**92 330**	**2 511 573**
540 002	236 958	6 606	133 695	75 563	110 537	67 994	1 321 234
339 017	34 707	1 876	51 269	53 319	72 355	22 229	1 090 572
36 335	6 184	35	3 351	5 393	7 090	2 107	99 767
782 051	200 427	3 981	119 688	114 572	162 893	76 811	2 293 678
27 576	20 055	1 163	11 097	2 814	4 279	7 011	92 918
389	2 163		380	190	328	280	22 000
450			85	107	180		5 758
450			85	107	180		5 758
276 987	98 302	1 286	44 773	35 767	49 768	32 985	609 931
43 001	24 584	323	8 322	3 319	5 200	8 873	96 653
233 986	73 718	963	36 451	32 448	44 568	24 112	513 278
14 189	2 814	36	6 358	2 076	2 881	1 349	23 976
462 461	77 094	1 497	56 995	73 618	105 457	35 186	1 539 095
16 651	2 083	3	846	2 013	2 592	721	73 828
1 438		5		144	171		7 560
439 911	74 034	1 489	55 906	70 788	101 767	34 195	1 441 709
4 462	977		244	673	927	270	15 998
84 247	55 325	3 711	25 004	7 119	10 092	10 656	162 092
15 436	7 930	976	4 766	2 055	2 929	1 968	44 630
19 513	13 897	703	4 392	1 358	1 878	2 325	14 150
49 298	33 498	2 031	15 847	3 706	5 285	6 363	103 312
49 055	22 096	825	43 624	12 584	16 997	4 863	55 803
13 495	12 836	825	1 793	983	1 397	1 760	21 420
2 666	3 193		4 380	465	611	1 148	4 007
32 894	6 068		37 451	11 136	14 989	1 955	30 376
121 753	59 688	1 563	38 894	14 136	20 134	21 247	287 556
17 532	5 688	3	3 330	1 801	2 670	3 548	70 030
640 590	139 964	3 908	83 628	99 567	141 520	54 124	1 943 267
81 336	55 210	3 008	23 006	6 492	9 178	10 066	166 002
45 426	15 584		38 990	12 071	16 235	3 126	43 406
8 717	1 715	35	467	208	245	219	1 312
546 307	195 023	7 046	121 416	81 590	118 286	70 641	1 636 569
41 169	9 619	92	38 673	12 262	16 857	989	70 929
142 214	5 155	150	12 086	22 112	29 390	4 284	408 505
185 663	68 051	1 230	16 140	18 311	25 449	16 416	395 570
143 190	98 308	4 233	54 696	8 857	12 124	14 944	194 128
89 527	30 190	803	18 931	11 269	15 941	12 736	352 957

10-6 续表

单位：万元

项 目	Item	法人企业数（个）Number of Corporative Enterprises (unit)	从业人员期末人数（人）Average Employed Persons (Persons)	营业额 Business Revenue
三星	Three Star	44	3 053	67 359
二星	Two Star	6	98	2 223
一星	One Star	1	52	995
其他	Other	482	25 434	879 579
二、餐饮业	**Catering Services**	**1 447**	**174 706**	**4 611 206**
1.按餐饮行业小类分组	Grouped by sector			
正餐服务	Restaurant	1 231	95 435	2 563 664
快餐服务	Fast Food	70	45 473	958 749
饮料及冷饮服务	Beverages and Cold Drinks	45	14 030	541 020
餐饮配送及外卖送餐服务	Catering Delivery and Food Delivery	54	13 401	387 045
其他餐饮服务	Others	47	6 367	160 728
2.按登记注册类型分组	Grouped by Registration			
内资企业	Domestic-funded	1 338	123 582	3 377 411
国有企业	State-owned	2	179	5 967
集体企业	Collective-owned	1	112	2 734
股份合作企业	Share-holding Cooperative Enterprise			
联营企业	Joint Ownership			
国有联营企业	State-owned Joint Ownership			
集体联营企业	Collective Joint Ownership			
国有与集体联营企业	State & Collective Joint Ownership			
其他联营企业	Other Jonit Ownership			
有限责任公司	Limited Liabilities Companies	227	33 470	883 851
国有独资公司	State-owned Companies Limited	2	916	23 639
其他有限责任公司	Other Companies Limited	225	32 554	860 213
股份有限公司	Share-holding Limited Companies	7	972	19 992
私营企业	Private-owned	1 101	88 849	2 464 867
私营独资企业	Exclusively Private-owned Companies	60	2 394	58 598
私营合伙企业	Joint Private-owned Companies	13	178	6 392
私营有限责任公司	Private-owned Companies Limited	1 012	84 643	2 360 902
私营股份有限公司	Share-holding Private-owned Companies	16	1 634	38 975
其他企业	Others			
港、澳、台商投资企业	Funded by Entrepreneur from Hong Kong,Macao and Taiwan	89	29 031	740 557
合资经营企业（港或澳、台资）	Joint-venture(Hong Kong,Macao and Taiwan)	14	1 561	47 532
合作经营企业（港或澳、台资）	Cooperative(Hong Kong,Macao and Taiwan)	1	665	17 829
港、澳、台商独资经营企业	Enterprises with Sole Funds(Hong Kong,Macao and Taiwan)	69	26 622	670 043
港、澳、台商投资股份有限公司	Share-holding Corporations Ltd(Hong Kong,Macao and Taiwan)	3	147	4 449
外商投资企业	Foreign-funded	20	22 093	493 238
中外合资经营企业	Jointly-owned	4	541	17 369
中外合作经营企业	Cooperatively-owned			
外资企业	Exclusively Foreign-owned	14	21 358	469 037
外商投资股份有限公司	Foreign-funded Investment Companies Limited			
3.按控股情况分组	Grouped by Holding Condition			
国有控股	State-controlled	14	6 157	214 635
集体控股	Collective-controlled	2	378	7 009
私人控股	Private-controlled	1 318	118 224	3 192 394
港澳台商控股	Controlled by Entrepreneur from Hong Kong,Macao and Taiwan	85	27 786	702 820
外商控股	Foreign-funded-controlled	20	22 161	493 090
其他	Others	8		1 259
4.按经营形式分组	Grouped by Business Forms			
独立门店	Independent Stores	903	47 958	1 268 623
连锁总店	General Chain Stores	94	50 769	1 375 497
连锁门店	Chain Stores	158	41 758	1 077 676
其他	Other	292	34 221	889 410

CONTINUED

(10 000 yuan)

				客房间数（间） Number of Rooms (room)	床位数（张） Number of Beds (bed)	餐位数（位） Number of Dining-seats (seat)	年末餐饮 营业面积 （平方米） Operating Area Catering (sq.m)
客房收入 Revenue of Rooms	餐费收入 Total Revenue of Meals	商品销售收入 Total Sales of Commodities	其他收入 Others				
43 829	11 567	734	11 229	7 378	10 664	6 795	233 354
1 623	50	35	514	479	775	60	8 199
771	77		148	150	216	70	108
636 413	137 656	2 711	102 798	106 142	150 262	57 725	1 722 827
30 370	**4 214 364**	**222 490**	**143 982**	**4 823**	**7 112**	**976 216**	**2 928 640**
30 370	2 455 768	23 417	54 110	4 823	7 112	688 674	2 098 808
	915 845	16 765	26 139			174 468	466 639
	450 889	43 315	46 816			30 092	181 907
	258 606	115 294	13 145			38 194	82 786
	133 257	23 699	3 772			44 788	98 500
30 370	3 064 924	172 048	110 069	4 823	7 112	814 369	2 426 672
50	3 897		2 020	40	80	2 436	4 390
457	2 227		50	139	150	250	7 200
1 928	761 746	93 080	27 098	384	600	177 844	473 331
	16 691	1 195	5 753			2 420	6 393
1 928	745 055	91 885	21 346	384	600	175 424	466 938
	15 085	863	4 044			1 012	2 745
27 935	2 281 969	78 106	76 857	4 260	6 282	632 827	1 939 006
597	56 298	797	905	172	258	11 035	46 295
	6 032	360				721	2 987
24 844	2 195 942	64 590	75 526	3 830	5 454	617 553	1 873 671
2 494	23 696	12 359	426	258	570	3 518	16 053
	685 701	36 191	18 665			91 397	296 539
	45 562	1 071	898			6 055	19 080
	13 742	1 423	2 664				
	621 245	33 697	15 101			84 652	275 434
	4 447		2			499	1 275
	463 739	14 251	15 248			70 450	205 429
	17 365		3			2 933	7 331
	439 542	14 251	15 244			67 327	194 322
50	168 627	15 986	29 972	40	80	47 127	79 291
2 045	4 792	30	142	264	381	414	10 862
28 275	2 922 426	158 302	83 391	4 519	6 651	768 597	2 339 002
	653 796	33 895	15 129			89 088	290 215
	463 595	14 251	15 244			70 990	209 270
	1 128	27	104				
23 565	1 188 414	31 209	25 436	4 033	5 783	300 789	1 193 076
	1 273 403	43 171	58 923			171 954	597 557
	999 581	46 408	31 687			170 091	471 779
6 805	752 967	101 702	27 937	790	1 329	333·382	666 228

10-7 居民消费价格总指数

CONSUMER PRICE INDICES

年 份 Year	以上年价格为100 Preceding Year=100			以1979年价格为100 1979=100		
	居民消费价格总指数 Consumer Price Index	# 食品类 Food	# 服务项目 Services	居民消费价格总指数 Consumer Price Index	# 食品类 Food	# 服务项目 Services
1979	100.0	100.0	100.0	100.0	100.0	100.0
1980	105.0	108.3	100.7	105.0	108.3	100.7
1981	110.7	117.9	101.6	116.2	127.7	102.3
1982	107.8	116.6	108.7	125.3	148.9	111.2
1983	102.0	105.9	100.9	127.8	157.7	112.2
1984	106.8	106.6	119.3	136.5	168.1	133.9
1985	122.5	128.5	117.2	167.2	216.0	156.9
1986	106.1	108.1	106.9	177.4	233.5	167.7
1987	114.4	118.7	107.4	203.0	277.1	180.1
1988	128.1	133.7	112.2	260.0	370.5	202.1
1989	125.4	126.6	125.7	326.0	469.1	254.1
1990	101.6	95.4	127.7	331.2	447.5	324.4
1991	103.0	99.2	115.4	341.2	443.9	374.4
1992	107.3	109.2	109.4	366.1	484.8	409.6
1993	120.1	122.6	120.9	439.7	594.3	495.2
1994	118.2	120.2	118.1	519.7	714.4	584.8
1995	112.4	116.7	118.1	584.1	833.7	690.6
1996	107.7	105.2	110.7	629.1	877.1	764.5
1997	103.3	100.2	118.2	649.9	878.9	903.6
1998	99.3	97.2	105.3	645.4	854.3	951.5
1999	99.3	94.5	107.7	640.9	807.3	1 024.8
2000	102.8	100.2	114.0	658.8	808.9	1 168.3
2001	97.8	97.5	99.3	644.3	788.7	1 160.1
2002	101.2	100.5	106.5	652.0	792.6	1 235.5
2003	100.7	101.2	101.6	656.6	802.1	1 255.3
2004	101.3	106.1	99.7	665.1	851.0	1 251.5
2005	101.6	104.5	100.8	675.7	889.3	1 261.5
2006	102.2	104.2	101.4	690.6	926.7	1 279.2
2007	104.1	108.6	103.4	718.9	1 006.4	1 322.7
2008	105.9	113.5	102.1	761.3	1 142.3	1 350.5
2009	98.7	98.5	99.5	751.4	1 125.2	1 343.7
2010	103.5	107.7	102.6	777.7	1 211.8	1 378.6
2011	105.4	111.9	103.0	819.7	1 356.0	1 420.0
2012	102.8	104.5	101.9	842.7	1 417.0	1 447.0
2013	102.7	102.9	105.2	865.5	1 458.1	1 522.2
2014	102.0	103.5	101.9	882.8	1 509.1	1 551.1
2015	102.2	103.2	103.8	902.2	1 557.4	1 610.0
2016	102.4	105.5	102.6	923.9	1 643.1	1 651.9
2017	101.4	98.4	101.9	936.8	1 616.8	1 683.3
2018	102.8	102.9	103.5	963.0	1 663.7	1 742.2
2019	103.4	109.0	102.8	995.7	1 813.4	1 791.0
2020	102.3	111.1	100.0	1 018.6	2 014.7	1 791.0
2021	100.9	97.6	100.4	1 027.8	1 966.3	1 798.2

10-8 居民消费价格指数（2021年）

CONSUMER PRICE INDEX（2021）

以上年价格为100 （preceding year=100）

项 目	Item	指 数 Index	项 目	Item	指 数 Index
居民消费价格总指数	**Consumer Price Index**	**100.9**	**三、居住**	**Residence**	**99.9**
一、食品烟酒	**Food,Tobacco and Liquor**	**100.2**	住房保养维修及管理	Housing Maintenance and Management	104.1
食品	Food	97.6	水电燃料	Hydropower Fuel	102.4
其中：(1)粮食	#Grain	98.6	自有住房	Own Housing	98.8
(2)薯类	Tubers	99.5	**四、生活用品及服务**	**Living Goods and Communications**	**101.7**
(3)豆类	Beans	105.5	家具及室内装饰品	Furniture and Interior Decorations	104.8
(4)食用油	Edible Oil	109.5	家用器具	Home Appliances	101.8
(5) 菜及食用菌	Vegetable and Edible Mushroom	103.5	家用纺织品	Home Textiles	98.7
(6)畜肉类	Livestock Meat	81.5	家庭日用杂品	The Family Daily Sundry Goods	101.6
(7)禽肉类	Poultry	95.3	**五、交通通信**	**Transportation and Communications**	**104.4**
(8)水产品	Aquatic Products	103.7	交通	Transportation	105.5
(9)蛋类	Eggs	105.2	通信	Communications	101.1
(10)奶类	Dairy Products	101.1	**六、教育文化娱乐**	**Education,Culture and Recreation**	**102.2**
(11)干鲜瓜果类	Dried and Fresh Melons and Fruits	102.1	教育	Education,Culture and Recreation	102.5
(12)糖果糕点类	Confectionery,Cakes	102.4	文化娱乐	Culture and Recreation	101.6
(13)调味品	Flavoring	104.5	**七、医疗保健**	**Health Care**	**99.9**
(14)其他食品类	Other Foods	100.0	药品及医疗器具	Medicine and Medical Equipment	99.7
烟酒	Tabacco,Liquor	102.6	医疗服务	Medical Services	100.0
在外餐饮	Dining Out	103.3	**八、其他用品及服务**	**Other Aricles and Service**	**98.4**
二、衣着	**Clothing**	**100.3**	其他用品类（其他用品）	Other Aricles	99.6
服装	Garments	100.3	其他服务类（其他服务）	Other Service	97.7
鞋类	Shoes	100.2			

注：2016年1月起，国家统计局根据五年一次基期轮换的制度，对CPI构成分类及相应权重进行了调整。

Note：From 2016,the classification and weight of CPI have been adjusted,according to five-year period of rotation system formulated by National Bureau of Statistics of China.

10-9 住宅销售价格指数（一）（2021年）
SALES PRICES INDICES OF HOUSES（2021）

类别	Item	以上年同期为100											
		1月	2月	3月	4月	5月	6月	7月	8月	9月	10月	11月	12月
新建商品住宅	Newly-built Residential Buildings	103.7	103.8	103.4	103.9	103.7	103.5	103.3	103.9	103.8	103.4	103.4	103.3
90m²及以下	90 square Meters and below	104.5	104.4	103.9	104.5	103.9	103.5	103.3	103.7	103.5	103.1	102.8	102.7
90-144m²	90-144 square Meters	102.9	102.9	102.7	103.3	103.3	102.9	103.1	103.9	103.9	103.4	103.3	103.4
144m²以上	Above 144 square Meters	104.5	105.2	104.6	104.5	104.5	104.7	103.9	104.1	104.0	103.7	104.2	104.1
二手住宅	Second-hand Housing	115.3	116.0	114.6	112.9	110.9	108.7	107.0	105.4	103.6	102.5	101.7	100.6
90m²及以下	90 square Meters and below	116.6	117.6	116.2	114.3	112.1	109.9	107.4	105.3	103.4	102.3	101.3	100.3
90-144m²	90-144 square Meters	114.6	115.1	113.6	112.1	110.0	107.4	106.8	105.5	103.6	102.6	102.1	101.2
144m²以上	Above 144 square Meters	111.7	111.5	110.6	109.1	108.5	106.7	105.7	105.2	104.2	103.3	102.1	100.8

10-9 住宅销售价格指数（二）（2021年）
SALES PRICES INDICES OF HOUSES（2021）

类别	Item	以上月为100											
		1月	2月	3月	4月	5月	6月	7月	8月	9月	10月	11月	12月
新建商品住宅	Newly-built Residential Buildings	100.3	100.1	100.1	100.5	100.6	100.5	100.5	101.0	100.2	99.8	100.0	99.9
90m²及以下	90 square Meters and below	100.0	100.2	100.1	100.5	100.3	100.6	100.5	100.9	100.4	99.7	99.8	99.8
90-144m²	90-144 square Meters	100.4	100.0	100.2	100.5	100.8	100.2	100.5	101.2	100.1	99.7	99.9	99.8
144m²以上	Above 144 square Meters	100.4	100.4	100.0	100.3	100.2	101.3	100.2	100.5	100.1	100.2	100.4	100.0
二手住宅	Second-hand Housing	101.7	100.9	100.4	100.0	99.9	99.8	99.6	99.6	99.5	99.8	99.8	99.6
90m²及以下	90 square Meters and below	101.8	101.0	100.1	99.7	99.9	100.0	99.3	99.6	99.4	99.7	99.9	99.8
90-144m²	90-144 square Meters	101.8	101.0	100.8	100.4	99.7	99.4	99.9	99.7	99.4	99.9	99.9	99.4
144m²以上	Above 144 square Meters	101.0	100.7	100.3	100.6	100.5	99.9	99.9	99.5	99.8	100.2	99.3	99.1

10-10 工业生产者出厂价格指数（2010-2021年）

INDUSTRIAL PRODUCER PRICE INDEX（2010-2021）

以上年价格为100 (Preceding year=100)

类 别	Item	2010	2011	2012	2013	2014	2015	2016	2017	2018	2019	2020	2021
全部工业品	General Index	101.6	101.8	99.9	98.0	99.1	97.6	99.3	101.8	100.2	100.0	99.0	101.9
按轻重工业分	Grouped by industries												
轻工业	Light Industry	101.4	102.9	99.2	98.4	98.2	98.6	100.8	101.4	99.3	100.5	100.7	104.2
重工业	Heavy Industry	101.9	101.4	100.1	97.9	99.4	97.3	98.8	102.0	100.5	99.9	98.4	101.3
按生产、生活资料分	Grouped by Means of Production and Consumer Goods												
生产资料	Means of Production	100.7	101.3	100.3	98.0	99.5	97.4	98.7	102.2	100.3	99.7	98.4	101.9
生活资料	Consumer Goods	104.5	103.5	98.7	98.1	97.7	98.4	100.8	100.9	99.7	100.9	100.6	101.8
按工业部门分	Grouped by Industrial Department												
冶金工业	Metallurgical Industry	108.4	106.7	100.7	100.2	98.6	98.0	102.1	115.5	107.4	100.3	102.9	122.8
电力工业	Power Industry	99.3	99.6	100.5	100.5	99.7	99.3	99.4	98.9	98.3	97.4	97.8	99.9
石油工业	Petroleum Industry	136.8	126.9	101.7	92.4	95.2	64.2	86.7	123.2	119.5	96.1	78.9	129.6
化学工业	Chemical Industry	101.2	102.3	101.2	99.4	100.0	99.2	98.9	102.5	95.8	100.6	97.4	96.9
机械工业	Engineering Industry	99.0	99.8	99.6	97.7	99.1	98.5	99.0	100.9	99.7	99.6	98.7	101.6
建筑材料工业	Building Materials Industry	104.2	101.1	93.9	102.5	102.9	98.8	99.7	101.8	104.4	107.1	100.0	96.4
森林工业	Timber Industry	107.4	106.0	102.8	103.6	100.6	100.4	99.3	98.2	97.9	100.4	100.1	99.0
食品工业	Food Industry	102.7	106.1	107.0	102.3	100.2	100.4	102.8	101.6	102.0	100.9	100.6	97.3
纺织工业	Textile Industry	100.3	106.1	101.2	99.6	101.6	100.4	100.2	100.3	100.1	100.5	99.0	98.0
缝纫工业	Needlework Industry	103.9	107.5	102.5	104.3	104.8	102.9	104.8	102.5	100.4	106.7	103.1	97.5
皮革工业	Leather Industry	102.2	107.4	104.9	103.1	103.0	100.9	100.4	100.1	99.2	101.8	102.1	99.2
造纸工业	Paper Industry	101.1	104.1	102.2	99.3	100.4	101.4	104.3	104.3	104.9	102.2	95.4	–
文教艺术用品工业	Cultural, Educational & Handicrafts Articles	101.9	101.5	101.4	100.6	99.8	99.0	100.7	100.8	97.9	100.8	97.7	99.7
其他工业	Others	119.0	113.5	95.8	91.6	94.8	91.6	103.2	101.4	97.4	104.9	108.5	100.5

10-11 工业生产者购进价格指数（2012-2021年）

INDUSTRIAL PURCHASING PRICE INDEX（2012-2021）

以上年价格为100 (Preceding year=100)

类 别	Item	2012	2013	2014	2015	2016	2017	2018	2019	2020	2021
总指数	General Index	100.0	98.3	99.6	96.5	98.3	103.4	102.4	99.4	98.8	103.0
燃料、动力类	Fuels and Power	102.5	95.1	99.1	92.8	97.2	101.7	102.4	97.6	97.1	111.9
黑色金属材料类	Ferrous Materials	95.1	95.4	96.4	95.7	99.7	111.5	105.9	97.9	99.2	114.4
其中：钢材	Steel	92.8	92.8	94.7	93.7	99.4	110.1	103.6	98.7	99.9	114.2
其他	Others	99.9	100.4	99.9	99.9	100.2	113.9	109.6	96.6	98.0	116.2
有色金属材料及电线类	Nonferrous Metal and Electric Wire	97.9	96.5	95.8	92.8	99.8	109.1	102.3	101.2	104.5	111.9
化工原料类	Chemical Raw Materials	97.5	99.2	99.0	95.6	98.7	104.1	104.2	97.9	94.0	104.7
木材及纸浆类	Wood and Paper Pulps	100.5	99.9	100.7	98.1	96.8	106.0	103.5	92.8	99.3	105.9
建筑材料及非金属类	Building Materials and Nonmetal Minerals	97.9	102.7	107.8	91.0	95.4	113.3	119.2	113.2	101.3	105.8
其他工业原材料及半成品类	Other Industrial Raw and Processed Materials	100.8	99.1	99.4	98.3	98.8	101.9	100.2	100.2	99.4	99.9
农副产品类	Farm and Sideline Products	100.5	103.4	103.7	99.1	94.9	100.5	100.9	97.4	99.1	97.9
纺织原料类	Textile Raw Material	100.4	99.3	100.8	102.5	100.3	101.3	103.1	100.6	100.1	103.1

主要统计指标解释

社会消费品零售总额　指各种经济类型的批发零售业、住宿餐饮业和其他行业的企业（单位）或个体户，售予城乡居民用于生活消费和社会集团用于公共消费的商品金额的总和。

批发零售业商品购进总额　指从本企业以外的单位和个人购进（包括从国外直接进口）作为转卖或加工后转卖的商品金额。本指标由“从生产者购进额”、“从批发零售业购进额”、“进口额”和“其他购进”组成。这个指标反映批发零售企业从国内、国外市场上购进商品的总量。

批发零售业商品销售总额　指售予本企业以外的单位和个人的商品金额（包括对国（境）外直接出口及售给本单位消费用的商品）。本指标由“对生产经营单位批发额”、“对批发零售业批发额”、“出口额”和“对居民和社会集团商品零售额”项目组成。这个指标反映批发零售业在国内市场上销售商品以及出口商品的总量。

批发　指除零售以外的一切商品销售活动。包括对生产经营单位批发、对批发零售业批发和出口。

零售　指出售城乡居民用于生活消费商品和社会集团直接用于公用消费商品的活动。

批发零售业年末库存总额　指批发零售企业已取得所有权的全部商品。这个指标反映批发零售贸易企业的商品库存情况，对市场商品供应的保证程度。

批发零售业住宿餐饮业法人单位　指各种经济类型独立核算法人批发零售企业、住宿餐饮企业的单位个数。法人单位应同时具备以下条件：1. 依法成立，有自己的名称、组织机构和场所，能够独立承担民事责任；2. 独立拥有和使用资产，承担负债，有权与其他单位签订合同；3. 独立核算盈亏，并能够编制资产负债表。

批发业　是指从工农业生产者或从商品流通企业单位和个体户购进商品，转卖给工业、农业、建筑业、运输邮电业、住宿餐饮业、服务业等生产经营单位作为生产经营用，以及将商品转卖给其他批发企业或零售企业的商品流通企业(单位)和个体户。

零售业　是指从工农业生产者、批发业或居民购进商品，转卖给城乡居民作为生活消费和售给社会集团作为公共消费的商品流通企业(单位)和个体户。

住宿业　是指为顾客提供临时住宿服务的企业(单位)和个体户。

餐饮业　是指从事食品的烹饪、调制并直接售给居民和社会集团的企业(单位)和个体户。

居民消费价格指数　是度量消费商品及服务项目价格水平随着时间而变动的相对数，反映居民家庭购买的消费品及服务价格水平的变动情况。它是宏观经济分析、决策、调控和价格总水平监测以及国民经济核算的重要指标。其按年度计算的变动率通常被用来作为反映通货膨胀(或紧缩)程度的指标。

工业生产者出厂价格指数　反映工业企业产品第一次出售时的出厂价格的变化趋势和变动幅度。

工业生产者购进价格指数　反映工业企业作为中间投入产品的购进价格的变化趋势和变动幅度。

新建商品住宅　指新建的专供居住用的商品住房，本方案主要包括：90平方米及以下、90—144平方米、144平方米以上等。不包括新建的国家政策性住房；不包括住宅楼中作为人防用、不住人的地下室、车库等，也不包括托儿所、病房、疗养院、旅馆等具有专门用途的房屋。

二手住宅　指进入房屋市场进行交易，第二次及以上进行产权登记的住宅，包括二手商品住宅、允许上市交易的已售公房等。本方案主要包括90平方米及以下、90—144平方米、144平方米以上等分类。

90平方米及以下住宅　指住宅中套型建筑面积不大于90平方米的住宅。套型建筑面积由套内使用面积和分摊的共有建筑面积组成，报表时以销售合同中实际测绘的建筑面积为准，若销售合同为套内使用面积则需折算成建筑面积。

90平方米—144平方米住宅　指套型建筑面积大于90平方米，不超过144平方米的住宅。

144平方米以上住宅　指套型建筑面积在144平方米以上的住宅。

Explanatory Notes on Main Statistical Indicators

Total Retail Sales of Consumer Goods refer to the sum of retail sales of consumer goods sold by enterprises (establishments) or individuals in wholesale, retail trade, accommodations, catering services and other industries of various types of ownership to urban and rural households for living consumption and to social institutions for public consumption.

Total Purchases of Commodities by Wholesale and Retail Trades refer to the purchases of commodities from other establishments or individuals (including direct import from abroad) for the purpose of reselling, either with or without further processing of the commodities purchased This indicator includes the purchases from producers, the purchases from wholesale and retail trades, imports and other purchases

It is used to show the total value of purchases of commodities by wholesale and retail establishments from domestic and overseas markets.

Total Sales of Commodities by Wholesale and Retail Trades refer to the value of commodities sold to other establishments and individuals (including direct export and commodities sold to the sellers themselves for consumption). This indicator includes the value of wholesale to production and operation units, the value of wholesale to wholesale and retail trades, exports and retail sales to urban and rural households and social institutions It is an indicator of the total value of sales of commodities at domestic markets and export.

Wholesale refers to all selling activities of commodities except retail trade, including wholesale to production and operation units, wholesale to wholesale and retail trades and export.

Retail Sale refers to the selling of commodities to urban and rural households for living consumption and to social institutions for direct public consumption.

Total Inventory of Wholesale and Retail Trades at the Year-end refers to the total commodities possessed by wholesale and retail enterprises, which reflects the commodity stock level of various wholesale and retail enterprises and the potential for market supply.

Corporate Units in Wholesale and Retail Trades, Accommodations and Catering Services refer to the number of corporate enterprises of various types of ownership in the wholesale and retail trades, accommodations and catering services with independent accounting systems An enterprise can be called a corporate enterprise only when it simultaneously meets the following requirements:(1)It is established according to law, with its own name, organization and location for business operation, as well as the capability to independently assume civil responsibility (2)It owns and uses its assets independently, assumes liabilities and is entitled to sign contracts with other units (3)It has an independent accounting system and is able to compile balance sheets.

Wholesale Trade refers to the commodity circulation enterprises (establishments) and individuals which purchase commodities from producers in industry and agriculture or from commodity circulation enterprises and individuals for the purpose of reselling them to establishments in industry, agriculture, construction, transportation, postal and telecommunications services, accommodations and catering services and other services for their production and operation as well as reselling them to other wholesale or retail enterprises.

Retail Trade refers to the commodity circulation enterprises (establishments) and individuals which purchase commodities from producers in industry and agriculture, wholesale trade or residents for the purpose of reselling them to urban and rural households for living consumption and to social institutions for public consumption.

Hotel Services refers to the enterprises (establishments) and individuals engaged in providing temporary accommodation to customers.

Catering Services refer to the enterprises (establishments) and individuals engaged in food cooking, seasoning and selling food directly to households and social institutions.

Consumer Price Indices measure the relative change with time in prices of consumer goods and services, reflecting the rates of change in consumer goods and services purchased by households. It is an important indicator for macroeconomic analysis, decision–making, regularization and control, supervision of general price level and national economic accounting. The annualized rates of change are generally considered as an indicator of inflation or deflation.

EX-factory Price Indices of Industrial Producers reflect the trends and degree of changes in prices of industrial products to sell the first time.

Purchasing Price Indices of Industrial Producers reflect the trends and degree of changes in prices of products as intermediate inputs.

Newly-built Houses refer to newly–built houses for residential use. The program includes: 90 square meters and below, 90–144 square meters, 144 square meters and above. Excluding new national policy–related houses, houses used as civil defense, basements, garages, nursery, wards, nursing homes, hotels and other houses used for special purposes.

Second-hand Houses refer to houses transacted for twice and above in the market, and the property registrations have been changed twice and above, including second–hand commercial houses and public houses been sold and allowed for second transaction. The program includes 90 square meters and below, 90–144 square meters, 144 square meters and above.

90 Square Meters and Below Houses refer to houses with a residential dwelling size of not more than 90 square meters. Dwelling size of the building area is composed by private usable area and public shared construction area. The program subjects to the actual construction area recorded in sales contracts.

90 Square Meters -144 Square Meters Houses refer to houses with the residential dwelling size of more than 90 square meters and no more than 144 square meters.

144 Square Meters Houses refer to houses with the residential dwelling size of more than 144 square meters.

11 第十一部分

财政收支

FISCAL REVENUE AND EXPENDITURE

CHAPTER

11-1 地方财政收支（2017-2021年）

LOCAL GOVERNMENT BUDGETARY REVENUE AND EXPENDITURE (2017-2021)

单位：万元 （10 000 yuan）

项目	Item	2017	2018	2019	2020	2021
一般公共预算收入	Local government General Budgetary Revenue	33 321 303	35 384 414	37 733 831	38 574 618	42 576 972
税收收入	Taxes	26 548 905	28 996 334	30 678 631	30 874 612	34 504 107
#增值税	Value-added Tax	9 912 775	10 469 728	11 637 876	10 608 212	11 983 026
营业税	Business Tax	–	–	–	–	–
企业所得税	Corporate Income Tax	6 678 536	6 806 150	7 478 100	6 751 541	7 792 323
个人所得税	Individual Income Tax	3 343 287	3 734 303	2 962 675	3 663 798	4 586 423
非税收入	Non-Tax Revenue	6 772 398	6 388 080	7 055 200	7 700 006	8 072 865
#专项收入	Special Program Receipts	3 721 265	3 891 746	3 417 080	3 234 856	3 751 490
行政事业性收费收入	Charge of Administrative and Units	267 919	341 452	374 018	363 407	429 981
罚没收入	Penalty Receipts	339 210	470 714	402 672	451 560	369 754
政府性基金收入	Government Fund Revenue	10 299 480	9 646 428	10 057 208	12 872 367	13 736 834
一般公共预算支出	Local Government General Budgetary Expenditure	45 938 003	42 825 598	45 527 336	41 784 235	45 702 233
#教育	Expenditure for Education	5 090 971	5 845 062	7 165 514	8 508 040	9 645 583
科学技术	Expenditure for Science and Technology	3 518 252	5 549 818	5 484 249	3 366 343	3 822 518
文化体育与传媒	Expenditure for Culture, Sport and Media	571 218	659 109	669 909	1 004 070	768 730
社会保障与就业	Expenditure for Social Safety Net and Employment Effort	2 397 159	1 977 496	1 769 842	973 564	3 005 230
医疗卫生	Expenditure for Medical and Health Care	2 442 264	2 814 988	3 354 865	4 411 035	5 109 252
节能环保	Expenditure for Energy Saving	2 130 427	2 524 860	3 316 349	2 298 299	1 793 954
城乡社区事务	Expenditure for Urban and Rural Community Affairs	9 829 642	8 213 591	10 154 044	5 926 794	6 139 652
农林水事务	Expenditure for Agriculture, Forestry and Water Conservancy	763 260	788 779	833 313	1 345 497	1 280 599
交通运输	Expenditure for Transportation	3 182 690	2 266 757	1 285 931	1 773 688	2 106 523
政府性基金支出	Expenditure for Government Funds	5 370 357	6 374 448	9 709 406	12 245 470	10 873 251

11-2 地方一般公共预算收支及指数

INDICES OF LOCAL GOVERNMENT GENERAL BUDGETARY REVENUE AND EXPENDITURE

年 份 Year	收入(万元) Financial Revenue (10 000 yuan)	指 数 Index 以1979年为100 1979=100	指 数 Index 以上年为100 Preceding Year=100	支出(万元) Expenditure (10 000 yuan)	指 数 Index 以1979年为100 1979=100	指 数 Index 以上年为100 Preceding Year=100
1979	1 721	100.0		2 971	100.0	
1980	3 043	176.8	176.8	4 003	134.7	134.7
1981	8 787	510.6	288.8	8 411	283.1	210.1
1982	9 163	532.6	104.3	8 815	296.7	104.8
1983	15 605	907.0	170.3	15 025	505.7	170.4
1984	29 435	1 710.6	188.6	27 954	940.9	186.0
1985	62 894	3 655.6	213.7	58 651	1 974.1	209.8
1986	74 160	4 310.0	117.9	68 073	2 291.2	116.1
1987	87 521	5 085.8	118.0	69 688	2 345.6	102.4
1988	146 521	8 513.6	167.4	110 992	3 735.8	159.3
1989	228 668	13 289.7	156.1	173 007	5 823.2	155.9
1990	217 037	12 611.9	94.9	198 073	6 666.9	114.5
1991	273 291	15 878.4	125.9	243 012	8 179.5	122.7
1992	429 599	24 960.8	157.2	420 035	14 137.8	172.8
1993	672 507	39 063.7	156.5	593 327	19 970.6	141.3
1994	743 992	43 204.5	110.6	746 181	25 115.5	125.8
1995	880 174	51 110.9	118.3	934 041	31 438.6	125.2
1996	1 317 490	76 513.0	149.7	1 380 376	46 461.7	147.8
1997	1 420 557	82 481.0	107.8	1 394 181	46 926.3	101.0
1998	1 643 884	95 430.5	115.7	1 767 714	59 499.0	126.8
1999	1 842 085	106 977.6	112.1	2 108 978	70 985.5	119.3
2000	2 219 184	128 908.0	120.5	2 250 441	75 746.9	106.7
2001	2 624 944	152 498.2	118.3	2 537 019	85 392.8	112.7
2002	2 659 287	154 480.7	101.3	3 077 761	103 593.4	121.3
2003	2 908 370	169 001.9	109.4	3 489 526	117 452.9	113.4
2004	3 214 680	186 747.1	110.5	3 775 720	127 085.8	108.2
2005	4 123 787	239 596.5	128.3	5 991 560	201 668.1	158.7
2006	5 008 827	291 109.7	121.5	5 714 231	192 333.6	95.4
2007	6 580 555	382 518.1	131.4	7 279 677	245 024.5	127.4
2008	8 003 603	465 142.0	121.6	8 898 555	299 513.8	122.2
2009	8 808 168	512 121.3	110.1	10 008 394	336 869.5	112.5
2010	11 068 166	643 736.5	125.7	12 660 668	426 141.6	126.5
2011	13 395 728	778 921.2	121.0	15 905 599	535 361.8	125.6
2012	14 820 800	861 486.8	110.6	15 690 071	528 107.4	98.6
2013	17 312 618	1 006 216.6	116.8	16 908 280	569 110.7	107.8
2014	20 827 326	1 210 478.6	120.3	21 661 841	729 109.4	128.1
2015	27 268 543	1 584 516.5	130.9	35 216 708	1 185 348.6	162.6
2016	31 364 923	1 822 194.0	115.0	42 110 429	1 417 382.3	119.6
2017	33 321 303	2 006 235.6	110.1	45 938 003	1 546 213.5	109.1
2018	35 384 414	2 130 622.2	106.2	42 825 598	1 441 454.0	93.2
2019	37 733 831	2 271 243.3	106.6	45 527 336	1 532 391.0	106.3
2020	38 574 618	2 321 210.7	102.2	41 784 235	1 406 403.1	91.8
2021	42 576 972	2 562 616.6	110.4	45 702 233	1 538 277.8	109.4

11-3 地方财政收支分级情况（2017-2021年）

LOCAL BUDGETARY REVENUE AND EXPENDITURE BY LEVEL（2017-2021）

单位：万元 （10 000 yuan）

项目	Item	2017	2018	2019	2020	2021
一般公共预算收入合计	**Total General Budgetary Revenue**	**33 321 303**	**35 384 414**	**37 733 831**	**38 574 618**	**42 576 972**
市本级	City	20 867 601	21 901 333	23 641 468	23 576 703	26 299 625
福田区	Futian	1 637 062	1 810 367	1 926 971	1 828 964	2 142 921
罗湖区	Luohu	976 259	999 621	928 522	1 370 112	1 072 857
盐田区	Yantian	336 725	296 545	322 846	339 440	364 446
南山区	Nanshan	2 378 174	2 682 160	3 087 420	3 166 471	3 610 169
宝安区	Baoan	2 356 403	2 600 271	2 671 386	2 747 901	2 959 961
龙岗区	Longgang	2 367 764	2 546 531	2 424 033	2 704 319	2 922 237
龙华区	Longhua	1 207 981	1 333 745	1 421 554	1 435 666	1 522 145
坪山区	Pingshan	454 656	434 494	465 208	504 640	640 284
光明区	Guangming	497 476	526 702	586 358	659 596	788 157
大鹏新区	Dapeng	241 202	252 645	232 521	208 936	208 288
深汕特别合作区	Shenzhen-Shanwei Special Cooperation Zone			25 544	31 870	45 882
一般公共预算支出合计	**Total General Budgetary Expenditure**	**45 938 003**	**42 825 598**	**45 527 336**	**41 784 235**	**45 702 233**
市本级	City	23 614 624	21 155 211	21 184 993	19 578 634	20 540 838
福田区	Futian	2 055 398	2 422 423	2 955 754	2 286 540	2 962 862
罗湖区	Luohu	2 780 283	2 086 359	2 196 954	1 782 709	1 832 454
盐田区	Yantian	682 924	545 525	680 640	597 440	678 298
南山区	Nanshan	2 806 726	3 344 709	3 581 702	3 262 655	4 024 222
宝安区	Baoan	4 254 218	4 368 591	4 642 853	4 206 782	4 521 591
龙岗区	Longgang	3 708 544	3 368 749	3 569 107	3 569 147	3 807 104
龙华区	Longhua	2 673 273	2 447 267	2 607 847	2 878 579	2 923 105
坪山区	Pingshan	1 380 415	1 195 523	1 502 139	1 361 707	1 578 490
光明区	Guangming	1 383 617	1 209 627	1 334 102	1 483 752	1 823 743
大鹏新区	Dapeng	597 981	681 614	648 897	653 508	692 312
深汕特别合作区	Shenzhen-Shanwei Special Cooperation Zone			622 348	122 782	317 214

注：一般公共预算收入2017年口径有调整，指数按可比口径计算。

Note: The caliber of Local Government General Budget in this table was adjusted and the index was calculated by comparable caliber in 2017.

主要统计指标解释

一般公共预算收入 指国家财政参与社会产品分配所取得的收入，是实现国家职能的财力保证。主要包括：

（1）各项税收：包括国内增值税、国内消费税、进口货物增值税和消费税、出口货物退增值税和消费税、营业税、企业所得税、个人所得税、资源税、城市维护建设税、房产税、印花税、城镇土地使用税、土地增值税、车船税、船舶吨税、车辆购置税、关税、耕地占用税、契税、烟叶税等。财政收入按现行分税制财政体制划分为中央本级收入和地方本级收入。

（2）非税收入：包括专项收入、行政事业性收费、罚没收入和其他收入。

一般公共预算支出 指国家财政将筹集起来的资金进行分配使用，以满足经济建设和各项事业的需要。主要包括：一般公共服务、外交、国防、公共安全、教育、科学技术、文化体育与传媒、社会保障和就业、医疗卫生与计划生育、节能环保、城乡社区、农林水、交通运输、资源勘探信息等、商业服务业等、金融、援助其他地区、国土海洋气象等、住房保障、粮油物资储备、政府债务付息等方面的支出。财政支出根据政府在经济和社会活动中的不同职权，划分为中央财政支出和地方财政支出。

Explanatory Notes on Main Statistical Indicators

General Public Budgetary Revenue refers to income for the government finance through participating in the distribution of social products. It is the financial guarantee to ensure government functioning. The contents of government revenue include the following main items:

(1) Various tax revenues, including domestic value added tax (VAT), domestic consumption tax, VAT and consumption tax from imports, VAT and consumption tax rebate for exports, business tax, corporate income tax, individual income tax, resource tax, city maintenance and construct tax, house property tax, stamp tax, urban land use tax, land appreciation tax, tax on vehicles and boat operation, ship tonnage tax, vehicle purchase tax, tariffs, farm land occupation tax, deed tax, and tobacco leaf tax, etc.

(2) Non−tax revenue, including special program receipts, charge of administrative and institutional units, penalty receipts and others non−tax receipts.

General Public Budgetary Expenditure refers to the distribution and use of the funds which the government finance has raised, so as to meet the needs of economic construction and various undertakings. It includes the following main items: expenditure for general public services, expenditure for foreign affairs, expenditure for national defence expenditure for public security, expenditure for education, expenditure for science and technology, expenditure for culture, sport and media, expenditure for social safety net and employment effort, expenditure for medical and health care and family planning, expenditure for energy conservation and environment protection, expenditure for urban and rural community affairs, expenditure for agriculture, forestry and water conservancy, expenditure for transportation, expenditure for resource exploration and information, expenditure for affairs of commerce and services, expenditure for finance, aid to other regions, expenditure for land, ocean and weather, expenditure for housing security, expenditure for grain & oil reserves, interest payment for public debts. General public budget expenditure is divided into general public budget expenditure of central government and general public budget expenditure of local government according to the different functions of the governments played in economic and social activities.

12 第十二部分

金融保险业

FINANCE AND INSURANCE

CHAPTER

12-1 国内金融机构人民币存贷款（2018-2021年）

DEPOSITS AND LOANS IN RENMINBI OF DOMESTIC FINANCIAL INSTITUTIONS (2018-2021)

单位：亿元 (100 million yuan)

项目	Item	2018	2019	2020	2021
各项存款	**Total Deposits**	**66 890.51**	**77 671.71**	**95 096.94**	**105 322.09**
境内存款	Domestic Deposits	64 583.40	75 060.68	91 548.32	101 614.67
其中：住户存款	Household Deposits	13 441.61	15 971.13	18 674.43	20 484.90
#活期存款	Demand Deposits	8 502.67	10 228.81	11 485.25	12 834.86
定期及其他存款	Time and Other Deposits	4 938.94	5 742.32	7 189.18	7 650.03
非金融企业存款	Non-financial Corporations Deposits	31 465.71	37 246.29	45 297.78	50 416.35
#活期存款	Current Deposits	7 404.09	7 791.63	8 639.65	9 102.43
定期及其他存款	Time and Other Deposits	24 061.62	29 454.66	36 658.13	41 313.92
广义政府存款	Generalized Government Deposits	9 859.44	11 229.32	12 609.96	14 203.42
非银行业金融机构存款	Non-bank Financial Deposits	9 816.64	10 613.94	14 966.16	16 510.01
境外存款	Overseas Deposits	2 307.11	2 611.03	3 548.62	3 707.42
各项贷款	**Total Deposits**	**47 024.58**	**54 602.36**	**63 091.82**	**72 218.17**
境内贷款	Domestic Loans	46 596.85	54 156.91	62 604.99	71 635.73
其中：住户贷款	Household Loans	19 828.00	22 247.05	25 270.85	27 918.61
# 短期贷款	Short-term Loans	2 580.95	3 200.27	3 693.85	4 020.04
中长期贷款	Medium&Long-term Loans	17 247.05	19 046.78	21 577.00	23 898.57
非金融企业及机关团体贷款	Non-financial Corporations,Government and Organizations Loans	26 766.88	31 909.84	37 332.08	43 709.33
# 短期贷款	Short-term Loans	8 964.88	9 091.21	9 918.96	10 737.81
中长期贷款	Medium&Long-term Loans	14 816.81	18 788.99	23 777.88	27 977.44
票据融资	Bill Financing	1 643.06	2 489.32	1 868.28	2 865.36
融资租赁	Finance Lease	1 258.60	1 480.17	1 751.56	2 051.88
各项垫款	All Advances Money	83.53	60.15	15.40	76.84
非银行业金融机构贷款	Non-bank Financial Loans	1.96	0.03	2.06	7.79
境外贷款	Overseas Loans	427.73	445.45	486.83	582.44

注：2015年起，人民银行调整了金融机构存贷款统计口径，2014年数据相应作了回溯调整，后同。

Note: From 2015, the statistical caliber of deposit and loan of financial institutions have been adjusted by the People's Bank of China, the date of 2014 have been adjusted by the same caliber, the same applied to the following tables.

12-2 金融机构（含外资）本外币信贷情况

SOURCES AND USES OF CREDIT FUNDS OF FINANCIAL INSTITUTIONS (INCLUDE FOREIGN FUNDS)

单位：亿元 （100 million yuan）

年 份 Year	各项存款余额 All Deposits	各项贷款余额 All Loans
1990	360.65	373.98
1991	517.95	491.44
1992	801.51	643.24
1993	977.06	820.13
1994	1 413.81	1 244.87
1995	1 705.94	1 501.84
1996	2 144.28	1 861.97
1997	2 455.25	2 275.51
1998	2 881.83	2 483.84
1999	3 235.66	2 621.85
2000	3 974.12	2 955.37
2001	4 988.20	3 543.11
2002	5 941.29	4 308.43
2003	7 071.94	5 411.96
2004	8 136.21	6 571.56
2005	9 486.71	7 596.75
2006	10 616.01	8 353.82
2007	12 729.68	10 121.37
2008	14 260.94	11 234.05
2009	18 357.47	14 783.39
2010	21 937.89	16 808.12
2011	25 095.78	19 244.68
2012	29 662.40	21 808.34
2013	33 943.15	24 680.07
2014	49 969.99	28 114.22
2015	57 778.90	32 449.04
2016	64 407.81	40 526.90
2017	69 668.31	46 329.33
2018	72 550.36	52 539.79
2019	83 942.45	59 461.39
2020	101 897.31	68 020.54
2021	112 545.17	77 240.78

12-3 金融机构（含外资）本外币分类存贷款（2018-2021年）

SOURCES AND USES OF CREDIT FUNDS OF FINANCIAL INSTITUTIONS (INCLUDE FOREIGN FUNDS)（2018-2021）

单位：亿元 （100 million yuan）

项目	Item	2018	2019	2020	2021
各项存款	**Total Deposits**	**72 550.36**	**83 942.45**	**101 897.31**	**112 545.17**
境内存款	Domestic Deposits	68 670.97	79 043.44	95 756.45	106 353.08
其中：住户存款	Household Deposits	13 810.06	16 327.05	19 031.88	20 834.08
#活期存款	Demand Deposits	8 736.64	10 449.45	11 725.92	13 074.26
定期及其他存款	Time and Other Deposits	5 073.43	5 877.60	7 305.96	7 759.82
非金融企业存款	Non-financial Corporations Deposits	34 898.69	40 639.63	48 828.94	54 174.83
#活期存款	Current Deposits	8 247.79	8 684.10	9 690.93	10 296.27
定期及其他存款	Time and Other Deposits	26 650.90	31 955.54	39 138.01	43 878.56
广义政府存款	Generalized Government Deposits	9 862.24	11 232.45	12 612.04	14 205.31
非银行业金融机构存款	Non-bank Financial Deposits	10 099.97	10 844.30	15 283.59	17 138.86
境外存款	Overseas Deposits	3 879.39	4 899.02	6 140.86	6 192.09
各项贷款	**Total Deposits**	52 539.79	59 461.39	68 020.54	77 240.78
境内贷款	Domestic Loans	49 877.03	57 014.34	65 637.43	74 854.10
其中：住户贷款	Household Loans	19 942.95	22 408.81	25 507.05	28 228.16
# 短期贷款	Short-term Loans	2 585.92	3 207.63	3 705.62	4 040.65
中长期贷款	Medium&Long-term Loans	17 357.03	19 201.18	21 801.43	24 187.51
非金融企业及机关团体贷款	Non-financial Corporations,Government and Organizations Loans	29 916.02	34 597.99	40 115.31	46 609.36
# 短期贷款	Short-term Loans	10 937.06	10 659.95	11 588.33	12 507.06
中长期贷款	Medium&Long-term Loans	15 631.80	19 653.14	24 702.98	28 867.85
票据融资	Bill Financing	1 820.06	2 595.15	1 917.35	2 974.56
融资租赁	Finance Lease	1 419.11	1 614.35	1 879.75	2 178.70
各项垫款	All Advances Money	107.98	75.41	26.90	81.19
非银行业金融机构贷款	Non-bank Financial Loans	18.06	7.53	15.06	16.59
境外贷款	Overseas Loans	2 662.75	2 447.05	2 383.11	2 386.68

12-4　深圳证券交易所投资者开户情况（2015-2021年）

ACCOUNT-OPENING BY INVESTORS IN SHENZHEN STOCK EXCHANGE（2015-2021）

单位：万户　　(10 000 accounts)

指　标	Indicators	2015	2016	2017	2018	2019	2020	2021
年末开户总数	**Total Accounts Year-end**	**16 888.92**	**20 897.12**	**24 545.09**	**27 685.32**	**22 119.11**	**24 823.01**	**27 771.00**
个人	Private	16 839.71	20 841.00	24 482.57	27 621.26	22 060.45	24 758.07	27 697.97
机构	Institution	49.22	56.12	62.52	64.06	58.66	64.94	73.03
A股合计	A Shares Accounts	16 783.70	20 791.27	24 438.57	27 578.60	22 012.35	24 716.09	27 663.93
个人	Private	16 736.06	20 736.72	24 377.63	27 516.13	21 955.21	24 652.65	27 592.39
机构	Institution	47.65	54.55	60.94	62.47	57.14	63.44	71.53
B股合计	B Shares Accounts	105.22	105.85	106.52	106.72	106.75	106.92	107.08
个人	Private	103.65	104.28	104.94	105.14	105.24	105.41	105.58
机构	Institution	1.57	1.57	1.58	1.58	1.52	1.51	1.50
新开户总数	**Newly Opened Accounts During the Year**	**4 914.84**	**4 018.31**	**3 598.69**	**226.46**	**142.28**	**253.82**	**3 046.15**
个人	Private	4 906.60	4 010.15	3 590.60	225.95	141.49	252.78	3 034.75
机构	Institution	8.24	8.16	8.09	0.51	0.79	1.04	11.40
A股合计	Newly Opened Accounts of A Shares	4 910.29	4 017.37	3 597.71	226.43	142.22	253.74	3 045.60
个人	Private	4 902.15	4 009.29	3 589.70	225.92	141.43	252.71	3 034.24
机构	Institution	8.14	8.08	8.01	0.51	0.79	1.04	11.36
B股合计	Newly Opened Accounts of A Shares	4.55	0.94	0.98	0.03	0.06	0.08	0.55
个人	Private	4.45	0.86	0.90	0.03	0.06	0.07	0.51
机构	Institution	0.10	0.08	0.08	0.01			0.04

12-5 深圳证券交易所有价证券成交总额（2013-2021年）

TOTAL VOLUME OF PRICE SECURITIES TRADING IN SHENZHEN (2013-2021)

单位：亿元　　　　（100 million yuan）

指标	Indicators	2013	2014	2015	2016	2017	2018	2019	2020	2021
合计	**Total**	**296 671.46**	**444 708.19**	**1 361 051.31**	**934 425.86**	**814 333.31**	**735 738.87**	**1 007 862.50**	**1 622 196.78**	**1 953 794.37**
股票	Stocks	238 462.58	366 750.87	1 224 950.00	775 979.90	616 855.01	499 774.39	730 314.79	1 228 391.66	1 439 727.66
# A股证券	A Shares	237 713.21	366 228.12	1 223 606.57	775 478.37	616 433.07	499 527.90	730 108.22	1 228 161.56	896 151.87
B股证券	B Shares	749.38	522.74	1 343.43	501.53	421.94	246.49	206.57	230.10	272.61
基金	Funds	5 796.68	9 753.40	48 884.71	22 085.09	19 882.32	31 053.13	23 089.80	28 711.79	29 828.22
债券	Bonds	52 412.20	68 203.92	87 216.59	136 344.37	177 595.98	204 911.35	254 445.90	364 361.95	483 473.10
# 国债现货	State Treasury Bond	32.65								
优先股	Preferred stocks							1.58	51.82	176.44
期权	Option							9.66	679.57	588.95

12-6 深证综合指数

SHENZHEN COMPOSITE INDEX

日历日期 Date	开市指数 Open	收市指数 Close	最高指数 High	交易日期 Exchange Date	最低指数 Low	交易日期 Exchange Date
2001-12-31	636.62	475.94	665.57	2001-06-14	438.00	2001-10-22
2002-12-31	475.14	388.76	523.38	2002-06-25	366.84	2002-01-23
2003-12-31	386.61	378.63	453.45	2003-04-16	349.86	2003-11-19
2004-12-31	377.93	315.81	472.18	2004-04-07	314.98	2004-09-13
2005-12-30	313.81	278.75	334.14	2005-03-09	235.64	2005-07-19
2006-12-29	541.07	550.59	552.93	2006-12-29	278.99	2006-01-04
2007-12-28	1 455.60	1 447.02	1 567.74	2007-10-08	547.89	2007-01-05
2008-12-31	560.17	553.30	1 576.50	2008-01-15	456.97	2008-11-04
2009-12-31	1 193.32	1 201.34	1 234.17	2009-12-03	571.13	2009-01-05
2010-12-31	1 262.19	1 290.87	1 412.64	2010-11-11	890.24	2010-07-02
2011-12-30	852.43	866.65	1 316.19	2011-01-06	828.83	2011-12-28
2012-12-31	874.56	881.17	1 020.29	2012-03-04	724.97	2012-12-04
2013-12-31	887.36	1 057.67	1 106.27	2013-10-22	815.89	2013-06-25
2014-12-31	1 055.88	1 415.19	1 504.48	2014-12-16	1 004.93	2014-04-29
2015-12-31	1 419.44	2 308.91	3 156.96	2015-06-12	1 408.99	2015-01-05
2016-12-31	2 304.48	1 969.11	2 304.49	2016-01-04	1 618.12	2016-01-27
2017-12-31	1 972.55	1 899.34	2 054.02	2017-03-17	1 753.53	2017-06-02
2018-12-31	1 903.49	1 267.87	1 966.15	2018-01-25	1 212.23	2018-10-19
2019-12-31	1 270.50	1 722.95	1 783.01	2019-04-08	1 231.83	2019-01-03
2020-12-31	1 734.63	2 329.37	2 340.89	2020-11-09	1 552.96	2020-02-04
2021-12-31	2 335.16	2 530.14	2 571.27	2021-12-13	2 130.09	2021-03-09

12-7 保险费收入和赔款及给付

PREMIUMS INCOME, INDEMNITY EXPENDITURE AND PAYMENT

单位：亿元 (100 million yuan)

年 份 Year	保险费收入 Premium Income	赔款及给付支出 Indemnity Expenditure and Payment	赔款率(%) Indemnity and Payment Ratio (%)
1997	34.64	9.44	27.25
1998	34.94	9.06	25.93
1999	35.79	9.96	27.83
2000	40.66	9.64	23.71
2001	54.22	14.26	26.30
2002	65.84	18.40	27.95
2003	78.75	23.86	30.30
2004	91.77	24.44	26.63
2005	106.39	28.63	26.91
2006	134.69	35.15	26.10
2007	183.70	56.87	30.96
2008	240.82	67.94	28.21
2009	271.59	73.34	27.00
2010	361.49	73.94	20.45
2011	359.90	85.77	23.83
2012	401.27	107.71	26.84
2013	468.76	125.19	26.71
2014	548.66	155.76	28.39
2015	647.55	176.74	27.29
2016	834.45	218.55	26.19
2017	1 029.75	257.13	24.97
2018	1 191.51	364.76	30.61
2019	1 384.47	363.85	26.28
2020	1 453.51	373.78	25.72
2021	1 426.51	466.05	32.67

12-8 保险公司及保险中介机构
INSURANCE COMPANIES AND INSURANCE AGENTS

单位：个 （unit）

年 份 Year	保险公司（法人机构） Insurance Companies (Legal Institution)	中 资 Domestic-Funded	外 资 Foreign-Funded	保险中介法人机构 Legal Institution of Insurance Intermediary
2014	20	18	2	126
2015	20	18	2	125
2016	22	20	2	127
2017	25	23	2	129
2018	28	26	2	130
2019	27	25	2	128
2020	27	25	2	128
2021	27	25	2	136

12-9 保险公司主要业务指标（一）（2021年）
MAIN BUSINESS OF INSURANCE COMPANIES（2021）

单位：亿元 （100 million yuan）

指标名称	Indicators	保险金额 Insurance Amount	原保险保费收入 Original Premium Income	赔付支出 Indemnity Expenditure and payment
机动车辆险	Motor Vehicles Insurance	95817. 99	207. 02	131.25
企业财产险	Enterprise Property Insurance	86199.12	29.83	14.42
家庭财产险	Household Property Insurance	332727. 88	5.96	4.26
工程险	Engineering Insurance	10791.11	9.28	3.80
责任险	Liability Insurance	1454613. 34	64.05	26.52
信用险	Credit Insurance	5205.99	18.03	6.54
保证险	Guarantee Insurance	866.61	13.34	14. 61
船舶险	Shipping Insurance	749.13	1.59	0.54
货运险	Freight Insurance	102718. 82	10.41	5.03
特殊风险	Special Insurance	8884. 56	12.01	3.68
农业险	Agricultural Insurance	14.08	0.61	0.10
健康险	Health Insurance	1137152. 85	33.57	24.93
意外险	Accident Insurance	4802834. 86	22.79	9.36
其他险	Others	18634. 95	4.61	2.79
财产险公司合计	Total Property Insurance	8057211.28	433.09	247.82

12-9 保险公司主要业务指标（二）（2021年）
MAIN BUSINESS OF INSURANCE COMPANIES（2021）

单位：亿元 （100 million yuan）

指标名称	Indicators	累计新增保险金额 Accumulative total Insurance Amount	原保险保费收入 Original Premium Income	赔付支出 Indemnity Expenditure and payment
人寿保险	Life Insurance	14967.68	638.34	77.67
健康险	Health Insurance	1829743.11	333.36	137.62
人身意外伤害险	Accident Injury Insurance	112643.89	21.75	2.94

主要统计指标解释

存款 指企业、机关、团体或居民根据必须收回的原则，把货币资金存入银行或其他信用机构保管并取 得一定利息的一种信用活动形式。根据存款对象的不同可划分为企业存款、财政存款、机关团体存款、基本建设存款、城镇居民储蓄、农村存款等科目。它是银行信贷资金的主要来源。

贷款 指银行或其他信用机构根据资金必须归还的原则，按一定利率，为企业、个人等提供资金的一种信用活动形式。我国银行贷款分流动资金贷款、固定资产贷款、城乡个体工商户贷款以及农业贷款等科目。

住户存款 个人客户在其他存款性公司开立账户并存入资金或货币，由其他存款性公司出具存款凭证，个人客户凭存款凭证可以支取本金或利息的存款。

保险金额 指保险人承担赔偿或者给付保险金责任的最高限额。

保费 指投保人为取得保险人在约定范围内所承担赔偿责任而支付给保险人的费用。

赔款 指保险人根据保险合同的规定，向被保险人支付的赔偿保险责任损失的金额。

给付 包括死伤医疗给付和满期给付。死伤医疗给付是指保险人根据人寿保险及长期健康保险合同的规定，因被保险人在保险期内发生保险责任范围内的保险事故支付给被保险人（或受益人）的金额。满期给付是指被保险人生存期满，保险人按人寿保险合同规定支付给被保险人的满期保险金额。

Explanatory Notes on Main Statistical Indicators

Deposit is a form of credit by which enterprises, institutions, organizations or residents can put money into banks and other credit institutions for safekeeping and interest earning under the principle of free withdrawal. According to the different depositors, deposits are divided into enterprise deposits, treasury deposits, deposits of government agencies and organizations, capital construction deposits, urban savings deposits, rural deposits and other deposits. Deposits are major sources of the credit funds of banks.

Loan is a form of credit by which banks and other credit institutions provide funds at certain interest rates to enterprises and individuals in the light of the principle of unconditional repayment. Loans from Chinese banks include circulating capital loans, fixed assets loans, loans to urban and rural individuals engaged in industrial and commercial business and agricultural loans.

Savings Deposits refer to the capital which is deposited in the account opened in the reserve corporation by the individual with a deposit certificate as the proof, the principal and interest of which can be withdrew with the deposit certificate.

Amount Insured refers to the maximum that the insurant will get for the claim of the case insured.

Premium is the fee paid by the insurant to the insurer to obtain the obligation of compensation from the insurance within the agreed terms. is the compensation paid by the insurer to the insurant in accordance with the insurance contract.

Settled Claim is the compensation paid by the insurer to the insurant in accordance with the insurance contract.

Payment includes payment for death, injury or medical treatment and payment at maturity. Payment for death, injury or medical treatment refers to the money paid to the insurant (or the beneficiary) in accordance with the life or health insurance contract when the insurant encounters accidents within the insured period covered in the contract. Payment at maturity refers to the payment to the insurant in accordance with the life insurance contract at the end of the insured period.

13 第十三部分

对外经济贸易和旅游

FOREIGN TRADE AND TOURISM

CHAPTER

13-1 对外经济主要指标（主要年份）

MAIN INDICATORS OF FOREIGN TRADE AND ECONOMIC COOPERATION (MAJOR YEAR)

项 目	Item	2000	2010	2018	2019	2020	2021
进出口总额(亿美元)	**Total Value of Imports and Exports (USD 100 million)**	**639.40**	**3 467.49**	**4 537.29**	**4 314.76**	**4 408.07**	**5 485.77**
出口总额	Total Exports	345.63	2 041.84	2 460.41	2 421.24	2 453.11	2 982.12
进口总额	Total Imports	293.76	1 425.66	2 076.88	1 893.52	1 954.97	2 503.65
签订利用外商直接投资协议(合同)项目(个)	Number of Projects with Contracted Foreign Capital (unit)	1 130	1 929	14 834	5 867	4 434	5 788
签订利用外商直接投资协议(合同)金额(亿美元)	Amount of Contracted Foreign Capital (USD 100 million)	17.38	56.52	282.45	205.34	235.28	262.64
实际利用外商直接投资额(亿美元)	Amount of Foreign Capital Actually Utilized (USD 100 million)	19.61	42.97	82.03	78.09	86.83	109.65
外商投资企业年底工商登记数(户)	Number of Registered Enterprises with Foreign Investment at the Year-end(unit)		29 364	65 282	67 940	68 622	71 231
投资总额(亿美元)	Total Investment (USD 100 million)		933.32	3 914.74	4 216.22	4 748.97	5 106.79
注册资本(亿美元)	Registered Capital(USD 100 million)		546.62	3 086.85	3 248.68	3 754.79	3 946.64
外商投资企业本期工商登记数(户)	Number of Registered Enterprises with Foreign Investment at the Year-end(unit)		2 585	16 010	6 015	3 210	6 411
本期投资总额(亿美元)	Total Investment(USD 100 million)		27.25	210.46	181.54	409.94	104.61
本期注册资本(亿美元)	Registered Capital(USD 100 million)		17.49	191.27	136.35	393.89	50.73

13-2 利用外资签订协议（合同）项目

NUMBER OF THE SIGNED AGREEMENTS AND CONTRACTS FOR UTILIZATION OF FOREIGN CAPITAL

单位：项 (unit)

年份 Year	总计 Total	一、按投资方式分 Grouped by Investment Mode					
		对外借款 Foreign Loans	外商直接投资 Direct Foreign Investments	# 合资经营 Joint Ventures	# 合作经营 Cooperative Operation	# 外商独资 Soly-Funded Foreign Enterprises	外商其他投资 Other Foreign Investments
1979	169		37	7	30		132
1980	303		33	4	24	5	270
1981	578		70	13	39	18	508
1982	577		66	11	47	8	511
1983	878		253	92	149	12	625
1984	988	5	334	188	134	12	649
1985	1 203	40	282	192	73	17	881
1986	454	31	224	152	64	8	199
1987	334	13	310	231	62	17	11
1988	694	4	591	443	93	55	99
1989	711	5	647	473	94	80	59
1990	796	6	757	434	100	223	33
1991	986	6	951	534	122	295	29
1992	1 561	1	1 553	822	227	504	7
1993	3 257	2	3 255	1 735	358	1 162	
1994	2 223	2	2 221	1 049	208	964	
1995	1 638	5	1 633	764	109	760	
1996	999		999	491	38	470	
1997	1 786		957	454	30	471	829
1998	1 915		1 391	513	31	844	524
1999	1 558		797	321	15	461	761
2000	1 835		1 130	339	24	766	705
2001	1 860		1 501	396	18	1 087	359
2002	2 191		1 917	361	8	1 544	274
2003	2 573		2 254	333	6	1 913	319
2004			2 718	356	9	2 352	2 36
2005			2 797	308	12	2 469	141
2006			3 105	269	7	2 827	62
2007			4 200	215	8	3 975	25
2008			3 046	139	11	2 896	6
2009			1 498	114	1	1 382	11
2010			1 929	124	1	1 800	
2011			2 513	149	2	2 360	
2012			2 428	134		2 289	
2013			2 056	180	5	1 870	
2014			2 490	266		2 222	
2015			3 359	488	2	2 861	8
2016			4 132	877	6	3 241	8
2017			6 757	1 261	2	5 485	9
2018			14 834	650	3	14 173	8
2019			5 867				
2020			4 434				
2021			5 788				

注： 1.根据《商务部、国家统计局关于印发〈外商投资统计制度〉的通知》从2004年开始外商投资统计制度发生变化：不再包括“对外借款”，且外商直接投资的统计口径缩小。

Notes: There are two changes among the newly statistical system of foreign investment in 2004:The index was not include Foreign Loans and statistical scope of Direct Foreign Investments was reduced.

2.本表数据来源为深圳市商务局，为广东省商务厅统计口径。

Data in this table are provided by Commerce Bureau of Shenzhen Mumicipality,the statistical caliber of the Department of Commerce of Guangdong Province.

13-2 续表1 CONTINUED

单位：项 (unit)

年 份 Year	二、按国民经济行业分 Grouped by Sector					
	农、林、牧、渔业 Agriculture, Forestry, Animal Husbandry and Fishery	工 业 Industry	建筑业 Construction	批发和零售业、住宿和餐饮业 Wholesale and Retail Sales ,Accommodation and Catering Services	交通运输、仓储和邮政业 Transportation,Storage,Postal and Telecommunications Services	信息传输、软件和信息技术服务业 Information Transmission, Software and Information Technology
1979	6	112		5	3	
1980	8	243		10	4	
1981	9	321		5	5	
1982	3	457		25	1	
1983	19	714		87	15	
1984	14	148		117	15	
1985	10	164		84	8	
1986	6	172	3	20	1	
1987	7	303		1		
1988	5	646	4	12	5	
1989	5	666		12	3	
1990	3	766	2	6	3	
1991	5	908	3	22	6	
1992	6	1 464	2	20	8	
1993	10	2 836	18	115	23	
1994	6	1 815	20	168	16	
1995	5	1 377	10	104	15	
1996	10	858	7	53	8	
1997	8	1 526	4	89	13	
1998	5	1 401	3	65	12	
1999	3	1 351	3	28	7	
2000	4	1 450	1	34	23	
2001	3	1 397	1	43	22	
2002	3	1 616	4	103	33	
2003		1 660	2	100	48	
2004	2	1 513	6	188	53	
2005	1	1 344	9	357	38	
2006	1	896	11	1 238	55	
2007	2	860	4	1 828	127	
2008		350	5	1 187	83	62
2009	1	388	3	737	28	30
2010	1	434	7	1 000	29	35
2011		1 030	6	924	23	54
2012	1	1 027	6	865	26	37
2013	1	335	6	971	27	43
2014		181	7	1 089	28	81
2015	7	163	16	1 406	43	253
2016	7	110	17	1 288	53	327
2017	6	202	41	3 036	109	784
2018	8	316	113	8 337	221	1 785
2019	4	331	66	2 713	78	943
2020	14	112	59	1 683	79	779
2021	13	167	81	2 173	101	991

13-2 续表2 CONTINUED

单位：项 (unit)

年 份 Year	二、按国民经济行业分 Grouped by Sector						
	金融业 Financial Intermediation	房地产业 Real Estate	租赁和商务服务业 Leasing and Business Services	科学研究和技术服务业 Scientific Research, and Technical Services	卫生和社会工作 Health and Social Work	教育、文化、体育和娱乐业 Education,Culture Sports and Entertainment	其他行业 Others
1979		3					40
1980		14					24
1981		28					210
1982		8					83
1983		21					22
1984		31					663
1985		15					922
1986	1	14		1	1	2	233
1987	7	10					6
1988	4	11					7
1989		10		4		4	7
1990		3		5	1		7
1991	6	30		2		2	2
1992	1	51		4		4	1
1993	1	205		5	6	1	33
1994	1	135		33	5	8	15
1995	1	59		31	19	4	13
1996	2	30		11	8	3	9
1997		138		7	1		
1998		286		138	1	1	3
1999		157		9			
2000		307		13	1	2	
2001		315		77		1	1
2002	5	394		26	1		5
2003	6	439		298	1	2	17
2004	2	57		178		4	715
2005	6	77		348	1	2	614
2006	5	101		373		7	418
2007	2	49		947	1	8	372
2008	2	4	215	1 134		3	1
2009	3	15	191	95		6	1
2010	4	11	264	142		2	
2011	6	19	313	138			
2012	13	8	334	105	3	3	
2013	73	14	463	114		9	
2014	222	18	687	165		8	4
2015	405	25	808	209	2	20	2
2016	1 144	32	809	295	2	46	2
2017	741	38	1108	623	4	63	2
2018	156	55	2 211	1 512	3	114	3
2019	67	65	921	599	2	75	3
2020	39	66	885	345	10	180	183
2021	56	93	1 096	455	16	338	208

13-2 续表3 CONTINUED

单位：项 (unit)

年 份 Year	三、按国别(地区)分 Grouped by Country (Territory)							
	中国香港、澳门 HongKong China, Macao China	中国台湾 Taiwan China	新加坡 Singapore	韩 国 Korea Rep	日 本 Japan	泰 国 Thailand	澳大利亚 Australia	马来西亚 Malaysia
1993	2 834	154	24	8	27	15	14	5
1994	1 885	124	29	8	25	8	7	3
1995	1 288	100	26	14	36	11	9	6
1996	760	85	15	11	15	4	6	6
1997	1 576	85	14	9	13	3	5	5
1998	1 614	119	19	7	12	1	4	2
1999	1 355	45	14	7	8		2	
2000	1 474	67	19	12	9	1	7	2
2001	1 288	179	28	22	25	3	10	6
2002	1 498	239	34	25	35	3	13	11
2003	1 852	260	25	35	33	3	14	6
2004	1 959	122	44	42	51		14	10
2005	1 974	144	51	43	45	3	9	6
2006	2 233	152	48	42	38	2	28	17
2007	3 427	165	48	50	46	6	19	10
2008	2 582	82	27	34	41	2	10	15
2009	1 142	85	17	25	24	4	9	11
2010	1 472	112	23	24	34	3	5	15
2011	1 985	125	29	37	27	2	10	12
2012	1 988	76	25	40	25	3	10	12
2013	1 611	110	29	38	22	2	12	11
2014	2 011	119	41	55	21	2	9	12
2015	2 673	164	48	91	16	2	17	26
2016	3 365	186	43	66	12	7	17	44
2017	5 717	234	54	59	27	6	26	53
2018	13 703	297	60	65	35	9	38	65
2019	4 622	280	84	88	41	13	30	65
2020	2 985	311	67	79	23	7	27	30
2021	3 654	460	102	135	40	9	28	44

13-2 续表4 CONTINUED

单位：项 (unit)

年 份 Year	三、按国别(地区)分 Grouped by Country (Territory)							
	美 国 The United States	加拿大 Canada	德 国 Germany	法 国 France	英 国 The United Kingdom	瑞 士 Switzerland	荷 兰 Netherlands	其 他 Others
1993	104	22	2	4	16	2	3	23
1994	74	10	5	3	19		1	22
1995	71	9	3	1	18	2	4	40
1996	42	7	3	4	14	1	2	24
1997	35	8	2	3	5	3		20
1998	58	4	5	1	4	1	3	61
1999	37	12	3		4		1	70
2000	52	17	4	1	3		2	165
2001	72	14	2	2	2	2	2	203
2002	77	12	4	3	9	1	7	220
2003	72	23	2	3	7		4	234
2004	84	22	12	5	15	1	6	331
2005	100	16	14	4	24	7	9	348
2006	110	19	11	5	21	5	7	367
2007	78	15	12	3	15	2	5	299
2008	62	13	4	3	9	6	3	153
2009	49	10	7	7	5	1		102
2010	46	7	7	9	6	2	3	161
2011	51	8	15	9	7	1	2	193
2012	30	11	7	5	6	3	1	186
2013	36	12	8	9	10	4	5	137
2014	38	13	5	3	14	2	6	139
2015	65	22	10	4	14	1	6	200
2016	80	29	14	11	25	4	4	225
2017	101	32	20	17	34	4	3	370
2018	117	50	19	15	36	3	9	313
2019	135	38	19	16	42	8	7	379
2020	114	58	24	13	28	6	12	650
2021	151	58	27	17	49	9	10	995

13-3 协议利用外资额

AMOUNT OF FOREIGN CAPITAL TO BE UTILIZED IN THE SIGNED AGREEMENTS AND CONTRACTS

单位：万美元 (USD 10 000)

年 份 Year	总 计 Total	一、按投资方式分 Grouped by Investment Mode					
		1.对外借款 Foreign Loans	2.外商直接投资 Direct Foreign Investments	# 合资经营 Joint Ventures	# 合作经营 Cooperative Operation	# 外商独资 Soly-Funded Foreign Enterprises	3.外商其他投资 Other Foreign Investments
1979	2 984		1 790	851	939		1 194
1980	27 122		23 966	1 021	13 966	8 979	3 156
1981	86 360		86 360	442	72 636	13 282	
1982	18 028		17 546	643	14 498	2 405	482
1983	33 451		29 355	8 052	17 605	3 698	4 096
1984	64 564	1 962	53 342	21 240	31 704	398	9 260
1985	102 647	19 320	79 323	18 544	58 046	2 733	4 004
1986	51 360	22 474	24 396	9 776	13 189	1 431	4 490
1987	64 893	7 812	56 675	10 993	7 370	38 312	406
1988	48 739	4 500	43 021	25 163	9 310	8 548	1 218
1989	48 904	576	46 945	25 120	11 501	10 324	1 383
1990	69 344	1 062	67 899	18 869	16 099	32 931	383
1991	115 158	5 038	108 611	35 419	23 072	50 120	1 509
1992	251 774	1 188	249 496	75 010	65 597	108 889	1 090
1993	497 737	800	496 937	211 828	71 588	213 521	
1994	298 649	15 521	283 128	92 731	47 632	142 765	
1995	359 654	13 347	346 307	125 589	63 561	157 157	
1996	168 000		168 000	99 879	26 192	41 929	
1997	176 896		135 387	63 177	10 224	59 657	41 509
1998	274 571	42 093	203 475	78 016	8 484	115 293	29 003
1999	223 018	64 077	121 017	16 345	7 242	96 585	37 924
2000	263 996	43 671	173 813	28 374	11 926	128 739	46 512
2001	400 393	50 527	272 318	43 530	82 902	145 184	77 548
2002	518 626	38 735	354 400	61 955	5 952	202 075	125 491
2003	582 896	55 570	484 687	124 831	11 157	335 571	42 639
2004			412 131	103 316	13 546	281 272	71 913
2005			525 097	68 065	2 375	437 181	43 755
2006			526 410	93 298	6 117	412 952	107 288
2007			857 155	63 948	−3 985	787 701	15 570
2008			728 283	97 963	2 007	608 434	4 914
2009			355 805	81 851	−1 622	257 953	−4 195
2010			565 197	44 503	271	508 625	−6 219
2011			763 307	121 168	11 803	616 702	−14 417
2012			626 184	83 049	1 284	519 688	177
2013			670 003	122 240	911	541 041	
2014			1 089 537	123 337	840	950 075	
2015			2 559 531	323 952	−697	2 189 932	46 344
2016			5 219 259	710 746	4 539	4 303 336	200 638
2017			3 683 974	876 256	30 847	2 505 442	271 429
2018			2 824 526	217 822	99	2 230 654	375 951
2019			2 053 445				
2020			2 352 762				
2021			2 626 403				

注：本表数据来源为深圳市商务局，为广东省商务厅统计口径。

Note: Data in this table are provided by Commerce Bureau of Shenzhen Mumicipality, the statistical caliber of the Department of Commerce of Guangdong Province.

单位：万美元 （USD 10 000）

年 份 Year	二、按国民经济行业分 Grouped by Sector					
	农、林、牧、渔业 Agriculture, Forestry, Animal Husbandry and Fishery	工 业 Industry	建筑业 Construction	批发和零售业、住宿和餐饮业 Wholesale and Retail Sales ,Accommodation and Catering Services	交通运输、仓储和邮政业 Transportation,Storage,Postal and Telecommunications Services	信息传输、软件和信息技术服务业 Information Transmission, Software and Information Technology
1979	119	1 163		179	537	
1980	1 085	10 577		1 628	4 883	
1981	3 454	33 680		5 182	15 545	
1982	213	6 269		1 082	3 245	
1983	1 345	13 145		2 085	5 978	
1984	214	16 936		27 152	1 933	
1985	439	56 558		13 510	3 935	
1986	187	12 197	3 849	3 773	102	
1987	359	54 644		13		
1988	273	36 686	149	2 403	899	
1989	120	37 885		3 499	643	
1990	99	55 931	138	5 197	378	
1991	888	77 756	3 839	5 742	1 665	
1992	2 878	176 536	1 180	4 724	8 321	
1993	378	292 842	3 646	48 641	37 086	
1994	263	177 967	1 264	37 774	1 585	
1995	438	243 725	4 468	21 903	21 376	
1996	763	123 973	11 905	12 443	1 827	
1997	481	129 826	2 671	7 977	4 864	
1998	1 417	184 011	3 678	11 323	16 008	
1999	89	207 778	225	2 359	−2 439	
2000	94	216 845	−913	7 795	2 990	
2001	−202	343 834	445	5 936	6 299	
2002	98	357 927	650	15 303	29 752	
2003	699	362 144	466	18 346	40 517	
2004	1 040	246 824	525	12 230	8 923	
2005	184	227 994	20 041	42 019	41 960	
2006	84	215 287	490	78 194	39 107	
2007	−561	250 677	−24	197 432	16 890	
2008	−95	230 858	3 928	192 763	13 374	32 517
2009	52	90 645	682	64 715	51 452	2 367
2010	314	105 151	1 162	155 857	17 878	17 687
2011		262 143	1 222	144 719	20 028	16 848
2012		243 452	1 183	89 786	28 754	17 235
2013	524	122 170	594	141 389	2 490	8 517
2014	393	98 963	396	185 828	16 413	45 131
2015	1 627	112 971	6 149	292 058	36 982	189 865
2016	2 582	344 909	18 605	413 607	4 232	68 199
2017	72 941	183 512	8 733	565 083	42 376	367 195
2018	813	165 335	10 845	511 004	382 297	483 569
2019	5 126	153 006	48 408	384 295	35 728	297 129
2020	4 032	230 284	18 639	497 225	9 808	374 361
2021	43 469	308 113	10 392	219 632	51 770	810 945

13-3 续表2 CONTINUED

单位：万美元 (USD 10 000)

年 份 Year	二、按国民经济行业分 Grouped by Sector						
	金融业 Financial Intermediation	房地产业 Real Estate	租赁和商务服务业 Leasing and Business Services	科学研究和技术服务业 Scientific Research, and Technical Services	卫生和社会工作 Health and Social Work	教育、文化、体育和娱乐业 Education,Culture Sports and Entertainment	其他行业 Others
1979		538					448
1980		4 883					4 066
1981		15 675					12 824
1982		3 245					3 974
1983		6 042					4 856
1984		6 349					11 980
1985		4 928					23 277
1986	129	4 075		4	19	16	27 009
1987	6 000	2 065					1 812
1988	4 500	3 568					261
1989		4 939		108		300	1 410
1990		3 802		123	2 574		1 102
1991	5 038	17 197		240		669	2 124
1992	1 188	51 153		97		3 239	2 458
1993	2 100	77 660		94	991	2 900	31 106
1994	29	59 615		1 393	628	6 552	11 572
1995	2 170	51 630		1 103	625	1 250	2 966
1996	2 301	9 200		487	2 664	1 750	687
1997		29 839		426	161		651
1998	4 911	44 075		8 043	1 584	36	−515
1999		16 108		579	−5 037		3 356
2000	27	36 672		486	−460	158	302
2001	1 000	38 853		5 886	120	793	−2 571
2002	60 980	43 677		2 396	707	38	7 098
2003	13 654	89 112		21 947	779	2 071	28 054
2004	144	29 502		13 697		1 563	97 683
2005	8 813	61 235		36 825	993	1 371	83 662
2006	3 085	80 598		38 188	−132	4 288	67 221
2007	1 250	109 325		115 229	2 190	371	164 376
2008	594	70 910	45 135	135 320		1 351	1 628
2009	38 750	56 192	32 584	17 549		783	34
2010	4 004	130 934	76 480	52 828		2 902	
2011	−22 595	95 492	190 892	52 673		1 866	19
2012	30 563	47 192	120 366	29 983	665	17 005	
2013	160 495	34 874	167 699	28 016		3 235	
2014	505 875	17 278	157 885	59 796	−20	185	1 414
2015	1 171 149	286 294	398 707	66 585	−187	−3 589	920
2016	3 337 411	281 796	580 578	145 886	227	21 077	150
2017	1 400 925	106 256	732 402	197 858	783	5 862	48
2018	173 872	78 104	790 989	214 096	916	11 803	883
2019	140 596	74 909	614 077	263 603	211	36 211	146
2020	148 092	318 726	508 278	151 059	3 535	16 385	72 338
2021	176 863	223 324	549 113	163 546	4 870	28 423	35 943

13-3 续表3 CONTINUED

单位：万美元 （USD 10 000）

年 份 Year	三、按国别(地区)分 Grouped by Country (Territory)							
	中国香港、澳门 HongKong China, Macao China	中国台湾 Taiwan China	新加坡 Singapore	韩 国 Korea Rep.	日 本 Japan	泰 国 Thailand	澳大利亚 Australia	马来西亚 Malaysia
1987	16 431		427		10 336	112	85	
1988	33 363	1 407	1 735		6 762			41
1989	40 214	986	328		1 131	2 585	48	
1990	54 729	4 839	3 134		1 058	1 092	550	17
1991	54 729	4 839	3 134		1 058	1 092	550	17
1992	206 231	10 814	2 151	1 174	5 843	416	3 198	1 679
1993	411 673	21 908	2 132	665	7 491	5 284	7 934	392
1994	260 535	12 075	6 996	384	2 692	1 421	184	114
1995	274 815	7 344	7 940	1 926	20 914	978	227	2 024
1996	80 115	3 376	1 847	50 895	1 120	347	340	210
1997	98 839	4 951	1 874		2 517	59		293
1998	153 002	6 375	10 002	343	15 184	1 030		
1999	111 587	2 965	6 569	7	15 842		32	−154
2000	141 259	3 976	5 359	628	1 677	7	511	300
2001	180 030	19 328	6 371	888	8 379	115	920	56
2002	205 225	26 226	5 879	1 543	1 998	−939	2 381	1 570
2003	340 288	18 290	9 916	2 608	10 027	1 165	340	96
2004	198 695	9 276	6 479	4 506	6 025	400	745	3 838
2005	265 109	1 802	13 508	861	8 802	171	−139	−237
2006	362 411	3 883	8 107	486	8 866	26	1 822	3 568
2007	667 020	4 837	5 989	2 407	4 110	242	−1 190	133
2008	618 340	−1 030	1 618	804	4 138	17	−585	678
2009	323 420	245	4 974	239	−3 251	198	−283	672
2010	449 569	980	8 180	316	3 730	61	24	517
2011	536 353	9 961	22 437	23 771	15 026	8	−67	−771
2012	508 831	6 997	2 666	939	23 173	164	−308	1 001
2013	497 375	771	24 819	3 763	7 022	179	194	−2 534
2014	961 581	4 044	9 940	1 016	11 468	28	2 741	1 757
2015	2 287 102	26 580	5 846	3 320	6 322	84	710	850
2016	4 871 076	17 212	279	12 945	6 512	560	765	11 696
2017	3 250 763	21 323	128 550	3 896	490	516	1 539	5 044
2018	2 088 660	25 923	− 2 020	2 599	8 606	1 653	1 758	3 799
2019	1 874 802	18 305	19 681	6 975	14 075	381	1 236	3 551
2020	2 026 628	36 531	39 867	4 007	26 821	6 342	2 333	1 404
2021	2 444 886	19 048	45 830	58 318	7 799	748	940	808

13-3 续表4 CONTINUED

单位：万美元 (USD 10 000)

年 份 Year	三、按国别(地区)分 Grouped by Country (Territory)							
	美 国 The United States	加拿大 Canada	德 国 Germany	法 国 France	英 国 The United Kingdom	瑞 士 Switzerland	荷 兰 Netherlands	其 他 Others
1987	779			300	23			36 400
1988	3 441	100	1 162	22	603			103
1989	2 290	63	48	249			562	400
1990	1 253	115		8	772	809		968
1991	981	34	210	392	1 700	83	819	320
1992	4 764	4 067	31	111	5 373		5	5 917
1993	18 289	7 245	368	534	7 352	500	175	5 795
1994	8 010	921	222	78	2 421		25	2 571
1995	17 020	426	1 995	3 900	3 641	6	6 315	10 183
1996	3 876	368	357	227	2 493	15	2 659	19 755
1997	2 177	553	1 365	182		128	1 061	62 897
1998	10 759	215	3 077	21 270	7 489		4 142	41 683
1999	22 954	144	2 367	23 561	8 543	−17	2 853	25 765
2000	11 611	987	3 214	26 698	11 894		1 388	54 487
2001	5 239	997	1 224	33 920	5 987	683	−1 383	137 639
2002	79 346	−32	492	24 533	65 794	1 565	−199	103 244
2003	17 082	907	399	3 753	10 540	83	7 219	160 183
2004	14 007	434	2 379	2 317	11 263	140	7 154	144 473
2005	5 532	121	1 857	177	3 710	537	3 264	220 022
2006	4 974	196	911	482	1 748	299	7 136	121 495
2007	7 946	572	612	751	2 267	439	3 772	157 248
2008	11 773	2 385	1 357	4 445	636	922	756	82 029
2009	4 223	198	152	−946	2 398	381	401	22 784
2010	12 622	−2 011	−262	2 040	−1 162	−35	−1 158	91 786
2011	34 899	204	782	31 436		−9	−70	89 347
2012	1 600	−120	−355	−86	69	451	−5 078	86 240
2013	3 849	−185	317	77	1 830	84	1 843	130 599
2014	9 196	199	85	−1 121	1 143	−7	390	87 077
2015	−803	6 820	1 055	79	2 664	227	1 745	216 930
2016	7 804	17 471	2912	223	93 199	7 829	1 265	263 845
2017	1 495	2 645	1 638	1 060	12 278	213	5 261	247 263
2018	10 587	3 962	2 826	28 018	1 081	4 012	−9 251	652 313
2019	8 156	4 166	− 674	790	6 599	7 192	440	87 770
2020	30 176	6 952	1 230	141	2 106	2 111	−890	167 003
2021	8 002	6 788	2 561	268	−67 230	349	9 458	87 830

13-4 实际利用外资额

AMOUNT OF FOREIGN CAPITAL ACTUALLY USED

单位：万美元 (USD 10 000)

年份 Year	总计 Total	一、按投资方式分 Grouped by Investment Mode					
		对外借款 Foreign Loans	外商直接投资 Direct Foreign Investments	# 合资经营 Joint Ventures	# 合作经营 Cooperative Operation	# 外商独资 Soly-Funded Foreign Enterprises	外商其他投资 Other Foreign Investments
1979	1 537		548	192	356		989
1980	3 264		2 755	252	1 891	612	509
1981	11 282		8 618	1 073	5 427	2 118	2 664
1982	7 379		5 771	1 114	3 823	834	1 608
1983	14 394		11 316	1 906	6 077	3 333	3 078
1984	23 013	1 962	18 640	8 008	5 990	4 642	2 411
1985	32 925	13 585	17 989	6 993	10 316	680	1 351
1986	48 933	10 860	36 450	5 124	30 241	1 085	1 623
1987	40 449	12 436	27 379	8 489	17 826	1 064	634
1988	44 429	14 430	28 716	9 644	10 085	8 987	1 283
1989	45 809	15 563	29 252	16 852	7 182	5 218	994
1990	51 857	12 360	38 994	26 849	4 917	7 228	503
1991	57 988	17 184	39 875	27 330	5 185	7 360	929
1992	71 539	25 808	44 879	20 554	8 716	15 609	852
1993	143 217	43 762	98 900	48 165	15 097	35 638	555
1994	172 959	47 367	125 046	49 312	21 388	54 346	546
1995	173 545	42 556	130 989	33 120	28 003	69 866	
1996	242 242	37 177	205 065	89 228	26 776	89 061	
1997	287 168	57 095	166 112	53 271	20 771	92 070	63 961
1998	255 222	55 717	166 357	73 762	22 354	67 561	33 148
1999	275 422	64 077	177 839	74 848	18 954	82 556	33 506
2000	296 839	43 671	196 145	71 789	19 102	103 061	57 023
2001	360 277	44 527	259 080	59 076	56 621	139 157	56 670
2002	490 220	49 511	319 101	79 480	39 550	149 642	121 608
2003	504 213	57 928	362 344	115 245	20 850	193 915	83 941
2004			234 994	48 868	6 281	169 650	126 232
2005			296 872	50 807	8 299	230 996	104 841
2006			326 852	56 623	2 609	252 313	158 419
2007			366 220	64 843	1 334	295 550	99 277
2008			403 018	43 441	2 038	354 971	75 827
2009			416 001	54 993	551	342 234	12 242
2010			429 724	63 281	1 292	341 964	17 218
2011			459 921	48 409	1 367	397 391	23 696
2012			522 944	81 675	3 949	418 054	2 768
2013			546 789	79 900	1 340	461 585	403
2014			580 469	80 834	163	484 416	
2015			649 733	57 037	1 719	581 450	9 527
2016			673 227	92 018	115	574 622	6 472
2017			740 126	194 084		501 601	44 441
2018			820 301	152 982		608 331	35 874
2019			780 944				
2020			868 257				
2021			1 096 468				

注：本表数据来源为深圳市商务局，为广东省商务厅统计口径。

Note: Data in this table are provided by Commerce Bureau of Shenzhen Mumicipality, the statistical caliber of the Department of Commerce of Guangdong Province.

单位：万美元 （USD 10 000）

年 份 Year	二、按国民经济行业分 Grouped by Sector					
	农、林、牧、渔业 Agriculture, Forestry, Animal Husbandry and Fishery	工 业 Industry	建筑业 Construction	批发和零售业、住宿和餐饮业 Wholesale and Retail Sales ,Accommodation and Catering Services	交通运输、仓储和邮政业 Transportation,Storage,Postal and Telecommunications Services	信息传输、软件和信息技术服务业 Information Transmission, Software and Information Technology
1979	30	645		200	31	
1980	65	1 371		424	65	
1981	226	4 738		1 467	226	
1982	148	3 099		959	148	
1983	216	6 013		1 809	273	
1984	57	8 235		5 251	881	
1985	73	6 549		1 221	1 457	
1986	138	31 874	13	974	416	
1987	232	25 216	239	387	432	
1988	383	28 645	45	1 069	917	
1989	200	27 406	53	1 530	1 071	
1990	28	32 306	6	858	440	
1991	143	34 869	12	831	894	
1992	55	44 056	122	807	300	
1993	94	74 851	54	3 216	18 514	
1994	626	113 192		6 798	18 900	
1995	433	121 125		2 305	17 195	
1996		193 141	30	11 852	6 944	
1997	64	222 822	3 195	3 318	26 095	
1998	428	156 925	7 906	7 715	35 333	
1999	1 049	195 450	412	8 794	10 182	
2000	145	222 702	5 384	5 587	12 129	
2001	294	293 765	776	9 283	9 476	
2002	27	336 943	657	13 115	18 696	
2003	824	315 730	1 102	29 410	45 608	
2004	169	145 123	2 223	11 407	12 313	
2005	146	181 804	134	14 497	21 139	
2006	146	189 097	12 690	15 423	23 308	
2007	113	181 439	7 073	53 884	19 723	
2008	207	152 987	27	80 362	30 071	15 161
2009	111	158 939	427	127 000	8 567	9 134
2010		164 623	2	89 554	5 947	23 705
2011	172	164 480	469	90 304	30 673	25 697
2012	150	181 153	810	121 492	32 239	5 135
2013	65	187 485	3 224	66 716	14 732	7 258
2014	392	124 187	494	104 299	6 233	22 184
2015		82 354	159	65 391	10 398	30 007
2016		50 294	170	55 407	12 274	35 793
2017	5	95 539	1 525	110 070	11 041	19 727
2018	3	174 025	811	89 923	48 859	41 542
2019		90 477	916	94 028	35 943	89 325
2020		43 060	11 022	52 856	58 477	103 061
2021		101 158	2 625	97 973	3 408	307 055

13-4 续表2 CONTINUED

单位：万美元 （USD 10 000）

年 份 Year	二、按国民经济行业分 Grouped by Sector						
	金融业 Financial Intermediation	房地产业 Real Estate	租赁和商务服务业 Leasing and Business Services	科学研究和技术服务业 Scientific Research, and Technical Services	卫生和社会工作 Health and Social Work	教育、文化、体育和娱乐业 Education,Culture Sports and Entertainment	其他行业 Others
1979		553					78
1980		1 175					164
1981		4 061					564
1982		2 656					369
1983		5 124					959
1984		4 412					4 177
1985		7 976					15 649
1986	8 948	2 965				6	3 599
1987	10 247	454			6	39	3 197
1988	4 168	4 652		20	161	30	4 339
1989	10 666	4 744				33	106
1990	5 913	5 576				34	6 696
1991	9 837	10 835			35		532
1992	14 008	9 503			13	17	2 658
1993	254	31 664			500		14 070
1994	5 751	14 220		132	234	1 445	11 661
1995	4 327	15 982			10 921	625	632
1996	9 339	16 970		550	1 236	68	2 112
1997	6 638	14 372		17	1 750	470	8 427
1998	12 021	31 208		234	831	548	2 073
1999		48 992		3 383	4 659	441	2 060
2000	1 579	40 473		379	1 600	377	6 484
2001	1 000	44 137		501	758	18	269
2002	58 734	51 018		2 846	1 514	63	6 607
2003	18 587	64 587		2 809	220	626	19 586
2004	1 285	18 694		6 384	100		37 196
2005	20	19 457		9 366	120	346	49 843
2006	7 266	21 097		12 841		597	44 387
2007	1 566	32 405		22 843	439	334	46 401
2008		42 717	52 587	27 852	372	675	
2009		25 249	26 634	57 935		2 005	
2010	1 591	56 872	49 597	37 460		373	
2011	7 072	45 815	54 331	39 164		1 678	66
2012	1 338	55 414	76 601	39 668	186	8 758	
2013	19 972	71 830	130 122	39 518		5 867	
2014	67 505	80 317	138 504	34 870	556	928	
2015	71 649	225 873	136 267	25 079		2 395	161
2016	106 958	191 914	209 606	10 810		1	
2017	88 726	204 094	160 434	48 787	121	13	44
2018	77 900	164 843	204 015	17 066		832	482
2019	15 222	107 292	288 321	58 105	353	962	
2020	67 513	30 065	384 759	98 311	79	18 622	432
2021	24 080	104 127	314 591	96 434	633	551	43 833

13-4 续表3 CONTINUED

单位：万美元 （USD 10 000）

年份 Year	三、按国别(地区)分 Grouped by Country (Territory)							
	中国香港、澳门 HongKong China, Macao China	中国台湾 Taiwan China	新加坡 Singapore	韩国 Korea Rep.	日本 Japan	泰国 Thailand	澳大利亚 Australia	马来西亚 Malaysia
1987	25 632		247		9 291	32	29	
1988	28 198	316	146		14 567		10	
1989	28 729	1 006	1 177		10 004		166	
1990	26 291	371	897		17 257		723	
1991	32 375	216	339	125	14 265		700	
1992	46 134	475	475		15 806	914	323	117
1993	92 455	4 532	1 197	170	20 822	1 577	155	
1994	125 890	10 671	1 270		18 740	102	645	
1995	105 172	6 954	845		32 067		520	
1996	150 126	13 665	7 525	7 094	29 860	3 381	340	2 024
1997	203 035	6 732	2 502	309	17 616	1 133	19	750
1998	182 956	3 479	1 089	352	8 959	257	56	45
1999	144 214	3 842	9 855	11 133	18 666	1 047	145	64
2000	184 531	3 940	6 023	8 136	5 113		219	1 724
2001	194 212	12 518	7 521	162	8 183	6	365	263
2002	216 516	28 876	8 449	541	10 498	1 307	687	245
2003	318 337	28 479	10 471	4 489	12 154	69	172	348
2004	125 379	4 002	4 576	411	3 215	200	345	1 394
2005	157 487	5 328	5 368	1 507	6 590	148	848	888
2006	167 338	3 044	11 352	484	4 660	31	422	587
2007	223 877	3 278	7 348	322	4 319	261	1 643	253
2008	256 893	4 565	4 280	1 339	2 887	35	264	540
2009	275 819	2 186	6 297	489	3 942	13	54	1 127
2010	310 221	1 737	9 393	472	2 774	136	148	398
2011	326 079	1 852	11 395	4 674	10 745	65	180	94
2012	379 918	4 484	6 112	19 729	5 235	51	46	1 320
2013	418 654	3 541	9 285	451	7 167	88	17	28
2014	438 748	5 635	7 143	3 708	7 027	43	25	123
2015	561 412	797	8 304	496	4 330	10	167	88
2016	599 055	761	4 004	427	7 070	30	12	168
2017	657 404	494	4 714	29 317	1 483	6		
2018	602 497	801	8 152	7 373	8 908	98		214
2019	604 627	1 291	42 851	1 125	9 352	1 421	362	192
2020	767 118	2 476	26 163	1 116	1 951	43	242	72
2021	965 934	1 265	18 057	25 972	10 794	55	10	21

13-4 续表4 CONTINUED

单位：万美元　　　　(USD 10 000)

年份 Year	三、按国别(地区)分 Grouped by Country (Territory)							
	美国 The United States	加拿大 Canada	德国 Germany	法国 France	英国 The United Kingdom	瑞士 Switzerland	荷兰 Netherlands	其他 Others
1987	3 101	899	18	1 194	6			
1988	294	150	201	501	5			41
1989	1 143	16		3 399	112			57
1990	4 011		35	1 112	235	500	337	88
1991	6 963	5		1 668	457		819	56
1992	2 029			3 225	1 109	84	633	155
1993	14 531	450		3 153	64	510	3 511	90
1994	3 371	628	130	2 206	6 662		2 520	124
1995	14 145	194	250	8 963	1 099	2 623		713
1996	10 576	162	911	2 985	1 820	794	125	10 854
1997	24 306	215	1 365	182	3 888	6		25 110
1998	4 326	364	505	24 610	9 002	188	1 601	17 433
1999	688	22 111	650	23 933	9 291	170	5 721	23 892
2000	11 498	739	3 477	26 613	11 498	1 080	3 677	28 571
2001	5 929	668	1 339	27 912	8 238	1 551	497	90 913
2002	63 310	632	1 811	24 814	49 112	1 142	2 783	79 506
2003	10 540	907	289	3 759	9 417	1 006	1 686	102 090
2004	8 189	436	517	23	3 014	200	2 266	80 827
2005	9 066	594	347	1 449	8 517	21	3 251	95 463
2006	7 129	189	2 274	186	1 536	253	2 164	125 203
2007	4 052	181	1 437	931	1 555	137	6 227	110 399
2008	7 613	244	142	870	923	30	3 037	119 356
2009	5 071	263	626	1 721	1 328	202	1 282	115 581
2010	8 960	91	381	4	1 065	558	1 805	91 581
2011	8 188	196	890	1 109	116	133	12	94 193
2012	28 437	145	395	550	84	16	669	75 753
2013	4 705	70	842	22 026	995		1 077	77 843
2014	2 875	82	168	9 365	44	440	1 462	103 581
2015	1 108	21	34		213	3	12	72 738
2016	1 424	34	37	8		6 334	391	53 472
2017	1 238	257	1 313	283	121		620	42 876
2018	806	1 130	71 898	27 228	114		538	90 544
2019	551	233	144	82	828	11	1 319	116 555
2020	1 690	141	157	365	596	1 571	20	64 536
2021	9 833	395	429	172	968	6 299	1 915	54 349

13-5 实际外商直接投资

DIRECT FOREIGN INVESTMENTS ACTUALLY USED

单位：亿美元　　（USD 100 million）

年 份 Year	实际利用外资金额 Direct Foreign Investments Actually Used	指 数（%） Indices(%)	
		以1979年为100 1979=100	以上年为100 Preceding Year=100
1979	0.05	100.0	
1980	0.28	502.7	502.7
1981	0.86	1 572.6	312.8
1982	0.58	1 053.1	67.0
1983	1.13	2 065.0	196.1
1984	1.86	3 401.5	164.7
1985	1.80	3 282.7	96.5
1986	3.65	6 651.5	202.6
1987	2.74	4 996.2	75.1
1988	2.87	5 240.1	104.9
1989	2.93	5 338.0	101.9
1990	3.90	7 115.7	133.3
1991	3.99	7 276.5	102.3
1992	4.49	8 189.6	112.5
1993	9.89	18 047.4	220.4
1994	12.50	22 818.6	126.4
1995	13.10	23 903.1	104.8
1996	20.51	37 420.6	156.6
1997	16.61	30 312.4	81.0
1998	16.64	30 357.1	100.1
1999	17.78	32 452.4	106.9
2000	19.61	35 792.9	110.3
2001	25.91	47 277.4	132.1
2002	31.91	58 230.1	123.2
2003	36.23	66 121.2	113.6
2004	23.50	72 997.8	110.4
2005	29.69	92 196.2	126.3
2006	32.69	101 508.0	110.1
2007	36.62	113 689.0	112.0
2008	40.30	125 171.6	110.1
2009	41.60	129 177.1	103.2
2010	42.97	133 439.9	103.3
2011	45.99	142 780.7	107.0
2012	52.29	162 341.7	113.7
2013	54.68	169 809.4	104.6
2014	58.05	180 337.6	106.2
2015	64.97	201 797.8	111.9
2016	67.32	209 062.5	103.6
2017	74.01	229 759.7	109.9
2018	82.03	254 573.7	110.8
2019	78.09	242 354.2	95.2
2020	86.83	269 497.9	111.2
2021	109.65	340 375.8	126.3
年平均增长率 Average Annual Growth Rate		**21.4**	

注：　1. 本表指数按可比口径计算。
Notes:Data in this table are calculated at comparable scope.
2.本表数据由深圳市商务局提供，为广东省商务厅统计口径。
Data in this table are provided by Commerce Bureau of Shenzhen Mumicipality, the statistical caliber of the Department of Commerce of Guangdong Province.

13-6 外商投资企业工商登记情况（按企业类别分）（2021年末）

BUSINESS REGISTRATION OF FOREIGN INVESTED ENTERPRISES AT YEAR-END (GROUPED BY REGISTRATION STATUS) (2021)

单位：万美元 （USD 10 000）

项目	Item	期末实有 Final Actual Amount			
		户数（户） Enterprises (Unit)	投资总额 Total Investment	注册资本（认缴出资金额） Registered Capital (Subscribed Capital Contribution)	
				小计 Subtotal	#外方 Foreign Side
合计	**Total**	**71 231**	**51 067 938**	**39 466 414**	**28 134 071**
中外合资	Sino-foreign Joint Ventures	5 674	15 214 264	11 514 493	2 717 064
中外合作（法人）	Sino-foreign Cooperative Enterprises (Juridical Person)	249	729 179	302 810	142 997
中外合作（非法人）	Sino-foreign Cooperative Enterprises (Unincorporated)	75			
外资企业	Foreign-funded Enterprises	54 046	32 330 462	24 109 787	24 109 787
外商投资股份有限公司	Companies Limited by Shares with Foreign Investment	221	2 786 690	2 695 115	662 770
其他外商投资企业	Other Foreign-invested Enterprises				
合伙企业	Partnership Enterprises	853		836 866	501 440
普通合伙	General Partnership Enterprises	19		879	222
#特殊的普通合伙	Special General Partnership Enterprises	4			
有限合伙	Limited Partnership Enterprises	834		835 987	501 218
其他企业	Other Enterprises	8	7 343	7 343	14
外商投资企业分支机构	Foreign-invested Enterprises Branches	10 105			

注：本表数据由深圳市市场监督管理局提供。
Note: Data in this table are provided by Market Supervision and Regulation Bureau of Shenzhen Municipality.

13-6 续表1 CONTINUED

单位：万美元 (USD 10 000)

项目	Item	本期登记 Registration of the Current Period 户数（户） Enterprises (Unit)	投资总额 Total Investment	注册资本（认缴出资金额） Registered Capital (Subscribed Capital Contribution) 小计 Subtotal	#外方 Foreign Side
合计	**Total**	**6 411**	**1 046 149**	**507 278**	**506 052**
中外合资	Sino-foreign Joint Ventures	537	2 493	2 493	1 437
中外合作（法人）	Sino-foreign Cooperative Enterprises (Juridical Person)				
中外合作（非法人）	Sino-foreign Cooperative Enterprises (Unincorporated)				
外资企业	Foreign-funded Enterprises	4 449	1 043 656	490 215	490 215
外商投资股份有限公司	Companies Limited by Shares with Foreign Investment	2			
其他外商投资企业	Other Foreign-invested Enterprises				
合伙企业	Partnership Enterprises	232		14 570	14 400
普通合伙	General Partnership Enterprises	1			
#特殊的普通合伙	Special General Partnership Enterprises				
有限合伙	Limited Partnership Enterprises	231		14 570	14 400
其他企业	Other Enterprises	3			
外商投资企业分支机构	Foreign-invested Enterprises Branches	1 188			

13-6 续表2 CONTINUED

单位：万美元 (USD 10 000)

项目	Item	注销（户）Logouted Enterprises(unit)		吊销（户）Revoked Enterprises(unit)	
		本期注销 Logouted Enterprises of the current period	累计注销 Total Number of Logouted Enterprises	本期吊销 Revoked Enterprises of the current period	累计吊销 Total Number of Revoked Enterprises
合计	**Total**	**3 613**	**23 884**	**355**	**27 126**
中外合资	Sino-foreign Joint Ventures	297	1 938	25	1 391
中外合作（法人）	Sino-foreign Cooperative Enterprises (Juridical Person)	7	208	1	1 173
中外合作（非法人）	Sino-foreign Cooperative Enterprises (Unincorporated)	8	321		369
外资企业	Foreign-funded Enterprises	2 467	11 946	328	20 609
外商投资股份有限公司	Companies Limited by Shares with Foreign Investment	2	12	1	32
其他外商投资企业	Other Foreign-invested Enterprises				
合伙企业	Partnership Enterprises	22	90		1
普通合伙	General Partnership Enterprises		6		
#特殊的普通合伙	Special General Partnership Enterprises				
有限合伙	Limited Partnership Enterprises	22	84		1
其他企业	Other Enterprises	1	2		
外商投资企业分支机构	Foreign-invested Enterprises Branches	809	9 367		3 551

13-7 外商投资企业工商登记情况（按行业类别分）（2021年末）

BUSINESS REGISTRATION OF FOREIGN INVESTED ENTERPRISES AT YEAR-END (GROUPED BY SECTOR)(2021)

单位：万美元 （USD 10 000）

项目	Item	期末实有 Final Actual Amount			
		户数（户） Enterprises (Unit)	投资总额 Total Investment	注册资本（认缴出资金额） Registered Capital (Subscribed Capital Contribution)	
				小计 Subtotal	#外方 Foreign Side
合计	**Total**	**71 231**	**51 067 938**	**39 466 414**	**28 134 071**
农、林、牧、渔业	Agriculture,Forestry,Animal Husbandry and Fishery	97	166 473	102 881	94 948
农、林、牧、渔服务业	Agriculture,Forestry,Animal Husbandry and Fishery Services	27	129 250	67 905	62 606
采矿业	Mining	6	26 152	15 209	4 585
开采辅助活动	Mining Auxiliary Activities	1	140	100	100
制造业	Manufacturing	9 382	9 455 132	6 089 969	3 363 250
金属制品、机械和设备修理业	Metal Products Machinery and Equipment Repair Services	68	62 891	41 695	40 829
电力、热力、燃气及水生产和供应业	Production and Supply of Electric Power,Gas and Water	168	2 176 108	1 229 881	374 187
建筑业	Construction	698	482 928	403 242	259 373
批发和零售业	Wholesale and Retail Trade	27 368	4 236 479	3 434 655	2 977 923
交通运输、仓储和邮政业	Transport,Storage and Postal Services	1 692	1 496 279	805 377	613 007
住宿和餐饮业	Hotels and Catering Services	2 854	173 082	121 548	96 172
信息传输、软件和信息技术服务业	Information Transmission,Computer Services and Software	7 386	6 845 870	4 602 974	4 428 595
金融业	Financial Intermediation	2 701	9 520 357	9 617 623	5 626 226
房地产业	Real Estate	1 829	5 142 604	3 529 683	3 307 957
租赁和商务服务业	Leasing and Business Services	9 703	7 682 720	6 769 722	4 967 984
科学研究和技术服务业	Scientific Research and Technical Services	4 054	2 664 166	1 938 102	1 305 269
水利、环境和公共设施管理业	Management of Water Conservancy, Environment and Public facilities	87	159 321	147 938	137 518
居民服务、修理和其他服务业	Resident Services,Repair and Other Services	1 998	480 792	424 247	363 822
教育	Education	225	24 718	22 989	16 159
卫生和社会工作	Health Care and Social Work	53	35 141	18 878	13 430
文化、体育和娱乐业	Culture,Sports and Recreation	916	299 208	191 115	183 286
其他	Others	14	407	381	380

注：本表数据由深圳市市场监督管理局提供。
Note: Data in this table are provided by Market Supervision and Regulation Bureau of Shenzhen Municipality.

13-7 续表1 CONTINUED

单位：万美元 （USD 10 000）

项目	Item	本期登记 Registration of the Current Period			
		户数（户） Enterprises (Unit)	投资总额 Total Investment	注册资本（认缴出资金额） Registered Capital (Subscribed Capital Contribution)	
				小计 Subtotal	#外方 Foreign Side
合计	**Total**	**6 411**	**1 046 149**	**507 278**	**506 052**
农、林、牧、渔业	Agriculture,Forestry,Animal Husbandry and Fishery	14	200	200	200
农、林、牧、渔服务业	Agriculture,Forestry,Animal Husbandry and Fishery Services	4			
采矿业	Mining				
开采辅助活动	Mining Auxiliary Activities				
制造业	Manufacturing	161	56 851	53 851	53 851
金属制品、机械和设备修理业	Metal Products Machinery and Equipment Repair Services				
电力、热力、燃气及水生产和供应业	Production and Supply of Electric Power,Gas and Water	8			
建筑业	Construction	78	86	86	86
批发和零售业	Wholesale and Retail Trade	2 301	26 515	23 421	22 785
交通运输、仓储和邮政业	Transport,Storage and Postal Services	105	447	447	447
住宿和餐饮业	Hotels and Catering Services	573	58	58	58
信息传输、软件和信息技术服务业	Information Transmission,Computer Services and Software	944	744 427	292 140	292 060
金融业	Financial Intermediation	61	13 064	27 478	27 464
房地产业	Real Estate	97	350	350	350
租赁和商务服务业	Leasing and Business Services	1 046	137 000	70 933	70 599
科学研究和技术服务业	Scientific Research and Technical Services	441	65 214	36 411	36 249
水利、环境和公共设施管理业	Management of Water Conservancy, Environment and Public facilities	16			
居民服务、修理和其他服务业	Resident Services,Repair and Other Services	217	504	471	471
教育	Education	57	1 017	1 017	1 017
卫生和社会工作	Health Care and Social Work	14	80	80	80
文化、体育和娱乐业	Culture,Sports and Recreation	277	335	335	335
其他	Others	1			

13-7 续表2 CONTINUED

单位：万美元 (USD 10 000)

项目	Item	注销（户） Logouted Enterprises(unit)		吊销（户） Revoked Enterprises(unit)	
		本期注销 Logouted Enterprises of the current period	累计注销 Total Number of Logouted Enterprises	本期吊销 Revoked Enterprises of the current period	累计吊销 Total Number of Revoked Enterprises
合计	**Total**	**3 613**	**23 884**	**355**	**27 126**
农、林、牧、渔业	Agriculture,Forestry,Animal Husbandry and Fishery	2	30		95
农、林、牧、渔服务业	Agriculture,Forestry,Animal Husbandry and Fishery Services	1	8		9
采矿业	Mining	1	11		55
开采辅助活动	Mining Auxiliary Activities				2
制造业	Manufacturing	335	5 637	182	17 843
金属制品、机械和设备修理业	Metal Products Machinery and Equipment Repair Services	3	17		5
电力、热力、燃气及水生产和供应业	Production and Supply of Electric Power,Gas and Water	27	117		11
建筑业	Construction	45	176	2	102
批发和零售业	Wholesale and Retail Trade	1 432	7 126	92	2 511
交通运输、仓储和邮政业	Transport,Storage and Postal Services	59	517	1	248
住宿和餐饮业	Hotels and Catering Services	185	1 337	11	402
信息传输、软件和信息技术服务业	Information Transmission,Computer Services and Software	437	1 624	14	805
金融业	Financial Intermediation	140	449		27
房地产业	Real Estate	90	947	7	296
租赁和商务服务业	Leasing and Business Services	471	3 356	30	2 392
科学研究和技术服务业	Scientific Research and Technical Services	204	951	7	737
水利、环境和公共设施管理业	Management of Water Conservancy, Environment and Public facilities	3	23		27
居民服务、修理和其他服务业	Resident Services,Repair and Other Services	124	503	6	206
教育	Education	18	39	1	11
卫生和社会工作	Health Care and Social Work		7		12
文化、体育和娱乐业	Culture,Sports and Recreation	38	134	2	100
其他	Others	2	900		1 246

13-8 外商投资企业工商登记情况(按国别、地区分)（2021年末）

BUSINESS REGISTRATION OF FOREIGN INVESTED ENTERPRISES AT YEAR-END (GROUPEDBY COUNTRIES AND REGIONS)（2021）

单位：万美元 （USD 10 000）

项目	Item	期末实有 Final Actual Amount			
		户数（户） Enterprises (Unit)	投资总额 Total Investment	注册资本（认缴出资金额） Registered Capital（Subscribed Capital Contribution）	
				小计 Subtotal	#外方 Foreign Side
合　计	**Total**	**60 190**	**51 060 595**	**38 622 205**	**27 632 618**
一、亚洲	**Asia**	**45 610**	**42 757 148**	**32 698 983**	**23 060 471**
日本	Japan	388	367 578	185 999	169 487
韩国	Korea	537	38 544	26 800	21 791
中国香港	Hongkong China	31 261	22 587 104	16 352 211	11 929 724
中国澳门	Macao China	243	132 628	126 365	118 326
中国台湾	Taiwan China	1 808	207 210	184 108	166 214
亚洲其他国家（地区）	Other Asian Countries(Regions)	11 373	19 424 084	15 823 500	10 654 930
二、非洲	**Africa**	**399**	**76 313**	**50 846**	**47 421**
埃及	Egypt	24	890	890	890
南非	South Africa	20	211	202	199
毛里求斯	Mauritius	70	57 264	34 560	31 697
塞舌尔	Seychelles	103	13 737	11 033	10 520
非洲其他国家（地区）	Other African Countries(Regions)	182	4 211	4 161	4 116
三、欧洲	**Europe**	**1 266**	**428 824**	**208 910**	**147 773**
英国	Britain	201	170 808	65 168	28 625
德国	Germany	156	33 096	22 896	18 460
法国	France	104	24 970	11 799	11 261
俄罗斯联邦	Russian Federation	211	17 256	16 884	9 422
欧洲其他国家（地区）	Other European Countries(Regions)	594	182 695	92 163	80 005
四、拉丁美洲	**Latin America**	**965**	**2 495 816**	**1 495 658**	**1 283 314**
巴西	Brazil	36	1 710	1 710	1 100
开曼群岛	Cayman Islands	91	702 774	362 089	281 986
英属维尔京群岛	British Virgin Islands	733	1 762 726	1 111 169	984 907
拉丁美洲其他国家（地区）	Other Latin American Countries(Regions)	105	28 607	20 691	15 321
五、北美洲	**North America**	**999**	**381 690**	**292 023**	**243 015**
加拿大	Canada	229	45 041	39 477	30 808
美国	America	758	283 358	205 586	168 014
百慕大群岛	Bermuda	12	53 291	46 961	44 192
北美洲其他国家（地区）	Other North American Countries(Regions)				
六、大洋洲	**Oceania**	**562**	**376 235**	**188 361**	**179 154**
澳大利亚	Australia	190	24 876	18 604	14 670
新西兰	New Zealand	26	2 844	2 836	2 028
萨摩亚	Samoa	50	16 581	12 729	12 671
大洋洲其他国家（地区）	Other Oceanian Countries(Regions)	296	331 934	154 192	149 786
七、其他	**Others**	**10 389**	**4 544 568**	**3 687 423**	**2 671 469**

注：本表数据来由深圳市市场监督管理局提供。
Note: Data in this table are provided by Market Supervision and Regulation Bureau of Shenzhen Municipality.

13-8 续表1 CONTINUED

单位：万美元　　　　　　　　　　　　　　　　　　　　　　　　　　　　（USD 10 000）

	项目 Item	本期登记 Registration of the Current Period			
		户数（户） Enterprises (Unit)	投资总额 Total Investment	注册资本（认缴出资金额） Registered Capital（Subscribed Capital Contribution）	
				小计 Subtotal	#外方 Foreign Side
合　计	**Total**	**4 988**	**1 046 149**	**492 708**	**491 652**
一、亚洲	**Asia**	**4 323**	**1 036 282**	**483 187**	**482 312**
日本	Japan	24	32	26	26
韩国	Korea	108	235	235	235
中国香港	Hongkong China	2 176	371 739	220 499	220 478
中国澳门	Macao China	57	16	16	16
中国台湾	Taiwan China	235	753	753	753
亚洲其他国家（地区）	Other Asian Countries(Regions)	1 723	663 506	261 658	260 805
二、非洲	**Africa**	**91**	**134**	**130**	**130**
埃及	Egypt	1			
南非	South Africa	6	14	10	10
毛里求斯	Mauritius				
塞舌尔	Seychelles	1			
非洲其他国家（地区）	Other African Countries(Regions)	83	120	120	120
三、欧洲	**Europe**	**217**	**178**	**162**	**162**
英国	Britain	28	13	10	10
德国	Germany	18			
法国	France	11			
俄罗斯联邦	Russian Federation	66			
欧洲其他国家（地区）	Other European Countries(Regions)	94	165	153	153
四、拉丁美洲	**Latin America**	**39**	**4 403**	**4 153**	**4 153**
巴西	Brazil	9			
开曼群岛	Cayman Islands	5	500	250	250
英属维尔京群岛	British Virgin Islands	9	3 903	3 903	3 903
拉丁美洲其他国家（地区）	Other Latin American Countries(Regions)	16			
五、北美洲	**North America**	**92**	**2 542**	**2 466**	**2 442**
加拿大	Canada	26			
美国	America	66	2 542	2 466	2 442
百慕大群岛	Bermuda				
北美洲其他国家（地区）	Other North American Countries(Regions)				
六、大洋洲	**Oceania**	**31**	**1**	**1**	**1**
澳大利亚	Australia	23	1	1	1
新西兰	New Zealand	4			
萨摩亚	Samoa	2			
大洋洲其他国家（地区）	Other Oceanian Countries(Regions)	2			
七、其他	**Others**	**195**	**2 609**	**2 609**	**2 452**

13-8 续表2 CONTINUED

单位：万美元　　　　(USD 10 000)

项目	Item	注销（户）Logouted Enterprises(unit)		吊销（户）Revoked Enterprises(unit)	
		本期注销 Logouted Enterprises of the current period	累计注销 Total Number of Logouted Enterprises	本期吊销 Revoked Enterprises of the current period	累计吊销 Total Number of Revoked Enterprises
合　计	**Total**	**2 773**	**14 104**	**355**	**23 205**
一、亚洲	**Asia**	**2 202**	**11 645**	**315**	**21 245**
日本	Japan	15	146	3	189
韩国	Korea	42	182	12	274
中国香港	Hongkong China	1 425	8 741	247	18 746
中国澳门	Macao China	12	45	1	112
中国台湾	Taiwan China	92	641	32	1 281
亚洲其他国家（地区）	Other Asian Countries(Regions)	616	1 890	20	643
二、非洲	**Africa**	**10**	**108**	**5**	**67**
埃及	Egypt		1	1	8
南非	South Africa	1	1	1	4
毛里求斯	Mauritius	2	42	1	20
塞舌尔	Seychelles	5	55	1	13
非洲其他国家（地区）	Other African Countries(Regions)	2	9	1	22
三、欧洲	**Europe**	**44**	**261**	**7**	**267**
英国	Britain	10	57	2	76
德国	Germany	5	36		41
法国	France	3	24	1	26
俄罗斯联邦	Russian Federation	5	13	2	21
欧洲其他国家（地区）	Other European Countries(Regions)	21	131	2	103
四、拉丁美洲	**Latin America**	**31**	**472**	**7**	**513**
巴西	Brazil	1	5	1	4
开曼群岛	Cayman Islands	2	51	1	31
英属维尔京群岛	British Virgin Islands	25	390	5	437
拉丁美洲其他国家（地区）	Other Latin American Countries(Regions)	3	26		41
五、北美洲	**North America**	**50**	**407**	**5**	**834**
加拿大	Canada	10	60		125
美国	America	40	344	5	707
百慕大群岛	Bermuda		3		2
北美洲其他国家（地区）	Other North American Countries(Regions)				
六、大洋洲	**Oceania**	**18**	**281**	**6**	**238**
澳大利亚	Australia	9	43	1	104
新西兰	New Zealand		8		9
萨摩亚	Samoa		26	1	21
大洋洲其他国家（地区）	Other Oceanian Countries(Regions)	9	204	4	104
七、其他	**Others**	**418**	**930**	**10**	**41**

13-9　进出口总额
TOTAL IMPORTS AND EXPORTS

单位：万美元　　　　　　　　　　　　　　　　　　　　　　　　　　（USD 10 000）

年　份 Year	进出口总额 Total Imports and Exports	出口总额 Total Exports	进口总额 Total Imports	进出口差额 Balance
1979	1 676	930	746	184
1980	1 751	1 124	627	497
1981	2 807	1 745	1 062	683
1982	2 534	1 597	937	660
1983	78 642	6 230	72 412	−66 182
1984	107 247	26 539	80 708	−54 169
1985	130 632	56 340	74 292	−17 952
1986	184 696	72 552	112 144	−39 592
1987	255 784	141 354	114 430	26 924
1988	344 277	184 949	159 328	25 621
1989	375 259	217 428	157 831	59 597
1990	1 570 136	815 165	754 971	60 194
1991	1 947 635	986 240	961 395	24 845
1992	2 357 562	1 200 019	1 157 543	42 476
1993	2 820 392	1 421 776	1 398 616	23 160
1994	3 498 281	1 830 921	1 667 360	163 561
1995	3 876 960	2 052 736	1 824 224	228 512
1996	3 905 342	2 120 781	1 784 561	336 220
1997	4 500 921	2 561 844	1 939 077	622 767
1998	4 527 417	2 639 611	1 887 806	751 805
1999	5 042 750	2 820 811	2 221 939	598 872
2000	6 393 982	3 456 333	2 937 649	518 684
2001	6 861 055	3 747 955	3 113 100	634 855
2002	8 723 148	4 655 704	4 067 444	588 260
2003	11 739 941	6 296 208	5 443 733	852 475
2004	14 728 302	7 784 632	6 943 670	840 962
2005	18 281 689	10 151 829	8 129 860	2 021 969
2006	23 738 573	13 609 556	10 129 017	3 480 539
2007	28 753 345	16 849 299	11 904 046	4 945 253
2008	29 995 499	17 971 995	12 023 504	5 948 491
2009	27 016 306	16 197 825	10 818 481	5 379 344
2010	34 674 930	20 418 355	14 256 575	6 161 780
2011	41 409 312	24 551 760	16 857 552	7 694 208
2012	46 683 020	27 136 163	19 546 857	7 589 306
2013	53 747 437	30 570 191	23 177 246	7 392 945
2014	48 774 049	28 436 157	20 337 892	8 098 265
2015	44 245 863	26 403 895	17 841 968	8 561 927
2016	39 843 893	23 754 674	16 089 218	7 665 456
2017	41 414 596	24 435 790	16 978 806	7 456 984
2018	45 372 921	24 604 111	20 768 810	3 835 301
2019	43 147 567	24 212 399	18 935 168	5 277 232
2020	44 080 709	24 531 052	19 549 657	4 981 394
2021	54 857 734	29 821 230	25 036 505	4 784 725

注：本表1992年以前为深圳市贸工局口径数；1993年以后为深圳海关口径数，按现行统计方法计算。

Note: The figures adopted from Shenzhen Bureau of Trade and Industry before 1992 and calculated from Shenzhen CIQ after 1993 by current statistical method.

13-10 进出口总额指数

INDICES OF TOTAL IMPORTS AND EXPORTS

年 份 Year	以上年为100 Preceding Year=100			以1979年为100 1979=100		
	进出口总额 Total Imports and Exports	出口总额 Total Exports	进口总额 Total Imports	进出口总额 Total Imports and Exports	出口总额 Total Exports	进口总额 Total Imports
1980	104.5	120.9	84.0	104.5	120.9	84.0
1981	160.3	155.2	169.4	167.5	187.6	142.4
1982	90.3	91.5	88.2	151.2	171.7	125.6
1983	3 103.5	390.1	7 728.1	4 692.2	669.9	9 706.7
1984	136.4	426.0	111.5	6 399.0	2 853.7	10 818.8
1985	121.8	212.3	92.1	7 794.3	6 058.1	9 958.7
1986	141.4	128.8	151.0	11 020.0	7 801.3	15 032.7
1987	138.5	194.8	102.0	15 261.6	15 199.4	15 339.1
1988	134.6	130.8	139.2	20 541.6	19 887.0	21 357.6
1989	109.0	117.6	99.1	22 390.2	23 379.4	21 157.0
1990	145.8	137.8	156.8	32 643.8	32 213.0	33 180.8
1991	124.0	121.0	127.3	40 478.3	38 977.7	42 239.2
1992	121.0	121.7	120.4	48 978.8	47 435.9	50 856.0
1993	119.6	118.5	120.8	58 578.6	56 211.5	61 434.0
1994	124.0	128.8	119.2	72 637.5	72 400.5	73 229.3
1995	110.8	112.1	109.4	80 482.3	81 160.9	80 112.9
1996	100.7	103.3	97.8	81 045.7	83 839.2	78 350.4
1997	115.3	120.8	108.7	93 445.7	101 277.8	85 166.9
1998	100.6	103.0	97.4	94 006.4	104 316.1	82 952.6
1999	111.4	106.9	117.7	104 706.7	111 477.0	97 634.8
2000	126.8	122.5	132.2	132 763.4	136 592.5	129 084.0
2001	107.3	108.4	106.0	142 455.1	148 066.3	136 829.0
2002	127.1	124.2	130.7	181 060.4	183 898.3	178 835.5
2003	134.6	135.2	133.8	243 707.3	248 630.5	239 281.9
2004	125.5	123.6	127.6	305 852.7	307 307.3	305 323.7
2005	124.1	130.4	117.1	379 563.2	400 728.7	357 534.1
2006	129.8	134.1	124.6	493 052.6	537 377.2	445 487.5
2007	121.1	123.8	117.5	597 086.7	665 273.0	523 447.8
2008	104.3	106.6	101.0	622 761.4	709 181.0	528 682.3
2009	89.6	89.4	89.9	557 994.2	634 007.8	475 285.4
2010	128.4	126.1	131.8	716 464.6	799 483.8	626 426.2
2011	119.4	120.2	118.2	855 458.7	960 979.5	740 435.8
2012	112.7	110.5	115.9	964 102.0	1 061 882.3	858 165.1
2013	115.1	112.7	118.5	1 109 681.4	1 196 741.4	1 016 925.6
2014	90.7	93.0	87.7	1 006 480.9	1 112 969.5	891 843.8
2015	90.7	92.9	87.7	912 878.2	1 033 948.7	782 147.0
2016	90.1	90.0	90.2	822 503.3	930 553.8	705 496.6
2017	103.9	102.9	105.5	854 580.9	957 539.9	744 298.9
2018	109.6	100.8	122.3	936 620.7	965 200.2	910 277.6
2019	95.1	98.3	91.2	890 726.3	950 722.2	830 173.2
2020	102.2	101.3	103.2	910 322.3	963 081.6	856 738.7
2021	124.4	121.6	128.0	1 132 440.9	1 171 107.2	1 096 625.5
年平均增长率 Average Annual Growth Rate				**24.9**	**25.0**	**24.8**

13-11 进出口总额分类（2017-2021年）
TOTAL IMPORTS AND EXPORTS（2017-2021）

单位：万美元 (USD 10 000)

项　目	Item	2017	2018	2019	2020	2021
进出口总额	**Total Imports and Exports**	**41 414 596**	**45 372 921**	**43 147 567**	**44 080 709**	**54 857 734**
一、出口总额	**Total Exports**	**24 435 790**	**24 604 111**	**24 212 399**	**24 531 052**	**29 821 230**
1.按隶属关系分类：	Grouped by Administrative Relationship					
①国有企业	State-owned Enterprises	2 235 801	1 869 957	1 891 550	1 902 526	2 475 666
②民营、集体和其他企业	Collective-owned and Others	11 978 768	12 337 624	13 197 979	13 584 452	17 007 212
③"三资"企业	Foreign Investment Enterprises	10 221 221	10 396 530	9 122 870	9 044 073	10 338 352
2.按贸易方式分类：	Grouped by Form of Trade					
①一般贸易	Original Trade	10 565 089	10 891 269	10 995 668	11 733 080	13 768 401
②补偿贸易	Compensation Trade					
③来料加工贸易	Processing and Assembly Trade	90 098	124 441	52 899	26 469	37 388
④进料加工贸易	Processing Trade for Imported Material	8 424 123	9 503 043	8 156 766	7 257 653	8 953 910
⑤出料加工贸易	Processing Trade for Exported Material	1 619	1 233	1 668	1 273	964
⑥易货贸易	Barter Trade	3	4			
⑦其他	Others	5 354 858	4 084 121	5 005 398	5 512 576	7 060 567
二、进口总额	**Total Imports**	**16 978 806**	**20 768 810**	**18 935 168**	**19 549 657**	**25 036 505**
1.按隶属关系分类：	Grouped by Administrative Relationship					
①国有企业	State-owned Enterprises	802 121	623 417	666 660	725 748	755 527
②民营、集体和其他企业	Collective-owned and Others	9 132 535	12 074 838	11 753 010	12 647 108	16 412 850
③"三资"企业	Foreign Investment Enterprises	7 044 150	8 070 555	6 515 498	6 176 802	7 868 127
2.按贸易方式分类：	Grouped by Form of Trade					
①一般贸易	Original Trade	8 797 624	10 159 335	9 523 115	9 864 531	13 335 567
②补偿贸易	Compensation Trade					
③来料加工贸易	Processing and Assembly Trade	96 454	135 627	67 748	23 154	32 811
④进料加工贸易	Processing Trade for Imported Material	5 021 803	6 340 726	4 954 472	4 658 853	5 625 110
⑤以工缴费补偿期进口的设备	Imported Equipment by Processing Fee during Compensation Period					
⑥租赁贸易	Leasing Trade	1 153	7 783	5 289	4 270	5 779
⑦外商投资企业作为投资进口的设备	Imported Equipment and Materials as Investment of Foreign Investment Enterprises	9 531	13 432	6 285	12 987	3 526
⑧外商投资企业进口供加工内销产品的料、件	Imported Materials and Parts of Foreign Investment Enterprises for Processing and Selling on Domestic Market					
⑨易货贸易	Barter Trade					
⑩其　他	Others	3 052 241	4 111 907	4 378 259	4 985 862	6 033 712

13-12 深圳市与主要国家（地区）进出口总额（2019-2021年）

SHENZHEN' S FOREIGN TRADE WITH MAIN RELATED COUNTRIES AND TERRITORIES（2019-2021）

单位：万美元 （USD 10 000）

国家（地区） Country（territory）		2019			2020			2021		
		合 计 Total Imports and Exports	出口总额 Exports	进口总额 Imports	合 计 Total Imports and Exports	出口总额 Exports	进口总额 Imports	合 计 Total Imports and Exports	出口总额 Exports	进口总额 Imports
中国香港	Hongkong China	9 358 609	9 278 470	80 139	8 856 029	8 744 397	111 632	11 191 317	10 957 831	233 487
日 本	Japan	2 068 997	739 114	1 329 882	2 169 889	798 148	1 371 741	2 486 168	855 051	1 631 117
美 国	The United States	3 846 422	3 365 838	480 584	4 437 143	3 959 997	477 146	4 971 553	4 409 681	561 872
法 国	France	446 935	281 923	165 012	503 889	324 227	179 661	586 066	334 176	251 890
德 国	Germany	972 706	593 522	379 183	1 021 018	651 143	369 875	1 205 107	806 654	398 453
泰 国	Thailand	1 033 237	352 330	680 907	1 155 790	387 493	768 297	1 308 931	451 318	857 613
新加坡	Singapore	904 246	513 667	390 579	838 892	482 670	356 222	878 094	465 752	412 342
韩 国	Korea Rep.	2 153 093	421 917	1 731 176	2 251 175	417 310	1 833 865	2 862 985	526 209	2 336 776
中国台湾	Taiwan China	3 954 482	269 047	3 685 435	4 302 603	281 621	4 020 981	5 547 995	381 578	5 166 417
澳大利亚	Australia	594 442	330 341	264 101	532 736	351 363	181 372	777 931	401 334	376 597
印度尼西亚	Indonesia	357 309	272 036	85 273	351 296	255 513	95 784	484 594	348 903	135 692
马来西亚	Malaysia	1 801 418	319 430	1 481 989	1 771 135	270 225	1 500 911	2 237 623	451 343	1 786 281
英 国	The United Kingdom	658 051	589 464	68 587	704 372	623 153	81 220	723 768	606 883	116 885
意大利	Italy	309 253	210 872	98 381	364 761	273 721	91 040	470 809	320 675	150 134
巴 西	Brazil	312 510	232 065	80 446	411 613	265 211	146 403	525 000	377 222	147 778
加拿大	Canada	438 716	328 327	110 389	400 866	346 691	54 175	532 514	408 581	123 933
其 他	Others	13 937 142	6 114 037	7 823 105	14 007 501	6 098 169	7 909 332	18 067 278	7 718 039	10 349 239

13-13　进口主要商品金额（2018-2021年）
TOTAL VALUE OF FOREIGN IMPORTS OF MAJOR COMMODITIES (2018-2021)

单位：万美元　　　　(USD 10 000)

项　目	Item	2018	2019	2020	2021
集成电路	Semiconductor Integrated Circuit	7 506 229	7 482 869	8 228 877	10 930 432
自动数据处理设备及其部件	Automatic Data Processing Equipment and Parts	1 064 769	1 405 137	1 471 321	1 774 762
液晶显示板	LCD Monitor	458 349	334 213	285 393	310 303
农产品	Farm Produce	864 942	983 241	1 216 381	1 414 992
钢材	Steel	52 040	40 359	34 889	52 377
纺织纱线、织物及制品	Spinning, Textile and Related Products	87 815	74 395	63 794	61 701
成品油	Oil	10 861	10 804	5 574	7 122
电线和电缆	Wire and Cable	81 911	66 274	70 128	79 926
粮食	Food	79 790	55 176	64 348	88 727

13-14　出口主要商品金额（2018-2021年）
TOTAL VALUE OF FOREIGN EXPORTS OF MAJOR COMMODITIES (2018-2021)

单位：万美元　　　　(USD 10 000)

项　目	Item	2018	2019	2020	2021
自动数据处理设备及其部件	Automatic Data Processing Equipment and Parts	2 452 114	2 287 442	2 494 555	3 408 162
服装及衣着附件	Clothing and Dresses	594 248	569 076	503 832	565 348
打印机(包括多功能一体机)	Printer(include MFP)	271 214	263 808	209 495	191 555
鞋类	Shoes	308 658	292 493	192 551	229 303
家具及其零件	Furniture and Dresses	390 054	374 512	325 072	368 924
纺织纱线、织物及制品	Spinning, Textile and Related Products	277 466	308 449	1 371 238	412 277
塑料制品	Plastic Products	391 205	578 383	522 243	628 739
液晶显示板	LCD Monitor	273 871	266 047	331 591	504 519

13-15 旅游业基本情况

BASIC CONDITIONS OF TOURISM

年份 Year	过夜入境游客 (万人) Overnight International Tourists (10 000 persons)	外国人 Foreigners	华侨 Overseas Chinese	港澳同胞 Compatriots from Hongkong and Macao	台胞 Compatriots Form Taiwan
1995	185.37	35.32	1.10	131.41	17.54
1996	151.47	30.91	1.37	101.48	17.71
1997	140.41	32.00	0.75	89.49	18.17
1998	148.47	30.83	0.72	97.52	19.41
1999	158.08	35.49	1.45	101.03	20.11
2000	397.34	61.09		287.62	48.63
2001	423.87	67.95		307.33	48.59
2002	449.35	80.59		319.87	48.89
2003	435.13	69.89		331.45	33.79
2004	559.79	105.19		406.99	47.61
2005	616.45	120.24		445.31	50.90
2006	712.74	139.16		520.40	53.18
2007	831.30	161.64		615.24	54.42
2008	869.57	151.42		671.98	46.17
2009	896.36	146.38		706.15	43.83
2010	1 020.61	167.58		806.57	46.45
2011	1 104.55	171.20		886.87	46.48
2012	1 206.43	169.10		991.81	45.52
2013	1 214.89	166.82		1 004.88	43.19
2014	1 182.18	161.12		979.37	41.69
2015	1 218.70	164.65		1 011.74	42.31
2016	1 171.18	168.32		963.20	39.66
2017	1 207.01	177.56		988.20	41.25
2018	1 220.21	172.96		1 009.39	37.86
2019	1 216.95	167.60		1 012.18	37.17
2020	120.06	16.91		94.62	8.53
2021	131.49	13.88		109.42	8.19

注： 1. 1990-1999年过夜国际游客为宾馆、酒店部分，2000年后为旅游全口径，包括：宾馆、酒店、饭店、招待所、居民家住等各种住宿设施所接待的国际游客。
Notes: The figures of overnight international tourists from 1990 to 1999 have been collected from hotels and guesthouses, and from 2000, it include hotels, guesthouses, public houses and residential houses.
2. 本表数据来源为深圳市文化广电旅游体育局。
Data in this table are provided by Culture, Radio, Television, Tourism and Sports Bureau of ShenZhen Municipality.

年 份 Year	过夜国内游客 (万人) Overnight Domestic Tourists (10 000 persons)	旅游外汇收入 (万美元) Total Foreign Exchange Earnings from International Tourism (USD 10 000)	商品性收入 Commody Income	劳务性收入 Service Income	宾馆、酒店、度假村开房率(%) Room Occupancy Rate of Hotels and Holiday Countries (%)
1995	357.27	63 633	20 574	43 059	58.9
1996	360.55	58 384	21 489	36 895	56.3
1997	341.11	53 225	17 176	36 049	57.6
1998	340.33	59 025	18 413	40 612	55.5
1999	346.81	62 186	19 743	42 443	57.9
2000	927.71	141 100			62.5
2001	1 031.70	151 054	95 037	56 017	64.3
2002	1 073.54	172 342	98 904	73 438	64.1
2003	1 013.69	130 097	77 703	52 394	55.2
2004	1 383.14	178 723	111 496	67 227	60.6
2005	1 526.38	200 900	129 334	71 519	61.9
2006	1 604.54	226 515	147 496	79 019	62.5
2007	1 728.98	262 330	172 187	90 143	62.7
2008	1 789.73	270 865	174 835	96 030	61.5
2009	1 943.95	276 029	179 629	96 400	59.3
2010	2 264.71	317 976	204 895	113 081	62.4
2011	2 627.98	374 563	241 845	132 718	64.9
2012	2 941.29	432 879	288 947	143 932	63.0
2013	3 351.91	453 114	289 833	163 281	64.1
2014	3 808.88	456 568	309 473	147 095	67.2
2015	4 156.50	496 830	331 928	164 902	68.2
2016	4 524.56	477 100	320 700	156 400	67.6
2017	4 814.98	498 420	335 400	163 020	69.44
2018	5 187.71	511 801	348 900	162 901	69.33
2019	5 501.08	500 300	328 500	171 800	64.43
2020	4 878.75	94 300			44.98
2021	6 232.84	101 600			51.27

注：1990-1999年过夜国内游客为宾馆、酒店部分，2000年后为旅游全口径，包括：宾馆、酒店、饭店、招待所、居民家住等各种住宿设施所接待的国内游客。
Note:The figures of overnight domestic tourists before from 1990 to 1999 have been collected from hotels and guesthouses,and from 2000 it include hotels ,guesthouses ,public houses and residential houses.

13-16 按国别分的外国旅游者人数（过夜）（1998-2021年）

NUMBER OF FOREIGN TOURISTS BY COUNTRY（Over night）（1998-2021）

单位：人 （person）

国 别 Country		1998	1999	2000	2001	2002	2003	2004	2005	2006	2007	2008	2009
合 计	**Total**	**308 279**	**354 911**	**610 900**	**679 464**	**805 937**	**698 867**	**1 051 896**	**1 202 373**	**1 391 612**	**1 616 415**	**1 514 186**	**1 463 809**
日 本	Japan	74 275	93 172	150 479	197 853	245 265	221 780	319 817	315 128	355 401	393 176	352 516	345 864
菲律宾	Philippines	4 266	5 042	9 158	12 461	15 204	7 161	7 913	10 640	12 272	12 783	10 422	15 455
新加坡	Singapore	24 264	29 337	42 264	53 788	59 668	37 391	66 303	76 569	81 658	90 997	79 829	83 411
泰 国	Thailand	4 536	4 613	6 531	18 344	29 367	24 451	66 857	87 239	99 970	93 170	65 665	45 988
印度尼西亚	Indonesia	5 779	6 217	29 010	33 909	40 714	33 322	49 781	53 026	72 637	79 389	68 286	58 338
英 国	The United Kingdom	10 007	12 242	17 728	20 916	23 925	23 915	32 959	33 137	40 595	49 637	47 898	45 590
法 国	France	6 524	6 765	10 529	15 722	15 331	13 316	19 333	23 542	27 305	36 301	37 191	39 099
德 国	Germany	6 549	7 842	9 015	11 337	13 848	14 859	21 495	26 092	30 658	35 706	33 822	34 714
意大利	Italy	3 043	3 636	3 627	4 108	6 722	7 133	12 264	16 411	18 359	22 968	21 010	22 512
美 国	The United States	39 490	49 130	64 083	75 328	104 130	92 608	131 996	146 959	176 378	226 468	212 532	197 168
加拿大	Canada	8 476	9 217	11 431	14 092	16 356	14 183	21 293	26 325	30 440	36 893	36 391	34 547
澳大利亚	Australia	6 851	10 124	10 985	12 796	15 219	14 413	19 783	25 534	29 249	40 326	41 853	40 949
新西兰	New Zealand	1 397	1 642	1 702	2 292	2 937	2 888	4 342	4 682	4 445	5 743	6 066	6 425
俄罗斯	Russia	874	893	2 102	4 018	3 514	3 539	4 090	6 911	8 051	10 358	11 048	13 585
韩 国	Korea Rep.	18 696	20 133	27 612	45 172	65 443	69 068	90 640	108 688	116 976	152 234	134 340	108 389
马来西亚	Malaysia	43 931	50 554	50 537	42 186	50 516	32 075	46 536	61 256	68 624	81 513	88 265	84 052
其他	Others	49 321	44 352	164 107	115 142	97 778	86 765	136 494	180 234	218 594	248 753	267 052	287 723

注：本表数据来源为深圳市文化广电旅游体育局。

Note: Data in this table are provided by Culture, Radio, Television, Tourism and Sports Bureau of ShenZhen Municipality.

13-16 续表 CONTINUED

单位：人 (person)

国别	Country	2010	2011	2012	2013	2014	2015	2016	2017	2018	2019	2020	2021
合　计	**Total**	**1 675 798**	**1 712016**	**1 691 045**	**1 668 230**	**1 611 200**	**1 646 515**	**1 683 168**	**1 775 639**	**1 729 624**	**1 676 024**	**169 190**	**138 838**
日　本	Japan	372 023	366 266	371 557	316 669	302 349	296 431	274 232	272 360	308 374	267 783	39 522	25 576
菲律宾	Philippines	13 447	15 741	15 570	21 063	25 515	12 662	13 213	14 576	17 090	17 565	1 933	171
新加坡	Singapore	89 400	95 785	92 840	87 256	80 735	86 402	85 421	89 383	80 054	79 073	4 263	5 089
泰　国	Thailand	40 338	35 623	37 507	38 065	24 843	30 361	30 474	36 439	37 789	36 435	1 185	306
印度尼西亚	Indonesia	70 727	94 257	89 292	70 707	39 286	31 369	39 497	46 316	42 707	46 171	1 227	292
英　国	The United Kingdom	47 749	44 486	45 172	44 752	45 530	43 303	46 974	55 415	48 835	56 475	5 870	3 528
法　国	France	40 338	40 607	38 493	43 265	43 150	42 039	43 523	43 618	38 931	37 096	2 402	1 257
德　国	Germany	41 430	41 993	40 197	40 401	42 133	41 775	41 748	46 856	40 251	46 069	7 533	4 253
意大利	Italy	22 298	23 238	20 958	21 269	21 357	22 994	24 270	24 530	21 704	24 093	770	979
美　国	The United States	246 880	242 128	252 622	248 450	261 736	305 909	302 872	311 866	254 889	247 239	22 355	15 273
加拿大	Canada	39 184	38 306	36 651	35 841	35 398	39 517	43 332	41 221	39 935	40 091	4 362	3 665
澳大利亚	Australia	46 871	46 667	42 795	41 405	36 606	38 117	40 202	41 596	40 150	43 089	2 821	1 954
新西兰	New Zealand	6 291	6 128	6 271	6 864	6 198	6 934	7 070	9 496	9 407	8 860	1 869	665
俄罗斯	Russia	17 449	20 772	19 379	20 168	17 558	14 426	15 895	21 550	21 051	24 631	2 649	951
韩　国	Korea Rep.	142 505	141 365	141 952	173 537	160 301	169 690	218 886	225 018	221 274	186 550	9 348	12 757
马来西亚	Malaysia	105 664	112 675	106 889	95 042	78 475	73 094	78 121	85 345	86 643	81 160	4 039	2 009
其他	Others	333 204	345 979	332 900	363 476	390 030	391 492	377 438	410 054	420 540	433 644	57 042	60 113

13-17 旅游部门主要财务指标（2021年）

MAIN FINANCIAL INDICATORS OF TOURISM（2021）

单位：万元 （10 000 yuan）

指 标	Item	合 计 Total	宾馆、酒店 Hotels	旅行社 Travel Agencies	景 点 Scenic Spots
营业收入	Business Revenue	1 955 497	586 406	1 054 202	314 889
营业成本	Business Cost	1 317 037	237 272	924 444	155 320
营业费用	Business Expenses	110 218	68 140	28 411	13 667
营业税金及附加	Business Taxes and Extra Charges	17 523	6 299	1 510	9 714
经营利润(主营业务利润)	Operating Profits(Main Business Profits)	454 032	218 007	99 837	136 188
管理费用	Management Expenses	435 224	184 732	177 983	72 509
财务费用	Financial Expenses	51 894	20 439	8 869	22 586
营业利润	Business Profits	−258 847	−57 685	−228 694	27 532
投资收益	Earnings of Investment	12 241	966	1 225	10 050
营业外收支差	Non−operating Net Revenue or Expenditure	73 738	5 388	63 159	5 191
利润总额	Total Profits	−183 017	−52 129	−163 808	32 919
年末固定资产原值	Original Value of Fixed Assets(year−end)	2 212 356	1 170 061	27 646	1 014 649
年末固定资产净值	Net Value of Fixed Assets (year−end)	974 668	511 598	11 546	451 524
年末职工人数(人)	Number of Staff and Workers (year−end)(person)	30 655	10 363	10 665	9 627

13-18　星级酒店基本情况（2021年末）

STATISTICS ON STAR-RATED HOTELS AT YEAR-END（2021）

单位：家　　　　　　　　　　　　　　　　　　　　　　　　　　　　　　　　　　　（unit）

地　区	District	合　计 Total	五　星 Five-star	四　星 Four-star	三　星 Three-star	二　星 Two-star	一　星 One-star	出租率（%） Room Occupancy Rate	平均房价（元/间天） Average Price (yuan/pre room)
合计	**Total**	**62**	**21**	**16**	**22**	**3**		**51.84**	**535.53**
福田区	Futian	11	5	1	4	1		56.28	601.03
罗湖区	Luohu	24	5	3	14	2		42.96	355.34
盐田区	Yantian	3	1	2				54.12	1004.7
南山区	Nanshan	8	2	4	2			53.52	485.68
宝安区	Baoan	8	2	4	2			45.45	321.92
龙岗区	Longgang	5	4	1				43.39	446.79
龙华区	Longhua	2	2					50.04	689.65
坪山区	Pingshan	1		1				68.99	379.13
光明区	Guangming								
大鹏新区	Dapeng								

注：本表数据来源为深圳市文化广电旅游体育局。
Note: Data in this table are provided by Culture, Radio, Television, Tourism and Sports Bureau of ShenZhen Municipality.

13-19 星级酒店客房基本情况（2021年末）

STATISTICS OF STAR-RATED HOTELS AT YEAR-END（2021）

单位：间 （Unit）

地区	District	合计 Total	五星 Five-star	四星 Four-star	三星 Three-star	二星 Two-star	一星 One-star
合计	**Total**	**16 930**	**8 665**	**4 053**	**3 879**	**333**	
福田区	Futian	3 291	2 220	262	701	108	
罗湖区	Luohu	6 157	2 141	1 046	2 745	225	
盐田区	Yantian	889	432	457			
南山区	Nanshan	2 518	908	1 350	260		
宝安区	Baoan	1 553	768	612	173		
龙岗区	Longgang	1 788	1 462	326			
龙华区	Longhua	453	453				
坪山区	Pingshan	281	281				
光明区	Guangming						
大鹏新区	Dapeng						

注：本表数据来源为深圳市文化广电旅游体育局。
Note: Data in this table are provided by Culture, Radio, Television, Tourism and Sports Bureau of ShenZhen Municipality.

13-20 星级酒店床位基本情况（2021年末）

FACILITIES OF STAR-RATED HOTELS AT YEAR-END（2021）

单位：张 （Unit）

地区	District	合计 Total	五星 Five-star	四星 Four-star	三星 Three-star	二星 Two-star	一星 One-star
合计	**Total**	**24 418**	**12 328**	**5 837**	**5 666**	**587**	
福田区	Futian	4 551	2 978	355	1 060	158	
罗湖区	luofu	8 926	2 946	1 571	3 980	429	
盐田区	Yantian	1 393	659	734			
南山区	Nanshan	3 880	1 643	1 836	401		
宝安区	Baoan	2 090	1 018	847	225		
龙岗区	Longgang	2 514	2 020	494			
龙华区	Longhua	663	663				
坪山区	Pingshan	401	401				
光明区	Guangming						
大鹏新区	Dapeng						

注：本表数据来源为深圳市文化广电旅游体育局。
Note: Data in this table are provided by Culture, Radio, Television, Tourism and Sports Bureau of ShenZhen Municipality.

主要统计指标解释

进出口总额 指实际进出我国国境的货物（包括贸易和非贸易）的价值总和。主要包括对外贸易实际进出口货物，来料加工装配、补偿贸易、进料加工进出口货物，国家间及国际组织无偿援助物资和赠送品，华侨、港澳台同胞和外籍华人捐赠品，租赁期满归承租人所有的租赁货物，边境地方贸易及边境地区小额贸易进出口货物（边民互市贸易除外），中外合资、合作经营企业、外商独资经营企业进出口货物和公用物品，到、离岸价格在规定限额以上的进出口货样和广告品（无商业价值、无使用价值和免费提供出口的除外），从保税仓库提取在中国境内销售的进出口货物，以及其他进出口货物。进出口总额反映一个国家在对外经济贸易方面实际进出口货物的总规模。

利用外资 指我国政府、部门、企业和其他经济组织通过对外借款、吸收外商直接投资以及向境外发行债券、股票等方式筹借的境外资金。

外资的形式可以是现汇、实物、工业产权或专有技术等有形资本和无形资本。

我国自有外汇和中国银行自有外汇资金发放的外汇贷款购置国外设备和材料，华侨、港澳同胞的捐赠，联合国或其他国际组织的无偿赠送资金、无偿援建的项目均不属于外资范围 。

利用外资的方式有：对外借款，外国（或港澳地区）企业和经济组织或个人在我国境内开办独资企业、与我国境内的企业或组织共同开办合资企业、合作经营(企业)项目或合作开发资源，以及补偿贸易、国际租赁等。

对外借款 指我国政府、部门、企业和中国银行等单位向国际金融组织 、外国政府、企业等借用的长期、短期资本，到期需还本付息。借款按不同渠道划分为：①外国政府贷款； ②国际金融组织贷款；③外国银行贷款；④出口信贷；⑤发行债券。

外商直接投资 指外国企业和经济组织或个人（包括华侨、港澳同胞以及我在境外注册的企业）按我国有关政策、法规，在我国境内开办外商独资企业，与我国境内的企业或经济组织共同举办中外合资企业、合作经营企业或合作开发资源的投资，以及外商从企业得到收益的再投资。2002年起“外商直接投资”统计口径调整，“企业投资总额内的境外借款”只包括“企业投资总额内直接投资者对企业的贷款,即外方股东贷款”，不包括“直接投资者提供担保的第三方对企业的贷款即外方股东担保贷款”和“其他方式的企业境外借款即其他境外借款。

旅游人数 (1)入境旅游人数：指报告期内来我国观光、度假、探亲访友、就医疗养、购物、参加会议或从事经济、文化、体育、宗教活动的外国人、港澳台同胞等入境游客。统计时，外国人、港澳台同胞每入境一次统计1人次。

(2)出境人数：指中国（大陆）居民因公或因私出境前往其他国家、中国香港特别行政区、澳门特别行政区和台湾省观光、度假、探亲访友、就医疗养、购物、参加会议或从事经济、文化、体育、宗教活动的人数，即出境游客。统计时，按每出境一次统计1人次。

(3)国内旅游人数：指在报告期内在中国（大陆）观光游览、度假、探亲访友、就医疗养、购物、参加会议或从事经济、文化、体育、宗教活动的中国（大陆）居民人数，其出游的目的不是通过所从事的活动谋取报酬。统计时，国内游客按每出游一次统计1人次。

国际旅游(外汇)收入 指入境游客在中国（大陆）境内旅行、游览过程中用于交通、参观游览、住宿、餐饮、购物、娱乐等全部花费。

Explanatory Notes on Main Statistical Indicators

Total Imports and Exports refer to the real value of commodities (both trade and non–trade) imported and exported across the border of China. They mainly include actual imports and exports through foreign trade, imported and exported goods in the categories of processing and assembling of customer's materials, compensation trade, and processing of import materials, supplies and gifts as aid given gratis between governments and by international organizations, donations by overseas Chinese, compatriots in Hong Kong, Macao and Taiwan and Chinese with foreign citizenship, leasing commodities owned by tenants at the expiration of leasing period, local trade and Small–amount trade in border areas (excluding exchange trade between border residents), imported and exported commodities and articles for public use of Sino–foreign joint ventures, cooperative enterprises and ventures with sole foreign investment. Also included are import or export of samples and advertising articles above designated CIF or FOB prices (excluding goods of no trading or use value and free commodities for export), import and export goods sold in China from bonded warehouse and other import and export goods. Total imports and exports is an indicator of the total size of actual imported and exported goods of a country in foreign trade and economic cooperation.

Utilization of Foreign Capital refers to funds financed from abroad by means of loans, foreign direct investment, and issuing bonds and shares undertaken by the Chinese governments at all levels, various departments, enterprises and other economic units.

The types of foreign capital include tangible capital and intangible capital, such as remittance, goods, industrial property rights and know–how.

Those excluded are the purchases of foreign equipment and materials with loans from state–owned foreign exchange and foreign exchange owned by the Bank of China, donations by overseas Chinese, compatriots in Hong Kong and Macao, and funds and projects as aid given gratis by the United Nations and other international organizations.

Utilization of foreign capital takes the forms of loans from abroad, sole investment in enterprises in the boundary of China by foreign (or Hong Kong and Macao) enterprises, economic organizations or individuals, investment in Sino–foreign joint ventures, cooperative projects (enterprises), cooperative exploitation of natural resources with enterprises or organizations in China, compensation trade and international lease, etc.

Foreign Loans refer to long–term capital and short–term capital borrowed from international financial organizations, foreign governments and enterprises by the Chinese governments at all levels, by various departments, enterprises and the Bank of China, etc, and repaid with interest at maturity. Foreign loans can be divided according to channels into: ①loans from foreign governments; ②loans from international financial organizations; ③loans from foreign banks; ④export credit; ⑤bonds and shares issued abroad.

Foreign Direct Investment refers to investment inside China by foreign enterprises and economic organizations or individuals (including overseas Chinese, compatriots from Hong Kong and Macao, and Chinese enterprises registered abroad), following the relevant policies and laws of China, for the establishment of foreign sole investment enterprises, Sino–foreign joint ventures and cooperative enterprises or for cooperative exploitation of resources with enterprises or economic organizations in China, and re–investment of foreign entrepreneurs with the profits gained from such enterprises and corporations. Starting from 2002, the foreign direct investment statistic has been adjusted such that the overseas borrowings in total investment of enterprises only include loans to the enterprises by direct investors or, in other terms, loans by foreign shareholders, but exclude loans from the third party guaranteed by the direct investors or, in other terms, loans guaranteed by the foreign shareholders, and overseas borrowings by enterprises in other manners or, in other terms, other overseas borrowings.

Number of Tourists (1) Visitor arrivals refer to the number of foreigners, Chinese compatriots from Hong Kong, Macao and Taiwan Chinese (mainland) who come to China (mainland) for sight–seeing, vacation, visiting relatives, medical treatment, shopping, attending conference, or to engage in economic, cultural, sports and religious activities. In compiling statistics, each time of entering China is counted as one person–time.

(2) Number of Chinese residents going abroad refer to the number of Chinese (mainland) residents going to other countries, Hong Kong Special Administrative region, Macao Special Administrative region and Taiwan for on official or private purposes, for sight–seeing, vacation, visiting relatives, medical treatment, shopping, attending conference, or to engage in economic, cultural, sports and religious activities. In compiling statistics, each time of leaving is counted as one person–time.

(3) Number of domestic tourists refers to the number of Chinese (mainland) residents who travel within China (mainland) for sight–seeing, vacation, visiting relatives, medical treatment, shopping, attending conference, or to engage in economic, cultural, sports and religious activities. In compiling statistics, each time of travelling is counted as one person–time.

Foreign Exchange Earnings from International Tourism refer to the total expenditure of foreigners, overseas Chinese, Chinese compatriots from Hong Kong, Macao and Taiwan during their stay in the mainland of China on transportation, sighting, accommodation, food, shopping and entertainment.

14 第十四部分 劳动工资

LABOR FORCE AND WAGE

CHAPTER

14-1 城镇单位在岗职工人数、工资总额及平均工资

NUMBER, TOTAL WAGE BILL AND AVERAGE WAGE OF FULLY EMPLOYED STAFF AND WORKERS IN URBAN UNITS

年 份 Year	年末在岗职工人数(万人) Number of Fully Employed Staff and Workers (Year-end) (10 000 persons)	# 国有单位 State-owned Units	工资总额(万元) Total Wage Bill (10 000 yuan)	# 国有单位 State-owned Units	年平均工资(元) Average Wage (yuan)	# 国有单位 State-owned Units
1979	4.02	3.37	2 952	2 505	769	785
1980	4.86	4.05	4366	3691	979	990
1981	5.31	4.51	5 930	5 046	1 132	1 119
1982	8.28	7.00	10 000	8 477	1 366	1 358
1983	12.57	10.10	16 142	12 976	1 545	1 571
1984	18.33	14.14	35 306	28 642	2 179	2 257
1985	22.66	16.84	51 912	38 465	2 418	2 427
1986	25.88	18.97	59 773	44 324	2 452	2 476
1987	32.29	22.04	80 013	54 333	2 677	2 637
1988	41.74	28.04	134 218	87 607	3 388	3 269
1989	48.24	30.34	179 042	114 650	3 858	3 917
1990	55.41	33.85	227 392	140 935	4 304	4 339
1991	64.89	38.77	307 950	175 169	5 016	4 908
1992	71.10	38.85	403 790	226 079	5 931	6 026
1993	78.11	41.45	619 647	356 949	8 145	8 854
1994	82.29	38.71	852 332	445 286	10 572	11 632
1995	88.75	40.17	1 076 083	545 013	12 276	13 709
1996	89.13	41.07	1 284 558	679 349	14 507	16 625
1997	91.18	40.92	1 479 515	744 781	16 531	18 515
1998	91.93	33.75	1 674 771	707 004	18 381	21 161
1999	92.52	32.94	1 890 338	775 020	20 714	23 602
2000	93.36	31.00	2 113 366	805 421	23 039	26 193
2001	94.88	31.31	2 441 713	968 330	25 941	31 187
2002	101.76	29.62	2 832 799	1 035 092	28 218	35 501
2003	108.20	30.10	3 259 896	1 213 966	30 611	40 893
2004	135.88	31.94	4 192 834	1 422 271	31 928	45 212
2005	165.38	35.85	5 167 453	1 640 306	32 476	47 762
2006	184.25	39.85	6 296 568	1 919 979	35 107	49 312
2007	193.04	40.03	7 335 805	2 293 671	38 798	58 347
2008	198.35	41.31	8 674 142	2 663 083	43 454	65 431
2009	220.16	42.89	10 029 764	3 051 566	46 723	72 278
2010	251.09	46.86	12 338 778	3 603 655	50 456	79 734
2011	261.43	48.92	14 384 948	4 117 941	55 143	85 218
2012	277.90	49.58	16 421 777	4 453 377	59 010	90 492
2013	445.84	48.60	28 135 080	4 310 481	62 619	90 393
2014	448.93	42.91	32 879 754	4 602 261	72 651	108 192
2015	447.41	43.18	36 627 244	5 003 862	81 034	117 432
2016	442.55	41.84	39 940 453	5 105 545	89 757	124 927
2017	447.32	41.92	44 697 603	6 232 786	100 173	150 444
2018	466.91	39.02	52 364 784	6 682 348	111 709	172 466
2019	475.04	46.12	61 109 638	9 469 789	127 757	207 654
2020	488.66	56.83	68 054 574	11 974 834	139 436	213 250
2021	499.17	60.61	77 523 407	14 020 330	155 563	235 268

注：根据国家劳动统计报表制度的统一规定，从2013年年报起，原属于乡镇企业且符合城镇非私营单位条件的“四上”企业纳入城镇非私营单位就业人员及工资统计范围。后同。

Note: According to the provision of national labor statistics reporting form system, since the year reporting of 2013, the scope of statistics on employed persons in urban corporate unit excluding private units and labor wage covers four above designated size enterprises (refers to industrial enterprises above designated size, construction enterprises by qualification criteria, enterprises above designated size of wholesale trade, retail trade, hotels and catering services), which originally has been included township enterprises and in accordance with the condition of urban corporate unit excluding private units. The same applies to the following tables.

14-2 城镇单位在岗职工工资总额指数和年平均工资指数

RELATED INDICES OF TOTAL WAGE BILL AND AVERAGE WAGE OF FULLY EMPLOYED STAFF AND WORKERS IN URBAN UNITS

以上年为100 (preceding year=100)

年 份 Year	工资总额指数 Related Indices Bill of Total Wage Bill	# 国有单位 State-owned Units	在岗职工年平均货币工资指数 Related Indices of Average Money Wage	# 国有单位 State-owned Units	在岗职工年平均实际工资指数 Related Indices of Average Real Wage	# 国有单位 State-owned Units
1980	147.9	147.3	127.3	126.1	121.2	120.1
1981	135.8	136.7	115.6	113.0	104.4	102.1
1982	168.6	168.0	120.8	121.4	112.1	112.6
1983	161.4	153.1	113.1	115.7	110.9	113.4
1984	218.7	220.7	141.0	143.7	132.0	134.6
1985	147.0	134.3	111.0	107.5	90.6	87.8
1986	115.1	115.2	101.4	102.0	95.6	96.1
1987	133.9	122.6	109.2	106.5	95.5	93.1
1988	167.7	161.2	126.6	124.0	98.8	96.8
1989	133.4	130.9	113.9	119.8	90.8	95.5
1990	127.0	122.9	111.6	110.8	109.8	109.1
1991	135.4	124.3	116.5	113.1	113.1	109.8
1992	131.1	129.1	118.2	122.8	110.2	114.4
1993	153.5	157.9	137.3	146.9	114.3	122.3
1994	137.6	124.7	129.8	131.4	109.8	111.2
1995	126.3	122.4	116.1	117.9	103.3	104.9
1996	119.4	124.6	118.2	121.3	109.7	112.6
1997	115.2	109.6	114.0	111.4	110.3	107.8
1998	113.8	95.7	110.2	112.3	111.0	113.1
1999	112.9	109.6	112.7	111.5	113.5	112.3
2000	111.8	103.9	111.2	111.0	108.2	108.0
2001	115.5	120.2	112.6	119.1	115.1	121.8
2002	116.0	106.9	108.8	113.8	107.5	112.5
2003	115.1	117.3	108.5	115.2	107.7	114.4
2004	120.7	114.1	105.6	110.6	104.2	109.1
2005	123.2	115.3	101.7	105.6	100.1	104.0
2006	121.9	117.1	108.1	103.2	105.8	101.0
2007	116.5	119.5	110.5	118.3	106.2	113.6
2008	118.2	116.1	112.0	112.1	105.8	105.9
2009	115.6	114.6	107.5	110.5	108.9	111.9
2010	123.0	118.1	108.0	110.3	104.3	106.6
2011	116.6	114.3	109.3	106.9	103.7	101.4
2012	114.2	108.1	107.0	106.2	104.1	103.3
2013	171.3	96.8	106.1	99.9	103.3	97.3
2014	116.9	106.8	116.0	119.7	113.7	117.4
2015	111.4	108.7	111.5	108.5	109.1	106.2
2016	109.0	102.0	110.8	106.4	108.2	103.9
2017	111.9	122.1	111.6	120.4	110.1	118.8
2018	117.2	107.2	111.5	114.6	108.5	111.5
2019	116.7	141.7	114.4	120.4	110.6	116.4
2020	111.4	126.5	109.1	102.7	106.6	100.4
2021	113.9	117.1	111.6	110.3	110.6	109.3

14-3 城镇单位在岗职工工资总额指数和年平均工资指数

RELATED INDICES OF TOTAL WAGE BILL AND AVERAGE WAGE OF FULLY EMPLOYED STAFF AND WORKERS IN URBAN UNITS

以1979年为100 （1979=100）

年 份 Year	工资总额指数 Related Indices Bill of Total Wage Bill	# 国有单位 State-owned Units	在岗职工年平均货币工资指数 Related Indices of Average Money Wage	# 国有单位 State-owned Units	在岗职工年平均实际工资指数 Related Indices of Average Real Wage	# 国有单位 State-owned Units
1980	147.9	147.3	127.3	126.1	121.2	120.1
1981	200.9	201.4	147.2	142.5	126.5	122.6
1982	338.8	338.4	177.6	173.0	141.8	138.0
1983	546.8	518.0	200.9	200.1	157.3	156.5
1984	1 196.0	1 143.4	283.4	287.5	207.6	210.6
1985	1 758.5	1 535.5	314.4	309.2	188.1	184.9
1986	2 024.8	1 769.4	318.9	315.4	179.8	177.7
1987	2 710.5	2 169.0	348.1	335.9	171.7	165.4
1988	4 546.7	3 497.3	440.6	416.4	169.6	160.1
1989	6 065.1	4 576.8	501.7	499.0	154.0	152.9
1990	7 703.0	5 626.1	559.7	552.7	169.1	166.8
1991	10 431.9	6 992.8	652.3	625.2	191.3	183.1
1992	13 678.5	9 025.1	771.3	767.6	210.8	209.5
1993	20 990.8	14 249.5	1 059.2	1 127.9	240.9	256.2
1994	28 873.0	17 775.9	1 374.8	1 481.8	264.5	284.9
1995	36 452.7	21 757.0	1 596.4	1 746.4	273.2	298.9
1996	43 514.8	27 119.7	1 886.5	2 117.8	299.7	336.6
1997	50 119.1	29 731.8	2 149.7	2 358.6	330.6	362.9
1998	57 035.5	28 453.3	2 369.0	2 648.7	367.0	410.4
1999	64 393.1	31 184.8	2 669.9	2 953.3	416.5	460.9
2000	71 991.5	32 401.0	2 968.9	3 278.2	450.7	497.8
2001	83 150.2	38 946.0	3 343.0	3 904.3	518.8	606.3
2002	96 454.2	41 633.3	3 637.2	4 443.1	557.7	682.1
2003	111 018.8	48 835.9	3 946.4	5 118.5	600.6	780.3
2004	133 999.7	55 721.8	4 167.4	5 661.1	625.8	851.3
2005	165 087.6	64 247.2	4 238.2	5 978.1	626.4	885.4
2006	201 241.8	75 233.5	4 581.5	6 169.4	662.7	894.3
2007	234 446.7	89 904.0	5 062.6	7 298.4	703.8	1 015.9
2008	277 116.0	104 378.5	5 670.1	8 181.5	743.9	1 075.8
2009	320 346.1	119 617.8	6 095.4	9 040.6	810.1	1 203.8
2010	394 025.7	141 268.6	6 583.0	9 971.8	844.9	1 283.3
2011	459 039.9	161 470.0	7 195.2	10 659.9	876.2	1 301.3
2012	524 223.6	174 549.1	7 698.9	11 320.8	912.1	1 344.2
2013	897 995.0	168 963.5	8 168.5	11 309.5	942.2	1 307.9
2014	1 049 756.2	180 453.0	9 475.5	13 537.5	1 071.3	1 535.5
2015	1 169 428.4	196 152.4	10 565.2	14 688.2	1 168.8	1 630.7
2016	1 274 677.0	200 075.4	11 706.2	15 628.2	1 264.6	1 694.3
2017	1 426 363.6	244 292.1	13 064.1	18 816.4	1 392.3	2 012.8
2018	1 671 698.1	261 881.1	14 566.5	21 563.6	1 510.6	2 244.3
2019	1 950 871.7	371 085.5	16 664.1	25 962.6	1 670.7	2 612.4
2020	2 173 271.1	469 423.2	18 180.5	26 663.6	1 781.0	2 622.8
2021	2 475 355.8	549 694.6	20 289.4	29 410.0	1 969.8	2 866.7
年平均增长率(%) Average Annual Growth Rate(%)	**27.2**	**22.8**	**13.5**	**14.5**	**7.4**	**8.3**

14-4 城镇单位在岗职工工资总额和年平均工资

TOTAL WAGE BILL AND AVERAGE WAGE OF FULLY EMPLOYED STAFF AND WORKERS IN URBAN UNITS

年份 Year	工资总额(亿元) Total Wage Bill (100 million yuan)				年平均工资(元) Average Wage (yuan)			
	合计 Total	国有单位 State-owned Units	城镇集体单位 Urban Collective-owned Units	其他单位 Units of Other Types of Ownership	合计 Total	国有单位 State-owned Units	城镇集体单位 Urban Collective-owned Units	其他单位 Units of Other Types of Ownership
1998	167.48	70.70	4.72	92.05	18 381	21 161	11 260	17 204
1999	189.03	77.50	5.38	106.15	20 714	23 602	13 228	19 530
2000	211.34	80.54	4.85	125.94	23 039	26 193	13 234	21 974
2001	244.17	96.83	5.00	142.34	25 941	31 187	13 427	23 981
2002	283.28	103.51	4.32	175.45	28 218	35 501	16 969	25 544
2003	325.99	121.40	4.02	200.58	30 611	40 893	17 061	26 940
2004	419.28	142.23	3.29	273.77	31 928	45 212	20 256	27 868
2005	516.75	164.03	4.72	348.00	32 476	47 762	17 112	28 521
2006	629.66	192.00	3.20	434.46	35 107	49 312	20 591	31 286
2007	733.58	229.37	3.26	500.95	38 798	58 347	21 793	33 787
2008	867.41	266.31	3.43	597.68	43 454	65 431	25 291	37 933
2009	1 002.98	305.16	3.11	694.71	46 723	72 278	24 715	40 582
2010	1 233.88	360.37	4.15	869.36	50 456	79 734	27 801	43 939
2011	1 438.49	411.79	4.78	1 021.92	55 143	85 218	31 830	48 422
2012	1 642.18	445.34	5.59	1 191.25	59 010	90 492	34 444	52 374
2013	2 813.51	431.05	12.60	2 369.86	62 619	90 393	30 207	59 627
2014	3 287.98	460.23	14.64	2 813.11	72 651	108 192	39 993	69 224
2015	3 662.72	500.39	11.14	3 151.20	81 034	117 432	45 546	77 436
2016	3 994.05	510.55	13.35	3 470.14	89 757	124 927	56 682	86 374
2017	4 469.76	623.28	21.20	3 825.28	100 173	150 444	71 380	95 203
2018	5 236.48	668.23	8.99	4 559.25	111 709	172 466	67 768	106 353
2019	6 110.96	946.98	5.51	5 158.48	127 757	207 654	75 138	119 411
2020	6 805.46	1 197.48	17.72	5 590.25	139 436	213 250	184 999	129 716
2021	7 752.34	1 402.03	6.06	6 344.24	155 563	235 268	91 297	144 818

注：从2000年起统计口径为在岗职工。
Note: Since 2000, statistical coverage refers to the fully employed staff and workers.

14-5 分经济类型和行业城镇单位就业人员和在岗职工人数（2021年末）

NUMBER OF EMPLOYED PERSONS AND FULLY EMPLOYED STAFF AND WORKERS BY OWNERSHIP AND SECTOR IN URBAN UNITS AT YEAR-END （2021）

项 目	Item	单位就业人员年末人数（人）Number of Employed Persons (Year-end) (Person)	#女性 Female	#在岗职工年末人数 Number of Fully Employed Staff and Workers (Year-end)
总 计	**Total**	**5 135 959**	**1 992 924**	**4 991 737**
按国民经济行业分	Grouped by Sector			
1.农、林、牧、渔业	Agriculture, Forestry, Animal Husbandry and Fishery	348	61	343
2.采矿业	Mining	3 877	540	3 870
3.制造业	Manufacturing	2 079 311	784 051	2 069 588
4.电力、热力、燃气及水生产和供应业	Production and Distribution of Electricity,Heat,Gas and Water	43 353	9 208	43 280
5.建筑业	Construction	287 294	36 141	255 242
6.批发和零售业	Wholesale and Retail Trades	305 248	154 803	295 814
7.交通运输、仓储和邮政业	Transportation, Storage and Post Services	205 733	59 487	203 514
8.住宿和餐饮业	Hotels and Catering Services	126 834	67 717	114 373
9.信息传输、软件和信息技术服务业	Information Transmission,Computer Services and Software	398 929	148 397	393 351
10.金融业	Financial Intermediation	234 621	117 508	201 774
11.房地产业	Real Estate	305 673	103 682	303 767
12.租赁和商务服务业	Leasing and Business Services	324 212	104 345	310 819
13.科学研究和技术服务业	Scientific Research and Technical Services	151 167	53 301	149 195
14.水利、环境和公共设施管理业	Management of Water Conservancy,Environment and Public Facilities	40 180	14 298	36 645
15.居民服务、修理和其他服务业	Services to Households and Other Services	40 808	22 286	39 223
16.教育	Education	194 533	135 398	186 112
17.卫生和社会工作	Health and Social Work	134 481	93 348	131 982
18.文化、体育和娱乐业	Culture,sports and Entertainment	30 518	15 532	27 976
19.公共管理、社会保障和社会组织	Public Management,Securities and Social Organization	228 839	72 821	224 869

14-6 分经济类型和行业城镇单位就业人员工资总额、平均人数和年平均工资（2021年）
TOTAL WAGE BILL, AVERAGE NUMBER AND AVERAGE WAGE OF EMPLOYED PERSONS BY OWNERSHIP AND SECTOR IN URBAN UNITS（2021）

项 目	Item	单位就业人员工资总额（万元） Total Wage Bill of Employed Persons (10000 yuan)	单位就业人员年平均人数(人) Average Number of Employed Persons(Person)	年平均工资（元） Average Wage (yuan)
总 计	**Total**	**78 878 982**	**5 139 673**	**153 471**
按国民经济行业分	Grouped by Sector			
1.农、林、牧、渔业	Agriculture, Forestry, Animal Husbandry and Fishery	5 109	391	130 616
2.采矿业	Mining	129 459	3 860	335 425
3.制造业	Manufacturing	25 051 393	2 097 979	119 407
4.电力、热力、燃气及水生产和供应业	Production and Distribution of Electricity,Heat,Gas and Water	1 282 471	43 608	294 094
5.建筑业	Construction	2 571 876	279 756	91 933
6.批发和零售业	Wholesale and Retail Trades	3 839 957	307 380	124 926
7.交通运输、仓储和邮政业	Transportation, Storage and Post Services	2 914 257	211 183	137 997
8.住宿和餐饮业	Hotels and Catering Services	785 248	126 364	62 142
9.信息传输、软件和信息技术服务业	Information Transmission,Computer Services and Software	9 659 090	392 691	245 972
10.金融业	Financial Intermediation	8 498 157	234 767	361 982
11.房地产业	Real Estate	3 207 081	304 326	105 383
12.租赁和商务服务业	Leasing and Business Services	3 808 422	321 832	118 336
13.科学研究和技术服务业	Scientific Research and Technical Services	2 923 303	150 012	194 871
14.水利、环境和公共设施管理业	Management of Water Conservancy,Environment and Public Facilities	406 211	40 774	99 624
15.居民服务、修理和其他服务业	Services to Households and Other Services	282 765	39 169	72 191
16.教育	Education	4 062 337	195 051	208 270
17.卫生和社会工作	Health and Social Work	3 694 136	131 753	280 384
18.文化、体育和娱乐业	Culture,sports and Entertainment	431 612	30 797	140 149
19.公共管理、社会保障和社会组织	Public Management,Securities and Social Organization	5 326 097	227 980	233 622

14-7 分经济类型和行业城镇单位在岗职工工资总额、平均人数和年平均工资（2021年）

TOTAL WAGE BILL，AVERAGE NUMBER AND AVERAGE WAGE OF FULLY EMPLOYED STAFF AND WORKERS BY OWNERSHIP AND SECTOR IN URBAN UNITS（2021）

项　目	Item	在岗职工工资总额(万元) Total Wage Bill of Fully Employed Staff and Workers (10000 yuan)	在岗职工年平均人数(人) Average Number of Fully Employed Staff and Workers (person)	年平均工资(元) Average Wage (yuan)
总　计	**Total**	**77 523 407**	**4 983 401**	**155 563**
按国民经济行业分	Grouped by Sector			
1.农、林、牧、渔业	Agriculture, Forestry, Animal Husbandry and Fishery	5 102	386	132 089
2.采矿业	Mining	129 403	3 853	335 880
3.制造业	Manufacturing	24 910 627	2 087 903	119 309
4.电力、热力、燃气及水生产和供应业	Production and Distribution of Electricity,Heat,Gas and Water	1 281 770	43 534	294 433
5.建筑业	Construction	2 314 723	242 918	95 288
6.批发和零售业	Wholesale and Retail Trades	3 776 467	298 642	126 455
7.交通运输、仓储和邮政业	Transportation, Storage and Post Services	2 885 284	208 170	138 602
8.住宿和餐饮业	Hotels and Catering Services	762 512	113 895	66 948
9.信息传输、软件和信息技术服务业	Information Transmission,Computer Services and Software	9 587 978	386 412	248 128
10.金融业	Financial Intermediation	8 129 222	197 257	412 112
11.房地产业	Real Estate	3 189 744	302 414	105 476
12.租赁和商务服务业	Leasing and Business Services	3 678 740	306 254	120 121
13.科学研究和技术服务业	Scientific Research and Technical Services	2 893 310	148 099	195 363
14.水利、环境和公共设施管理业	Management of Water Conservancy,Environment and Public Facilities	400 537	37 085	108 006
15.居民服务、修理和其他服务业	Services to Households and Other Services	276 158	37 796	73 065
16.教育	Education	3 940 196	186 924	210 791
17.卫生和社会工作	Health and Social Work	3 647 672	129 220	282 283
18.文化、体育和娱乐业	Culture,sports and Entertainment	425 653	28 300	150 405
19.公共管理、社会保障和社会组织	Public Management,Securities and Social Organization	5 288 312	224 339	235 728

主要统计指标解释

就业人员 指在16周岁及以上，从事一定社会劳动并取得劳动报酬或经营收入的人员。这一指标反映了一定时期内全部劳动力资源的实际利用情况，是研究我国基本国情国力的重要指标。

单位就业人员 指报告期最后一日在本单位工作，并取得工资或其他形式劳动报酬的人员数。该指标为时点指标，不包括最后一日当天及以前已经与单位解除劳动合同关系的人员，是在岗职工、劳务派遣人员及其他就业人员之和。就业人员不包括：

(1)离开本单位仍保留劳动关系，并定期领取生活费的人员；

(2)在本单位实习的各类在校学生；

(3)本单位因劳务外包而使用的人员，如建筑业整建制使用的人员。

在岗职工 指在本单位工作且与本单位签订劳动合同，并由单位支付各项工资和社会保险、住房公积金的人员，以及上述人员中由于学习、病伤、产假等原因暂未工作仍由单位支付工资的人员。在岗职工还包括：

(1)应订立劳动合同而未订立劳动合同人员；

(2)处于试用期人员；

(3)编制外招用的人员，如临时人员；

(4)派往外单位工作，但工资或其他形式劳动报酬仍由本单位发放的人员(如挂职锻炼、外派工作等情况)。

工资总额 本单位在报告期内(季度或年度)直接支付给本单位全部就业人员的劳动报酬总额。包括计时工资、计件工资、奖金、津贴和补贴、加班加点工资、特殊情况下支付的工资，是在岗职工工资总额、劳务派遣人员工资总额和其他就业人员工资总额之和。

工资总额是税前工资，包括单位从个人工资中直接为其代扣或代缴的个人所得税、社会保险基金和住房公积金等个人缴纳部分，以及房费、水电费等。

工资总额不论是计入成本的还是不计入成本的，不论是以货币形式支付的还是以实物形式支付的，均应列入工资总额的计算范围。

平均工资 是指在报告期内单位发放工资的人均水平。计算公式为：

$$\text{平均工资} = \frac{\text{报告期工资总额}}{\text{报告期平均人数}}$$

Explanatory Notes on Main Statistical Indicators

Employed Persons refer to persons aged 16 and over who are engaged in gainful employment and thus receive remuneration payment or earn business income. This indicator reflects the actual utilization of total labour force during a certain period of time and is often used for the research on China's economic situation and national power.

Persons Employed in Various Units refer to the total number of employees who work at his unit and obtain wages or other forms of payment at the end of the reporting period. This indicator is a kind of time point index and it equals to the sum of the number of employed staff and workers, labor dispatch personnel and other employed persons. Employed persons do not include:

1)persons who have left their working units while keeping their labour contract (employment relation) unchanged and receiving regular alimony;

2) all kinds of enrolled students who do internship in various units;

3)persons employed due to labor outsourcing,for example,persons employed in the organizational system of construction industry;

Fully Employed Staff and Workers refer to persons who signed labor contracts with working units and working units would pay wages, social insurance and housing funds for them. Persons who have their work posts but are temporarily absent from work for reasons of study or on sick, injury or maternal leave and still receive wages from their working units are also included. Employed staff and workers also include:

1)Persons who should have signed the labor contracts but not ;

2)Employees on probation;

3)Employees beyond the staffing quota, for example, temporary employees;

4)Employees who are sent to other working units but still obtain wages from their original units (situations like on–the–job placement, expatriated assignment, etc.)

Total Wage Bill refer to the total remuneration payment to all employed persons in various units during the reporting period (by quarter or by year), including hourly–paid wages, piece–rate wages, bonuses, allowance and subsidies, overtime wages and wages paid under special circumstances. It equals to the sum of total wages of employed staff and workers, dispatch labors and other employed persons.

Total wage bill is pre–tax wages, including the personal payment of personal income tax, social insurance and housing fund, room charges, utility bills, paid or withheld by employee's units.

Total wage bill, whether or not included in cost, whether or not paid in money or in kind, shall be included in the calculation of total wage.

Average Wage refers to the average per capita wage in money terms during a certain period of time for employed persons. It shows the general level of wage income of staff and worker during a certain period of time, one major indicator to reflect the wage level. It is calculated as follows:

$$\text{Average Wage} = \frac{\text{Total Wage Bill of Employed Persons at Reference Time}}{\text{Average Number of Persons Employed at Reference Time}}$$

15 第十五部分

科学技术

SCIENCE AND TECHNOLOGY

CHAPTER

15-1 高新技术产品进出口情况

TOTAL IMPORTS AND EXPORTS OF HIGH TECHNOLOGY INDUSTRY

单位：万美元 (USD 10 000)

年 份 Year	高新技术产品进出口总额 Total Imports and Exports of High Technology Industry	进 口 Imports	出 口 Exports
2001	2 335 757	1 198 796	1 136 961
2002	3 344 119	1 775 195	1 568 924
2003	5 158 146	2 643 846	2 514 300
2004	6 928 262	3 422 565	3 505 697
2005	8 868 653	4 159 435	4 709 218
2006	11 536 580	5 401 421	6 135 159
2007	13 463 800	6 209 300	7 254 500
2008	14 099 495	6 162 273	7 937 222
2009	15 345 520	6 843 409	8 502 111
2010	19 770 075	8 897 407	10 872 668
2011	22 416 000	9 936 000	12 480 000
2012	25 206 532	11 084 532	14 122 000
2013	30 784 842	13 884 285	16 900 557
2014	24 762 288	11 088 208	13 674 080
2015	25 424 844	11 391 071	14 033 773
2016	22 764 476	10 610 185	12 154 291
2017	22 775 570	11 355 379	11 420 191
2018	26 875 307	14 414 570	12 460 737
2019	24 986 736	13 270 494	11 716 242
2020	26 234 472	12 211 208	14 023 264
2021	33 004 245	17 569 093	15 435 152

15-2　科技活动及专利情况

SCIENCE AND TECHNOLOGY ACTIVITIES AND PATENTS

年　份 Year	研究与试验发展（R&D）人员折合全时当量（人年） Full-time Equivalent of R&D Professionals (person-year)	研究与试验发展（R&D）经费内部支出（万元） Internal R&D Expenditures (10000 yuan)	专利授权总量（件） Number of Patents Certified（unit）	#发明专利 Invention Patent	PCT国际专利申请量（件） Number of PCT International Patent Applications（unit）
2009	123 651	2 797 112	25 894	8 132	3 800
2010	157 429	3 333 102	34 951	9 615	5 584
2011	158 023	4 161 363	39 363	11 826	7 933
2012	192 584	4 883 738	48 662	13 068	8 024
2013	181 321	5 846 115	49 756	10 987	10 049
2014	163 689	6 400 662	53 687	12 040	11 639
2015	173 764	7 323 851	72 120	16 957	13 308
2016	176 040	8 429 693	75 043	17 666	19 648
2017	196 398	9 769 377	94 250	18 926	20 457
2018	298 412	11 635 386	140 202	21 309	18 081
2019	306 467	13 282 829	166 609	26 051	17 459
2020	345 780	15 108 088	222 412	31 138	20 209
2021	339 816	16 821 512	279 177	45 202	17 443

15-3 研究与试验发展（R&D）人员情况（2020-2021年）

项 目	Item	研究与试验发展（R&D）人员（人） R&D Personnel (person)		#研究人员 Research Personnel	
		2021	2020	2021	2020
合计	**Total**	**443 644**	**428 515**	**169 397**	**153 729**
按执行部门分	**By Executive Department**				
科研机构	Scientific Research Institutions	14 916	12 895	10 493	8 945
高等院校	Institutions of Higher Education	7 064	5 569	5 933	4 447
企业	Enterprises	420 383	408 897	152 426	139 775
#规模以上工业企业	Industrial Enterprises Above Designated Size	355 819	345 344	121 080	110 875
#规模以上非工业企业	Non-industrial Enterprises Above Designated Size	64 564	63 553	31 346	28 900
其他	Others	1 281	1 154	545	562
按行业门类分	**By Sector**				
#规模以上制造业	Manufacturing Above Designated Size	354 381	343 291	120 354	109 875
#规模以上信息传输、软件和信息技术服务业	Information Transmission, Software and Information Technology Services Above Designated Size	42 557	33 684	21 575	16 421

STATISTICS FOR RESEARCH AND EXPERIMENTAL DEVELOPMENT PERSONNEL （2020−2021）

研究与试验发展（R&D）人员折合全时当量（人年）Full−time Equivalent of R&D Professionals (person−year)		基础研究 Basic Research		应用研究 Applied Research		试验发展 Experimental Development	
2021	2020	2021	2020	2021	2020	2021	2020
339 816	**345 781**	**20 357**	**13 846**	**33 534**	**33 202**	**285 924**	**298 732**
10 971	8 950	4 824	3 726	4 139	3 702	2 008	1 522
3 651	2 838	2 277	1 354	1 338	1 369	36	114
324 338	333 193	13 220	8 631	27 741	27 996	283 376	296 566
275 641	282 893	12 801	6 487	25 465	25 655	237 375	250 751
48 697	50 300	419	2 144	2 276	2 341	46 001	45 815
856	800	36	135	316	135	504	530
274 532	281 457	12 801	6 487	25 462	25 638	236 269	249 332
32 682	27 212	135	1 990	1 455	1 367	31 092	23 855

15-4 研究与试验发展（R&D）经费情况（2020-2021年）

项 目	Item	研究与试验发展（R&D）经费内部支出（万元） Internal R&D Expenditures(10000 yuan)		按活动类型分 Group by Type of Activity 基础研究 Basic Research	
		2021	2020	2021	2020
合计	**Total**	**16 821 512**	**15 108 088**	**1 220 687**	**728 909**
按执行部门分	**By Executive Department**				
科研机构	Scientific Research Institutions	619 783	691 072	180 453	185 050
高等院校	Institutions of Higher Education	351 998	314 012	231 697	162 144
企业	Enterprises	15 824 369	14 087 686	798 376	378 674
#规模以上工业企业	Industrial Enterprises Above Designated Size	12 606 613	11 573 051	659 873	275 666
#规模以上非工业企业	Non-industrial Enterprises Above Designated Size	2 910 670	2 151 503	138 503	103 008
其他	Others	25 363	15 318	10 161	3 042
按行业门类分	**By Sector**				
#规模以上制造业	Manufacturing Above Designated Size	12 537 767	11 471 372	659 873	275 666
#规模以上信息传输、软件和信息技术服务业	Information Transmission, Software and Information Technology Services Above Designated Size	2 141 750	1 356 420	128 227	95 120

				按支出用途分 Group by Purpose of Payment			
应用研究 Applied Research		试验发展 Experimental Development		日常性支出 Routine Expenses		#人员劳务费 Labor Cost	
2021	2020	2021	2020	2021	2020	2021	2020
1 531 242	**1 589 940**	**14 069 583**	**12 789 238**	**16 095 144**	**13 703 619**	**9 448 839**	**7 934 505**
325 650	425 174	113 680	80 848	470 430	349 297	256 820	198 716
116 987	139 070	3 314	12 798	237 777	192 684	90 564	74 684
1 080 850	1 023 818	13 945 142	12 685 194	15 364 615	13 150 123	9 092 983	7 654 698
946 843	933 269	10 999 897	10 364 116	12 209 603	10 708 792	6 750 819	5 937 673
134 007	90 549	2 638 160	1 957 946	2 856 938	2 102 366	2 165 326	1 519 713
7 755	1 879	7 447	10 398	22 322	11 515	8 473	6 407
946 750	932 890	10 931 144	10 262 816	12 150 587	10 621 800	6 722 652	5 906 308
80 995	56 894	1 932 528	1 204 407	2 113 927	1 330 952	1 712 660	1 043 841

15-4 续表

项目	Item	按支出用途分 Group by Purpose of Payment			
		资产性支出 Expenditures for Assets		#仪器和设备 Instruments and Equipment	
		2021	2020	2021	2020
合计	**Total**	**726 369**	**1 404 469**	**660 440**	**1 318 313**
按执行部门分	**By Executive Department**				
科研机构	Scientific Research Institutions	149 353	341 775	123 494	333 618
高等院校	Institutions of Higher Education	114 221	121 328	89 746	77 278
企业	Enterprises	459 753	937 563	444 629	904 001
#规模以上工业企业	Industrial Enterprises Above Designated Size	397 010	864 259	384 465	833 253
#规模以上非工业企业	Non-industrial Enterprises Above Designated Size	53 732	49 137	51 448	47 446
其他	Others	3 041	3 803	2 572	3 417
按行业门类分	**By Sector**				
#规模以上制造业	Manufacturing Above Designated Size	387 180	849 572	375 503	818 857
#规模以上信息传输、软件和信息技术服务业	Information Transmission, Software and Information Technology Services Above Designated Size	27 824	25 468	27 149	24 046

CONTINUED

按资金来源分 Group by Fund Source							
政府资金 Governmental Funds		企业资金 Enterprise Funds		境外资金 Foreign Funds		其他资金 Others	
2021	2020	2021	2020	2021	2020	2021	2020
1 352 369	**1 341 671**	**15 358 699**	**13 699 671**	**26 290**	**17 945**	**84 154**	**48 801**
497 509	618 293	52 911	32 449	206		69 157	40 331
281 361	243 056	57 324	66 318	86	280	13 228	4 358
561 990	473 261	15 234 611	13 592 648	25 998	17 665	1 770	4 112
477 378	388 516	12 123 524	11 178 397	4 864	2 978	847	3 160
84 612	84 745	2 804 002	2 051 119	21 134	14 687	922	952
11 510	7 062	13 853	8 256				
474 420	386 500	12 057 636	11 079 266	4 864	2 447	847	3 160
33 051	35 558	2 091 129	1 313 299	16 679	6 709	892	854

15-5 规模以上工业企业研究与试验发展（R&D）及相关活动情况（2021年）

项 目	Item	有研究与试验发展（R&D）活动企业数（个） Enterprises with R&D Activities (unit)	研究与试验发展（R&D）人员（人） R&D Personnel (person)	研究与试验发展（R&D）人员折合全时当量（人年） Full-time Equivalent of R&D Personnel (person-year)	研究与试验发展（R&D）经费内部支出（万元） Internal R&D Expenditures (10000 yuan)
合计	**Total**	**6 521**	**355 819**	**275 641**	**12 606 613**
按企业规模分	**By Size of Enterprises**				
大型	Large Enterprises	271	199 993	166 571	8 684 213
中型	Medium-sized Enterprises	874	63 084	45 492	1 818 502
小型	Small Enterprises	5 092	90 495	61 989	2 049 740
微型	Micro Enterprises	284	2 247	1 589	54 158
按隶属关系分	**By Affiliation**				
中央	Central	25	2 505	1 855	84 901
地方	Local	83	5 995	5 026	335 887
其他	Others	6 413	347 319	268 760	12 185 826
按登记注册类型分	**By Registration Type**				
内资企业	Domestically-invested Enterprises	5 714	288 056	224 030	10 829 517
港、澳、台商投资企业	Hong Kong, Macao and Taiwan-invested Enterprises	551	45 465	35 226	1 016 949
外商投资企业	Foreign-invested Enterprises	256	22 298	16 385	760 147

BASIC INFORMATION ON RESEARCH AND EXPERIMENTAL DEVELOPMENT ACTIVITIES OF INDUSTRIAL ENTERPRISES ABOVE DESIGNATED SIZE (2021)

按活动类型分 Group by Type of Activity			按支出用途分 Group by Purpose of Payment				按资金来源分 Group by Fund Source				新产品销售收入(万元) Sales Income of New Products (10000 yuan)
基础研究 Basic Research	应用研究 Applied Research	试验发展 Experimental Development	日常性支出 Routine Expenses	#人员劳务费 Labor Cost	资产性支出 Expenditures for Assets	#仪器和设备 Instruments and Equipment	政府资金 Governmental Funds	企业资金 Enterprise Funds	境外资金 Foreign Funds	其他资金 Others	
659 873	**946 843**	**10 999 897**	**12 209 603**	**6 750 819**	**397 010**	**384 465**	**477 378**	**12 123 524**	**4 864**	**847**	**171 465 427**
657 708	912 580	7 113 926	8 421 571	5 036 509	262 642	254 545	341 020	8 340 245	2 812	136	108 298 868
1 534	10 153	1 806 815	1 761 895	851 956	56 607	54 609	101 146	1 716 843	513		31 385 196
537	23 664	2 025 540	1 973 140	845 905	76 601	74 181	34 363	2 013 127	1 539	712	31 031 503
95	446	53 617	52 997	16 450	1 161	1 131	849	53 309			749 861
181	134	84 586	74 192	38 833	10 709	9 733	4 155	80 712	34		1 226 869
6 597	154	329 136	333 815	134 007	2 072	1 996	2 613	333 274			9 897 936
653 095	946 555	10 586 175	11 801 596	6 577 979	384 229	372 736	470 610	11 709 538	4 830	847	160 340 622
656 804	933 867	9 238 846	10 516 276	5 936 635	313 241	304 417	386 686	10 438 364	3 755	712	119 762 126
1 543	7 180	1 008 227	994 456	519 246	22 493	20 290	22 488	993 520	805	136	33 644 530
1 527	5 796	752 824	698 872	294 939	61 276	59 758	68 204	691 640	303		18 058 770

15-6 规模以上工业企业研究与试验发展（R&D）及相关活动情况（按行业分）（2021年）

项目	Item	有研究与试验发展（R&D）活动企业数（个） Enterprises with R&D Activities (unit)
采矿业	Total	2
石油和天然气开采业	Mining and Quarrying	1
开采专业及辅助性活动	Extraction of Petroleum and Natural Gas	1
制造业	Manufacturing	6 493
农副食品加工业	Processing of Food from Agriculture Products	10
食品制造业	Manufacture of Foods	13
酒、饮料和精制茶制造业	Manufacture of Wine, Beverage and Refined Tea	6
烟草制品业	Manufacture of Cigarettes and Tobacco	14
纺织业	Manufacture of Textile	27
纺织服装、服饰业	Manufacture of Textile Wearing Apparel and Ornament	34
皮革、毛皮、羽毛及其制品和制鞋业	Manufacture of Leather, Fur, Feather and Its Products, and Footwear	12
木材加工和木、竹、藤、棕、草制品业	Processing of Timbers, Manufacture of Wood, Bamboo, Rattan, Palm, and Straw Products	5
家具制造业	Manufacture of Furniture	21
造纸和纸制品业	Manufacture of Paper and Paper Products	34
印刷和记录媒介复制业	Printing, Reproduction of Recording Media	64
文教、工美、体育和娱乐用品制造业	Manufacture of Articles for Culture,Education, Artwork, Sport and Entertainment Activities	93
石油、煤炭及其他燃料加工业	Processing of Petroleum, Coal and Other Fuels Nuclear Fuel	4
化学原料和化学制品制造业	Manufacture of Raw Chemical Materials and Chemical Products	149
医药制造业	Manufacture of Medicines	65
化学纤维制造业	Manufacture of Chemical Fibers	1
橡胶和塑料制品业	Manufacture of Rubber and Plastics Products	342
非金属矿物制品业	Manufacture of Non-Metallic Mineral Products	90
黑色金属冶炼和压延加工业	Smelting and Pressing of Ferrous Metals	7
有色金属冶炼和压延加工业	Smelting and Pressing of Non-Ferrous Metals	42
金属制品业	Manufacture of Fabricated Metal Products	267
通用设备制造业	Manufacture of General-Purpose Machinery	505
专用设备制造业	Manufacture of Special-Purpose Machinery	698
汽车制造业	Manufacture of Motor Vehicles	52
铁路、船舶、航空航天和其他运输设备制造业	Manufacture of Railway Locomotives, Building of Ships and Boats, Manufacture of Air and Spacecrafts and Other Transportation Equipment	48
电气机械和器材制造业	Manufacture of Electrical Machinery and Equipment	1 041
计算机、通信和其他电子设备制造业	Manufacture of Computers, Communication Equipment and Other Electronic Equipment	2 441
仪器仪表制造业	Manufacture of Measuring Instruments and Meters	332
其他制造业	Other Manufacturing	63
废弃资源综合利用业	Recycling and Disposal of Waste	7
金属制品、机械和设备修理业	Repair of Fabricated Metal Products, Machinery and Equipment	6
电力、热力、燃气及水生产和供应业	Production and Distribution of Electricity,Heating Power, Gas and Water	26
电力、热力生产和供应业	Production and Distribution of Electricity and Heating Power	14
燃气生产和供应业	Production and Distribution of Gas	2
水的生产和供应业	Production and Distribution of Water	10

STATISTICS FOR RESEARCH AND EXPERIMENTAL DEVELOPMENT AND RELATED ACTIVITIES OF INDUSTRIAL ENTERPRISES ABOVE DESIGNATED SIZE (BY SECTOR) (2021)

研究与试验发展（R&D）人员（人）R&D Personnel (person)	研究与试验发展（R&D）人员折合全时当量（人年）Full-time Equivalent of R&D Personnel (person-year)	研究与试验发展（R&D）经费内部支出（万元）Internal R&D Expenditures (10000 yuan)	按活动类型分 Group by Type of Activity		
			基础研究 Basic Research	应用研究 Applied Research	试验发展 Experimental Development
80	53	3 612			3 612
9	2	422			422
71	52	3 191			3 191
354 381	274 532	12 537 767	659 873	946 750	10 931 144
474	394	20 479			20 479
370	172	5 405			5 405
150	94	1 971			1 971
264	167	6 252		97	6 156
846	600	12 576		201	12 375
1 851	1 290	32 410		14	32 396
1 448	788	13 805			13 805
137	27	4 323			4 323
466	308	5 845		42	5 803
572	474	6 362		71	6 291
1 655	1 267	36 991		992	35 999
3 079	2 131	35 387		163	35 224
40	33	860			860
2 904	2 133	70 219		701	69 518
2 764	1 966	203 525	1 616	4 853	197 056
3	3	114			114
8 952	6 558	156 130		824	155 306
4 333	3 276	55 539		31	55 508
230	138	8 308			8 308
651	452	26 967		25	26 942
6 193	4 314	122 843		1 138	121 705
16 844	13 093	382 069	32	6 534	375 503
23 618	16 715	635 644	46	6 463	629 135
13 008	11 346	245 904			245 904
1 700	1 250	30 760	59		30 701
31 463	23 032	793 364	143	7 724	785 497
218 513	173 884	9 348 732	657 955	915 154	7 775 624
10 070	7 347	232 513	23	839	231 651
1 635	1 170	38 691		770	37 922
98	80	3 177			3 177
50	26	603		116	487
1 358	1 057	65 234		94	65 140
837	627	37 698		94	37 604
312	271	21 337			21 337
209	158	6 200			6 200

15-6 续表

项 目	Item	按支出用途分 Group by Purpose of Payment 日常性支出 Routine Expenses
采矿业	Total	3 605
石油和天然气开采业	Mining and Quarrying	421
开采专业及辅助性活动	Extraction of Petroleum and Natural Gas	3 183
制造业	Manufacturing	12 150 587
农副食品加工业	Processing of Food from Agriculture Products	20 453
食品制造业	Manufacture of Foods	5 359
酒、饮料和精制茶制造业	Manufacture of Wine, Beverage and Refined Tea	1 937
烟草制品业	Manufacture of Cigarettes and Tobacco	5 903
纺织业	Manufacture of Textile	12 380
纺织服装、服饰业	Manufacture of Textile Wearing Apparel and Ornament	32 384
皮革、毛皮、羽毛及其制品和制鞋业	Manufacture of Leather, Fur, Feather and Its Products, and Footwear	13 784
木材加工和木、竹、藤、棕、草制品业	Processing of Timbers, Manufacture of Wood, Bamboo, Rattan, Palm, and Straw Products	4 323
家具制造业	Manufacture of Furniture	5 770
造纸和纸制品业	Manufacture of Paper and Paper Products	6 208
印刷和记录媒介复制业	Printing, Reproduction of Recording Media	35 057
文教、工美、体育和娱乐用品制造业	Manufacture of Articles for Culture,Education, Artwork, Sport and Entertainment Activities	30 925
石油、煤炭及其他燃料加工业	Processing of Petroleum, Coal and Other Fuels Nuclear Fuel	783
化学原料和化学制品制造业	Manufacture of Raw Chemical Materials and Chemical Products	65 952
医药制造业	Manufacture of Medicines	191 017
化学纤维制造业	Manufacture of Chemical Fibers	114
橡胶和塑料制品业	Manufacture of Rubber and Plastics Products	148 767
非金属矿物制品业	Manufacture of Non-Metallic Mineral Products	51 913
黑色金属冶炼和压延加工业	Smelting and Pressing of Ferrous Metals	8 134
有色金属冶炼和压延加工业	Smelting and Pressing of Non-Ferrous Metals	26 593
金属制品业	Manufacture of Fabricated Metal Products	115 309
通用设备制造业	Manufacture of General-Purpose Machinery	373 661
专用设备制造业	Manufacture of Special-Purpose Machinery	618 489
汽车制造业	Manufacture of Motor Vehicles	243 962
铁路、船舶、航空航天和其他运输设备制造业	Manufacture of Railway Locomotives, Building of Ships and Boats, Manufacture of Air and Spacecrafts and Other Transportation Equipment	29 340
电气机械和器材制造业	Manufacture of Electrical Machinery and Equipment	765 202
计算机、通信和其他电子设备制造业	Manufacture of Computers, Communication Equipment and Other Electronic Equipment	9 069 882
仪器仪表制造业	Manufacture of Measuring Instruments and Meters	225 694
其他制造业	Other Manufacturing	37 525
废弃资源综合利用业	Recycling and Disposal of Waste	3 169
金属制品、机械和设备修理业	Repair of Fabricated Metal Products, Machinery and Equipment	596
电力、热力、燃气及水生产和供应业	Production and Distribution of Electricity,Heating Power, Gas and Water	55 412
电力、热力生产和供应业	Production and Distribution of Electricity and Heating Power	29 614
燃气生产和供应业	Production and Distribution of Gas	19 710
水的生产和供应业	Production and Distribution of Water	6 088

#人员劳务费 Labor Cost	资产性支出 Expenditures for Assets	#仪器和设备 Instruments and Equipment	按资金来源分 Group by Fund Source 政府资金 Governmental Funds	企业资金 Enterprise Funds	境外资金 Foreign Funds	其他资金 Others	新产品销售收入（万元） Sales Income of New Products (10000 yuan)
1 464	8		1 679	1 934			
240				422			
1 224	8		1 679	1 512			
6 722 652	387 180	375 503	474 420	12 057 636	4 864	847	170 719 546
2 289	27	26	123	20 356			118 232
1 751	46	45	102	5 303			59 082
1 300	33	33	65	1 906			20 895
2 918	349	340		6 252			168 007
7 749	196	195	73	12 498		5	549 534
17 811	26	23	3 368	29 042			1 109 683
7 688	20	20		13 805			124 236
858			95	4 228			63 839
2 438	75	74	2	5 842			265 875
3 398	153	151	1	6 361			201 898
14 814	1 934	1 845	181	36 810			1 356 133
20 271	4 462	4 365	208	35 179			1 150 960
425	77	77		860			30 798
26 688	4 267	4 191	1 282	68 931		6	1 305 224
51 020	12 508	12 291	4 482	198 848	195		1 762 751
32				114			106
66 593	7 363	7 216	1 079	155 051			2 651 030
26 880	3 626	3 588	1 168	54 371			1 665 471
2 852	174	174		8 308			203 742
4 405	374	360	276	26 691			674 864
48 764	7 534	7 281	2 376	120 467			2 079 255
209 093	8 408	7 710	18 307	363 321	356	85	4 277 359
340 985	17 155	16 112	16 905	618 736	3		8 015 695
151 697	1 941	1 277	4 902	241 002			6 678 188
13 765	1 420	1 399	726	30 034			973 159
357 272	28 162	26 953	12 107	780 747	314	196	15 868 613
5 189 003	278 851	272 107	400 927	8 944 064	3 673	69	116 527 439
133 122	6 819	6 490	5 463	226 239	325	487	1 940 648
15 812	1 167	1 147	203	38 489			840 512
666	8	7		3 177			13 717
295	8	8		603			22 602
26 703	9 822	8 962	1 279	63 954			745 880
12 232	8 084	7 223	763	36 934			50 588
12 171	1 627	1 627		21 337			685 056
2 301	112	111	516	5 683			10 236

15-7 规模以上高技术制造业研究与试验发展（R&D）及相关活动情况（2020年）

项目	Item	有研究与试验发展（R&D）活动企业数（个） Enterprises with R&D Activities (unit)
合计	**Total**	**6 066**
医药制造业	Manufacture of Medicines	356
#化学药品制造	Manufacture of Chemical Medicine	103
#生物药品制品制造	Manufacture of Biological Medicine and Biochemical Chemical Products	70
航空、航天器及设备制造业	Manufacture of Aircrafts and Spacecrafts	16
电子及通信设备制造业	Manufacture of Electronic Equipment and Communication Equipment	4 225
#通信设备制造、雷达及配套设备制造	Manufacture of Communication Equipment，Radar and Matching Equipment	441
#电子器件制造	Manufacture of Electronic Appliances	983
#电子元件及电子专用设备制造	Manufacture of Electronic Components	1 229
计算机及办公设备制造业	Manufacture of Computers and Office Equipments	623
医疗仪器设备及仪器仪表制造业	Manufacture of Medical Equipments and Meters	839
#医疗仪器设备及器械制造	Manufacture of Medical Equipment and Appliances	325
#通用仪器仪表制造	Manufacture of Measuring Instrument and Meter	301
信息化学品制造业	Manufacture of Information Chemicals	7

STATISTICS FOR RESEARCH AND EXPERIMENTAL DEVELOPMENT AND RELATED ACTIVITIES OF HIGH-TECH MANUFACTURING ABOVE DESIGNATED SIZE(2020)

研究与试验发展（R&D）人员（人） R&D Personnel (person)	研究与试验发展（R&D）人员折合全时当量（人年） Full-time Equivalent of R&D Personnel (person-year)	研究与试验发展（R&D）经费内部支出（万元） Internal R&D Expenditures (10000 yuan)	新产品开发经费（万元） Expenditure on New Products Development (10000 yuan)	新产品销售收入（万元） Sales Income of New Products (10000 yuan)	专利申请数（件） Number of Patent Applications (piece)	#发明专利 Invention Patent	有效发明专利数（件） Number of Effective Inventions (piece)
398 766	**320 479**	**13 881 900**	**23 480 625**	**233 583 833**	**131 935**	**71 947**	**271 200**
14 878	10 742	587 298	786 950	5 700 792	2 700	1 618	6 070
4 688	3 409	184 175	250 212	1 568 516	596	450	1 553
3 288	2 537	211 043	281 768	898 429	830	653	2 233
2 069	1 364	62 795	79 726	57 867	175	82	223
322 751	264 253	11 631 430	20 391 297	207 834 135	107 601	62 103	236 129
144 118	127 931	7 158 689	13 796 143	127 644 845	53 373	42 117	170 751
50 659	39 958	1 437 670	2 222 013	24 385 509	15 863	7 859	28 769
57 266	42 962	1 220 557	1 733 835	20 658 069	12 642	4 544	14 155
28 397	21 078	766 325	1 030 840	12 559 175	8 284	2 579	14 685
30 408	22 823	830 214	1 187 376	7 284 279	13 058	5 524	14 054
12 479	9 270	400 322	567 458	3 474 532	5 303	2 401	7 242
10 530	7 988	223 070	325 290	1 850 951	4 704	1 938	4 730
263	218	3 838	4 436	147 586	117	41	39

15-8　创新载体情况（2011-2021年）

单位：个

项目	Item	2011
总计	**Total**	**143**
国家级	**National Level**	**16**
重点实验室	Key Laboratory	3
工程实验室	Engineering Laboratory	4
工程中心	Engineering Center	4
企业技术中心	Enterprise Technology Center	3
科技企业孵化器	Technology Enterprise Incubator	1
公共服务平台	Public Service Platform	1
其他	Others	
省级	**Provincial Level**	**11**
重点实验室	Key Laboratory	5
工程实验室	Engineering Laboratory	2
工程中心	Engineering Center	4
科技企业孵化器	Technology Enterprise	
公共服务平台	Public Service Platform	
市级	**Municipal Level**	**116**
重点实验室	Key Laboratory	24
工程实验室	Engineering Laboratory	41
工程中心	Engineering Center	9
企业技术中心	Technology Enterprise Incubator	22
科技企业孵化器	Public Service Platform	1
公共服务平台	Public Service Platform	19

注：年度数据为当年新增数。
Note: The annual data is the number of new additions for the year.

INNOVATION CARRIER（2011−2021）

（unit）

2012	2013	2014	2015	2016	2017	2018	2019	2020	2021	合计
195	**205**	**140**	**204**	**200**	**266**	**384**	**92**	**438**	**390**	**3 070**
4	**11**	**1**	**12**	**13**	**16**	**4**	**7**	**2**	**5**	**129**
	1		2			1	2			15
3	5		5	13	1					36
	2				5		5			18
1	2	1	5		7	2		2		35
	1				3				5	20
										4
						1				1
13	**30**	**4**	**53**	**48**	**116**	**300**	**8**	**354**	**330**	**1 292**
4		1	4	5	8	9	8	11	7	69
3		2	3			2				12
6	30	1	46	43	108	289		343	318	1203
									5	5
			1			2				3
178	**164**	**135**	**139**	**139**	**134**	**80**	**77**	**82**	**55**	**1 649**
30	22	27	21	15	12	12	9	23	32	314
77	59	33	51	95	46	9				445
23	17	13	16	3	10	18	30	28	23	292
23	23	29	20	18	22	22	33	27		306
	27	21	19		22	10				108
25	16	12	12	8	22	9	5	4		184

主要统计指标解释

研究与试验发展(R&D)　指为增加知识存量（也包括有关人类、文化和社会的知识）以及设计已有知识的新应用而进行的创造性、系统性工作，包括基础研究、应用研究和试验发展三种类型。国际上通常采用R&D活动的规模和强度指标反映一国的科技实力和核心竞争力。

基础研究　指一种不预设任何特定应用或使用目的的实验性或理论性工作，其主要目的是为获得（已发生）现象和可观察事实的基本原理、规律和新知识。其成果通常表现为提出一般原理、理论或规律，并以论文、著作、研究报告等形式为主。

应用研究　指为获取新知识，达到某一特定的实际目的或目标而开展的初始性研究。应用研究是为了确定基础研究成果的可能用途，或确定实现特定和预定目标的新方法。其研究成果以论文、著作、研究报告、原理性模型或发明专利等形式为主。

试验发展　指利用从科学研究、实际经验中获取的知识和研究过程中产生的其他知识，开发新的产品、工艺或改进现有产品、工艺而进行的系统性研究。其研究成果以专利、专有技术，以及具有新颖性的产品原型、原始样机及装置等形式为主。

R&D人员　指报告期R&D活动单位中从事基础研究、应用研究和试验发展活动的人员。包括直接参加上述三类R&D活动的人员，以及与上述三类R&D活动相关的管理人员和直接服务人员，即直接为R&D活动提供资料文献、材料供应、设备维护等服务的人员。不包括为R&D活动提供间接服务的人员，如餐饮服务、安保人员等。

R&D人员全时当量　指报告期R&D人员按实际从事R&D活动时间计算的工作量，以“人年”为计量单位。为国际上比较科技人力投入而制定的可比指标。

R&D经费支出　指报告期调查单位内部为实施R&D活动而实际发生的全部经费，按支出性质分为日常性支出和资产性支出。不包括调查单位委托其他单位或与其他单位合作开展R&D活动而转拨给其他单位的全部经费。

R&D经费支出中政府资金　指R&D经费支出中来自于各级政府财政的各类资金，包括财政科学技术支出和财政其他功能支出的资金用于R&D活动的实际支出。

R&D经费支出中企业资金　指R&D经费支出中来自于企业的各类资金。对企业而言，企业资金指企业自有资金、接受其他企业委托开展R&D活动而获得的资金，以及从金融机构贷款获得的开展R&D活动的资金；对科研院所、高校等事业单位而言，企业资金是指因接受从企业委托开展R&D活动而获得的各类资金。

新产品销售收入　指报告期企业销售新产品实现的销售收入。新产品是指采用新技术原理、新设计构思研制、生产的全新产品，或在结构、材质、工艺等某一方面比原有产品有明显改进，从而显著提高了产品性能或扩大了使用功能的产品。既包括经政府有关部门认定并在有效期内的新产品，也包括企业自行研制开发，未经政府有关部门认定，从投产之日起一年之内的新产品。

专利　是专利权的简称，是对发明人的发明创造经审查合格后，由国家知识产权局依据专利法授予发明人和设计人对该项发明创造享有的专有权。包括发明、实用新型和外观设计。反映拥有自主知识产权的科技和设计成果情况。

发明（专利） 指对产品、方法或者其改进所提出的新的技术方案。是国际通行的反映拥有自主知识产权技术的核心指标。

Explanatory Notes on Main Statistical Indicators

Research and Experimental Development (R&D) refers to creative and systematic work undertaken in order to increase the stock of knowledge (including knowledge of humankind, culture and society) and to devise new applications of available knowledge. R&D includes 3 categories of activities: basic research, applied research and experimental development. The scale and intensity of R&D are widely used internationally to reflect the strength of S&T and the core competitiveness of a country in the world.

Basic Research refers to experimental or theoretical work undertaken primarily to acquire new knowledge of the underlying foundations of phenomena and observable facts, without any particular application or use in view. Basic research usually formulates hypotheses, theories or laws, and its results are mainly released or disseminated in the form of scientific papers or monographs or research reports.

Applied Research refers to original investigation undertaken in order to acquire new knowledge. It is directed primarily towards a specific, practical aim or objective. Purpose of the applied research is to identify the possible uses of results from basic research, or to explore new (fundamental) methods or new approaches. Results of applied research are expressed in the form of scientific papers, monographs, fundamental models or invention patents.

Experimental Development refers to systematic work, drawing on knowledge gained from research and practical experience and producing additional knowledge, which is directed to producing new products or processes or to improving existing products or processes. Results of experimental development activities are embodied in patents, exclusive technology, and monotype of new products or equipment.

R&D Personnel refer to persons of R&D activities units engaged in basic research, applied research, and experimental development at the reference period, including persons of directly participating in the three activities above, as well as management and direct service staff related to R&D activities, such as literature provision, material supply, equipment maintenance staff, it excludes persons providing indirect support and ancillary services, such as canteen and security staff.

Full-time Equivalent of R&D Personnel refers to the ratio of working hours actually spent on R&D during a specific reference period (usually a calendar year) divided by the total number of hours conventionally worked in the same period by an individual or by a group. The measurement unit of the ratio is "man–years". This is an internationally comparable indicator of S&T manpower input.

Expenditure on R&D refers to the real expenditure of surveyed units on their own R&D activities in reporting period. It is divided into current expenditures and gross fixed capital expenditures for R&D according to the nature of expenditure. It doesn't include the fees transferred to cooperated or entrusted agencies on R&D activities.

Expenditure on R&D from Government Funds refers to the expenditure of funds on R&D activities from government agencies at different levels, including appropriate funds on science and technology from financial departments, and the real expenditure of other fiscal functional funds on R&D activities from government agencies.

Expenditure on R&D from Enterprises Funds refers to the expenditure of all kinds of funds on R&D activities from enterprises. In terms of enterprises, it refers to the expenditure of self–raised funds of enterprises, funds from other enterprises through entrustment, loans from financial institutions on R&D activities. In terms of public institutions, such as institution of scientific research and universities, it refers to the expenditure of funds from enterprises through entrustment.

Sales Income of New Products refers to the sales income of new products of the enterprises at the reference period. New products refer to products developed and produced with new technologies and designs or improved in structure, material, process or other aspects so that their performance are improved or their functions expanded. New products include those affirmed by government authorities in their validity period and also those developed by enterprises without the affirmation of government authorities within one year after they are put into production.

Patent is an abbreviation for the patent right and refers to the exclusive right of ownership by the inventors or designers for the creation or inventions, given from the China National Intellectual Property Administration after due process of assessment and approval in accordance with the Patent Law. Patents are granted for inventions, utility models and designs. This indicator reflects the achievements of S&T and design with independent intellectual property.

Patented Inventions refer to new technical proposals to the products or methods or their modifications. This is universal core indicator reflecting the technologies with independent intellectual property.

16 第十六部分 文化和教育

CULTURE AND EDUCATION

CHAPTER

16-1 各级各类学校数

NUMBER OF SCHOOL BY LEVEL AND TYPE

单位：所 (unit)

年 份 Year	普通高等学校 Institutions of Higher Education	中等职业学校 Vocational Secondary Schools	普通中学 Regular Secondary Schools	小 学 Primary Schools	幼儿园 Kindergartens
1979			24	226	90
1980			24	238	52
1981			26	244	32
1982			28	246	50
1983	1		30	248	69
1984	2		35	260	87
1985	2		38	258	79
1986	2		40	257	273
1987	2		43	255	187
1988	2		47	257	195
1989	2		47	264	207
1990	2		49	263	228
1991	2		51	260	257
1992	2		53	261	282
1993	3		51	267	281
1994	3		56	269	333
1995	2		62	274	349
1996	2		71	274	380
1997	2		73	275	446
1998	2		78	286	488
1999	2		83	325	560
2000	2		94	353	562
2001	3		107	377	588
2002	9		132	395	634
2003	9	25	179	376	656
2004	9	16	216	378	699
2005	9	16	245	358	744
2006	9	13	260	357	758
2007	8	13	273	347	819
2008	8	13	277	342	865
2009	8	13	285	346	974
2010	8	13	295	340	1 040
2011	9	13	299	334	1 093
2012	10	15	302	333	1 186
2013	10	15	314	335	1 313
2014	10	16	325	331	1 402
2015	12	15	335	334	1 489
2016	12	15	352	337	1 579
2017	12	15	368	342	1 683
2018	13	15	390	344	1 771
2019	13	15	417	340	1 836
2020	14	15	435	347	1 881
2021	14	15	475	343	1 896

注：根据教育部的统一要求及深圳实际，将普通中专、成人中专和职业高中合并统称为中等职业教育。该指标由于深圳市布局调整的原因产生了波动。

Note: According to unified requirements of the Ministry of Education and the actual situation of Shenzhen, the index, vocational secondary educa-tion was mergered by technical secondary school, specialized secondary schools for adults and vocational senior secondary schools. This index was fluctuated by layout adjusting in shenzhen.

16-2 各级各类学校教职工数

STAFF AND WORKERS BY LEVEL AND TYPE OF SCHOOL

单位：人 (person)

年 份 Year	普通高等学校 Institutions of Higher Education	中等职业学校 Vocational Secondary Schools	普通中学 Regular Secondary Schools	小 学 Primary Schools	幼儿园 Kindergartens
1986	816		2 871	3 632	
1987	972		3 182	3 959	1 616
1988	1 034		3 455	4 302	1 558
1989	1 393		3 758	4 596	1 969
1990	1 348		3 920	5 061	2 267
1991	1 381		4 308	5 388	2 716
1992	1 405		4 650	5 768	3 113
1993	1 536		5 106	6 337	4 154
1994	2 753		5 589	7 129	5 294
1995	1 187		6 063	7 666	5 929
1996	1 331		6 669	8 702	6 817
1997	1 430		7 079	9 148	8 328
1998	1 649		7 369	9 786	9 761
1999	1 819		7 886	11 449	11 605
2000	1 902		8 739	14 697	12 787
2001	2 165		9 763	17 370	14 515
2002	3 369		11 662	20 621	16 483
2003	3 820	2 029	13 379	23 382	17 778
2004	4 421	1 758	15 401	25 460	19 345
2005	5 025	1 733	18 713	30 194	21 376
2006	4 995	1 712	20 500	31 748	23 167
2007	5 458	1 711	23 191	33 985	25 711
2008	5 796	1 791	26 044	35 816	28 483
2009	6 149	1 868	27 577	36 203	33 156
2010	6 042	2 077	28 874	37 167	38 693
2011	6 260	2 184	45 293	23 624	42 837
2012	6 823	2 739	47 733	24 805	46 617
2013	7 603	2 790	50 332	25 476	52 400
2014	8 057	3 023	53 254	26 792	57 021
2015	9 061	3 136	57 146	28 157	62 813
2016	9 741	3 296	62 164	29 842	68 017
2017	11 242	3 447	67 423	31 098	74 366
2018	13 948	3 505	74 992	32 665	78 890
2019	14 875	3 584	81 855	33 069	82 647
2020	17 276	3 767	87 758	33 573	86 711
2021	20 850	3 985	97 258	33 642	91 756

注：根据全国教育事业统计口径，2014年起九年一贯制学校教职工纳入初中阶段学校统计；十二年一贯制学校、完全中学学校教职工纳入普通高中阶段学校统计。

Note: According to the statistical scope of national education, from 2014, the numbers of 9-Year Schools' educational personnel is included in senior secondary education; the numbers of 12-Year Schools and their educational personnel are included in senior secondary education.

16-3 各级各类学校专任教师数

FULL-TIME TEACHERS BY LEVEL AND TYPE OF SCHOOL

单位：人 (person)

年 份 Year	普通高等学校 Institutions of Higher Education	中等职业学校 Vocational Secondary Schools	普通中学 Regular Secondary Schools	小 学 Primary Schools	幼儿园 Kindergartens
1979			752	1 588	
1980			625	1 763	159
1981			676	1 948	141
1982			860	1 954	259
1983	80		1 044	2 025	365
1984	162		1 372	2 282	575
1985	288		1 902	2 749	483
1986	406		2 138	2 977	573
1987	468		2 376	3 265	1 005
1988	524		2 603	3 571	937
1989	533		2 771	3 810	1 193
1990	484		2 915	4 221	1 317
1991	533		3 255	4 514	1 451
1992	493		3 533	4 832	1 698
1993	535		3 892	5 342	2 288
1994	978		4 290	6 015	2 745
1995	629		4 675	6 429	3 202
1996	747		5 004	7 046	3 665
1997	793		5 276	7 567	4 613
1998	865		5 502	7 940	5 257
1999	1 049		5 935	8 914	6 092
2000	1 170		6 596	11 550	7 234
2001	1 295		7 224	13 254	7 690
2002	2 080		8 643	15 763	8 893
2003	2 341	1 392	9 989	17 920	9 539
2004	2 572	1 215	11 625	19 660	10 670
2005	2 796	1 216	14 196	23 866	11 973
2006	2 905	1 234	15 678	25 203	12 815
2007	3 139	1 251	17 846	27 209	14 381
2008	3 293	1 282	20 091	28 540	15 761
2009	3 592	1 330	21 335	28 906	18 133
2010	3 550	1 534	22 417	29 769	20 786
2011	3 528	1 638	23 897	31 186	21 627
2012	3 889	1 948	25 807	33 496	24 154
2013	4 184	2 070	27 048	35 546	26 803
2014	4 462	2 279	28 320	39 115	28 782
2015	4 826	2 395	29 252	42 630	31 704
2016	5 092	2 511	30 674	46 975	33 746
2017	5 572	2 636	32 590	50 805	36 904
2018	6 644	2 694	35 544	55 160	38 431
2019	6 999	2 747	38 361	58 511	39 912
2020	8 047	2 888	41 554	60 900	40 348
2021	8 426	2 886	45 870	63 640	42 408

注：根据全国教育事业统计口径，2013年开始小学专任教师含九年一贯制学校、十二年一贯制学校小学部的专任教师；初中专任教师含九年一贯制学校、十二年一贯制学校初中部专任教师；高中专任教师含十二年一贯制学校、完全中学学校高中部专任教师。

Note:According to the statistical scope of national education, from 2013, the numbers of fulltime teachers from primary department of 9-Year Schools and 12-Year Schools is included in the number of Primary Schools ' fulltime teachers; the numbers of fulltime teachers from junior secondary department of 9-Year Schools and 12-Year Schools is included in the number of Junior Secondary schools' fulltime teachers; the numbers of fulltime teachers from senior secondary department of 12-Year Schools and Secondary Schools(From Grade7-12) is included in the number of Senior Secondary schools ' fulltime teachers.

16-4 各级各类学校在校学生数

STUDENTS ENROLLMENT BY LEVEL AND TYPE OF SCHOOL

单位：人 (person)

年 份 Year	普通高等学校 Institutions of Higher Education	中等职业学校 Vocational Secondary Schools	普通中学 Regular Secondary Schools	小 学 Primary Schools	幼儿园 Kindergartens
1979		80	13 686	47 022	4 587
1980		142	12 296	49 168	3 377
1981		133	13 088	51 560	5 074
1982		262	17 080	54 538	7 723
1983	216	466	20 982	56 319	9 252
1984	1 236	2 009	27 636	62 021	12 140
1985	3 206	3 766	35 334	70 277	14 338
1986	3 478	5 225	40 208	77 884	22 703
1987	4 330	7 257	44 910	84 601	26 072
1988	4 710	9 696	43 267	96 474	27 106
1989	4 419	10 252	45 056	104 041	34 781
1990	3 964	11 478	46 473	111 711	36 041
1991	3 779	10 654	50 625	118 460	43 877
1992	3 653	11 766	55 857	127 978	49 985
1993	3 680	12 353	60 337	139 272	56 024
1994	4 227	12 954	66 073	147 186	63 316
1995	5 291	13 393	71 540	157 210	62 571
1996	6 493	13 999	76 949	170 983	68 769
1997	7 601	14 790	82 155	190 192	71 378
1998	8 497	14 386	86 009	215 652	77 623
1999	10 568	20 385	91 260	256 060	88 322
2000	14 123	18 764	106 996	313 852	93 164
2001	18 743	18 013	126 190	363 657	103 083
2002	26 778	17 047	150 654	415 097	110 390
2003	32 106	17 010	179 628	469 684	123 856
2004	41 251	18 833	211 224	526 419	135 019
2005	45 314	21 598	240 508	566 278	147 672
2006	51 220	24 779	256 630	564 891	152 330
2007	58 910	25 978	279 180	575 160	169 496
2008	64 675	27 706	298 939	585 852	191 222
2009	66 952	28 604	316 024	589 481	221 182
2010	67 324	29 731	334 752	618 459	260 873
2011	70 004	29 336	346 942	651 307	285 146
2012	75 570	32 067	359 643	683 058	316 929
2013	82 401	33 618	371 735	730 232	368 937
2014	87 674	36 870	378 690	793 178	399 014
2015	90 511	38 145	385 221	864 841	438 498
2016	91 883	39 665	396 455	910 974	463 319
2017	96 702	39 234	417 641	964 510	504 955
2018	103 829	38 922	448 004	1 027 969	524 193
2019	113 214	39 442	477 390	1 068 992	545 032
2020	136 184	39 134	517 630	1 091 179	559 674
2021	145 181	40 186	563 174	1 133 041	597 569

16-5 各级各类学校招生数

NEW STUDENTS ENROLLMENT BY LEVEL AND TYPE OF SCHOOL

单位：人 (person)

年 份 Year	普通高等学校 Institutions of Higher Education	中等职业学校 Vocational Secondary Schools	普通中学 Regular Secondary Schools	小 学 Primary Schools	幼儿园 Kindergartens
1979			5 612	8 978	
1980			5 344	9 064	
1981			5 046	9 978	
1982			7 401	9 561	
1983	216		8 142	8 936	
1984	473		10 053	9 700	8 734
1985	1 482		12 954	11 876	10 148
1986	1 173		12 826	14 269	10 932
1987	1 573		15 121	15 191	9 344
1988	1 378		12 583	17 235	8 369
1989	1 228		16 654	18 525	15 273
1990	1 041		17 034	19 122	17 494
1991	1 126		17 956	19 634	28 493
1992	1 070		21 242	22 129	32 847
1993	1 309		22 417	26 333	37 035
1994	1 664		24 286	27 860	26 213
1995	2 134		26 463	31 198	35 630
1996	2 470		27 752	33 692	37 869
1997	2 580		29 773	37 306	33 906
1998	3 078		31 286	41 824	32 822
1999	4 211		34 380	55 876	39 019
2000	6 522		41 980	64 265	39 392
2001	7 239		48 533	72 220	50 354
2002	10 210		58 847	81 107	40 523
2003	11 915	6 108	69 711	88 203	51 989
2004	14 455	7 430	79 359	96 554	54 735
2005	15 044	8 913	92 305	101 274	58 658
2006	17 916	9 071	94 866	95 359	57 007
2007	19 396	8 439	102 093	98 106	63 442
2008	20 578	10 198	111 454	98 525	71 062
2009	20 488	10 051	113 516	103 166	87 747
2010	20 330	9 610	120 335	118 028	110 977
2011	22 914	10 223	123 382	128 091	118 843
2012	25 794	12 233	127 983	137 276	122 138
2013	27 613	12 076	131 160	147 097	143 792
2014	28 062	13 628	130 769	162 498	174 195
2015	27 653	13 691	135 326	172 097	159 728
2016	28 523	13 964	143 681	173 804	173 978
2017	31 390	13 005	152 395	181 516	202 474
2018	33 662	12 875	164 088	206 327	193 675
2019	38 045	13 835	174 054	203 957	179 844
2020	52 394	12 504	193 241	190 742	187 135
2021	43 171	14 144	208 778	204 514	192 791

16-6 各级各类学校毕业生数

GRADUATES BY LEVEL AND TYPE OF SCHOOL

单位：人 （person）

年 份 Year	普通高等学校 Institutions of Higher Education	中等职业学校 Vocational Secondary Schools	普通中学 Regular Secondary Schools	小 学 Primary Schools	幼儿园 Kindergartens
1984			4 677	8 505	6 710
1985			7 468	10 669	7 824
1986			9 169	11 481	9 892
1987	1 028		11 401	14 411	7 529
1988	828		14 305	8 821	7 741
1989	1 491		13 388	12 947	13 090
1990	1 334		13 914	13 363	13 848
1991	1 191		11 885	14 428	23 140
1992	1 187		14 035	16 555	27 126
1993	1 203		14 739	17 685	30 000
1994	1 064		15 345	19 010	17 749
1995	1 143		17 617	20 876	33 187
1996	1 210		18 891	21 030	25 889
1997	1 474		20 215	22 095	32 459
1998	2 126		23 651	23 871	26 560
1999	2 146		23 179	27 040	35 545
2000	2 382		24 874	33 219	39 917
2001	2 779		28 424	38 987	44 157
2002	3 927		32 503	47 025	43 912
2003	4 740	5 141	40 200	55 017	48 797
2004	6 282	5 680	48 061	62 032	49 575
2005	9 007	5 429	58 363	75 517	54 204
2006	12 413	5 325	66 047	81 554	58 421
2007	13 568	6 836	71 162	84 734	59 134
2008	13 635	8 227	80 616	88 805	65 231
2009	17 230	8 659	85 599	91 176	72 451
2010	18 003	8 083	92 053	91 909	76 909
2011	18 311	9 075	100 845	92 979	78 547
2012	18 327	9 519	105 384	99 359	100 648
2013	18 618	8 937	109 616	98 650	118 688
2014	21 187	9 593	112 233	97 928	131 220
2015	23 397	11 413	118 481	100 181	149 862
2016	25 473	11 449	121 304	111 008	154 655
2017	25 279	12 205	119 643	119 948	168 600
2018	27 935	12 743	124 106	130 388	189 124
2019	25 926	12 861	132 870	139 895	185 842
2020	28 033	12 057	141 955	150 726	192 007
2021	28 512	12 519	151 558	155 758	192 965

16-7 文化事业（2012-2021年）

CULTURAL INSTITUTIONS（2012-2021）

项 目	Item	2012	2013	2014	2015	2016	2017	2018	2019	2020	2021
群众艺术、文化馆(座)	Art and Cultural Centers(unit)	8	8	8	8	8	8	8	8	10	10
公共图书馆(座)	Public Libraries (unit)	641	633	625	620	623	638	650	674	710	733
公共图书馆总藏量	Collection of Public Libraries	2 696	2 854	3 063	3 282	3 604	4 075	4 296	4 576	4 923	5 708
(万册件)	(10 000 books)										
博物馆、纪念馆(座)	Museums (unit)	28	37	41	41	46	47	50	52	55	57
广播电台(座)	Broadcasting Stations (unit)	1	1	1	1	1	1	1	1	1	1
电视台(座)	Television Stations (unit)	2	2	2	2	2	2	2	2	2	2
广播人口覆盖率(%)	Listener Rating(%)	100	100	100	100	100	100	100	100	100	100
电视人口覆盖率(%)	Viewer Rating(%)	100	100	100	100	100	100	100	100	100	100

主要统计指标解释

普通高等学校 指按照国家规定的设置标准和审批程序批准举办，通过全国普通高等教育统一招生考试，招收高中毕业生为主要培养对象，实施高等学历教育的全日制大学、独立设置的学院和高等专科学校、高等职业学校和其他机构。

电影放映企业数 指具有放映机器设备、固定或不固定的放映场所与专职或兼职的放映技术人员，经有关部门登记批准，经常为一定的观众对象放映电影的机构。包括经批准对外开放进行营业，并与电影发行放映管理机构分账的专用放映单位和军委系统租片单位。

Explanatory Notes on Main Statistical Indicators

Regular Institutions of Higher Education refer to educational establishments set up according to government standards and evaluation and approval procedures, mainly enrolling graduates from senior secondary schools through uniform national matriculation examinations and providing higher education. Such institutions include full–time universities, independent colleges, technical colleges, professional colleges, and other institutions.

Film Projection Units refer to units with film projection equipment, full or part–time projectionists, permanent or non–permanent cinemas, approved by and registered with related administrative departments to show films regularly for certain groups of audience, including film projection units which have been approved to give commercial shows and share profits with administrative agencies of film circulation and projection, as well as film renting units of the military system.

17 第十七部分

卫生、社会保障和社会福利业

PUBLIC HEALTH,SOCIAL SECURITY AND SOCIAL WELFARE

CHAPTER

17-1 卫生事业（一）

PUBLIC HEALTH（Ⅰ）

年 份 Year	一、医疗卫生机构数合计（个） Health Care Institutions (unit)	1. 医院合计 Total Hospitals	# 综合医院 General Hospitals	2. 疗养院 Sanatoriums	3. 门诊部、私人诊所、企事业内部医务室 Outpatient Departments, Private Clinic and Clinic in Enterprises	4. 专科疾病防治院 Specialized Prevention & Treatment Stations	5. 疾病预防控制中心（卫生防疫站） Disease Prevention and Control Centers (Antiepidemic Stations)
1979	62	25	25		31	1	1
1980	74	24	24		44	1	1
1981	77	24	24		47	1	1
1982	121	26	26		87	1	2
1983	128	30	28		91	1	2
1984	150	29	26		109	2	6
1985	215	31	27		169	2	6
1986	297	32	28	1	243	2	7
1987	311	34	30	1	253	2	7
1988	308	35	30	1	249	4	6
1989	332	35	29	1	271	5	6
1990	354	38	32	1	291	4	6
1991	360	41	35	1	293	4	6
1992	397	45	37	1	326	4	6
1993	400	45	37	1	324	3	8
1994	496	48	38	1	416	3	8
1995	506	63	53	1	407	6	8
1996	1 422	65	54	1	1 314	7	8
1997	1 126	72	59	1	1 011	7	8
1998	899	72	59	1	784	7	8
1999	687	71	58	1	574	7	7
2000	683	72	59	1	568	4	7
2001	723	75	62	1	600	4	7
2002	761	77	62	1	638	5	7
2003	893	85	68	1	759	5	7
2004	856	87	71	1	706	6	7
2005	1 063	97	78	1	902	7	7
2006	1 692	99	80	1	1 529	7	7
2007	1 781	101	81	1	1 615	7	7
2008	1 806	100	79	1	1 638	7	7
2009	1 963	101	79	1	1 794	7	7
2010	1 827	107	79	1	1 651	7	7
2011	1 854	110	78	1	1 676	7	8
2012	2 008	115	80	1	1 823	7	9
2013	2 228	117	79	1	2 038	8	10
2014	2 532	122	80	1	2 338	8	11
2015	2 946	123	77	1	2 751	8	11
2016	3 339	134	78	1	3 114	8	11
2017	3 492	135	77	1	3 238	8	10
2018	3 806	139	78	1	3 544	8	10
2019	4 459	144	76	1	4 123	8	10
2020	4 686	144	76	1	4 316	7	10
2021	5 241	145	78		4 849	7	11

注：自2002年开始计划生育指导中心、药检所等不记入卫生事业机构中；医生仅统计执业医师与执业助理医师，护士仅统计注册护士，未取得执业证的医师和未注册的护士计入其他卫生技术人员，不得从事医护工作。

Note: The number of health care institutions since 2002 does not include the number of birth-control centers and medicines and chemical reagent test labs. The number of doctors just include licensed doctors and licensed assistant doctors, the number of nurses include registered nurses only.

17-1（一） 续表1 CONTINUED

年 份 Year	6. 妇幼保健院 Women and Children Care Agencies	7. 医学科学研究机构 Institutions of Medical Science	8. 其他卫生机构 Other Health Care Institutions	二、床位数(张) Beds(bed)	1. 医院病床 Hospital Beds	(1)综合医院 General Hospitals
1979	1		3	597	597	597
1980	1		3	643	643	643
1981	1		3	790	790	790
1982	1		4	717	717	717
1983	1		3	1 023	1 023	965
1984	1		3	1 634	1 634	1 455
1985	1	1	5	1 885	1 885	1 600
1986	5	1	6	2 112	2 028	1 749
1987	6	2	6	2 309	2 225	1 941
1988	5	2	6	2 580	2 496	2 086
1989	5	2	7	2 922	2 838	2 305
1990	5	2	7	3 192	3 108	2 560
1991	6	2	7	3 582	3 498	2 847
1992	6	2	7	4 550	4 466	3 483
1993	7	4	8	5 252	5 168	4 146
1994	7	4	9	6 124	6 040	4 844
1995	7	4	10	6 724	6 640	5 351
1996	7	4	16	7 455	7 105	5 777
1997	7	4	16	8 288	7 813	6 224
1998	7	4	16	8 899	8 353	6 760
1999	7	4	16	9 332	8 720	7 120
2000	7	4	20	10 294	9 616	7 983
2001	7	4	25	11 159	10 542	8 919
2002	7	3	23	12 404	11 808	10 019
2003	7	3	26	13 588	12 607	10 818
2004	7	3	39	15 069	14 186	12 125
2005	7	3	39	16 824	15 577	13 332
2006	7	3	39	17 553	16 193	13 946
2007	7	3	40	18 086	16 766	14 325
2008	7	3	43	19 913	18 435	15 482
2009	7	3	43	21 399	19 872	16 517
2010	7	3	44	22 842	21 166	17 474
2011	7	3	42	24 079	22 322	18 202
2012	7	3	43	27 984	26 124	21 294
2013	9	3	42	29 261	27 079	22 096
2014	10	3	39	31 042	28 853	23 061
2015	10	3	39	33 771	31 425	24 361
2016	10	3	58	41 512	38 124	28 815
2017	10	2	88	43 868	39 899	29 449
2018	10	1	93	47 551	43 569	32 216
2019	10	1	162	51 318	47 366	34 219
2020	10	1	197	62 904	57 642	39 517
2021	11		218	63 990	58 795	40 029

17−1（一） 续表2 CONTINUED

年 份 Year	(2) 专科医院 Specialized Hospitals	2.其他医疗卫生机构 Other Health Care Institutions	三、卫生工作人员数（人） Medical Personnel (person)	1. 卫生技术人员 Medical Technical Personnel	(1)执业医师 Licensed Doctors
1979			1 214	988	364
1980			1 335	1 088	438
1981			1 514	1 270	518
1982			1 967	1 609	708
1983	58		2 910	2 343	1 073
1984	179		3 869	3 064	1 484
1985	285		4 861	3 857	1 862
1986	279	84	5 800	4 657	2 217
1987	284	84	6 354	5 117	2 408
1988	410	84	7 115	5 715	2 754
1989	533	84	7 923	6 451	3 103
1990	548	84	8 619	6 996	3 426
1991	651	84	9 405	7 618	3 737
1992	983	84	10 643	8 571	4 247
1993	1 022	84	12 261	9 888	4 798
1994	1 196	84	13 853	11 034	5 347
1995	1 289	84	15 591	12 449	6 050
1996	1 328	350	17 925	14 652	7 266
1997	1 589	475	18 553	14 932	7 400
1998	1 593	546	18 707	14 975	7 191
1999	1 600	612	18 841	15 143	7 062
2000	1 633	678	19 691	15 720	7 418
2001	1 623	617	21 362	17 135	8 097
2002	1 789	596	23 100	18 615	7 853
2003	1 789	981	26 178	21 234	8 909
2004	2 061	883	28 593	22 895	9 846
2005	2 245	1 247	31 577	25 681	10 961
2006	2 247	1 360	53 441	43 266	16 238
2007	2 441	1 320	59 170	46 877	17 450
2008	2 953	1 478	63 488	50 608	18 807
2009	3 355	1 527	67 028	53 778	19 963
2010	3 692	1 676	67 678	54 081	20 122
2011	4 120	1 757	71 969	58 059	21 517
2012	4 830	1 860	76 684	61 961	22 831
2013	4 983	2 182	82 105	65 782	24 221
2014	5 792	2 189	86 535	69 936	25 728
2015	7 064	2 346	92 682	74 884	27 834
2016	9 309	3 388	96 955	78 826	29 300
2017	10 450	3 969	104 363	85 282	31 838
2018	11 353	3 982	114 882	93 660	34 747
2019	13 147	3 952	125 096	102 788	38 519
2020	18 125	5 262	130 324	106 261	40 757
2021	11 983	5 159	139 781	113 284	43 728

注：由于卫生工作人员统计口径的变化，而使该类人数指标产生了较大的增幅。
Note: Because of changing of statistics range, the data of medical personnel increased substantially.

年 份 Year	执业中医师 Licensed Doctors of Chinese Medicine	（2）执业助理医师 Licensed Assistant Doctors	中医执业助理医师 Licensed Assistant Doctors of Traditional Chinese Medicine	（3）注册护士 Registered Nurses	（4）药剂人员 Pharmacists	（5）检验人员 Laboratory Technicians	（6）其他 Others	2.其他技术人员 Other Technical Personnel
1979	96			138	22	32	432	
1980	88			186	31	41	392	13
1981	98			237	46	48	421	15
1982	116			323	76	60	442	5
1983	141			551	121	91	507	21
1984	171			716	173	125	566	41
1985	243			997	222	158	618	29
1986	304			1 246	260	211	723	44
1987	341			1 450	292	257	710	48
1988	374			1 734	409	283	535	86
1989	433			1 971	431	321	625	85
1990	463			2 145	475	355	595	118
1991	503			2 372	539	365	605	156
1992	579			2 705	630	375	614	183
1993	650			3 225	744	464	657	169
1994	739			3 625	823	538	701	318
1995	823			4 034	906	612	847	386
1996	1 292			4 654	1 005	664	1 063	427
1997	1 122			4 828	1 063	708	933	519
1998	928			5 025	1 111	760	888	502
1999	879			5 230	1 108	812	931	614
2000	919			5 425	1 130	847	900	689
2001	958			5 945	1 194	871	1 028	605
2002	865	407	28	6 635	1 292	965	1 463	800
2003	939	530	41	7 321	1 499	1 085	1 890	1 056
2004	1 015	521	42	7 975	1 569	1 219	1 765	1 243
2005	1 134	658	45	8 981	1 710	1 362	2 009	1 191
2006	1 548	1 347	110	16 583	2 796	2 340	3 962	2 117
2007	1 625	1 335	121	17 869	2 876	2 190	5 157	1 974
2008	1 873	1 366	93	19 339	2 979	2 382	5 735	2 072
2009	2 017	1 425	155	21 008	3 046	2 578	5 758	2 171
2010	2 151	1 109	85	21 866	2 896	2 486	5 602	2 213
2011	2 230	1 140	89	23 987	3 021	2 615	5 779	2 232
2012	2 649	1 111	124	25 931	3 143	2 652	6 293	2 192
2013	2 911	1 137	284	28 035	3 343	3 022	6 024	2 592
2014	3 069	1 130	103	29 723	3 469	3 086	6 800	2 779
2015	3 452	1 173	119	31 717	3 607	3 216	7 337	2 933
2016	3 616	1 259	115	34 065	3 644	3 364	7 194	3 998
2017	4 079	1 460	148	36 389	3 842	3 517	8 236	4 514
2018	4 630	1 574	172	40 309	4 029	3 739	9 262	5 569
2019	5 277	1 796	212	44 273	4 210	3 934	10 056	6 335
2020	5 657	1 819	219	46 202	4 316	4 117	9 050	8 456
2021	6 326	1 894	243	49 597	4 543	4 264	9 258	9 692

17-1（一） 续表4 CONTINUED

年 份 Year	3.管理人员 Managerial Personnel	4.工勤人员 Logistics Workers	四、医疗机构总诊疗人次(万人次) Total Patients Treated	五、入院人次(万人次) Total Inpatients (10 000 persons)	六、病床使用率(%) Utilization Rate of Beds (%)	七、病床周转次数(次) Turnover of Beds(time)
1979	123	103				
1980	112	122				
1981	120	109	148	1.41		
1982	168	185	169	1.97		
1983	193	353	212	3.44		
1984	221	543	280	4.11		
1985	354	621	345	4.88		
1986	394	705	389	4.68	66.2	24.4
1987	411	778	461	5.84	73.6	22.2
1988	465	849	563	6.97	75.6	28.8
1989	517	870	607	7.87	78.4	29.0
1990	463	1 042	729	8.73	81.4	29.0
1991	514	1 117	840	10.08	85.2	30.3
1992	645	1 244	976	11.40	81.9	28.0
1993	965	1 239	1 050	12.59	80.3	26.6
1994	1 108	1 393	1 057	12.81	70.8	23.2
1995	1 195	1 561	1 202	13.07	65.0	20.8
1996	1 252	1 594	1 168	14.63	64.3	21.5
1997	1 426	1 676	1 231	16.15	67.4	21.9
1998	1 381	1 849	1 386	19.05	68.6	24.1
1999	1 386	1 698	1 520	21.12	69.3	24.5
2000	1 479	1 803	1 699	26.61	75.4	28.3
2001	1 729	1 893	1 912	30.23	77.3	29.4
2002	1 753	1 932	2 062	35.74	80.0	30.6
2003	1 807	2 081	3 052	41.57	84.0	33.5
2004	2 100	2 355	3 514	49.00	82.4	34.9
2005	2 367	2 338	4 055	54.68	79.9	34.6
2006	3 058	5 000	5 170	59.24	81.6	35.6
2007	3 450	6 869	5 954	68.09	87.5	38.6
2008	3 867	6 941	6 842	75.34	89.1	37.9
2009	3 925	7 154	7 549	79.70	86.1	38.4
2010	4 060	7 324	8 127	89.1	89.2	40.1
2011	3 638	8 040	8 878	96.2	90.5	41.4
2012	3 557	8 974	8 638	105.4	85.8	40.1
2013	3 620	10 111	9 112	109.4	84.2	38.4
2014	3 590	10 230	8 853	119.4	85.5	39.4
2015	4 092	10 773	8 901	124.1	84.0	38.1
2016	4 182	9 949	9 598	138.4	85.2	39.0
2017	4 447	10 120	9 960	150.8	84.8	39.3
2018	5 182	10 471	9 986	162.0	84.0	39.6
2019	5 890	10 083	10 812	182.2	82.5	40.1
2020	6 171	9 436	9 002	150.8	66.6	31.2
2021	6 312	10 493	11 423	183.9	75.4	36.8

注：根据最新国家卫生统计调查制度，从2012年开始总诊疗人次变更统计口径，不包括健康体检和计划免疫人次。

Note: According to the latest national health system, from 2012, the statistics range of Total Patients Treated has changed,not including health examination and planned immunization personnel.

17-1 卫生事业（二）（2015-2021年）
PUBLIC HEALTH（Ⅱ）（2015-2021）

项目	Item	2015	2016	2017	2018	2019	2020	2021
总诊疗人次（万人次）	Total Patients Treated (10000 person-times)	8 900.6	9 598.3	9 959.8	9 985.9	10 811.7	9 001.8	11 422.6
#门诊人次（万人次）	#Outpatient Visits (10000 person-times)	7 834.3	8 417.0	8 815.4	8 982.9	9 720.8	8 040.7	10 247.0
急诊人次（万人次）	Emergency Visits (10000 person-times)	708.2	789.1	749.9	673.8	764.0	640.4	823.2
出院人次（万人次）	Number of Discharged Patients(10000 person-times)	123.9	138.2	150.3	161.9	181.7	151.1	184.1
出院病人平均住院日（日）	Average Stay Days in Hospital(day)	7.9	7.8	7.7	7.6	7.4	7.7	7.4
门诊病人次均医疗费用（元）	The Average Medical Expenses Of Outpatient Every Time(yuan)	218.4	230.4	246.9	278.5	293.2	325.0	337.5
住院病人次均医疗费用（元）	The Average Medical Expenses Of Discharged Patients Every Time(yuan)	9 117.2	9 547.0	10 124.1	11 367.8	12 138.8	14 164.5	14 478.6

17-2 体育事业（2015-2021年）

BASIC STATISTICS ON SPORTS（2015-2021）

项目	Item	2015	2016	2017	2018	2019	2020	2021
二级运动员发展人数（人）	New Number of Athletes of Grade II(person)	499	420	477	522	449	374	463
二级裁判员发展人数（人）	New Number of Referees of Grade II(person)	543	376	413	425	435	439	445
举办单项比赛次数（次）	Number of Individual Sports Activities(times)	167	230	299	342	43	3	135
全民健身活动情况	Nationwide Body-building Activities							
#举办1000人以上的群体健身活动次数（次）	Number of Nationwide Body-building Activities more than 1000 persons(times)	200	145	160	150	167	34	19
参加活动人数（万人）	Number of Persons Taking Part in(10 000 persons)	375	246	251	230	262	144	133
国民体质测试（受测人数）（人）	National Physical Fitness Test (number of subjects) (person)	62 507	60 809	64 305	70 641	54610	45 780	50 820
国民体质合格以上率（%）	Pass Rate of National Physical Fitness Test(%)	88.5	91.8	92.0	89.7	90.6	91.4	92

注：2015年开始，国民体质测试（受测人数）不含学生测试人数。
Note: From 2015, the national physical test (the number of people subjects) does not contain the number of students tested.

17-3 建立最低生活保障制度以来历年低保情况

LIST OF MINIMUM STANDARD OF LIVING SECURITY

年 份 Year	户 数（户） Households (Household)	人 数（人） Persons (Person)	最低生活保障金 （万元） Minimum Subsistence Allowance (10 000 yuan)	人均最低生活保障标准 （元/月） Minimum Standard of Living per person (yuan/month)
1998	771	2 014	212	
1999	1 150	3 145	375	
2000	1 372	3 783	559	
2001	1 796	4 978	730	
2002	2 783	8 478	1 288	
2003	3 718	11 203	1 972	
2004	4 467	13 364	2 427	
2005	4 887	14 602	3 523	344
2006	5 103	15 026	3 700	361
2007	5 105	14 833	4 049	361
2008	4 962	14 214	4 513	415
2009	4 885	13 601	5 522	415
2010	4 470	12 220	4 122	450
2011	4 009	10 716	4 752	510
2012	3 320	8 598	5 358	560
2013	2 866	7 095	3 658	560
2014	2 787	6 729	3 688	620
2015	2 653	6 309	4 715	800
2016	2 550	5 916	4 301	800
2017	2 280	5 126	4 464	900
2018	1 861	4 013	4 052	1 070
2019	1 495	3 055	3 373	1 160
2020	1 715	3 505	3 649	1 250
2021	1 506	2 988	4 118	1 300

17-4 社会养老机构、救助管理站基本情况

BASIC STATISTICS ON SOCIAL PENSION INSTITUTIONS AND RELIEF MANAGEMENT STATIONS

年 份 Year	提供住宿的社会养老机构 Social Pension Institutions that Provide Accommodation			编办登记生活无着人员救助管理站 Relief Management Stations for registering unaccompanied persons		
	单位（个） Units（unit）	床位数（张） Beds（bed）	年末收养人数（人） Year-end Population Housed（person）	单位（个） Units（unit）	床位数（张） Beds（bed）	年度累计救助人数（人次） Number of Rescued Persons Yearly（person-time）
2003	26	2 919		3	700	1 322
2004	26	2 919		3	700	12 075
2005	26	2 919	2 340	3	700	15 948
2006	27	3 419	2 457	3	700	19 440
2007	27	2 288	1 316	3	700	26 980
2008	29	2 797	1 530	3	700	38 976
2009	30	3 597	1 760	3	740	35 292
2010	30	3 597	1 742	3	810	51 375
2011	30	4 597	1 869	3	830	21 721
2012	31	5 194	2 063	3	830	23 815
2013	31	4 908	2 554	3	820	25 109
2014	31	5 996	2 448	3	820	23 024
2015	31	6 662	2 745	3	850	22 116
2016	34	7 116	3 213	3	600	25 238
2017	35	8 247	3 384	3	600	30 322
2018	45	9 497	3 719	3	624	20 179
2019	47	10 209	4 303	3	804	10 063
2020	44	10 562	3 835	3	484	8 094
2021	71	12 386	4 552	3	381	10 202

注：救助管理站2003年人数为2003年8月至2003年12月。
Note: Number of relief management stations in 2003 is from Aug 2003 to Dec 2003.

17-5　社会保险基本情况（2018-2021年）

BASIC STATISTICS OF SOCIAL INSURANCE（2018-2021）

单位：万人　　（10 000 person）

项目	Item	2018	2019	2020	2021
基本养老保险年末参保人数	Basic Pension Insurance Participants at Year-end	1 157.77	1 214.71	1 269.69	1 338.93
城镇职工基本养老保险年末参保人数	Urban Employees Basic pension Insurance Participants at Year-end	1 157.00	1 213.69	1 268.55	1 337.76
城乡居民基本养老保险年末参保人数	Basic pension Insurance for Urban and Rural Residents Participants at Year-end	0.78	1.02	1.13	1.18
基本医疗保险年末参保人数	Basic Medical Care Insurance Participants at Year-end	1 466.92	1 536.60	1 608.56	1 659.62
城镇职工基本医疗保险年末参保人数	Urban Employees Basic Medical Care Insurance Participants at Year-end	1 195.25	1 239.57	1 302.93	1 334.68
城乡居民基本养老保险年末参保人数	Basic pension Insurance for Urban and Rural Residents Participants at Year-end	271.67	297.02	305.63	324.94
失业保险年末参保人数	Unemployment Insurance Participants at Year-end	1 127.36	1 166.64	1 222.44	1 249.26
工伤保险年末参保人数	Work Injury Insurance Participants at Year-end	1 140.38	1 186.15	1 241.74	1 284.47
生育保险年末参保人数	Maternity Insurance Participants at Year-end	1 202.62	1 246.71	1 304.79	1 330.31

主要统计指标解释

卫生技术人员 指从事卫生技术工作并在卫生事业机构领取劳动报酬的专业人员。包括中医师、西医师、中西医结合高级医师、护师、中药师、西药师、检验师、其他技师、中医士、西医士、护士、助产士、中药剂士、西药剂士、检验士、其他技士、其他中医、护理员、中药剂员、西药剂员、检验员以及其他初级卫生技术人员。

执业医师 指具有《医师执业证》及其“级别”为“执业医师”且实际从事医疗、预防保健工作的人员，不包括实际从事管理工作的执业医师。执业医师类别分为临床、中医、口腔和公共卫生。

执业助理医师 指具有《医师执业证》及其“级别”为“执业助理医师”且实际从事医疗、预防保健工作的人员，不包括实际从事管理工作的执业助理医师。执业助理医师类别同样分为临床、中医、口腔和公共卫生四类。

Explanatory Notes on Main Statistical Indicators

Medical Technical Personnel refer to all permanent and contract medical staff and workers employed by medical institutions, including doctors of Chinese and Western medicine, senior doctors who integrate traditional Chinese therapeutics with Western therapeutics in practice, senior nurses, pharmacists of Chinese and Western medicine, laboratory specialists, other specialists, paramedics of Chinese and Western medicine, nurses, midwives, druggists in Chinese and Western medicine, laboratory technicians, other technicians, other practitioners of Chinese medicine, nursing attendants, pharmacological workers of Chinese and Western medicine, laboratory workers, and other primary medical personnel.

Licensed Doctors refer to the medical workers who have obtained the licenses of qualified doctors and are employed in medical treatment, disease prevention or healthcare institutions, excluding the licensed doctors engaged in management job. The classification of licensed doctors is clinician, Chinese medicine, dentist and public health.

Licensed Assistant Doctors refer to the medical workers who have obtained the licenses of qualified assistant doctors and are employed in medical treatment, disease prevention or healthcare institutions, excluding the licensed assistant doctors engaged in management job. The classification of licensed assistant doctors is clinician, Chinese medicine, dentist and public health.

18 第十八部分 城市建设和环境保护

URBAN CONSTRUCTIO N AND ENVIRONMENTAL PROTECTION

CHAPTER

18-1 城市建设及公用设施（2016-2021年）

URBAN CONSTRUCTIONS AND PUBLIC UTILITY（2016-2021）

指标名称	Indicators	2016	2017	2018	2019	2020	2021
一、城市园林绿化	**Parks,Gardens and Green Areas in Urban Districts**						
绿化覆盖面积（公顷）	Coverage Area of Afforestation (hectare)	99 841	101 860	101 842	101 822	101 267	100 872
其中：建成区（公顷）	Developed Areas(hectare)	41 638	41 726	41 738	41 685	41 457	41 112
建成区绿化覆盖率（%）	Green Coverage Rate in Developed Areas(%)	45	45	45	43	43	43
绿地面积（公顷）	Area of Green Areas(hectare)	97 870	97 889	97 901	97 709	97 175	96 868
其中：建成区（公顷）	Developed Areas(hectare)	36 191	36 267	35 912	35 902	35 704	35 443
建成区绿地率（%）	Rate of Green Areas in Developed Areas(%)	39.2	39.2	38.7	37.4	37.4	37.3
公园绿地面积（公顷）	Public Green Areas(hectare)	19 588	19 980	19 992	20 077	20 160	21 990
公园数（个）	Number of Parks(unit)	921	942	973	1 090	1 206	1 238
公园面积（公顷）	Area of Parks(hectare)	21 958	21 968	30 980	31 085	31 466	38 094
二、市政及环卫设施	**Public Facilities and Environmental Sanitation in urban Districts**						
实有铺装道路总长度（公里）	Total Length of Actual paved Roads(1000 m)	6 556	6 668	6 443	6 124	6 521	6 520
实有城市道路面积（万平方米）	Area of Actual urban Roads(10 000 sq.m)	11 920	12 151	11 849	11 374	12 235	14 765
城市排水管道总长度（公里）	Total Length of Sewer Pipelines(1000 m)	13 507	13 815	15 992	15 201	16 632	19 003
污水处理厂设计规模（万吨/日）	Design Scale of Sewage Disposal(10 000 tons/day)	520	520	580	625	625	659
道路照明灯（万盏）	Number of Street Lights(10000 unit)	40.55	40.66	43.30	47.94	52.06	55.44
生活垃圾转运站座数（座）	Waste Transfer Stations(set)	895	965	962	961	944	883
公共厕所数量（座）	Public Toilets(set)	3 343	3 343	3 343	3 446	3 557	4 072
市容环卫专用车辆（辆）	Special Vehicle for Municipal Sanitation(set)	2 456	2 825	3 348	3 713	4 257	4 203

18-2 城市环境
URBAN ENVIRONMENT

年 份 Year	水资源总量（亿立方米） Water Resources (100 million m^3)	森林面积（公顷） Area of Woods (hectare)	森林覆盖率（%） Forest coverage (%)	空气中二氧化硫年均值（微克/立方米） Yearly Average Concentration of SO_2 in the Air (ug/m^3)	空气中二氧化氮年均值（微克/立方米） Yearly Average Concentration of NO_2 in the Air (ug/m^3)	空气中可吸入颗粒物年均值（微克/立方米） Yearly Average Concentration of PM_{10} in the Air (ug/m^3)
2001	25.5			27	58	63
2002	15.68			18	50	61
2003	16.29			20	57	70
2004	13.84			24	72	76
2005	19.93	72 619	38.9	21	39	64
2006	20.34	72 053	38.9	30	53	64
2007	17.57	72 224	39.0	23	54	64
2008	27.09	72 263	39.2	16	47	63
2009	18.86	73 202	39.7	13	42	57
2010	18.70	73 200	39.7	11	45	57
2011	14.48	80 227	41.1	11	48	57
2012	19.56	80 968	41.5	10	40	54
2013	25.20	82 866	41.5	11	40	62
2014	21.51	82 868	41.5	9	35	53
2015	18.49	82 915	41.5	8	33	49
2016	30.40	80 840	40.9	8	33	42
2017	19.58	79 339	40.0	8	30	45
2018	22.64	78 543	39.8	7	29	44
2019	20.62	78 816	39.8	5	25	42
2020	17.17	78 054	39.4	6	23	35
2021	12.94	77 473	39.1	6	24	37

18−2 续表1 CONTINUED

年 份 Year	空气质量优良（二级）天数（天） Days of Air Quality Equal to or Above Grade II (day)	灰霾日（天） Days of Haze (day)	城市饮用水源水质达标率（%） Rate of Urban Drinking Water Quality Reaching Standard (%)	生活垃圾清运量（万吨） Consumption Wastes Collected and Transported (10 000 tons)	生活垃圾无害化处理率（%） Treatment Rate of Consumption Wastes (%)	工业废气排放量（亿立方米） Volume of Industrial Waste Gas Emission(100 million cubic meters)
2001	364	95	93.45	122	100	4 683.98
2002	363	104	96.11	129	100	7 313.37
2003	349	147	97.13	325	69.2	820.64
2004	344	187	96.71	325	81.0	1 082.42
2005	360	161	98.11	333	90.0	1 389.74
2006	359	147	98.07	360	93.7	1 264.02
2007	361	153	98.86	407	94.1	1 917.96
2008	364	154	99.87	441	94.2	1 631.61
2009	364	115	100	476	94.3	1 740.67
2010	356	115	100	479	94.6	1 683.53
2011	362	112	100	482	95.0	1 871.46
2012	365	77	100	490	95.1	2 136.96
2013	324	98	100	522	98.4	2 181.63
2014	348	68	100	541	100	2 214.89
2015	340	35	100	575	100	2 312.25
2016	354	27	100	572	100	2 779.52
2017	343	22	100	619	100	3 005.02
2018	345	20	100	702	100	3 322.77
2019	332	9	100	760	100	3 624.81
2020	355	3	100	716	100	4 168.54
2021	351	2	100	826	100	5 194.02

注： 1.从2017年开始，生活垃圾清运量、无害化处理量和处理率口径均有调整。
Notes: From 2017,the statistical caliber of Consumption Wastes Collected and Transported, Consumption Wastes Harmless Disposal and Treatment Rate have been adjusted.
2.工业污染类指标为上报国家版数据，最终数据以国家定库为准。
The data of industrial pollution indicators are submitted to the national version, and the final data shall be subject to the national database.

18-2 续表2 CONTINUED

年 份 Year	工业二氧化硫排放总量（万吨） Volume of Industrial Sulphur Dioxide Emission (10 000 tons)	工业氮氧化物排放总量（万吨） Volume of Industrial Nitrogen Oxide Emission (10 000 tons)	一般工业固体废物产生量（万吨） General Industrial Solid Wastes Produced (10000 tons)	城市区域环境噪声均值（分贝） Average Noise Value of Urban Environment(dB)	城市道路交通噪声均值（分贝） Average Noise Value of Urban Road Traffic(dB)
2001	3.93		49.97	56.1	68.3
2002	4.09		49.64	56.0	68.2
2003	4.55		68.67	56.0	68.5
2004	4.36		95.49	56.1	69.2
2005	4.35		104.07	56.2	69.4
2006	4.24	3.60	132.02	56.5	69.6
2007	3.83	7.23	193.55	56.5	69.4
2008	3.42	5.01	175.42	56.5	69.2
2009	3.23	4.28	173.11	56.8	69.5
2010	3.30	2.57	184.82	56.7	69.2
2011	0.95	3.30	169.52	56.7	69.0
2012	0.98	2.99	152.82	56.9	68.9
2013	0.57	1.84	123.84	56.8	68.9
2014	0.53	1.43	141.42	56.8	68.8
2015	0.41	1.07	124.63	56.8	69.3
2016	0.47	1.14	142.13	56.9	69.6
2017	0.13	0.66	165.21	57.5	70.0
2018	0.01	0.56	116.49	57.2	69.0
2019	0.12	0.50	228.96	57.1	69.7
2020	0.08	0.41	241.34	56.2	68.9
2021	0.16	0.50	309.86	56.2	70.0

18-3 用电量、供水量

ELECTRICITY CONSUMPTION AND TAP WATER SUPPLY

年 份 Year	用电总量 (万千瓦小时) Total Electricity Consumption (10 000 kWh)	农、林、牧、渔业 Farming, Forestry Animal Husbandry and Fishery	工 业 Industry	建筑业 Construction	交通运输、仓储、邮政业 Transportation, Storage and Post Services	信息传输、软件和信息技术服务业 Information Transmission, Software and Information Technology
1994	879 100	11 609	503 780	26 502	14 229	
1995	913 600	11 258	499 757	27 081	15 877	
1996	1 014 427	13 041	547 085	26 138	22 364	
1997	1 125 781	14 558	617 016	23 974	20 571	
1998	1 294 332	16 225	644 973	25 805	21 982	
1999	1 498 759	22 045	749 834	36 735	28 215	
2000	1 903 494	34 659	1 018 794	42 482	24 329	
2001	2 122 871	48 247	1 168 146	50 425	28 584	
2002	2 599 161	114 324	1 472 361	60 653	36 477	
2003	3 234 299	172 253	1 793 262	57 644	37 904	
2004	3 903 060	228 808	2 234 774	62 493	41 722	
2005	4 402 089	252 793	2 462 690	81 148		
2006	4 872 038	245 405	2 790 275	85 968	41 541	91 925
2007	5 678 193	241 447	3 331 541	94 212	54 364	94 400
2008	5 837 586	225 570	3 462 946	96 540	58 013	102 807
2009	5 856 808	113 898	3 237 528	75 192	84 721	114 674
2010	6 635 475	29 049	4 161 345	63 880	108 383	59 286
2011	6 960 198	24 658	4 186 359	62 642	151 177	70 315
2012	7 221 044	22 116	4 232 405	62 331	176 093	83 141
2013	7 297 680	22 003	4 393 588	72 041	182 803	84 425
2014	7 886 841	24 325	4 731 235	90 222	208 186	87 900
2015	8 155 442	24 601	4 795 635	96 380	226 320	103 032
2016	8 510 789	25 184	4 839 234	104 212	265 857	119 802
2017	8 844 861	25 787	4 872 227	112 545	349 749	151 986
2018	9 172 307	14 862	4 909 845	101 710	396 421	149 589
2019	9 839 910	16 421	5 038 785	131 577	431 291	197 358
2020	9 833 430	16 858	4 915 970	163 926	399 639	244 280
2021	11 034 025	17 178	5 299 478	193 560	426 493	300 316

18-3 续表 CONTINUED

年 份 Year	批发和零售业、住宿和餐饮业 Wholesale and Retail Trades,Hotels and Catering Services	金融、房地产、租赁和商务服务业 Banking,Real Estate Trade, Leasing and Business Services	公共事业及管理组织 Public Service and Management Organizations	城乡居民生活用电 Residential Electricity Consumption	公共供水综合生产能力 (万立方米/日) Comprehensive production capacity of public water supply (10000 m³/day)	公共供水总量(万立方米) Volume of Tap Water Supply (10000 m³)
1994	102 166		125 292	95 447	244	52 308
1995	105 512		128 134	125 834	268	57 408
1996	121 650		132 108	151 795	328	64 743
1997	150 755		124 155	174 576	328	70 194
1998	168 155		150 517	266 520	339	79 596
1999	176 589		195 198	289 927	364	86 560
2000	218 196		231 113	333 585	380	92 068
2001	226 547		248 025	352 722	390	97 334
2002	347 290		245 553	322 334	412	108 070
2003	374 271		389 140	409 616	442	122 795
2004	428 738		445 363	460 985	508	135 026
2005	380 550		687 479	537 429	534	139 487
2006	400 936	472 581	149 949	583 485	591	145 227
2007	430 487	529 424	182 882	717 521	638	154 230
2008	431 764	558 283	197 898	702 181	670	156 956
2009	466 208	717 667	254 082	791 322	670	150 094
2010	475 271	706 670	263 752	766 538	692	156 470
2011	501 705	774 252	293 417	894 161	692	161 480
2012	526 599	758 050	315 756	1 043 007	692	160 360
2013	588 761	680 041	317 648	1 039 391	674	159 139
2014	521 487	682 603	335 878	1 203 653	675	164 132
2015	559 474	755 442	368 900	1 248 873	674	169 698
2016	579 285	830 797	402 706	1 343 218	709	199 342
2017	600 755	891 335	429 257	1 409 230	709	174 887
2018	617 224	927 099	671 644	1 383 914	700	179 498
2019	680 971	1 111 117	765 990	1 466 400	697	182 216
2020	728 862	1 101 311	717 332	1 545 252	725	177 537
2021	727 481	1 351 194	837 144	1 709 717	735	191 560

18-4 公共交通

PUBLIC TRANSPORTATION

年 份 Year	年末实有公共汽车(辆) Number of Buses (year-end)	出租小汽车(辆) Taxi (unit)	年末公共汽车营运线路条数(条) Number of Operating Bus Lines (year-end)	公共汽车客运总人数(万人次) Number of Passengers Carried of Bus Lines (10 000 person-times)	轨道交通线路长度(公里) Length of Operation Lines(km)	轨道交通客运总量(万人次) Volume of Passenger Traffic of Operation Lines(10 000 person-times)	轨道交通线路条数(条) Number of Operation Lines(line)
1979	12	10	2				
1980	38	160	3				
1981	44	199	6				
1982	52	233	7				
1983	88	860	9	1 399			
1984	132	1 226	19	2 974			
1985	153	1 700	27	5 184			
1986	171	1 794	29	5 827			
1987	205	1 896	32	9 068			
1988	248	2 305	37	16 399			
1989	305	2 365	38	16 747			
1990	403	2 394	42	21 947			
1991	501	3 152	51	19 821			
1992	507	6 083	55	27 248			
1993	851	6 212	61	30 600			
1994	1 144	7 400	68	31 020			
1995	1 468	8 255	80	35 390			
1996	1 784	8 505	89	35 495			
1997	2 128	8 505	125	36 202			
1998	2 461	8 505	137	37 250			
1999	2 772	8 505	145	40 600			
2000	2 920	8 505	131	42 800			
2001	3 495	8 505	138	47 072			
2002	3 495	9 705	138	51 714			
2003	4 885	10 255	185	50 719			
2004	5 376	10 305	208	100 820			
2005	6 091	10 305	227	101 621	22	5 766	2
2006	7 305	10 305	277	123 084	23	8 990	2
2007	8 188	11 205	316	135 668	24	11 765	2
2008	8 396	12 991	340	145 701	25	13 550	2
2009	11 928	13 411	578	213 603	25	13 823	2
2010	12 456	14 340	758	228 058	64	16 271	4
2011	15 365	14 735	825	223 735	177	45 985	5
2012	14 546	15 300	854	228 305	177	78 129	5
2013	14 617	15 973	881	220 178	177	91 715	5
2014	15 074	16 275	886	225 739	177	103 675	5
2015	15 120	16 596	903	206 892	177	112 188	5
2016	15 483	17 842	976	186 799	285	129 713	8
2017	17 430	18 379	992	165 425	297	165 545	9
2018	17 177	21 551	981	162 882	297	188 651	9
2019	17 110	21 498	933	158 973	316	203 216	9
2020	17 004	21 358	907	105 377	423	163 022	12
2021	16 252	21 127	936	109 037	431	218 554	13

注：由于指标调整，本表中指标口径2009年以前为“公共大巴”口径，2009年及以后为“公共汽车”口径，包括原大巴、中巴、小巴。
Note: After the adjustment in 2009, the statistical scope of Buses include Large-sized buses, medium-sized buses and small-sized buses, while it just refers to large-sized buses before.

18-5 气象情况

CLIMATE

年 份 Year	平均气温(摄氏度) Mean Air Temperature (℃)	降水量(毫米) Precipitation (mm)	日照时数(小时) Sunshine Duration (hour)	平均相对湿度(%) Mean Relative Humidity (%)
1990	23.0	1 396.9	1 842.1	76
1995	22.5	2 309.8	1 858.2	74
2000	23.4	2 533.6	1 939.5	75
2001	23.6	2 747.3	1 811.3	74
2002	23.7	1 608.1	1 975.0	72
2003	23.9	1 833.4	1 655.3	74
2004	23.6	1 299.4	1 921.5	71
2005	23.2	2 143.6	1 574.3	70
2006	23.4	1 936.5	1 624.3	73
2007	23.5	1 581.5	1 937.1	70
2008	22.8	2 710.0	1 907.6	69
2009	23.2	1 611.0	1 987.3	70
2010	23.0	1 634.0	1 775.6	73
2011	22.6	1 269.7	2 054.4	71
2012	23.1	1 554.8	1 781.5	79
2013	23.1	2 203.6	1 906.6	75
2014	23.2	1 725.5	2 034.6	73
2015	23.9	1 500.8	1 964.3	72
2016	23.2	2 490.6	1 759.3	79
2017	23.6	1 967.1	1 919.1	77
2018	23.4	1 957.2	1 905.5	76
2019	24.0	1 880.1	1 868.7	78
2020	23.8	1 581.8	1 954.0	76
2021	24.0	1 822.5	2 100.7	74

主要统计指标解释

水资源总量 指当地降水形成的地表和地下产水总量，即地表径流量与降水入渗补给量之和。

工业固体废物产生量 指工业企业在生产过程中产生的固体状、半固体状和高浓度液体状废弃物的总量，包括冶炼废渣、粉煤灰、炉渣、煤矸石、化工废渣、尾矿、放射性废渣和其他废渣等；不包括矿山开采的剥离废石和掘进废石（煤矸石和呈酸性或碱性的废石除外）。酸性或碱性废石是指采掘的废石其流经水、雨淋水PH值小于4或PH值大于10.5者。

生活垃圾清运量 指报告期收集和运送到各生活垃圾处理厂(场)和生活垃圾最终消纳点的生活垃圾数量。生活垃圾指城市日常生活或为城市日常生活提供服务的活动中产生的固体废物以及法律行政规定的视为城市生活垃圾的固体废物。

生活垃圾无害化处理率 指报告期生活垃圾无害化处理量与生活垃圾产生量的比率。在统计上，由于生活垃圾产生量不易取得，可用清运量代替。计算公式为：

$$\text{生活垃圾无害化处理率} = \frac{\text{生活垃圾无害化处理量}}{\text{生活垃圾产生量}} \times 100\%$$

Explanatory Notes on Main Statistical Indicators

Total Water Resources refers to total volume of surface water and groundwater and is measured as run−off for surface water and replenishment of groundwater with rainfall in local area.

Volume of Industrial Solid Wastes Produced refers to the total volume of solid, semi solid or high concentration liquid residues produced by industrial enterprises in their production process, including residues from melting, slag, powdered coal ash, gangue, chemical residues, tailings, radioactive residues and other residues, but excluding stripped or dug stones in mining (except gangue and acid or alkali waste stones, which are waste stones washed or soaked by water with a PH value smaller than 4 or larger than 10.5).

Consumption Wastes Transported refers to volume of consumption wastes collected and transported to disposal factories or sites during the reference period. Consumption wastes are solid wastes produced from urban households or from service activities for urban households, and solid wastes regarded by laws and regulations as urban consumption wastes.

Ratio of Consumption Wastes Treated refers to consumption wastes treated over that produced. In practical statistics, as it is difficult to estimate, the volume of consumption wastes produced is replaced with that transported. It is calculated as:

$$\text{Ratio of consumption wastes treated} = \frac{\text{consumption wastes treated}}{\text{consumption wastes produced}} \times 100\%$$

19 第十九部分

人民生活

PEOPLE'S LIVELIHOOD

CHAPTER

19-1 城镇单位在岗职工年平均工资

AVERAGE WAGE OF FULLY EMPLOYED STAFF AND WORKERS IN URBAN UNITS

年 份 Year	在岗职工年平均工资(元) Average Wage of Fully Employed Staff and Workers (yuan)	国有单位 State-owned Units	城镇集体单位 Urban Collective-owned Units	其他单位 Units of Other Types of Ownership
1979	769	785	688	
1980	979	990	922	687
1981	1 132	1 119	1 211	1 156
1982	1 366	1 358	1 410	1 363
1983	1 545	1 571	1 470	1 528
1984	2 179	2 257	1 805	2 023
1985	2 418	2 427	1 932	2 753
1986	2 452	2 476	2 048	2 637
1987	2 677	2 637	3 223	3 021
1988	3 388	3 267	2 737	3 615
1989	3 858	3 917	2 855	3 733
1990	4 304	4 339	3 348	4 203
1991	5 016	4 908	3 984	5 240
1992	5 931	6 026	4 435	6 270
1993	8 145	8 854	5 681	7 633
1994	10 572	11 632	7 076	10 208
1995	12 276	13 709	7 229	12 184
1996	14 507	16 625	8 668	13 685
1997	16 531	18 515	10 320	15 872
1998	18 381	21 161	11 260	17 204
1999	20 714	23 602	13 228	19 530
2000	23 039	26 193	13 234	21 974
2001	25 941	31 187	13 427	23 981
2002	28 218	35 501	16 969	25 544
2003	30 611	40 893	17 061	26 940
2004	31 928	45 212	20 256	27 868
2005	32 476	47 762	17 112	28 521
2006	35 107	49 312	20 591	31 286
2007	38 798	58 347	21 793	33 787
2008	43 454	65 431	25 291	37 933
2009	46 723	72 278	24 715	40 582
2010	50 456	79 734	27 801	43 939
2011	55 143	85 218	31 830	48 422
2012	59 010	90 492	34 444	52 374
2013	62 619	90 393	30 207	59 627
2014	72 651	108 192	39 993	69 224
2015	81 034	117 432	45 546	77 436
2016	89 757	124 927	56 682	86 374
2017	100 173	150 444	71 380	95 203
2018	111 709	172 466	67 768	106 353
2019	127 757	207 654	75 138	119 411
2020	139 436	213 250	184 999	129 716
2021	155 563	235 268	91 297	144 818

19-2 居民家庭生活基本情况

BASIC CONDITIONS OF PERMANENT HOUSEHOLDS

年 份 Year	平均每户家庭人口（人） Average Persons per Household (person)	平均每户就业人口（人） Average Employees per Household (person)	平均每一就业者负担人口（人） Persons Supported by Each Employee (person)	平均每人每月可支配收入(元) Per Capita Monthly Disposable Income(yuan)	平均每人每月消费性支出(元) Per Capita Monthly Consumption Expenditures(yuan)
1988	3.90	2.17	1.80	214.10	195.45
1989	3.92	2.16	1.82	304.71	256.59
1990	3.81	2.16	1.76	343.95	305.92
1991	3.78	2.21	1.71	380.31	347.98
1992	3.73	2.23	1.67	481.94	419.54
1993	3.59	2.14	1.68	644.72	515.97
1994	3.60	2.10	1.72	875.27	789.43
1995	3.61	2.06	1.75	1 064.22	919.86
1996	3.50	2.06	1.70	1 357.97	1 087.00
1997	3.46	2.03	1.70	1 548.23	1 217.53
1998	3.48	1.96	1.78	1 601.16	1 230.35
1999	3.41	1.89	1.80	1 626.70	1 169.48
2000	3.42	1.86	1.84	1 742.14	1 358.89
2001	3.43	1.82	1.88	1 896.66	1 418.73
2002	3.32	1.86	1.79	2 078.39	1 577.16
2003	3.38	1.80	1.88	2 161.32	1 663.36
2004	3.34	1.68	1.99	2 299.70	1 630.80
2005	3.35	1.73	1.94	1 791.20	1 325.99
2006	3.33	1.80	1.85	1 880.59	1 385.68
2007	3.29	1.83	1.80	2 025.12	1 539.54
2008	3.25	1.59	2.04	2 227.44	1 648.26
2009	3.24	1.66	1.95	2 437.04	1 793.84
2010	3.22	1.68	1.92	2 698.41	1 900.55
2011	3.15	1.67	1.89	3 042.09	2 006.67
2012	3.21	1.70	1.89	3 395.16	2 227.31
2013	3.19	1.68	1.90	3 721.09	2 401.04
2014	2.20	1.40	1.57	3 412.33	2 404.40
2015	2.24	1.39	1.61	3 719.44	2 696.60
2016	2.26	1.40	1.61	4 057.92	3 040.05
2017	2.31	1.43	1.62	4 411.50	3 193.34
2018	2.46	1.53	1.61	4 795.30	3 377.92
2019	2.55	1.54	1.66	5 210.20	3 592.72
2020	2.63	1.51	1.74	5 406.48	3 381.75
2021	2.64	1.54	1.71	5 903.94	3 857.14

注：从2014年起，国家统计局开展了城乡一体化住户收支与生活状况调查，19-2至19-6表数据来源于此调查样本，与2013年及之前住户调查的调查范围、调查方法、指标口径有所不同。

Note: The NBS started an integrated household income and expenditure survey in 2014, including both urban and rural households. The data shown in Tables 19-2 to 19-6 are compiled on the basis of the survey. The coverage, methodology and definitions used in the survey are different from those used for the separate urban and rural household surveys prior to 2014.

19-3 一体化住户调查样本调查户基本情况（2021年）

ASIC CONDITIONS OF INTEGRATED HOUSEHOLD AND EXPENDITURE SURVEY（2021）

单位：人 （person）

指标名称	Item	2021
样本量（户）	Sample Size（household）	1240
户均常住成员	Average Resident per Household	2.64
户均常住从业人数	Employed Resident Persons per Household	1.54
每一从业人员负担人口	Average Number of Dependents per Employed Person	1.71

19-4 居民人均可支配收入（2021年）

PER CAPITA DISPOSABLE INCOME OF PERMANENT HOUSEHOLDS（2021）

单位：元 （yuan）

指标名称	Item	2021
可支配收入	**Per Capita Disposable Income**	**70 847.32**
一、工资性收入	**Income from Wages and Salaries**	**59 094.83**
(一)工资	Wages	54 885.70
(二)实物福利	Welfare	1 230.85
(三)其他	Others	2 978.28
二、经营净收入	**Net Business Income**	**7 238.45**
(一)第一产业净收入	Net Income of Primary Industry	
(二)第二产业净收入	Net Income of Secondary Industry	742.63
(三)第三产业净收入	Net Income of Tertiary Industry	6 495.82
三、财产净收入	**Net Income from Properties**	**6 747.46**
其中：出租房屋净收入	Net Income from Rent	2 351.60
四、转移净收入	**Net Income from Transfer**	**-2 233.42**
(一)转移性收入	Income from Transfer	4 432.00
#养老金或离退休金	Old-age Pension or Retired Pay	3 000.81
(二)转移性支出	Expenses on Transfer	6 665.42
#外来从业人员寄给家人的支出	Expenditure for Sending to Their Families	847.01
赡养支出	Expenditure for Support	838.41

19-5 居民人均消费支出（2021年）

PER CAPITA CONSUMPTION EXPENDITURE OF PERMANENT HOUSEHOLDS（2021）

单位：元 （yuan）

指标名称	Item	2021
居民生活消费支出	**Daily Consumption Expenditure**	**46 285.67**
一、食品烟酒	**Food,Tobacco and Liquor**	**13 704.79**
(一)食品	Food	7 371.56
(二)烟酒	Tobacco and Liquor	794.33
(三)饮料	Drink	409.49
(四)饮食服务	Catering	5 129.42
二、衣着	**Clothing**	**2 176.54**
(一)衣类	Clothes	1 808.04
(二)鞋类	Shoes	368.50
三、居住	**Residence**	**12 433.58**
其中：租赁房房租	Rent	4 062.50
四、生活用品及服务	**Household Facilities, Articles and Services**	**2 516.02**
(一)家具及室内装饰品	Furniture and Interior Decoration	354.03
(二)家用器具	Household Appliances	521.34
(三)家用纺织品	Home Textiles	187.56
(四)家庭日用杂品	Family Daily Groceries	508.94
(五)个人用品	personal Belongings	699.81
(六)家庭服务	Domestic Service	244.34
五、交通通信	**Transport and Communications**	**6 353.03**
(一)交通	Transport	4 866.58
(二)通信	Communications	1 486.45
六、教育文化娱乐	**Education, Cultural and Recreation**	**5 217.06**
(一)教育	Education	3 964.43
(二)文化娱乐	Cultural and Recreation	1 252.63
七、医疗保健	**Health Care and Medical Services**	**2 367.23**
(一)医疗器具及药品	Medical Apparatus and Medicine	546.22
(二)医疗服务	Medical Services	1 821.01
八、其他用品及服务	**Miscellaneous Goods and Services**	**1 517.42**
(一)其他用品	Miscellaneous Goods	667.60
(二)其他服务	Miscellaneous Services	849.82

主要统计指标解释

可支配收入 指调查户在调查期内获得的、可用于最终消费支出和储蓄的总和，即调查户可以用来自由支配的收入。可支配收入既包括现金，也包括实物收入。按照收入的来源，可支配收入包含四项，分别为：工资性收入、经营净收入、财产净收入和转移净收入。计算公式为：

可支配收入 = 工资性收入 + 经营净收入 + 财产净收入 + 转移净收入

其中：经营净收入 = 经营收入 - 经营费用 - 生产性固定资产折旧 - 生产税

财产净收入 = 财产性收入 - 财产性支出

转移净收入 = 转移性收入 - 转移性支出

消费支出 指住户用于满足家庭日常生活消费需要的全部支出，包括用于消费品的支出和用于服务性消费的支出。根据用途不同，消费支出可划分为食品烟酒、衣着、居住、生活用品及服务、交通通信、教育文化娱乐、医疗保健、其他用品及服务八大类。根据来源不同，消费支出可划分为现金消费支出、实物消费支出（含自产自用、来自单位、来自政府和其他社会组织）。

Explanatory Notes on Main Statistical Indicators

Disposable Income of Households Disposable Income of Households refers to the income of households for purpose of final expenditure and savings. It includes income both in cash and in kind. By sources of income, disposable income includes four categories: income from wages and salaries, net business income, net income from properties and net income from transfer.

Consumption Expenditure of Households Consumption Expenditure of Households refers to all expenditure of households for living expenditure to satisfy family daily living. It includes expenditure in cash and in kind. It includes eight categories: food, tobacco and liquor; clothing; residence; household facilities, articles and services; transport and communications; education, cultural and recreational activities; health care and medical services, and miscellaneous goods and services.